Der Parkschöpfer Pückler-Muskau

VERLAG HERMANN BÖHLAUS NACHFOLGER WEIMAR 16 24

Der Parkschöpfer Pückler-Muskau

Das gartenkünstlerische Erbe
des Fürsten Hermann Ludwig Heinrich
von Pückler-Muskau

Herausgegeben von
Helmut Rippl

1995
Verlag Hermann Böhlaus Nachfolger
Weimar

Frontispiz:
Muskau. Eichseewasserfall. 1993

Die Deutsche Bibliothek – CIP- Einheitsaufnahme

Der Parkschöpfer Pückler-Muskau: Das gartenkünstlerische Erbe
des Fürsten Hermann Ludwig Heinrich von Pückler-Muskau /
hrsg. von Helmut Rippl. – 2. überarb. und veränd. Aufl. – Weimar: Verlag Hermann Böhlaus Nachfolger Weimar, 1995
    1. Aufl. u. d. T.: Hermann Ludwig Heinrich Fürst von Pückler-
Muskau
    ISBN 3-7400-0994-2

NE: Rippl, Helmut [Hrsg.]

ISBN 3-7400-0994-2

2., überarbeitete und veränderte Auflage 1995

Erschienen im Verlag Hermann Böhlaus Nachfolger Weimar GmbH & Co.
© 1989 by Verlag Hermann Böhlaus Nachfolger Weimar GmbH & Co.

Dieses Buch ist aus säurefreiem Papier hergestellt und entspricht den Frankfurter Forderungen zur Verwendung alterungsbeständiger Papiere für die Buch-
herstellung.

Satz und Druck: M. Liehners Hofbuchdruckerei GmbH & Co. Verlagsanstalt, Sigmaringen
Buchbinderei: Druckhaus „Thomas Müntzer" GmbH, Bad Langensalza
Printed in Germany
L.-Nr. 2632

Inhalt

Übersicht und Anliegen der Neuauflage

Die zwischen 1980 und 1987 erarbeitete 1. Auflage konnte glücklicherweise noch kurz vor dem Zusammenbruch der DDR erscheinen. Sie war zum 200. Geburtstag Pückler-Muskaus, 1985, gedacht, zur Würdigung des Lausitzer Parkschöpfers. Auf Wunsch des Verlages und aus Anlaß der in Cottbus 1995 stattfindenden Bundesgartenschau wird dieses Werk nun in überarbeiteter und veränderter Form neu verlegt unter dem Titel „Der Parkschöpfer Pückler-Muskau", der dem Inhalt besser gerecht wird.

Es ist das Anliegen des Herausgebers, das immer noch viel zu wenig bekannte gartenkünstlerische Oeuvre einem breiten Kreis von Kunstinteressenten näherzubringen. Vor allem aber wird die überragende Leistung Pücklers zu einem Zeitpunkt vorgeführt, wo durch den immer stärker einsetzenden Ausfall wesentlicher Bäume die Gefahr des Verlustes des typisch Pücklerschen Duktus uns drohend vor Augen geführt wird. Aus diesem Grund sind, im Gegensatz zu den meisten wissenschaftlichen Parkpublikationen, möglichst viele Gegenwartsbilder ausgewählt worden. Ihre noch vielerorts eindeutige Bildsprache soll mit dazu beitragen, die dringend notwendigen diffizilen Grundlagenarbeiten zur Bewahrung dieser einzigartigen Kunstwerke anzumahnen.

Parkerhaltungs-, Restaurierungs- und Rekonstruktionsarbeiten sind nur bei Sicherung von Kontinuität erfolgreich, sowohl in der Pflege, durch ständig am Ort beschäftigte Fachkräfte, als auch in der Wiedergewinnung verlorengegangener Teile, unter Anleitung durch einen wissenschaftlich gebildeten und künstlerisch hochbegabten Menschen. Die dazu unerläßliche Voraussetzung ist das Arbeiten vor Ort; denn nur dadurch sind neue Erkenntnisse zu sammeln und zweckdienlich wieder zu ver-

wenden. Eine derart begabte Persönlichkeit ist in der Lage, mehrere Parke zu betreuen.

Administrativ allein und durch Fremdvergabe der Ausführungsarbeiten kann das Ziel nicht erreicht werden. Mit einfachem Nachpflanzen der ausgefallenen Bäume ist es nicht getan. Zum einen lassen die etablierten großen Bäume die „Kleinen" nur schwer hochkommen, weil sie den Bodenraum bereits erobert und ihre Kronen ausgebreitet haben. Schattendruck und Wurzelkonkurrenz machen es dem Nachwuchs oft unmöglich, zu neuen bildprägenden Exemplaren heranzuwachsen. Zum anderen stehen einzeln gepflanzte Jungbäume wie verloren auf weitem Wiesengrund. Somit wird erkennbar, daß eigene neue Strategien entwickelt werden müssen, die das Wesen Pücklerscher Parkkunst in Zukunft auch beim Wechsel der „Baumakteure" erhalten.

Den hervorragenden Leistungen auf dem Gebiet der baulichen Restaurierungsarbeiten gerade in Branitz müssen analog solche am Baumbestand folgen. Sie sind unaufschiebbar und kosten viel weniger als Bauarbeiten. Die Bäume aber sind die eigentlichen Träger der Pücklerschen Parkvisionen. Nur noch in Branitz sind seine Pflanzprinzipien erkennbar, des jüngeren Baumalters wegen. Doch die Zeit hält nicht inne. Neue Baumgenerationen sind gefordert, um den kostbaren ideellen Gehalt, den die Pücklerschen Bäume verkörpern, in eine erneut langlebige Zukunft zu leiten. Daß dies möglich ist, liegt in der ganz speziellen Art begründet, die dieser Parkschöpfer erfunden hat. Diese wird in einem eigenen Kapitel dargestellt und mit einigen Skizzen verdeutlicht. Aus diesem Grund wurde der Beitrag über Erfahrungen bei der Pflege Thüringer Landschaftsgärten beibehalten, weil er wertvolle praktische Erkenntnisse mitteilt. Die vom Verfasser der Pückler-parke gemachten Erfahrungen müssen aus Platzgründen entfallen[1].

Ein Viertel der Bilder wurde durch aussagekräftigere oder neuere ersetzt und besonderer Wert auf die Datierung gelegt. Bewußt beibehalten wurden die chronologischen Fakten und die Nennung der in den beschriebenen Parken tätigen Gärtner. Eine Ausnahme macht der Beitrag von W. Manno; hier wurden alle in Muskau ausgebildeten und länger tätigen Gärtner aufgeführt.

Cottbus, im Januar 1995

Helmut Rippl

---

1 Sie wurden 1992 in polnischer und deutscher Sprache gedruckt im Heft 20/1992 komunikaty dendrologiczne unter dem deutschen Titel: Andeutungen zur Pflege Pücklerscher Landschaftsparke.

1

Pückler-Bildnis des Wiener Malers Moritz Daffinger,
nach Rückkehr aus Afrika, auf dem Höhepunkt des Ruhmes. 1840

Parkwerk und Persönlichkeit

Von Helmut Rippl

Jede große Kunst verdankt ihr Werden starken Triebkräften des hervorbringenden Individuums. Wer dies nicht anerkennen will, wird nicht in der Lage sein, die dem Kunstwerk innewohnenden Metaphern zu erfühlen, zu erkennen, zu verstehen.

Die so oft und noch immer leichtfertige Art, in der bis heute über den zwar brillanten, aber unendlich widersprüchlichen Charakter Pücklers geschrieben wird, macht es schwer, den eigentlichen Wert, die bleibende geschichtliche Bedeutung Pückler-Muskaus zu erkennen.

Nur wer Pücklers Leben mit seinen Leistungen in Einklang zu bringen versucht, wird auch bei dem so oft unstet wirkenden, alle Lebensbereiche auskostenden Mann eine innere Kontinuität feststellen. In Pücklers Parkwerk – und nur dieses soll hier beurteilt werden – ist eine folgerichtige Persönlichkeitsentwicklung abzulesen.

Neben den häufig belanglosen oder einseitigen Darstellungen gibt es einige hervorragende Charakterbeschreibungen, die dem Kern Pücklerschen Wesens sehr nahekommen. Es sind vor allem diejenigen, die ihre Erkenntnisse dem persönlichen Umgang mit ihm verdanken, wie Heinrich Laube, August Varnhagen van Ense, sein Leibarzt Dr. Liersch und natürlich Eduard Petzold auf gärtnerischem Gebiet.

Auch hier kann festgestellt werden, daß mit zunehmendem zeitlichen Abstand die Urteile immer klarsichtiger werden. Unter den Nachgeborenen finden sich Autoren wie Felix Poppenberg, Kurt Groba und Otto Flake mit treffsicheren Urteilen.

Obwohl Pückler lange braucht, ehe sein Selbstbewußtsein sich gefestigt hat – eigentlich erst ab 1830, nach dem Erscheinen der »Briefe eines Verstorbenen« –, fühlt er schon früh seine künstlerische Bestimmung. Einen Park in Muskau zu schaffen, steht bei ihm schon um 1809 fest. Seinem Idol Goethe gegenüber spricht er bereits bei dem ersten Besuch von seinen Parkplänen in Muskau. Sofort mit der Übernahme der Standesherrschaft, 1811, ließ er die ersten Pflanzungen ausführen. Die innere Folgerichtigkeit in Pücklers Parkschaffen setzt uns bei seiner sonst so auffälligen Sprunghaftigkeit in Erstaunen. Zeit seines Lebens ist er seiner Ideenwelt in der Parkgestaltung treu geblieben. Dabei hat er seine Methode ständig erweitert und bis zum Schluß verfeinert. Anhand unserer Analysen seiner vier bedeutenden Schöpfungen ist dieses Wachsen an der Arbeit gut nachvollziehbar. Auch wenn er anfangs aus dem reichen Anschauungsmaterial englischer Parkanlagen schöpfte, fand er allmählich zu seiner ureigenen Gestaltungsmethode[1].

Unendlich viel Lehrgeld mußte er anfangs in Muskau zahlen, was er nicht verheimlichte. Erst das Studium der Bücher Reptons und der Besuch dessen Sohnes 1822 machten ihn sicherer. Und erst nach der Rückkehr von seiner zweiten Englandreise wurden im Muskauer Park *die* Bäume gepflanzt, die dann die *raumbestimmenden* werden.

Doch Pückler fühlte sich nicht nur als Gartenkünstler, sondern erstrebte auch politischen Einfluß. Dieser Fakt, von den meisten Biographen übergangen, ist aber ebenso bedeutsam wie seine Schönheitssehnsucht, die er am reinsten in freier Landschaft suchte und fand. Schöne Landschaften stellten sein seelisches Gleichgewicht wieder her.

Um politischen Einfluß zu erlangen, erwählte er zu seiner Frau die Tochter des preußischen Staatskanzlers Hardenberg, die geschiedene, neun Jahre ältere Gräfin Lucie von Pappenheim, nicht deren reizvolle Tochter. Instinktiv hat er in Lucie jene Frau gefunden, die ihm nicht nur Anerkennung und dauerhafte Liebe entgegenbrachte, sondern

2
Jugendbild Pückler-Muskaus

Unsterblichkeit … Banal blieb das Gespräch niemals, schon darum nicht, weil er äußerst aufrichtig und immer wißbegierig war."[2]

Viele Autoren werfen Pückler Eitelkeit und Selbstbespiegelung vor, weil er sich so oft selbst beschreibt. Doch ist dieses Fragen nach sich selbst nicht vergleichbar mit den Selbstporträts vieler Maler, wie Rembrandt, van Gogh, Goya[3]?

„Sich selbst kennenlernen, war ihm äußerst wichtig", schreibt Laube in seinen „Erinnerungen" über den Fürsten. „Wie oft hat er mich aufgefordert, seine Charakteristik zu schreiben und dabei kein Blatt vor den Mund zu nehmen." Laube beschreibt Pückler, den er ab 1840 erst persönlich kennenlernt, aber auch so: „Die Pücklersche Race ist sehr fein, und es ist offenbar französisches Blut drin … Das schwarze Haar und die gelbweiße Haut Pücklers bestätigen solchen Ursprung. Das lichtgraue, blau an-

dem fast mutterlos Aufgewachsenen in allen Lebenslagen mütterlich beistand. Dieser Frau bewahrte Pückler zeit seines Lebens den „Adel der Treue", wie es H. Laube nennt. Nach „ritterlicher Mannesart" sorgt er für die geschiedene wie für die alternde Lucie in Branitz, schuf ihr ein angenehmes Ambiente, stürzte sich in ein neues Parkabenteuer, macht aus der „Sandwüste" eine Oase. Daß es ihm nicht glückte, als Diplomat gebraucht zu werden, beklagt nicht nur der 1822 gefürstete Pückler, sondern vor allem Heinrich Laube. So erschuf er sich das, was der Muskauer Landschaft fehlte, künstlich.

Laube ist es auch, der folgende Worte zum Charakter Pücklers findet: „Er machte den Eindruck eines schönen Weltmannes mit sehr bequemen Formen und mit überraschenden Naturlauten. Sehr rasch und sehr oft sprang er über das formale Gespräch hinaus, laut rufend oder laut lachend, und alsdann in Gedankengänge hineinspringend, welche man intim nennt. Da regnete es Fragen und Bekenntnisse über die wichtigsten Dinge: Menschenwert,

3
Altersbild Pückler-Muskaus

4
Branitz. Die Qualität des Baumbestandes ist im Vorfrühling am besten erkennbar.
Eichen, Blutbuche, Flügelnuß- und Erlengruppe als markante
Vordergrundbäume v.l.n.r. 1982

geflogene Auge ist deutsch und hat in guten Stunden den Ausdruck unbefangenster deutscher Schalkhaftigkeit und Liebenswürdigkeit, ja sogar deutscher Gutmütigkeit. In guten Stunden. Es kann aber auch sehr scharf und schneidend drein sehn und den ganzen Aristokratismus liebloser Art verrathen, welcher dem Pücklerschen Blut nicht fremd ist." Und in noch schärferen Worten heißt es: „Er zeigt alle ersinnlichen Fehler eines großen Herrn, welcher dem Egoismus vollständig ergeben ist. Wäre der Sinn für Schönheit – in weiter ästhetischer Bedeutung des Wortes – und der Sinn für Ehre nicht so stark in ihm vorhanden, die aristokratische Eigennützigkeit ließe ihn mitten in der Gesellschaft leben wie ein Raubtier." … „Da kam kein Hauch von Gedanken in seinen Sinn: daß er auch für

die Menschen seines Bereiches eine Aufmerksamkeit haben, eine Rücksicht nehmen müsse."[3] Dies der sozial denkende Laube. Als geschichtskundiger Autor fährt er fort: „Dieser Zug, welcher Menschen mit Entsetzen erfüllen mag, ist übrigens gar oft an Männern zu entdecken, welche im Großen schaffen oder zerstören können."

Wir erkennen diese Züge wieder, als Pückler die Gehöfte der Branitzer Büdner entschädigungslos abreißen lassen wollte, was der mutige Cottbuser Justitiar Jahr klug zu verhindern verstand. Doch das ist nur eine Seite seines Charakters. Zeit seines Lebens beklagte sich Pückler in Briefen, daß ihm das Schicksal noch keine Gelegenheit gab, „im Ernste aufzutreten". Von vielen Zeitgenossen wurde er nicht ernst genommen. So bemerkt Scurla, daß

5
Branitz. Monumentale Baumgruppen im Herbstlicht. 1962

Pückler in den Berliner Kreisen um den Hof, wegen seiner extravaganten Art aufzutreten, nicht ernst genommen wurde, man traute ihm eben keine entsprechenden Fähigkeiten zu. „Seine scharfen Ausfälle gegen Standesgenossen und hohenzollernsche Prinzen in den Berliner Salons wurden ähnlich wie Alexander von Humboldts treffsichere Bosheiten nur deshalb nicht so gewichtig genommen, weil sie von Hermann von Pückler stammten."[4]

Diese Zurücksetzung, die er oft erfuhr, bildete zu einem großen Teil mit die Ursache, daß er sich gegenüber der Umwelt so außergewöhnlich benahm. Er fühlte sich zu mehr als zu einem Großgrundbesitzer fähig. Der unentschiedenen Verteilung von Realitätssinn und Romantik in seinem Charakter ist es wohl zuzuschreiben, daß er sich nach großen, persönlichen Enttäuschungen – und dazu

zählt die Nichtanerkennung seiner Person und seiner Ideen – in Reisen flüchtete, und wir setzen hinzu, nicht um Zerstreuung zu suchen, sondern aus der Landschaftsnatur *die* Kräfte zu ziehen, die ihm den geschwundenen Persönlichkeitswert zurückgaben. Das Reisen war für ihn sozusagen eine seelische Kur.

Kindisch naiv erscheint uns seine Überempfindlichkeit für Kränkungen dort, wo der Grund darin liegt, daß er keinen Orden oder Titel verliehen bekam. Was war der tiefer liegende Grund solchen Verhaltens? Dem Wesen und der Veranlagung kommt wohl sein Cottbuser Hausarzt Dr. Liersch[5] am nächsten, der folgendermaßen über ihn urteilte: „Pückler war, wie man zu sagen pflegt, eine weibliche Natur, so männlich und kräftig er im Leben aufzutreten wußte. Sein vorzüglich angelegter und stets sehr ge-

6
Muskau. Kleine Diagonalsicht von der Lindenwiese zum Bergpark.
Die Stadt Muskau liegt unsichtbar dazwischen. 1970

pflegter Körper war im ganzen fein und zart, seine Haut weich, fast durchsichtig; seine Züge waren regelmäßig, edel und geistvoll, seine Augen blaugrau, bald milde, einschmeichelnd und heiter, bald funkelnd und strahlend, ein schöner Spiegel seiner geistigen Beweglichkeit und Lebhaftigkeit. Seine Weichheit und sein tiefes Gemüth, gepaart mit Leidenschaft und Feuer, andererseits seine körperliche Zähigkeit, die oft schnell eintretende Abspannung, aus der er sich aber urplötzlich wie ein Phönix erhob, sein bewundernswürdiges Simulationstalent, das ihn bei seinem unendlichen Wechsel in Berücksichtigung und Geringschätzung der Welt wesentlich unterstützte, seine wohl zu verzeihende Eitelkeit, die ihm bis ins hohe Alter verblieb, vor allem seine Eigentümlichkeit, dem augenblicklichen Eindruck schnell zu folgen, woraus oft die

reizendste Gutmütigkeit, aber zuweilen auch eine ungerechtfertigte Strenge und ein fast unerklärliches Übelwollen erwuchs – alles dies war begründet in der seiner ganzen Natur aufgedrückten Weiblichkeit. Er konnte so launisch aber auch so liebenswürdig wie eine Frau sein, leichtsinnig in der Jugend, wohlwollend im Alter, leidenschaftlich bis zum Exzess und wieder apathisch und fast schüchtern zurückhaltend."

Mit dieser bemerkenswerten Darstellung, die der lange unveröffentlichten H. Laubes nahekommt, kann wohl auch sein ständiges Wechseln zwischen feuereifriger Tatenlust und melancholischem Reflektieren erklärt werden. Obwohl in vielen Dingen der Romantik verhaftet, ist er kein Romantiker gewesen. Zum echten Romantiker paßt gar nicht sein viel zu realistischer Sinn, seine viel zu

7
Muskau. Blick vom Brückenkopf der Doppelbrücke zur Schloßruine.
Rechts in Herbstfärbung eine Ulme, die um 1980 abstarb. 1970

klare Auffassung vom Wesen und Wert der Dinge. Sicher ist die Zwiespältigkeit seiner Äußerungen auch mit seiner gesellschaftlichen Stellung als Großgrundbesitzer verknüpft. Dies widerspiegeln sehr deutlich seine politischen Äußerungen. Als politisch meist liberal eingestellter Mensch sah er sehr deutlich die künftige Entwicklung voraus. Die allgemeine Emanzipation, äußerte er, werde so lange fortgesetzt, bis alle Klassenunterschiede beseitigt sind. Die Zukunft sei der Sozialismus. Als Aristokrat und Künstler aber fürchtete er sich vor den revolutionären Umwälzungen. „Er wußte, daß die Tage der Grandseigneurs gezählt waren, doch hatte er den Mut zur ihm bestimmten Kategorie und so zu sich selbst."[6]

Um zu einer Lösung der Widersprüche zu kommen, zimmerte er sich ein eigenes politisch-weltanschauliches Gebäude. Es ist sehr aufschlußreich, diesen Gedankengängen bis auf ihren Grund nachzugehen. In seinen politischen Ansichten war er, was die allgemeine Entwicklung der Völker anbelangt, der Überzeugung, daß alles durch den Zwang der Notwendigkeit gelöst wird. Seine speziellen Vorstellungen über Deutschland hat er in seinem völlig unbekannten politischen Bekenntnis „Ansichten eines Dilettanten" 1831 niedergelegt[7]. Zuerst verbreitete er diese durch handschriftliche Vervielfältigungen an preußische Prinzen, Minister sowie an mehrere adlige Großgrundbesitzer. Das Echo muß niederschmetternd gewesen sein, wie aus der Einleitung in „Tutti frutti" hervorgeht[8]. Nachdem diese Denkschrift bei dem angesprochenen Kreis so wenig Gegenliebe fand, veröffentlichte er sie, vermutlich in der Hoffnung, sie somit einem breiteren Leserkreise zur Kenntnis zu bringen. Sicher vertraute er dabei auch seinem Namen als Reiseschriftsteller.

Als Verpackung dieser höchst ungenierten Ansichten dienten recht belanglose Histörchen, die allem Anschein nach daran schuld sind, daß diese „Gemischten Früchte", wie der italienische Titel übersetzt lautet, bisher als bedeutungslose Schreiberei gewertet wurden. Wir sehen in diesem Umstand eine gewisse Geniertheit, politisch brisante Gedanken ohne Umschweife zu publizieren.

In „Tutti frutti" nennt er nun seine Ideen auch direkter „Politische Ansichten eines Dilettanten". Das Wort Dilettant ist sehr aufschlußreich und bedeutet keine Geringschätzung seinerseits – dazu war er viel zu selbstsicher und selbstbewußt geworden –, sondern gilt als Hinweis, kein Berufspolitiker zu sein, wie er ja auch kein Gartenkünstler berufshalber war, doch aus innerer Berufung. Schonungslos gibt er in „Tutti frutti" die Wirkung seiner Denkschrift bei den Angesprochenen wieder, wo es heißt: „Größtes Interesse zeigten die Prinzen, einige Standesherren billigten meine Ideen, der kleine hundertköpfige Dienstadel traktierte sie als ebenso abgeschmackte wie strafwürdige Tollheit" – kein Wunder, denn letzterer sollte nach Pücklers Ansichten verbürgerlicht werden – „und der davon Kenntnis nehmende Teil der Beamtenwelt gab mir die Schrift stillschweigend mit vornehmem, wenngleich etwas bittrem Lächeln zurück."

Was war der Anlaß zu einer solchen politischen Äußerung? Pückler erkannte wie viele andere die Zeichen der Zeit, die auf eine totale gesellschaftliche Umwälzung hinausliefen. Er sah schon 1826–1829 bei seinem zweiten Englandbesuch die heranwachsende Kraft des Industrieproletariats, hatte er doch genügend Einblick in die Verhältnisse der englischen Industriearbeiter in den Zentren von Leeds, Manchester und Birmingham nehmen können und war entsetzt über die menschenunwürdigen, menschenverachtenden Zustände besonders bezüglich des Arbeitsschutzes in den dortigen Fabriken. Er selbst war ein Verfechter der neuen Ideen, die er in den Vereinigten Staaten von Nordamerika sich verwirklichen sah.

„Die Gesetze der Natur, wie die Erfahrung der Geschichte", doziert er, „lehren uns auf beiden Wegen menschlicher Erkenntnis unwidersprechlich: daß das Alt-

werdende, sei es auch noch so sehr seiner Zeit entsprechend, noch so vortrefflich constituiert gewesen, endlich absterben und ebenso, daß das jugendliche Neue in seinem frischen Wachstum und seiner Ausbildung fortschreiten muß." Jedoch fürchtete er den gewaltsamen Umsturz und schlägt dafür die Schaffung einer konstitutionellen Monarchie vor, eine Staatsform, die die „vorwärtsdrängenden Kräfte" nutzbringend in eine neue Ordnung einbaut.

Nicht die Republik, sondern die konstitutionelle Monarchie sei für die Deutschen die richtige Staatsform, meint er an anderer Stelle, weil die Mehrzahl für die wahre Freiheit noch zu wenig vorbereitet ist, „der Mehrzahl – was der größte Übelstand der Zeit ist – allein diejenigen Systeme faßlich und begreiflich sind, welche entweder zur Despotie oder zur Anarchie führen." Ähnlich beklagte sich ja auch Heinrich Heine über die Deutschen. Dem Fürsten geht es um die *Erhaltung* des *Bestehenden*. Er will die englische Staatsform auf Preußen übertragen. In seinem innersten Wesen ist er ein so eingefleischter Aristokrat, daß er zwar den kleinen Adel opfern, aber nicht auf die Aristokratie als Lebensform, als „erhaltendes Prinzip", wie er es nennt, verzichten will.

Beschwichtigend beteuert er, daß er weder ein „Anhänger der absoluten Volkssouveränität, noch der unbedingten Legitimität und zu ihr (in diesem Sinne) gehörenden absoluten Monarchie sei." Seiner Auffassung nach sollten sich Volkssouveränität und Herrscherlegitimität auf eine Art im Staate verschwistern, wie „im Menschen der freie Wille und die Macht des Schicksals miteinander bestehen".

An anderer Stelle seines politischen Bekenntnisses schreibt er, daß es die Aufgabe der Staatsmänner Europas sei, „den herannahenden Strom" (der allgemeinen Freiheitsbewegung, Verf.) „so unschädlich dem Bestehenden als möglich zu machen, um ihn in vielfachen Kanälen durch die Klippen zu führen, um das Land zu befeuchten, anstatt es durch eine Flut zu verheeren."

Durch Reformen also sollte die Zukunft erreicht werden; vor einer Revolution fürchtete er sich ebenso wie die meisten der herrschenden Klassen, nur hatte er die feste Überzeugung, daß die kapitalistische Entwicklung, die in Preußen gerade erfolgreich begann, nicht die Lösung des Grundproblems bringt. So plädierte er in deklamatorischer Weise ständig für die konstitutionelle Monarchie, in der eine erneuerte Aristokratie das erhaltende Prinzip des

8
Branitz. Hofseite des restaurierten/teilrekonstruierten
Marstalls. 1994

9
Branitz. Parkseite des Marstalls. 1994

Staates verkörpern soll, das darauf gerichtet sein muß, trotz ständiger Aufnahme vorwärtsdrängenden Gedankengutes aus dem Volke, die ruhige Entwicklung und den Kurs des Staatsschiffes zu garantieren. Wenn auch nicht für revolutionäre Veränderungen, so war er jedoch für eine radikale Erneuerung des preußischen Staates, da „jetzt eine auf den Trümmern des Adels emporgehobene Beamtenwelt die eigentliche Einheit und Kraft des Staates weit mehr als übermütige Barone oder eine Deputiertenkammer lähmt."

Nicht unerwähnt bleibe das Zusammentreffen mit Heinrich Heine, mit dem ihn ein mehrjähriger Briefwechsel verband und dem er beistand, als dieser in der „Augsburger Allgemeinen Zeitung" wegen seiner politischen Einstellung verunglimpft wurde. Heine hat ihm im Zueignungsbrief seiner „Lutetia"[9] in keck-spritziger Form dafür Dank abgestattet und nannte ihn unter anderem „mein hochgefeierter und wahlverwandter Zeitgenosse". Wenn man bedenkt, daß in der „Lutetia" Heines politische Ansichten dargelegt sind, eingekleidet in die Berichte über die Pariser Zustände zwischen 1840 und 1843, und in der Vorrede zur französischen Ausgabe 1855 sein Bekenntnis zum Kommunismus enthalten ist, erhält das Pückler gewidmete Buch besondere Bedeutung in dem von uns dargelegten Sinne, was den Gehalt seiner Branitzer Parkidee bestimmt.

Als Pückler 1848 eine Aufforderung erhielt, Mitglied der Nationalversammlung der Frankfurter Paulskirche zu werden, war er dazu nicht bereit, was ihm von manchen verübelt wurde. Solch eine Stellung entsprach nicht seinem Gesellschaftsmodell. Nur einige wenige Hochadlige, zu denen er sich rechnete, sollten als Garanten des erhaltenden Prinzips in den Pairstand aufrücken und den Thron beraten, frei und ohne Furcht, dank ihrer finanziellen Unabhängigkeit. Und unabhängig in jeder Hinsicht bleiben, war nun einmal seine unumstößliche Überzeugung. Auch hier also eine von seinem Standpunkt aus klare und konsequente Einstellung.

Bemerkenswert ist seine religiöse Auffassung. Zeitlebens hat er sich über religiöse Fragen geäußert, teils positiv, teils negativ und ablehnend. Und wie auf anderen Gebieten, zimmerte er sich auch hier seine eigene Anschauung zurecht.

Im Briefwechsel mit dem Superintendenten Petzold, dem Vater des Gartenkünstlers Petzold, gibt er sich meist als biederer Gläubiger. Ansonsten vertritt er eine prakti-

10
Branitz. Plastik der Thalia im Ostgiebel des Marstalls. 1994

sche religiöse Haltung, die sich nicht in Geld-, Holz- und Sachspenden oder Erziehungsbeihilfen für bedürftige Bürger erschöpft, sondern in der Auffassung, daß tätiges Leben mehr nütze als Gebete. In einem Brief an Heinrich Heine schrieb er: „Beten ist löblich, aber wenn Du einen Baum pflanzest, so wird dir das angerechnet werden als zehn Gebete, und erhältst du einen solchen, der vor Dürre verschmachtet, das Leben durch Wasser, das du herbeiträgst, so soll es dir angerechnet werden als hundert Gebete." Ähnlich Goethe wünschte er sich nach dem Tode neue Möglichkeiten der Tätigkeit und ließ diesen Wunsch mittels eines Spruches an einem Gitter anbringen, das als Krönchen die Spitze der Landpyramide in Branitz ziert. Die Inschrift lautet: „Gräber sind die Bergspitzen einer fernen neuen Welt". Was für eine hoffnungsfrohe Bot-

11
Branitz. Schloß in neuer Farbgebung vom Hoftor des Marstalls. 1994

schaft, die wir auch in seinem Parkschaffen verschlüsselt erkennen können!

Dem Geheimrat Grävell gegenüber offenbart er seinen unabhängigen Geist: Die Religion ist ihm nur mit der Poesie vergleichbar, während die Philosophie ebensowenig mit der Religion, wie Wissenschaft und Poesie vergleichbar seien[10].

Und in einem Brief an Wiedisch, 1847, zeigt sich *sein* „Glaubensbekenntnis". Es heißt darin unter anderem: „Nun, Gott lebt in der Welt, und das ist bei allen Dingen die letzte Beruhigung. Es ist Ihnen bekannt, verehrter Doctor Philosophia, daß ich nur 3 Dinge mit voller Überzeugung wirklich glaube:

Erstens: daß das Göttliche *ist* als Grund und Träger des Alls

Zweitens: daß ich selbst existiere

Drittens: daß jedes geistige Wesen die Verpflichtung hat, sich dem Göttlichen möglichst zu nähern.

Damit und allem, was notwendig daraus folgt, ist meine Religion und Philosophie abgeschlossen. Ich brauche nicht mehr in der Hauptsache und bin mit dieser jedem zugänglichen Offenbarung vollkommen zufrieden."

Diese kurzen Ausführungen lassen erkennen, daß viele Darsteller des Pücklerschen Wesens sich von seinen oft sich widersprechenden Äußerungen an das Publikum verwirren ließen. Pückler besaß eine echte Schauspieler-

12
Branitz. Orientalisches Zimmer im Obergeschoß des Schlosses.
1990

13
Branitz. Bildnis der Äthiopierin Machbuba

14
Branitz. Musikzimmer im Schloß aus der Zeit vor Pückler-Muskau. 1990

seele, die die Welt als Zuschauer beanspruchte, um befriedigt zu werden. Seine vielseitigen Veranlagungen verführten ihn ständig, diese auch auszuspielen. Doch das Wesentliche bleibt unübersehbar. Nach Heinrich Laube hätte „der ganze Mann eine große Rolle politisch spielen können, denn er hatte einen unerschütterlichen, kalten Mut und einen unverwüstlichen Leib … Und diesen Mut wie diesen Leib beherrschte ein abenteuerlicher, starker Geist." Da man ihm im öffentlichen Leben nichts zutraute, stürzte er sich immer erneut in Abenteuer, einschließlich der Schaffung riesiger Parke, nach den Vorstellungen jener Zeit im landschaftlichen Stil, deren Ausdrucksmöglichkeiten das ihm Gemäße war. So übte er diese Fähigkeit dann vehement auch zeitlebens aus. Das Bücherschreiben stellte er 1848 ein. Parke schuf er bis zu seinem Lebensende.

15
Hermann Ludwig Heinrich Fürst von Pückler-Muskau, um 1835.
Bildnis mit dem Ordensband „Ritter der Fremdenlegion".
Lithographie nach Lithographie des Kopfes vom
Porträt von Franz Krüger. 1824

Die im Park Branitz verborgene Weltsicht Pücklers – ein dynamisches Gesellschaftsmodell

Von Helmut Rippl

Die folgende These wird zuerst auf großen Widerstand stoßen, da die Erkenntnis, die sich aus dem Studium und der praktischen Arbeit in den Pückler-Parken ergab, so gar nicht mit dem Klischeebild vieler Journalisten übereinstimmt. Aber auch unter den Gartenfachleuten werden diese Ausführungen auf Kritik stoßen, da das in der Überschrift genannte Stichwort nicht mit Pücklers eigenen Worten belegt wird. Der Verfasser ist sich darüber völlig im klaren. Doch die Umstände ließen es bisher nicht zu, den sehr verstreuten Briefwechsel Pücklers nach derartigen Ansichten zu erforschen. Dafür bietet uns das, was seine Parke noch heute bildlich verkörpern, einschließlich der Plananalysen, sowie seine politischen Verlautbarungen so viele Anhaltspunkte, um sie unter diesem Aspekt einmal darzustellen. Dies erscheint um so dringender, da das jüngste Zeugnis, Branitz, auch schon seinen vegetativen Höhepunkt überschreitet und es höchste Zeit ist, die These auch von anderer Seite am Objekt prüfen zu lassen. Verfasser läßt sich vor allem davon leiten, daß das Ästhetische nicht ausschließlicher Beweggrund für den „Parkomanen" Pückler war. Wie viele große Künstler, war auch Pückler ein Suchender. Und erst am Ende seines Lebens kam er zu der Erkenntnis, daß seine Natur wohl vor allem zu *einem* Ziel angelegt war: der Betätigung im Künstlerischen. Hier fand er ein Feld, das seinem Streben zu Hilfe kam: Schaffung von Vollkommenheit in allen seinen Lebensbereichen. Diesem Drang nach Vollkommenheit ist es zu verdanken, daß bis zuletzt am Werk gearbeitet und verbessert wurde. Das heutige Bild des Muskauer Parkes wurde erst durch die zwischen 1829 und 1844 erfolgten ergänzenden Pflanzungen geprägt.

Es muß auch der Auffassung widersprochen werden, daß Pückler keine *Weiterentwicklung* seiner künstlerischen

Fähigkeiten durchgemacht hat. In Muskau galt es nach seinen eigenen Worten, „ein sinniges Bild des Lebens unserer Familie oder vaterländischen Aristokratie, wie sie sich eben hier vorzugsweise ausgebildet …"[1], darzustellen. Da er wachen Sinnes die sich anbahnenden gesellschaftlichen Veränderungen wahrnahm, könnte man Muskau als Pücklers Schwanengesang, was die herkömmliche Aristokratie betraf, bezeichnen. Doch gibt ein Mann wie er nicht ohne weiteres auf. Der Einleitung zu seinem Gartenbuch „Andeutungen über Landschaftsgärtnerei" von 1834 stellt er ein sehr bemerkenswertes Zitat voran:

„Gestattet uns, auch das Schöne hier in Anschlag zu bringen; denn ich sehe nicht ein, weshalb man das Schöne vom Nützlichen ausschließen sollte. Was ist denn eigentlich nützlich? Bloß was uns ernährt, erwärmt, gegen die Witterung beschützt? Und weshalb denn heißen solche Dinge nützlich? Doch nur weil sie das Wohlsein des Menschengeschlechts leidlich befördern? Das Schöne aber befördert es in noch höherem und größerem Maße; also ist das Schöne eigentlich unter den nützlichen Dingen das Nützlichste." Daß hier dem Nützlichen das Schöne vorangestellt wird, bedeutet, daß Pückler auf seine Weise Einfluß auf die Kulturpolitik nehmen wollte. Nicht als im Vordergrund stehender Politiker, sondern durch Förderung des Schönen für das Ansehen und die Bildung der Nation wirkend.

Kann man für Muskau Pücklers Intentionen in seinen Publikationen verfolgen, fehlen für Branitz derartige Zeugnisse. Dafür kommt dort in subtilster Art die Verwirklichung seines in den „Andeutungen …" versteckt formulierten Credos verstärkt zur Anwendung: „Es ist die Freiheit der Bäume, nach der wir uns ebenfalls so sehr

16
Branitz. Schloßwiese mit Baumreihe, die zum Kavalierhaus führt.
Dazu setzen Flügelnuß und Blutbuche Akzente. 1987

sehnen"[2], die andere Wurzel seines Schaffenstriebes. Der hier von Pückler benutzte Freiheitsbegriff hat eine zentrale Bedeutung. Er beinhaltet nicht nur die allgemeinen Menschenrechtsproklamationen der „Aufklärung", sondern den wesentlichen Teil seiner Kompositionen mit Bäumen. Pückler kann nicht einer anarchischen Freiheit, wie sie in der Natur sich zeigt, huldigen, weder als Künstler noch als politisch Denkender. Der zur Erlangung größtmöglicher individueller Entfaltung notwendige Freiraum ist zwar Voraussetzung für schön gewachsene Bäume, doch müssen alle sich einem übergeordneten Gesetz fügen, um zur Harmonie zu führen. Auf die gesellschaftliche Ebene umgesetzt, wäre das Gestalten mit Bäumen Pücklers Suche nach einer tragfähigen politischen Lösung, um das deutsche Staatsschiff durch die heraufkommenden sozialen Veränderungen zu manövrieren.

Seit 1818 bemühte er sich über seine Frau Lucie um Einsicht in die Papiere über die Verfassungsfrage bei ihrem Vater, dem Kanzler Hardenberg. Dieser traute allem Anschein nach seinem unsteten Schwiegersohn keine diplomatischen Fähigkeiten zu. Ob dies ein Grund war, daß der schlaue Hardenberg sich dafür verwendete, daß sein Schwiegersohn das Fürstenpatent 1822 erhielt, um ihn abzulenken? Weder Tagebuchnotizen noch Briefe zu diesem Punkt sind in der sonst so umfangreichen Pückler-Biographie der Ludmilla Assing aufgenommen worden. Überliefert ist nur, daß der Fürst 1834 die Vereinigten Staaten von Nordamerika bereisen wollte, er sympathisierte mit deren fortschrittlicher Verfassung. Dazu kam es nicht. Ob die lange Seereise ihn abhielt, da er so leicht seekrank wurde? Anstelle von Amerika bereiste er recht komfortabel, wenn auch oft abenteuerlich, Nordafrika, Ägypten, Syri-

17
Branitz. Schloßwiesenteil mit vor der Terrasse nachgepflanzten Bäumen.
Links Gegenblick zur Sicht Abb. 16. 1994

en, Griechenland. Den in aller Welt im Ruf eines „Menschenschlächters" stehenden Mehemed Ali, Vizekönig der Türken in Ägypten, verteidigte er. Nach seiner Meinung habe der autokratische Herrscher der Bevölkerung den Fortschritt gebracht – ungeachtet aller noch überall vorhandenen Armut. Die Verbesserung der Lebensumstände für die Allgemeinheit wertete Pückler höher als die damit verbundenen Opfer.

Sechs Jahre war er unterwegs. Sein Park schien vergessen. Muskau wollte er 1840 bereits verkaufen. War das das Ende seiner Parkambitionen? Keineswegs! Ab 1843 schuf er für eine intelligente Frau in Babelsberg einen weiteren Park.

Pücklers unbändiger Drang nach Unabhängigkeit war der Hauptgrund für den 1845 erfolgten Verkauf Muskaus, zum größten Leidwesen Lucies, die in Muskau ökono-

misch gewirtschaftet hatte. Doch Pückler drückte der vom Vater übernommene Schuldenberg, der zwar nicht größer – wie immer behauptet –, aber auch nicht kleiner geworden war. Auch künstlerisch hatte er dort das Wesentliche getan, alles weitere Expandieren konnte Muskau kaum wertvoller machen. – Dies ein viel zu wenig beachteter Umstand. Gravierender war unserem Empfinden nach, daß Pückler auch frei von einem ideologischen Ballast wurde: das Idealbild „der vaterländischen Aristokratie" dort zu verwirklichen.

Im platten öden Branitz war dann Gelegenheit, seinem durch Reisen geschärften politischen Blick bei gleichgebliebener Wahrheitsliebe künstlerischen Ausdruck zu verleihen.

Mitten in Pücklers aktivster schriftstellerischer Phase zwischen 1830 und 1833 – es entstanden: „Briefe eines Ver-

18
Branitz. Diagonalsicht über die Mondwiese zum Schilfsee,
die südlichste der vier Sichten. 1994

in der Entgegnung: „Die einen halten ihn für den größten Aristokraten, während die Anderen in ihm einen Radikal-Reformer erblicken … Wäre in Deutschland mehr öffentlicher Geist, der Verstorbene würde jetzt schon den Ruf haben wie Mirabeau." Nur der reichste Teil des Adels sollte nach Pücklers Meinung bleiben, dafür aber auch verdienten Bürgern der Weg offenstehen, Mitglied des neu zu schaffenden Pairstandes zu werden, mit entsprechender finanzieller Ausstattung durch den König. „Aller andere Adel soll – untergehen. So hat noch kein Demagoge alle wohlerworbenen Rechte angegriffen; das ist ja des Nationalkonventes in der Zeit der Schreckensregierung in Frankreich ganz würdig!"[4], heult unser zitierter Anonymus auf.

Dies soll genügen, um nochmals die damals erkannte Brisanz der „Politischen Ansichten eines Dilettanten" vor Augen zu führen. Zurück zu Branitz. Dort pflanzte er von 1847 bis 1870 weit über eine Million Bäume, nach seinen zäh erworbenen Erfahrungen, und schuf ein Gebilde, das selbst nach 140 Jahren alle begeistert, die ihr Auge zu gebrauchen lernten. Von der riesigen Zahl ehemaliger Bäume ist bis heute nur ein kleiner Teil geblieben, schätzungsweise zehn- bis zwölftausend im 92 ha großen Kernpark. Und bildwirksam in den Parkräumen sind sogar davon nur 10 Prozent. 1360 Stück wurden 1984 gezählt. Beim Vergleich der Parkpläne von 1868 und 1970 fällt weniger eine Veränderung der großen Flächen auf als die Abnahme der kleinen und kleinsten Pflanzstellen.

Die übriggebliebenen haben Kronen entwickelt, die um ein Vielfaches größer sind als im Plan 1868. Würden alle Bäume noch stehen, gäbe es keine offenen Sichten mehr, wäre die so schöne Spannung zwischen waldähnlichen Flächen und den frei im Raum auf der Wiese stehenden Solitärs und Gruppensolitärs nicht erlebbar.

Allen negativen Urteilen namhafter Gärtner zwischen 1870 und 1890 zum Trotz repräsentiert im Branitzer Park eine aus der Pücklerzeit stammende Baumgeneration heute ein Bild der Vollkommenheit im künstlerisch-ästhetischen Sinne. Die zu viel und zu dicht (nach Petzold) gepflanzten Bäume sind nach und nach entfernt worden. Ja, auch die naturbedingten Aderlässe in Form des Ulmensterbens, des Ausfalles der meisten Nadelbäume, der Birken, Eschen und Spitzahorn, Erlen, Weiden und mehrere Sturmkatastrophen sowie Dürrezeiten haben Branitz bisher im Kernbereich nichts von seiner Großartigkeit nehmen können. Diese Beständigkeit beruht auf der dominie-

storbenen", „Andeutungen über Landschaftsgärtnerei" – fällt sein politisches Pamphlet: „Ansichten eines Dilettanten". Die ablehnende Haltung, die diese Schrift erfuhr, und die Wut, die sich nach dem Druck der in relativ hoher Auflage erschienenen fünf Bändchen „Tutti frutti" mit dem „Politischen Glaubensbekenntnis des Verstorbenen" – wie es in einer Entgegnungsschrift eines anonymen Verfassers[3] heißt – entlud, sind bezeichnend. Pückler nennt die Dinge wie immer beim Namen. „Nur ein Feind des Adels konnte so schreiben …" wettert der adlige Schreiber aus Norddeutschland. „Pflicht dünkt es mir, vor dem falschen Freund zu warnen. Der Adel darf den, wenn auch aristokratischen Verfasser dieser Ansichten in „Tutti frutti" nicht für einen der Seinigen halten." Weiter heißt es

19
Branitz. Zwei von ehemals vier Sichten, die von der Langen Brücke
über den Schwarzen See in den Park konzipiert waren.
Rechts der erneuerte Fischbalkon. 1994

renden Pflanzung von Stieleichen als der am ältesten werdenden Baumart und auf der speziellen Arbeitsweise: Zuerst wurden neben dem Hauptwegebau (Fahrweg für die Kutsche) die markanten raumbildenden und -bestimmenden Flächenpflanzungen vorgenommen. Sie sind die dauerhaftesten Elemente, weil Ausfälle einzelner Bäume von den vielen anderen schnell kompensiert werden. Andererseits können durch entsprechende Eingriffe aus den Übriggebliebenen immer wieder Randbäume zu repräsentativer Wirkung gebracht werden. Erst später erhielten Solitärs und kleine Gruppen ihren Standort angewiesen. Ihre Anzahl hat zwischen 1853 und 1868 ständig zugenommen, wie die Parkpläne dieser Jahre deutlich zeigen. Ihre Standortfindung nahm Pückler zu Pferde sitzend so

vor, daß er mit Markierstangen ausgerüstete Parkarbeiter einwies, indem er von mehreren Standorten ihre passende Einordnung prüfte. So erklärt es sich, daß diese Bäume sich nicht gegenseitig den Rang streitig machten, sondern jeder zu individueller Wirkung gelangte. Durch ein ausgeklügeltes Pflegesystem wurden Höhendifferenzierungen der Pflanzungen angestrebt. Linden und Hainbuchen konnten dank ihrer Regenerierfreudigkeit auch als Büsche eingesetzt werden. Sobald sie zu groß wurden, setzte man sie zurück oder sogar auf Stock und ließ sie wieder austreiben, bis dieser Eingriff erneuert werden mußte. Dieses Verfahren konnte jedoch nicht endlos praktiziert werden. Mit dem allgemeinen Breitenwuchs wurden große Eingriffe notwendig. Die Anzahl der Pflanzstand-

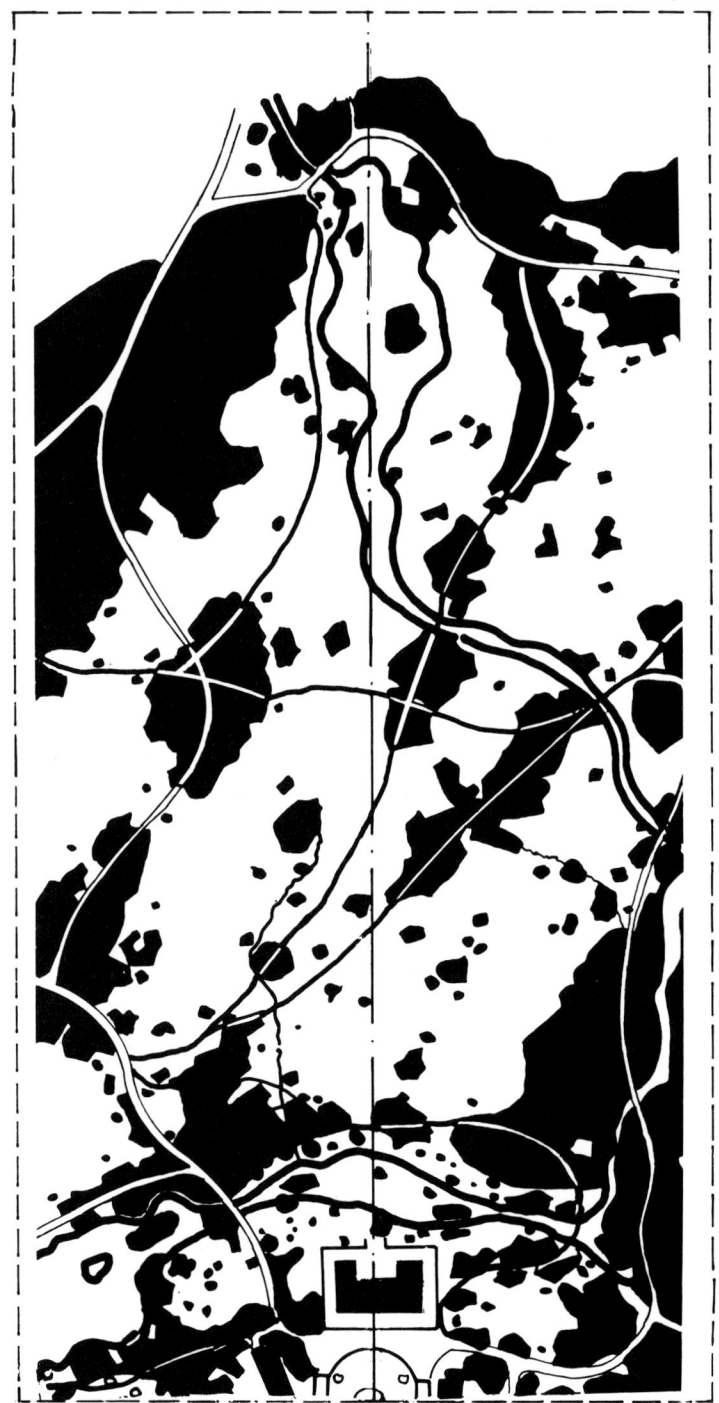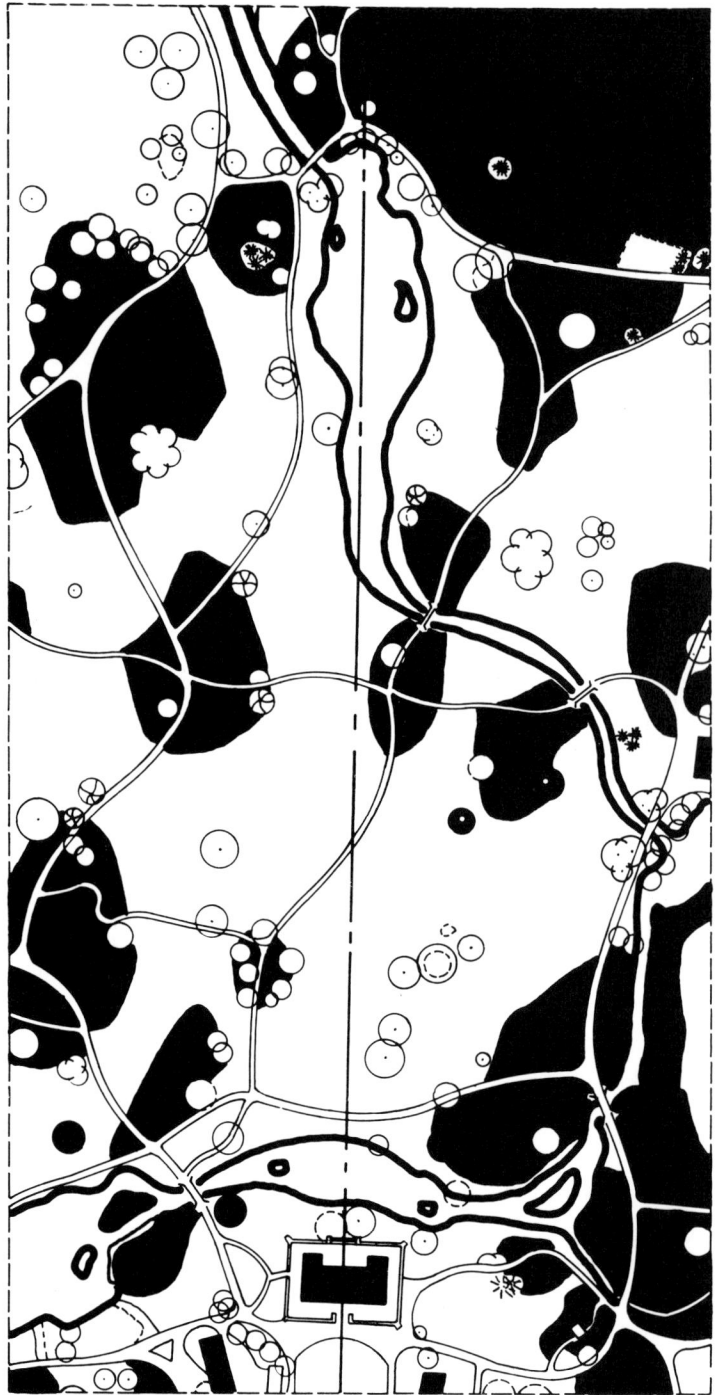

20

Branitz. Die im Laufe von 100 Jahren eingetretenen Veränderungen
im Teil zwischen Schloß und Poetenhügel 1868–1970.
Die nicht getönten Bäume sind ganz besonders in Erscheinung tretende Solitärs oder Solitärgruppen

orte verringerte sich wieder, wie der Vergleich der Park-
planausschnitte von 1868 und 1970 zeigt. Diese Reduzierung verlangte von dem Parkpfleger ein hohes Können.
Denn der Parkurheber konnte die Unwägbarkeiten des
Baumlebens, die Krankheiten, die Sturmausfälle etc. nicht
vorhersehen. Ebensowenig vorhersehbar für ihn waren
die Bildwirkungen in Abhängigkeit vom Entwicklungs-
und Alterungsprozeß. Und dennoch gibt es noch immer
eine Fülle stimmiger Bilder, Bildfolgen und Szenerie-
wechsel.

Wie ist dies überhaupt noch möglich? In dem Kapitel
„Grundzüge der Pücklerschen Gestaltungsart in seinen
Landschaftsparken" (S. 169 ff.) wird auf die Gestaltungs-
gesetze näher eingegangen. Hier sei nur so viel vorweggenommen, daß das an erster Stelle stehende Ordnungs-
prinzip wohl die wichtigste Erklärung der Dauerhaftigkeit der Bildkomposition ist.

Das Hintereinanderpflanzen mehrerer Bäume oder
kleiner Gruppen auf einer Geraden, mit mehr oder weniger großen Abständen, ergibt die Chance, daß auch bei
Ausfall des Kopfbaumes (der erste Baum der Reihe) das
Bild nicht zusammenbricht. Dies ist erst dann der Fall,
wenn in der Reihe kein Baum mehr steht. Doch dann hat
die Parkinspektion nicht funktioniert. Denn rechtzeitig
die ausgefallenen Bäume ersetzt, unter Umständen mit
Pappeln gemischt, bringt zwar andere Individuen zur
Wirkung, der Bildaufbau jedoch bleibt im großen erhalten. Mit dieser Pflanzweise oder Regie ist unbestreitbar
das *Prinzip Dauerhaftigkeit* allen Pückler-Parken imma-
nent. Hinzu kommt ein zweites Prinzip: Die Verwendung
einiger weniger, durch ihre spezielle Blattfarbe auffallen-
der Bäume. Blutbuchen, Graupappeln, Platanen und
Liriodendron sowie Silberahorn – alles älter als 150 Jahre
werdende Arten – werden in kleinster Anzahl so im Raum
verteilt, daß nie mehr als drei je Art zugleich sichtbar sind.

Durch diese spartanische Pflanzweise entstand jene konzentrierte Kraft und Fülle, jene großartige Einfachheit
trotz Mannigfaltigkeit im Wechsel, jene Dauerhaftigkeit
des Ganzen, trotz Alterung und Verfall des Einzelbaumes
– ein Triumph über die Vergänglichkeit. Hier wird die Natur der Kunst dienstbar gemacht. Und so gelungen ist das
Werk, daß man das künstlich Geschaffene, ohne Wissen
um seine Entstehung, nicht mehr spürt. Liegt somit nicht
der Schluß nahe, daß in dieser Pflanz- und Pflegeweise
sich ein durch Kunst veredelter Prozeß darstellt, mit dem
verschlüsselten Hinweis, auch in der Menschengemein-
schaft ohne zerstörerische Revolutionen Macht-, Parteien-
und Generationswechsel zu vollziehen?

Allen Bäumen das gleiche Recht in individueller Entfaltung einzuräumen, ist ein demokratischer Ausdruck. Alle
Bäume so zu pflegen, daß sie jederzeit – dank ihrer voll
ausgebildeten Kronen – ausgefallene Bäume ersetzen
können oder sogar die Führung im Ensemble übernehmen, ist für die Dauerhaftigkeit des Parkganzen wichtigste Bedingung. Wird damit nicht der Pücklerschen Auffassung entsprochen, allen „vorwärtsdrängenden Kräf-
ten" einen sie ausfüllenden Wirkungskreis zu ermöglichen? Nicht in Form grenzenloser Freiheit, sondern immer dem Ganzen verpflichtet. Dies entspräche einer Verfassung, die das beharrende (konservative), aber somit
auch bewahrende Prinzip durch das dynamische, fortschrittliche Prinzip vor einer Erstarrung bewahrt.

Ganz beiläufig hat Pückler sein Branitz einen neuen
„Fortschrittspark" genannt.

Somit wäre im Künstler der Staatsmann noch zu seinem
Recht gekommen und Branitz Sinnbild einer neuen Uto-
pia, einem dynamischen Gesellschaftsmodell. Diesmal
nicht mit den Mitteln des Wortes, wie bei Campanella und
Thomas Morus, sondern mit genial genutzten lebenden
Naturkindern – den Bäumen.

Pücklers Parkschöpfungen in Muskau, Babelsberg, Branitz und Ettersburg

Von Helmut Rippl

Die von Pückler-Muskau im wesentlichen geschaffenen drei großen Parke und der Pücklerschlag am Ettersberg bei Weimar werden in den folgenden Abschnitten in ihrem Werdegang bis in die Gegenwart dargestellt. Die ihnen zugrunde liegenden Ideen sind trotz der Ähnlichkeit der gestalterischen Mittel auf Grund der unterschiedlichen landschaftlichen Gegebenheiten recht verschieden. In Muskau bildete das von der Neiße eingeschnittene liebliche Flußtal den bestimmenden räumlichen Rahmen mit Blickbeziehungen vorwiegend von den Berglehnen nach innen, zum Schloß als Brennpunkt. In Babelsberg ist der Berg Ausgangs- und Mittelpunkt des Ganzen mit nach außen orientierten Rundsichten in die schöne Potsdamer Seenlandschaft. Am Nordhang des Ettersberges entstand in nur zwei Jahren ein Parkprospekt durch Wegschlagen von ca. 7 ha Buchenwald. Und im ebenen Branitz, wo die Landschaft weder Berg noch Tal bot, mußte das Fehlende künstlich geschaffen werden. Da dort alles aus der Phantasie erwuchs, ist Branitz wohl die reinste Verkörperung seiner Vorstellung landschaftlicher Gartenkunst.

Zu nennen ist aber auch Pücklers Einfluß als beratender und tätiger Gartenkünstler an vielen Fürstenhöfen. In Neuhardenberg, dem Park seines Schwiegervaters, des Fürsten Hardenberg, ließ er 1822 auf eigene Kosten den kurz zuvor in Muskau tätigen englischen Gärtner Vernal vier Wochen lang unter seiner Leitung arbeiten. Für Altenstein, Reinhardsbrunn, Belvedere und Tiefurt bei Weimar, für den Glienicker Park und sogar für Sanssouci gab er Ratschläge. Praktisch tätig war er im thüringischen Wilhelmstal, an der Wartburg, in Koblenz, in Winterhalter / Schweiz und im östlich von Torgau gelegenen Pülswerda – einem Wohnsitz seiner Mutter in zweiter Ehe –, wo ein kleiner Landschaftspark, an den Elbdeich angelehnt, mit prächtigen Eichen im Elbvorland korrespondiert.

Selbst in England, im Park des ihm wohlgesonnenen Besitzers von Cobham-Hall, wurde nach Pücklers Intentionen abgesteckt und ausgehauen. Neben seinem praktischen Schaffen bemühte er sich für die breite Anwendung seiner in Muskau gesammelten Erfahrungen. Pückler war Künstler und Agitator in einer Person. Schon 1825 trug er sich mit Plänen für ein Gartenfachbuch, das aber erst nach dem Riesenerfolg mit der Veröffentlichung der „Briefe eines Verstorbenen", seiner Reisebriefe aus England und Irland, endgültig in Angriff genommen wurde, wieder mit durchschlagender Wirkung. Diesem prächtig ausgestatteten Gartenwerk „Andeutungen über Landschaftsgärtnerei" stellte er als Leitmotiv voran, daß unter den nützlichen Dingen das Schöne eigentlich das Nützlichste sei.

Der Muskauer Park

Muskau liegt in einem größeren, trichterförmig sich nach Norden verjüngenden Tal der Neiße. Die beidseitig den Landschaftsraum begleitenden Flußterrassen sind am südlichen Stadteingang stark zerklüftet und fallen schroff ab, während sie östlich des Flusses weit ausschwingen und breite Terrassen bilden. Der an seiner südlichen Basis zwischen 800 und 1200 m breite Trichter verengt sich auf

300 m an der engsten Stelle, Weltende genannt. Oberhalb des zweiten Flußterrassenabsatzes schließen sich auf beiden Seiten große, relativ ebene, nach Norden abfallende Flächen an. Die vom Schloß aus erlebbare Gesamtgröße des Talraumes, in dem der wesentlichste Teil des Parkes liegt, beträgt 220 ha. Die höchsten Erhebungen liegen zwischen 25 m im Norden und 55 m im Süden über der Neiße.

In der Stadtansicht von 1742[1] wie auch in zwei späteren Zeichnungen stellt sich die unmittelbare Umgebung der

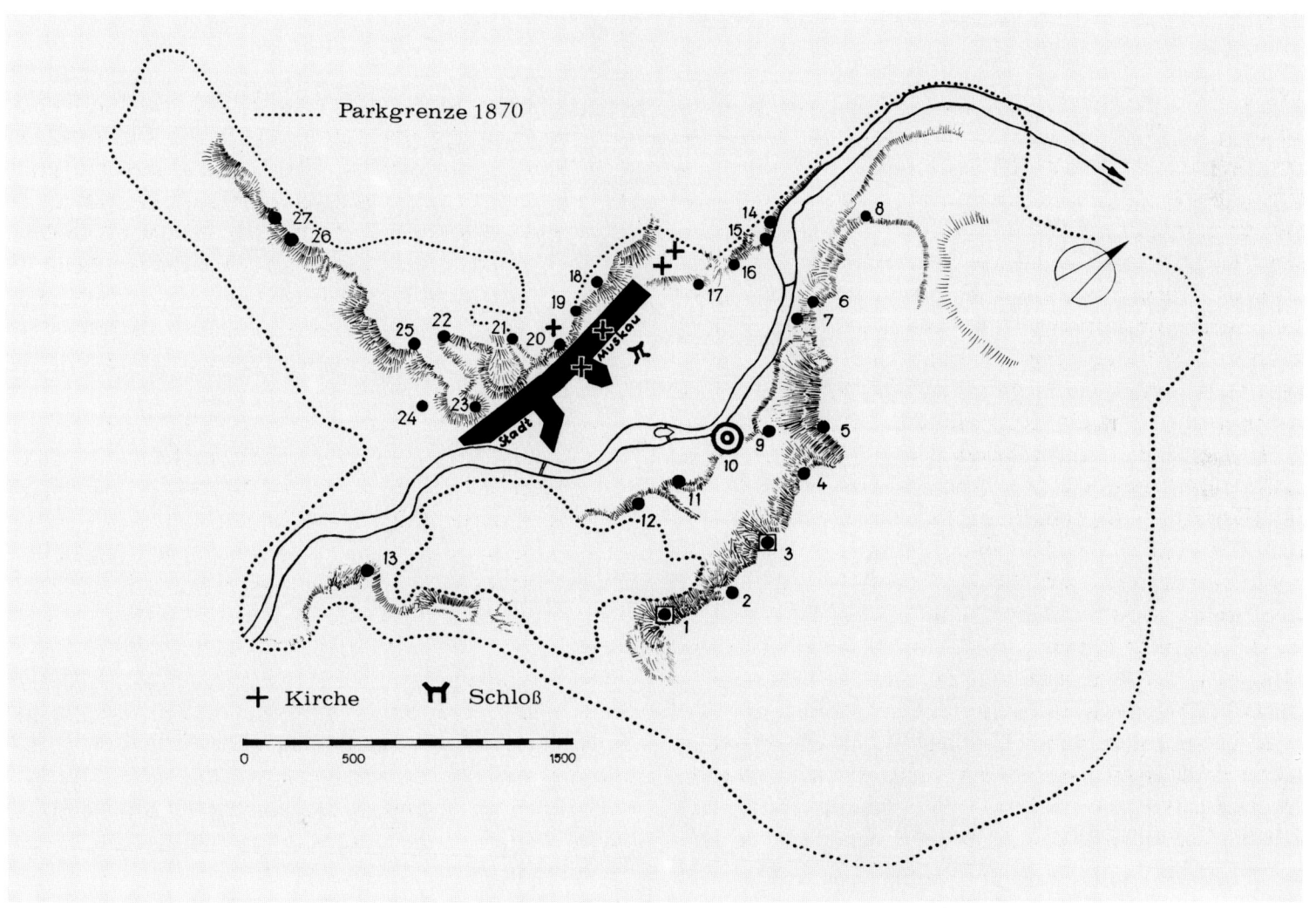

21
Muskau. Der Park mit seinen Aussichtspunkten an den Flußterrassenkanten

1 Burgberg	7 Fredablick	11 Carolahöhe	16 Eichberg	22 Große Skala
2 Viadukt	8 Englisches Haus	12 Hermannsruh	17 Gloriette	23 Kapellenberg
3 Mausoleum	9 Prinzenbrücke	(Neissegarten)	18 Haag	24 Schüttaufhöhe
4 Marienberg	10 Pücklerstein	13 Belvedere	19 Kleine Wiese	25 Lucknitzblick
5 Wehr-Eichen-Höhe	(Tempel der	14 Weltende	20 Berg'sche Kirchruine	26 Riesengebirgsbank
6 Goldene Höhe	Beharrlichkeit)	15 Wasserfallblick	21 Kleine Skala	27 Weinbergsbank

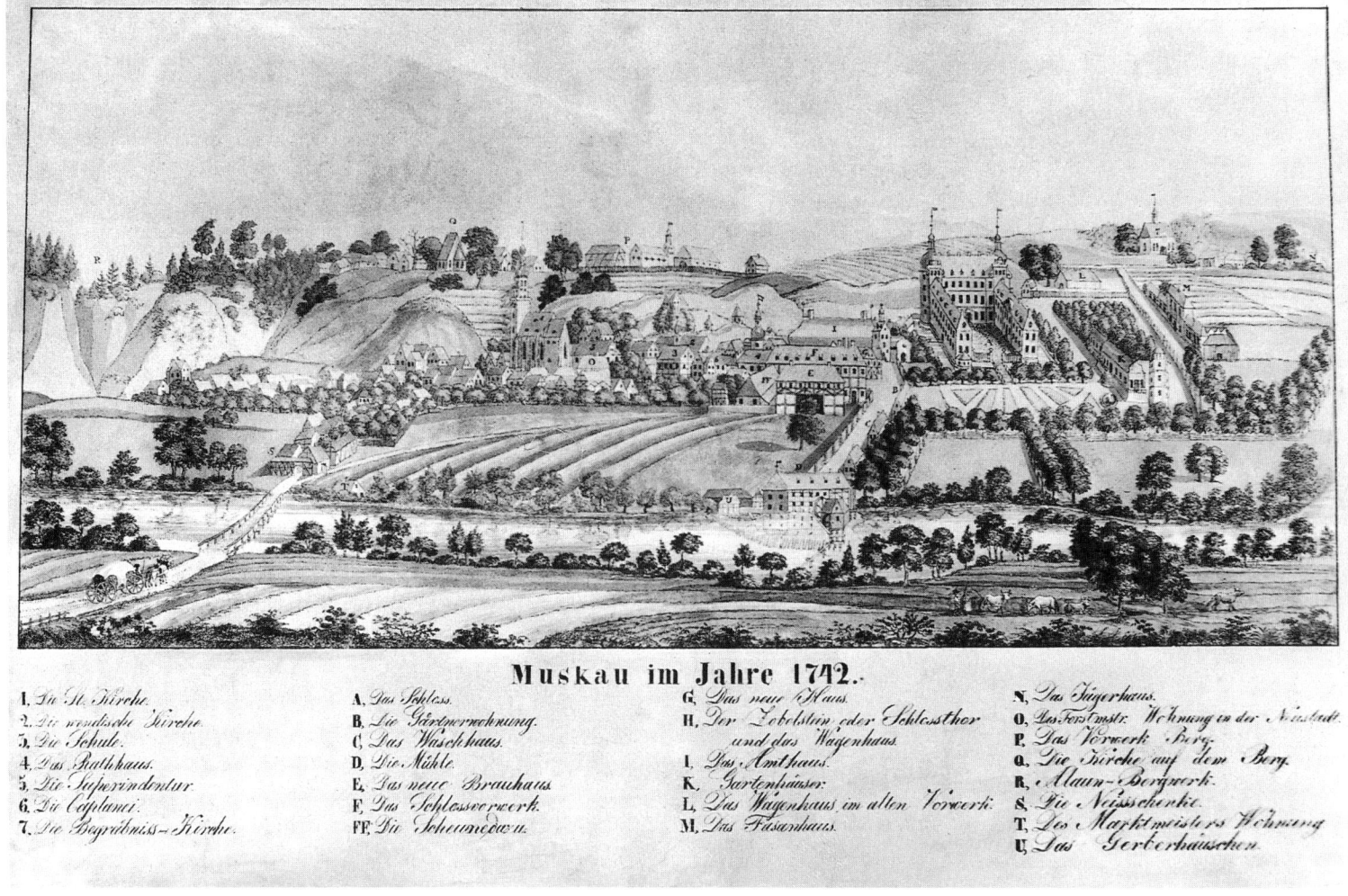

Muskau im Jahre 1742.

1. Die St. Kirche.
2. Die wendische Kirche.
3. Die Schule.
4. Das Rathhaus.
5. Die Superintendentur.
6. Die Caplanei.
7. Die Begräbniss-Kirche.

A. Das Schloss.
B. Die Gärtnerwohnung.
C. Das Waschhaus.
D. Die Mühle.
E. Das neue Brauhaus.
F. Das Schlossvorwerk.
FF. Die Scheunedaun.

G. Das neue Haus.
H. Der Lobelstein oder Schlossthor und das Wagenhaus.
I. Das Amtshaus.
K. Gartenhäuser.
L. Das Wagenhaus im alten Vorwerk.
M. Das Fäsanhaus.

N. Das Jägerhaus.
O. Das Forstmstr. Wohnung in der Neustadt.
P. Das Vorwerk Berg.
Q. Die Kirche auf dem Berg.
R. Alaun-Bergwerk.
S. Die Neissschenke.
T. Des Marktmeisters Wohnung.
U. Das Gerberhäuschen.

22
Muskau. Ansicht von Osten im Jahre 1742

Stadt mit ihrem Geländerelief außerordentlich gut dar, weil sie von den Berglehnen östlich der Neiße her gesehen ist. Es fehlt logischerweise der heute alles verdeckende Baumwuchs; nur wenige malerisch verteilte Bäume zieren die Gegend. Die landwirtschaftlichen Flächen dominieren im Vordergrund. Kiefernforsten, von denen Pückler sagt, daß sie einen so unerträglich traurigen Anblick geben, nehmen die Hochflächen nördlich und vor allem südlich der Stadt ein, die sogenannte Muskauer Heide, die den größten Teil der Standesherrschaft bedeckt.

Etwas von der Begeisterung des Parkschöpfers über die vorgefundene Situation schwingt in seiner Beschreibung mit: „Die Gegend ... bestand ... nach allen Seiten hin aus unabsehbaren Föhren- und Fichtenwäldern, in deren Mit-

te, in hügeliger Gegend, die kleine Mediatstadt Muskau liegt. Sie zeichnet sich durch den ohne Ausnahme massiven Bau ihrer Häuser, durch mehrere ansehnliche Kirchen und Türme sowie eine gewisse allgemeine Nettigkeit von vielen ihresgleichen vorteilhaft aus und lehnt sich malerisch an einen Bergabhang, bis an dessen Gipfel die Terrassen-Gärten der Bürger emporsteigen."[2]

Im Plan A des Pücklerschen Gartenwerkes „Andeutungen über Landschaftsgärtnerei" ist der vorgefundene Zustand vor Beginn der Parkarbeiten festgehalten. Er zeigt einen geometrischen Grundriß mit einem rechteckigen gemauerten Wassergraben, in dem das Schloß und eine Insel mit dem Amtshaus und dem Marstall liegen, durch vier Brücken mit dem benachbarten Land verbunden. Nach Osten und Norden ist eine etwa 9 ha große Gartenanlage im französischen Geschmack angegliedert mit dem Theater und zwei Pavillons sowie zwei nicht bezeichneten Gebäuden, nordwestlich des Schlosses, wovon eines die erste Orangerie gewesen ist[3]. Eine Lindenallee führte von der Schloßbrücke nach Südosten und setzte sich auch jenseits der Neiße bis zur Clementinenhöhe fort. Quer zu dieser Allee führte eine zweite ältere Allee vom Schloß-Vorwerk nach Norden. Eine fast 2 ha große Orangerie mit einem Orangeriegebäude nimmt das südöstliche Feld des Alleekreuzes ein, nach Petzold ihr zweiter Standort[4].

Vom Marstall führte eine Straße, die Mühlgasse, beidseitig mit Häusern bestanden, zur Mühle mit dem Wehr an der Neiße. Inmitten der heutigen Tränenwiese lagen die Fasanerie und die Wachsbleiche. Außer dem Eichbusch und dem Auwald an der Neiße nehmen Felder die Flußaue ein.

Sogleich nach der Übernahme des Besitzes 1811 begann Pückler erste Verschönerungsarbeiten, und es wurden von Forstbeamten die Berglehnen vom „Englischen Haus" bis zur „Prinzenbrücke" bepflanzt[5]. Im gleichen Jahr ist nach E. Petzold, dem späteren Vollender des Muskauer Parkes, bereits mit dem Eintauschen von Ländereien zur Arrondierung des Parkareals begonnen worden, und es wurde außer der Orangerie auch die Fasanerie abgerissen, weil sie die Gestaltung der Hirsch- oder Tränenwiese störten[6]. Doch war dies nur ein Vorspiel. Erst nach den Befreiungskriegen und nach seiner Rückkehr von seiner ersten Englandreise 1814/15[7] kann Pückler seine Arbeiten am Muskauer Park wieder aufnehmen. Mit jenem denkwürdigen Brief an die Muskauer Bürgerschaft vom 1. Mai 1815 beginnt offiziell die Gestaltung des Muskauer Parkes. In diesem Schreiben äußert sich zum ersten Mal ein fester Bauwille Pücklers, der sich über den Umfang der Aufgabe schon ein klares Bild gemacht hatte[8].

Der einerseits diplomatisch schmeichelhafte, andererseits ultimative Ton des Briefes verfehlte seine beabsichtigte Wirkung nicht. „Nunmehr ging der Kauf und Tausch von Ländereien zur Arrondierung des Parkterrains vor sich und wurde mit der fortschreitenden Vergrößerung des Parkes viele Jahre hindurch fortgesetzt", berichtet Petzold[9].

Das Gelände, das zur Anlage des Parkes vorgesehen war, schloß die Stadt mit ein und erstreckte sich mit „nahezu 5000 Morgen"[10] bis zu den benachbarten Dörfern Kö-

beln, Braunsdorf und Berg. Doch ist der Plan zur Verschönerung von Muskau zunächst durchaus nicht so groß angelegt gewesen, berichtet Petzold weiter. Zuerst ist die nähere Umgebung des Schlosses verbessert worden, indem zur Stadt Muskau eine Bepflanzung erfolgte, um die Aussicht auf deren Hintergebäude zu verdecken. Doch im April 1816 änderte der Bauherr seine Haltung und ließ kurzerhand alle Arbeiten an den Anlagen einstellen[11]. Allem Anschein nach geriet Pückler bereits gleich nach dem Landerwerb, der sehr großzügig gehandhabt wurde, in finanzielle Schwierigkeiten. Die im Herbst 1816 erfolgte Verlobung mit Lucie geb. von Hardenberg bringt die erste Rettung: die Mitgift der Braut, ca. 150000 Taler, läßt Pückler sogleich wieder in seine Parkleidenschaft verfallen. Der noch völlig Unerfahrene beginnt alles zugleich: den Abriß der Gebäude an der Mühlstraße und der Festungsmauern, das Ausgraben der Hermannsneiße zur Versorgung des Schloßteiches mit fließendem Wasser sowie ausgedehnte Pflanzungen in großen Teilen des Schloßparkes.

1817 wird Jacob Heinrich Rehder als Garteninspektor in Muskau eingestellt. Diesem tüchtigen, bis 1852 tätigen Gärtner hat Pückler es vor allem zu verdanken, daß er sowohl von der praktisch-gärtnerischen Seite als auch in der beharrlichen Umsetzung seiner Ideen einen einfühlsamen Partner fand. Rehder sorgte, bei dem unsteten und so oft vom Ort des Geschehens fernen Pückler, für die kontinuierliche Arbeit am Objekt. Wie turbulent es zu jener Zeit im Muskauer Parkgeschehen zuging, lassen die folgenden Fakten des Jahres 1817 erkennen. Anfang dieses Jahres wurde täglich im Park mit 120 Arbeitskräften gearbeitet, und Pückler glaubte, in einem halben Jahr alles bis zur Neiße im Schloßpark geschafft zu haben. Zwei Monate später vertröstete er sich und seine Braut auf den Sommer 1818. Doch je mehr Arbeiten er zu gleicher Zeit in Angriff nahm, um so weiter mußte dieses Ziel in die Zukunft rücken. Im Juni 1817 stellte er fest, daß im Park erst ein Zehntel der Idee verwirklicht sei. Es melden sich neue Geldnöte. Die Gläubiger – Muskau war bis zu 50 Prozent seines Wertes verschuldet – rückten dem Schloßherrn auf den Leib, da sie bei den riesigen Arbeiten im Park Geld witterten.

In welchen Dimensionen gearbeitet wurde, geht daraus hervor, daß auch in dem fünf Fußwegstunden von Muskau entfernten Jagdhaus südlich Weißwasser gleichzeitig gearbeitet wurde. Und Petzold berichtet: „Die Ausarbeitung des Parks wuchs mit dem Fortschritt, denn es stellte

sich sehr bald heraus, daß man hier nicht bloß nachzuhel-
fen, zu verbessern, hier und da einen schönen Punkt hervorzuheben und durch gut geführte Wege zugänglich zu
machen hatte, wie man dies in den von der Natur reicher
ausgestatteten Gegenden, als die hiesige es ist, nur notwendig hat, um einen großen Naturpark herzustellen,
sondern es mußte das *Ganze erst geschaffen werden*. Wo man
aber eine Gegend neu schaffen muß, da ist die Größe der
Anlage eine unabweisliche Bedingung."[12]

Infolge seiner ins Gigantische gehenden Pläne forderte
Pückler in immer kürzeren Abständen von seiner Braut

Geld an, und um sie bei der Stange zu halten, zählte er am
10. Juni 1817 alle seine Baupläne auf. Ein Drittel der Bauten sei schon fertig, flunkerte er ihr vor, „zu dem übrigen
brauche ich Deine Hilfe. Bedenke nur, was ich dieses Jahr
alles bauen muß oder zum Teil schon gebaut habe:

1. einen großen Bauhof, mit zwei Bauschuppen und
dem Hause für den Bauvogt – 2. einen hohen Ofen und Ei-
senhammer – 3. die Hälfte der Gebäude bei der neu angelegten Glashütte – 4. eine neue Scharfrichterei – 5. ein
Gärtnerhaus im Park über die Neiße – 6. ein Malz- und
Brauhaus – 7. eine neue Ziegelei – 8. eine herrschaftliche

23
Muskau. Situationsplan der Schloß- und Gartenanlage
vor der Umgestaltung durch Pückler-Muskau

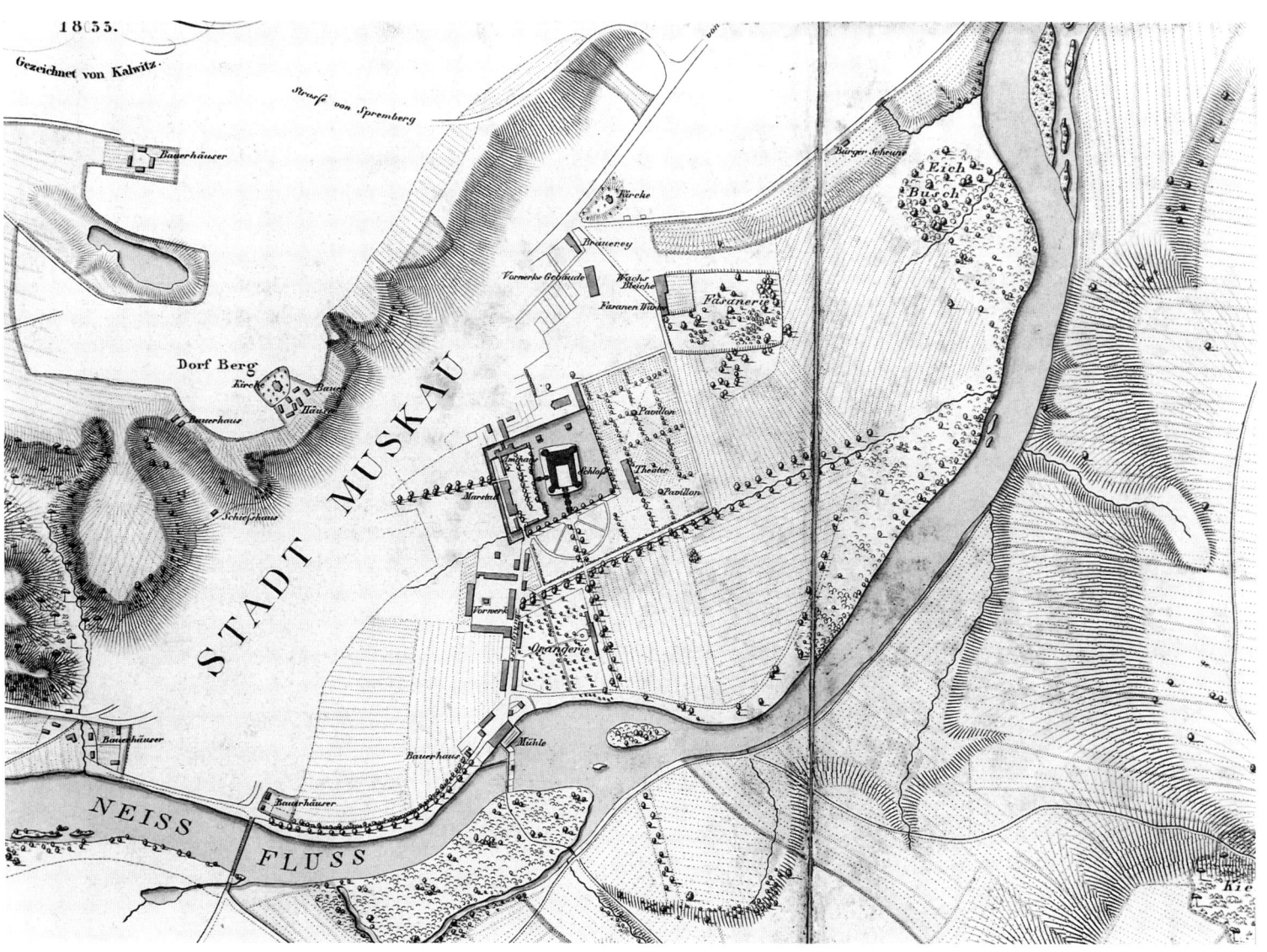

24
Muskau. Englisches Haus mit Blick nach Norden. 1834. Zeichnung von A. W. Schirmer

Schmiede im Park – 9. ein langer Zaun mit Pfeilern um den potager – 10. ein Flügel des Schloß-Vorwerks im Park. Dies alles ist bereits angefangen oder fertig. Noch bestimmt auf dieses und das folgende, aber nicht angefangen sind 11. die Dekorierung und Veränderung des Stalles – 12. die Reitbahn – 13. die Wagenschuppen – 14. Dekorierung und Veränderung des alten Schlosses oder Amtshauses – 15. Dekorierung und Veränderung des Gewächshauses – 16. Veränderung des alten Malzhauses zu einem Orangeriekonservationshaus – 17. Veränderung und Dekorierung der Mühle – 18. eine Brücke über die Neiße – 19. Bauten verschiedener Art im Schloß – 20. eine eiserne Brücke über den Schloßteich – 21. die Schleuse am Kanal aus der Neiße – 22. ein Badehaus – 23. eine alte Warte im Park – 24. eine alte gothische Kapelle dito – 25. drei oder

vier bedeckte Ruhesitze – 26. eine Cottage für uns auf englische Art – 27. drei Gartenwächterhäuser – 28. Dekorierung und Veränderung des Konkordienhauses. Dies ist alles, was wir zu bauen haben, und wenn ich fünf Jahre rechne. Dann sind wir fertig, und Muskaus Park einzig in Deutschland. Ein mineralisches Wasser ist auch hier, und ein Bad dann leicht anzulegen."[13]

Von dem den Muskauern in seinem Aufruf vom 1. Mai 1815 versprochenen Wiederaufbau ihres zerstörten Rathauses, des Köbelner Tores und eines Schießhauses ist nicht mehr die Rede.

Als Pückler einsehen muß, daß er sich übernommen hat, heißt es dann im Juni 1817: „… doch bleibt, ich sehe es jetzt mit Verdruß ein, das Ganze immer ein thörichtes Unternehmen, das ich jetzt gewiß nicht anfangen würde."[14]

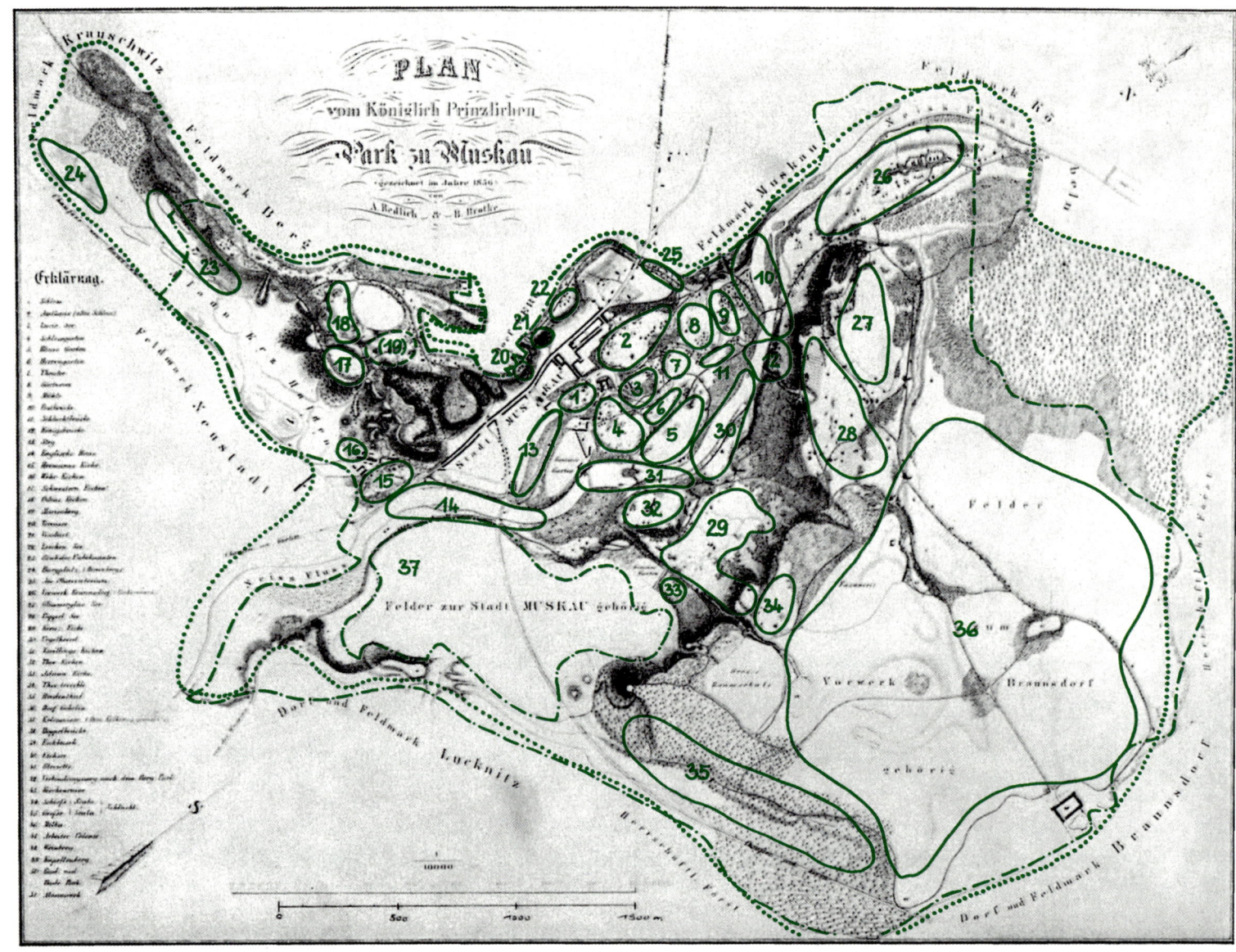

_._._._._. **Parkgrenze im Pücklerplan 1834**   .... **Parkgrenze im Petzoldplan 1870**

25
Die Parkräume im Muskauer Park

1 Schloßgarten mit Schloßsee und Eingangsbereich Kirchtor	13 Kanalwiese	26 Pferdegarten: Altköbelner Bereich
2 Tränenwiese	14 Neißestau mit Neißegarten	27 Kiebitzwiese mit alter Baumschule
3 Herrengarten und Blauer Garten	15 Badepark	28 Gornika mit Vogelherd
4 Schloßwiese	17 Maiwiese	30 Neißeabschnitt Aubusch
5 Schafwiese	18 Tschirnerwiese	31 Neißeabschnitt Jeanetteninsel
6 Lindenwiese	19 Granitza	32 Rothwiese
7 Eichwiese	20 Grünes Dreieck	33 Kesselwiese
8 Seewiese	21 Kleine Wiese	34 Kleine Rennbahn
9 Eichseebereich	22 Haag	35 Arboretum
10 Neißeabschnitt Gitterbrücke	23 Weinbergbereich	36 Braunsdorfer Feldflur
11 Weidenwiese	24 Wiesera	37 Muskauer Feldflur
12 Bergwiese	25 Verbindungsstück	

Für kurze Zeit ist er moralisch zerknirscht, bedauert, die Standesherrschaft nicht verkauft zu haben. Doch Anfang Juli setzen wieder Grundstückskäufe ein.

In aller Heimlichkeit und nur bei Nacht zeigt Pückler seiner Braut Lucie das Muskauer Anwesen; die schrecklich demolierte Schloßumgebung war noch nicht für Festlichkeiten geeignet. So findet die Hochzeit in aller Stille in kleinstem Kreise statt. Dennoch ist 1817 für den Park ein sehr progressives Jahr. Die Schloßrampen werden geschüttet, und zwar zur Stadt schwingend, und der pleasureground vor dem Schloß bepflanzt. An allen Ecken seines Verschönerungsobjektes wird gearbeitet einschließlich Jagdhaus, Tiergarten, Wussina (siehe Abb. 27). Im Mai 1817 sind sogar 200 Arbeiter insgesamt beschäftigt, die 100 Taler pro Tag kosten. Das finanzielle Dilemma ist am Ende des Jahres aber so groß, daß ihm der zur Sanierung der Finanzen eingesetzte Bankier Dehn jegliche Mittel für seine Arbeiten sperrt; kein Wunder, wenn allein in zwei Monaten 36 000 Taler verausgabt worden sind.

Die vom Bankier verfügten Sparmaßnahmen treffen sich günstig mit Pücklers Teilnahme am Aachener Kongreß 1818. Ab Dezember 1818 stürzt er sich wieder in die Parkleidenschaft. 1819 auch noch mit Arbeiten im Park auszusetzen, wie es im Oktober 1818 noch geheißen hat, weicht dem Zwang, soviel wie möglich zu verschönern, da sich für 1820 hoher Besuch angesagt hat, der König und der Schwiegervater, „... und da man soviel von unseren Einrichtungen dort gefabelt hat, so wäre es recht übel, wenn man sich überall in seiner Erwartung betrogen fände"[15].

Neben der latenten finanziellen Not kommen dem Bauherrn und Parkschöpfer ernstere Bedenken in künstlerischer Hinsicht, und als er 1818 erfährt, daß die Gräfin von Sagan nach Ratiborschütz einen „englischen Gartenanleger" aus London hat kommen lassen, um ihren dortigen Park zu vergrößern, schreibt er an seine Frau: „Vielleicht kann man den Mann auch bewegen, bei der Rückkehr für ein Billiges uns in Muskau zu besuchen, welches mich sehr beruhigen würde, da ich mir doch nicht verbergen kann, daß vieles in meinen Anlagen noch sehr steif und schülerhaft ist."[16] Aber mit der für ihn charakteristischen Zähigkeit fährt er fort: „Laß uns nur bei den Anlagen fest an dem Grundsatze hängen, wenig aber Vortreffliches herzustellen und nicht zu platieren, sonst werden wir nur immer halben, nie ganzen Genuß finden"[17].

Anfang 1819, eineinhalb Jahre später als gedacht, kann endlich Neißewasser in den neuen Schloßteich fließen. Auch zwischen 1819 und 1820 muß der erste Umbauentwurf Schinkels für das Schloß entstanden sein. Nicht weniger als 200 Schock Bäume (12 000 Stück) werden zur Verschönerung gepflanzt und Orangenbäume im Schloßhof aufgestellt. Da wegen ungenügender Mittel auf fast alles Bauen verzichtet werden muß, fließen die freien Gelder vor allem in die Parkanlagen. Ende März und Anfang April 1820 herrscht ein wahres Schaffensfieber bei ihm, als ihm Friedrich Schinkel die zweiten Schloßumbaupläne bringt.

1820 führt das Studium der Bücher des englischen Landschaftsgartenkünstlers Humphrey Repton[18] zu erneuter künstlerischer Beunruhigung. Zu Lucie heißt es da plötzlich: „Muskau interessiert mich dieses Jahr garnicht, im Gegenteil wird es mir qualvoll sein, nicht wegen unvollendeter Anlagen, sondern wegen schlechter, die in voller Schönheit der Natur bestehen und doch weg müssen. Dieser Anblick den ganzen Sommer ist mir odios."

Zu jener Zeit stand noch der Marstall zwischen Schloß und Amtshaus und behinderte die weiteren Erweiterungsabsichten für den Schloßsee in Richtung Süden. Trotz dieser erneuten Skrupel wird im Park unvermindert zügig weitergearbeitet.

1820 erfolgen Pflanzungen auf der Tränen- und der jenseits der Gitterbrücke ansteigenden Bergwiese mittels großer Bäume, und es wird das Englische Haus, eine Schankwirtschaft, am nördlichen Ende der auslaufenden unteren östlichen Flußterrasse errichtet. Anfang 1821 entschließt sich Pückler, in einem französisch geschriebenen Brief den berühmten Humphrey Repton um Rat zu fragen. Er habe viele Fehler wohl begangen in seinen Gartenanlagen und werde ohne Konsultation eines talentierten Menschen wohl nie das Ende seiner Projekte erreichen. Er bittet, ihm einen seiner Schüler zu schicken, talentiert, um einen allgemeinen Plan zu entwerfen, um dann die Durchführung vorzubereiten. Der Brief endet: „Ich erwarte mit Ungeduld Ihre Antwort und hoffe, ... den guten Ruf, den Sie in England haben, zu festigen, so daß er Ihnen auch in unserem Lande noch ein Denkmal Ihres Talentes bewahren wird, das nicht verfehlen wird, unter meinen Landsleuten Anhänger zu schaffen"[19]. Dennoch ist auch 1821 ein sehr intensives Schaffensjahr.

Im Frühjahr 1822 reiste der Sohn, A. Repton – der Vater war 1818 verstorben – nach Muskau und arbeitete über

vier Wochen, zusammen mit dem mitgebrachten englischen Gärtner Vernal, an den Muskauer Schloßparkanlagen. Die gravierendste Veränderung, die durch Reptons
Einfluß erfolgte, ist die Auflösung der Querallee etwa
100 m östlich des Schlosses. Dadurch wurde der Blick vom
Schloß nach Osten auf die jenseits der Neiße liegenden
Flußterrassen frei, wodurch eine ganz neue Situation entstand, auf die die bisherige Gestaltung Pücklers um das
Schloß nicht eingegangen war.

Die Haltung Pücklers zu diesen Veränderungen können
wir zwei Briefen an seine Frau entnehmen:

„In Muskau bin ich Deinen Befehlen gemäß kaum einen
Tag geblieben, an welchem der Tod einiger zwanzig Linden beschlossen und zum Teil vollzogen wurde, wodurch
das Ganze für die Zukunft allerdings sehr gewinnen wird.
Herr Repton jammert sehr über das Dasein des Stalles,
welcher ihn ganz an der Anlage des nur für uns bestimmten hobby-house-gardens hindert. Noch mehr beklagt er,

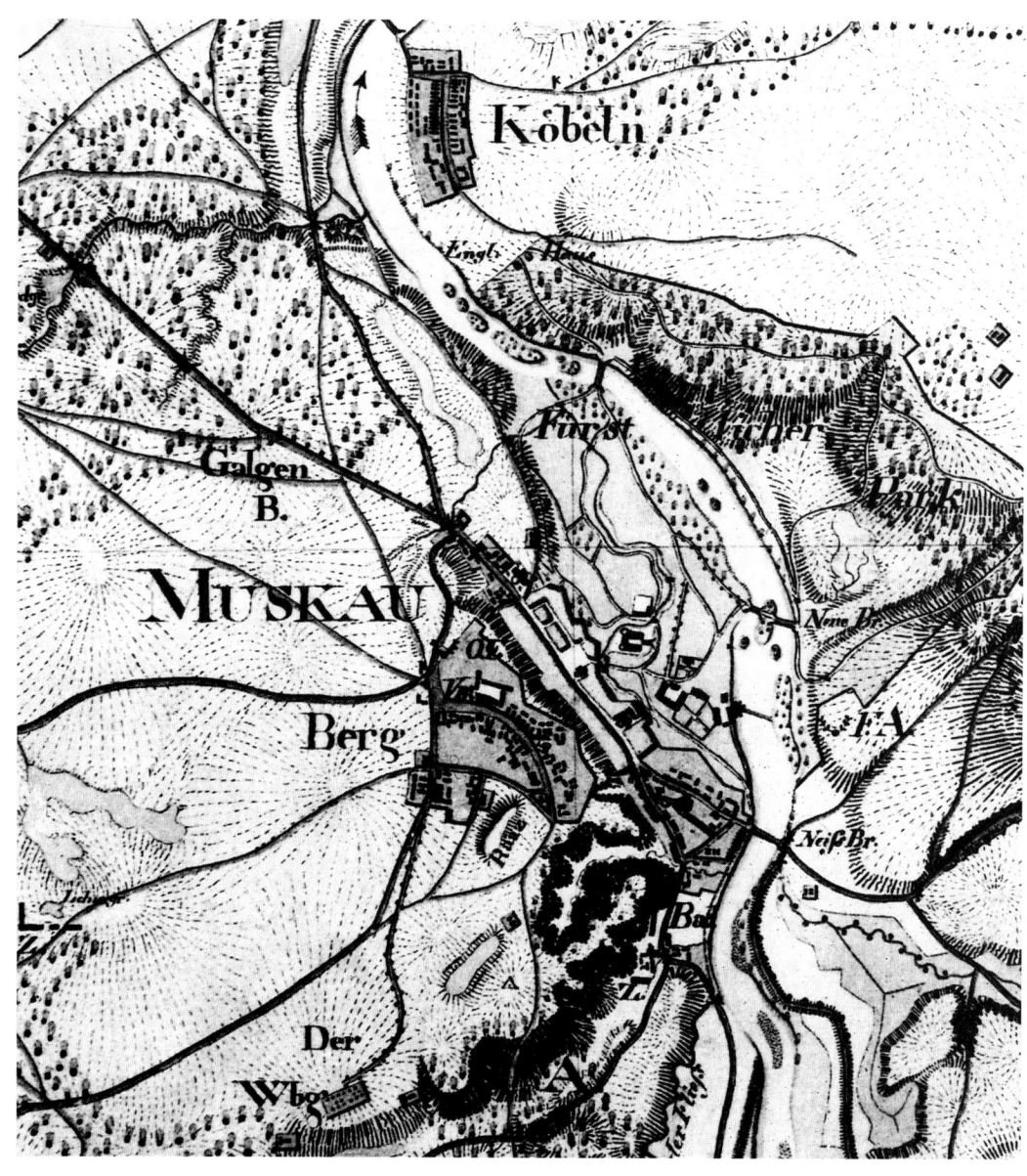

26

Muskau. Parkplan um 1822 mit der zur Stadt schwingenden Schloßrampe
und der noch vollständig erhaltenen Querallee

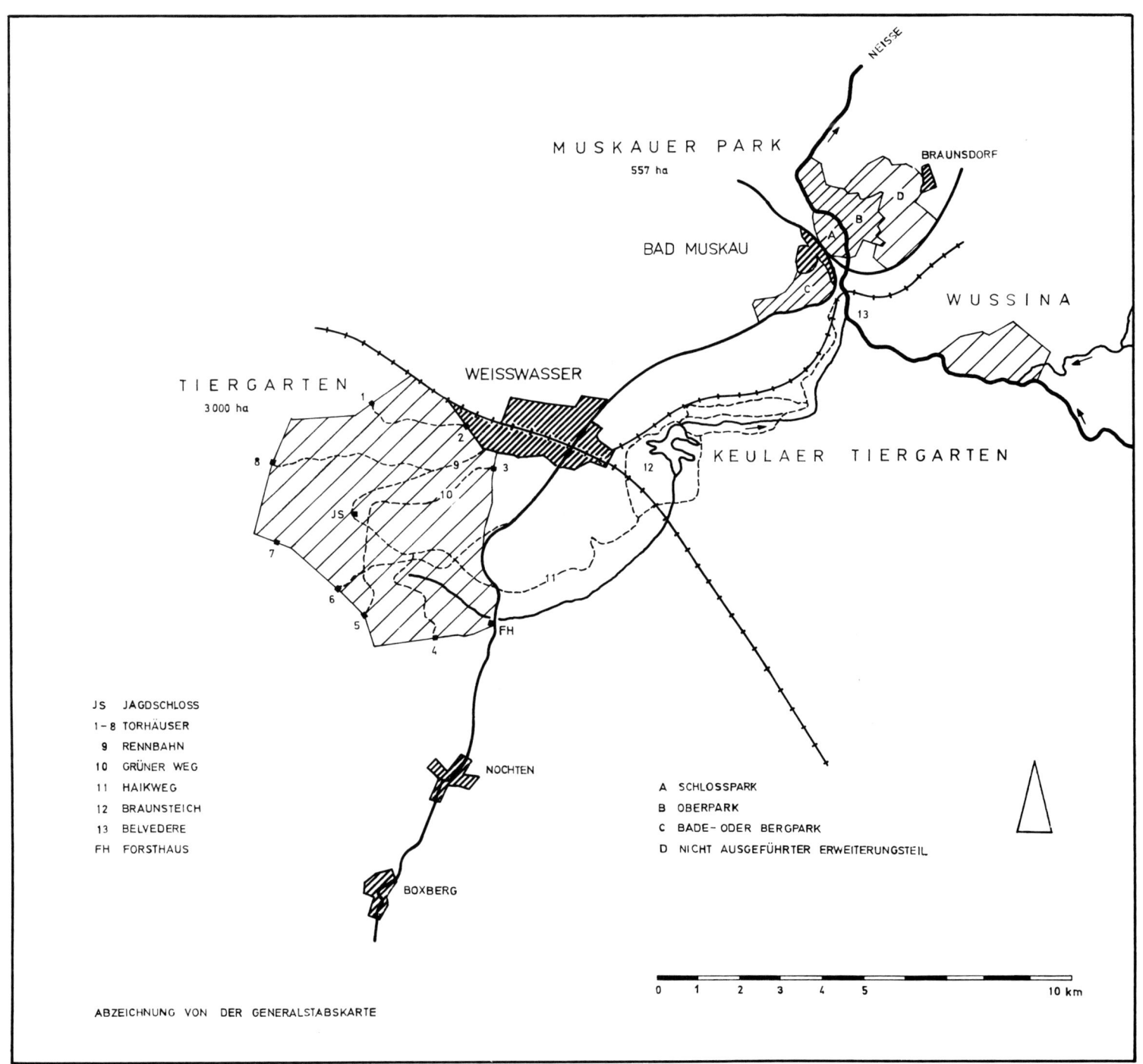

MUSKAUER PARK
557 ha

BRAUNSDORF

BAD MUSKAU

WUSSINA

TIERGARTEN
3000 ha

WEISSWASSER

KEULAER TIERGARTEN

JS   JAGDSCHLOSS
1-8   TORHÄUSER
9   RENNBAHN
10   GRÜNER WEG
11   HAIKWEG
12   BRAUNSTEICH
13   BELVEDERE
FH   FORSTHAUS

NOCHTEN

BOXBERG

A   SCHLOSSPARK
B   OBERPARK
C   BADE- ODER BERGPARK
D   NICHT AUSGEFÜHRTER ERWEITERUNGSTEIL

ABZEICHNUNG VON DER GENERALSTABSKARTE

0   1   2   3   4   5   10 km

27
Gesamtumfang des künstlerischen Wirkens von Pückler-Muskau
in der weiteren Umgebung des Muskauer Parkes. 1975

daß die regelmäßigen Mauern um den Schloßgraben nicht mehr existieren, weil dieser seiner Ansicht nach mehr Effekt von Größe und Pracht habe als die der Natur nachgeahmten geschlängelten Ufer. Er wünscht diese in regelmäßigere parallelere Linien um das Schloß gezogen. Übrigens versichert er, daß er sehr beschämt sei, so weit herzukommen, um nichts zu tun, da, Kleinigkeiten abgerechnet, er alles über seine Erwartungen gut und zum Teil besser angegeben fände, als er es selbst machen würde. Der Pleasureground ist mit wenig Abänderungen geblieben, nur wünscht er einen stärkeren, mehr sichtbaren Zaun, um die Grenze recht deutlich anzuzeigen, damit es nicht aussehe, als ob die Schafe mit Blumen gefüttert würden."[20]

Und etwas später: „Reptons Anwesenheit hat meine Kenntniß und Ansichten nur auf die erste Stufe gebracht und ich nehme keineswegs alles von ihm blindlings an, sondern wir arbeiten gemeinschaftlich … Auch wird im Ganzen nicht eben viel geändert, und die größte notwendige Änderung nämlich um das Schloß soll bis zuletzt aufgehoben werden, damit erst das Neue vollendet wird, ehe man das alte zwar Fehlerhafte, aber doch Fertige, einreißt." „Muskau ist und bleibt mein Beruf und meine Lust, alles Übrige ist vorübergehend."[21]

Insgesamt wurden aber nicht nur 20, sondern 50 Linden der Querallee gefällt, also auch ihr nördlicher Teil gelichtet[22]. Bleibt nur die Frage, warum Pückler nicht von Anfang an das nach Osten orientierte Schloß zur Gestaltung der Schloßwiese nutzte und sich nicht der Neiße mit ihren beiden Terrassenabsätzen zuwandte. Sicher war er zur damaligen Zeit trotz hervorragender Leistungen noch immer ein Lernender. Ein weiterer, nicht unbedeutender Grund kann der deplacierte Standort der Orangerie im Südosten der Schloßwiese gewesen sein, die nach dem Öffnen der Querallee vom Schloß aus offen sichtbar wurde. Pückler selbst mag das schon einige Zeit vor Reptons Besuch gespürt haben, scheute aber vor einem erneuten Abriß zurück. So ist es wohl auch zu verstehen, daß nach einem Weg gesucht wurde, die Orangerie, die seit 1811/12 im südöstlichen Teil der Schloßwiese und angelehnt an die nach Osten führende ehemalige Lindenallee errichtet wurde, in die neue Situation der Schloßwiese einzubinden. Die um das Schloß notwendige Änderung, von der im letztzitierten Brief die Rede ist, betraf die Insel mit dem Marstall und die beiden Schloßrampen. Da sich nun der Raum vor dem Schloßhof weit nach Osten öffnete, mußte die Bewegung der geschwungenen Schloßrampen dieser neuen, raumgreifenden Situation gerecht werden. Mit der künstlerischen Lösung dieser Aufgabe, mit der auch eine neue Bauidee für das Schloß einherging, wurde Friedrich Schinkel beauftragt.

Pückler und Schinkel

Zur Verwirklichung seiner Baupläne pflegte Pückler eine freundschaftliche Zusammenarbeit mit Karl Friedrich Schinkel. Sie begann vor 1820 und erreichte zwischen 1822 und 1826 ihren Höhepunkt. Nach noch unbestätigten Angaben soll Schinkel bereits 1811, also zur Übernahme des Besitzes durch Pückler-Muskau, in Muskau gewesen sein.

Insgesamt sind drei Entwurfsphasen vom geplanten Umbau des fast schmucklosen Muskauer Schlosses überliefert, die Grundmann beschrieben hat[23]. Die erste Umbauidee, die vom vorhandenen Baukörper mit ungleich hohen Türmen ausgeht, sieht eine symmetrische und um ein Geschoß erhöhte Anlage vor. Ob Pückler an diesem steifen Repräsentationsbau Gefallen fand, ist nicht belegt. Die Begeisterung, die in den Briefen, worin er über seine Zusammenarbeit mit Schinkel berichtet, mitschwingt, gilt dem zweiten Entwurf. Bei Bewahrung des bisherigen Baukörpers sind die Türme auf gleiche Höhe gebracht und mit einer Aussichtsplattform versehen, und der Schloßhof ist durch eine Säulenreihe geschlossen. Eine fünfbogige, zum Park hin leicht geneigte Brücke überspannt einen Wassergraben – der danach wieder neu geschaffen werden sollte! Zwei Pferdestandbilder auf Sockeln schmücken das Brückenende. Sehr deutlich schwingt die Rampe zur Stadt hin. Diese sehr gefällige äußere Gestalt wird nach dem Aufbrechen der Lindenquerallee fallengelassen. Den zugeschütteten Schloßgraben an der Ostseite des Schlosses wieder auszugraben, war technisch schwierig, zu teuer und blamabel vor den Muskauer Bürgern. Außerdem war Pücklers Gestaltungsideal nicht in Reptons Sinne, sondern suchte eine innige Verbindung zwischen Schloß und Park. „In hohem Grade wichtig ist es, daß Gebäude immer im Charakter der Landschaft erscheinen, mit der sie verwebt sind … Im allgemeinen wird bei Parkgebäuden eine gewisse Unregelmäßigkeit derselben, als mehr konform mit der Natur, als mehr pittoresk, vorzuziehen sein … Das Schloß oder ländliche Wohnhaus aber werden sowohl für Bequemlichkeit

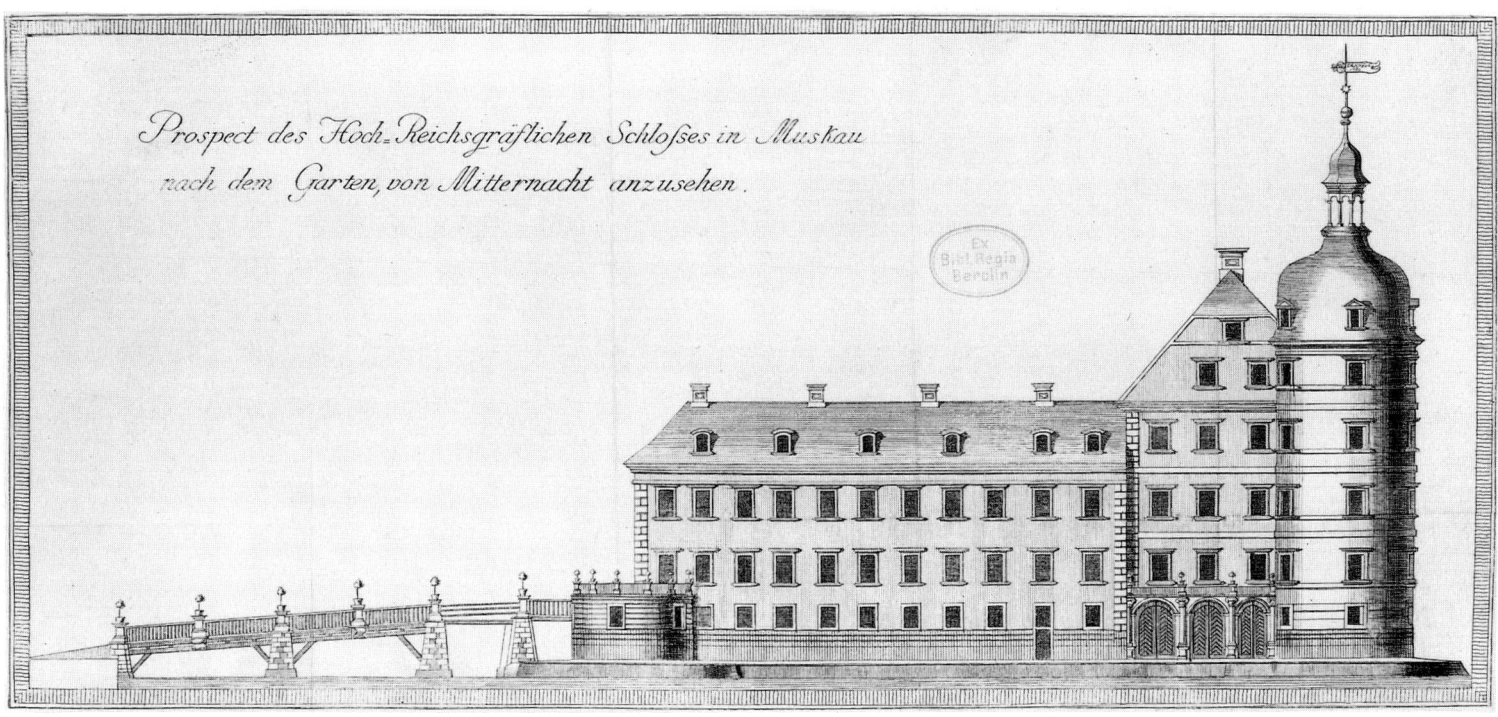

Prospect des Hoch=Reichsgräflichen Schlosses in Muskau nach den Garten, von Mitternacht anzusehen.

28
Muskau. Nordansicht des Schlosses. Um 1818/20

29
Muskau. Schloß. Zeichnung K. Fr. Schinkel. Um 1818/20.
Ansicht von Nordwesten

30
Muskau. Erster Entwurf K. Fr. Schinkels für den Schloßumbau um 1820.
Ansicht von Osten

als äußeren Effekt durch größere Ungebundenheit gewinnen..."[24] Um diese erstrebte Verbindung von Architektur und Parklandschaft zu gewinnen, mußte die im Schloßgraben stehengebliebene Insel mit dem Amtshaus und dem Marstall aufgegeben werden; es entstand der direkte Geländeanschluß statt einer Brücke. Mit erheblichem Aufwand erhielt dann der Schloßteich seine jetzige Gestalt, erweitert nach Westen und Süden. Dies und die geöffnete Querallee blieben nicht ohne Auswirkung auf Pücklers weitere Schloßbauideen.

Zwischen 1822 und 1825 reiften die Vorstellungen für die Ausführung der Schloßarchitektur und der Schloßrampe, wie sie in Pücklers Gartenwerk beschrieben und von Schinkel in Zeichnungen festgehalten worden sind. Das Schloß wird durch zwei Bindeglieder mit dem Rentamt auf der einen und dem Theater (heute Moorbad) auf der anderen Seite verbunden und bildet damit ein

200 m breites Architekturensemble. Dies ist die Konsequenz zu dem um ein Vielfaches vergrößerten Parkraum in östlicher Richtung. In der endgültigen Entwurfsfassung fließen dann Pücklers und Schinkels Ideen zusammen. Während Schinkel seine ursprünglich klassisch ausgewogene Baukonzeption einer mehr malerischen Wirkung anpaßt, kommt er Pücklers Wunsch nach Unregelmäßigkeit, nach „Pittoreskem" in der Architektur entgegen. „Da die Ansicht Pücklers durchaus nicht in dieser Zeit vereinzelt stand, sondern die Stimmung umschließt, die jeden Bauherrn mehr oder minder bewegte, stellen Schinkels Entwürfe für das Schloß Muskau schlechthin ein Idealbild der Zeit dar", stellt Grundmann fest[25]. Mit dieser Bauplanung steht die heutige Form der Schloßrampe in unmittelbarem Zusammenhang, und sie ist die gestalterische Lösung zur Einbeziehung des von der Querallee befreiten großen Raumes vor dem Schloßhof. Die neue

31
Muskau. Zweiter Entwurf K. Fr. Schinkels für den Schloßumbau um 1820
Die Rampe schwingt zur Stadt

32
Muskau. Dritter Entwurf K. Fr. Schinkels,
nun für das Schloßensemble 1822/23

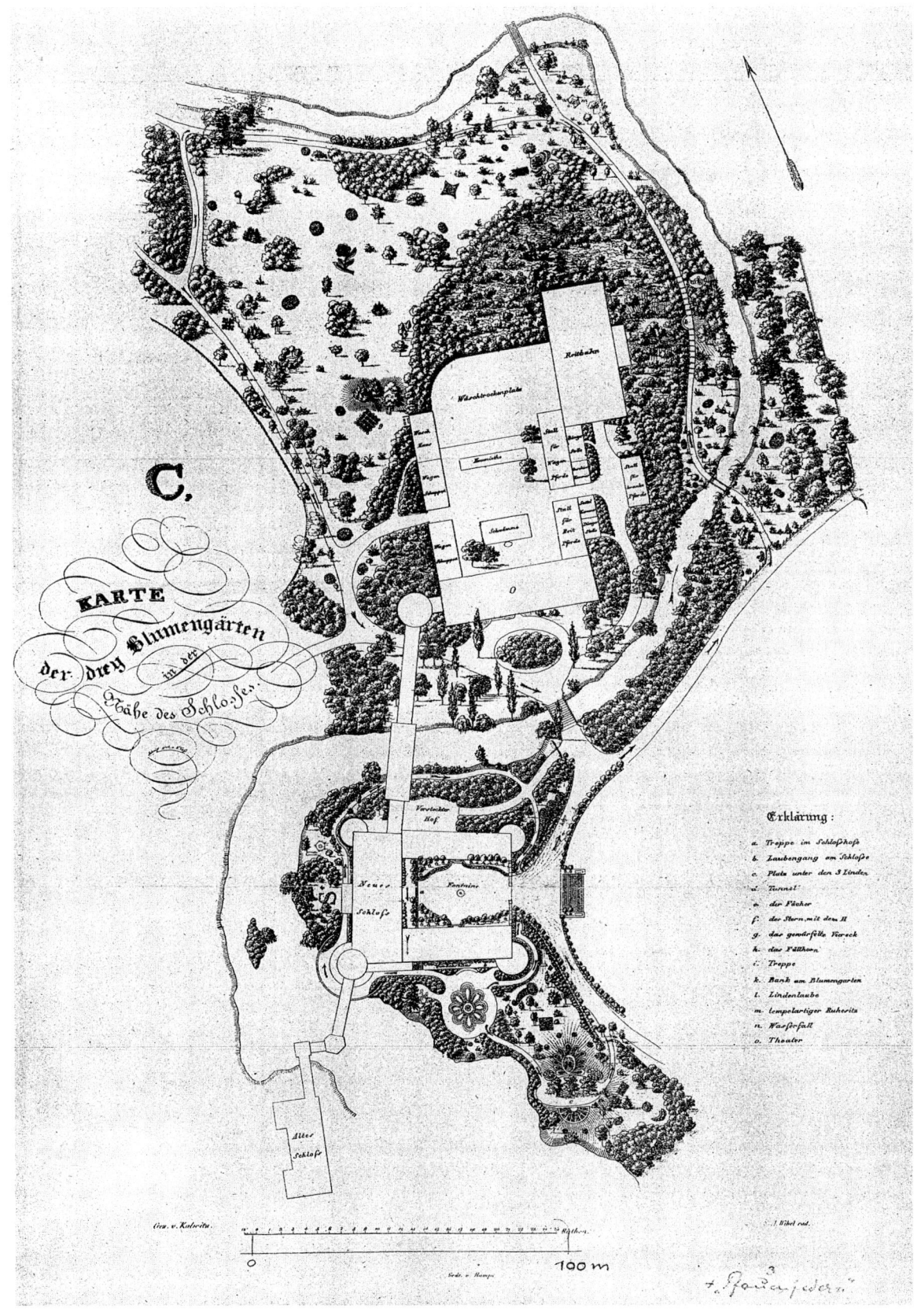

C.

KARTE
der drey Blumengärten
in der
Nähe des Schloßes.

Erklärung:

a. Treppe im Schloßhof
b. Laubengang am Schloße
c. Platz unter den 3 Linden
d. Tunnel
e. der Fächer
f. der Stern mit dem H
g. das gewölbte Viereck
h. das Füllhorn
i. Treppe
k. Bank am Blumengarten
l. Lindenlaube
m. tempelartiger Ruhesitz
n. Wasserfall
o. Theater

100 m

0

32a
Muskau, Grundriß der drei untereinander verbundenen Gebäude des dritten Schinkel-Entwurfs,
aus: „Andeutungen über Landschaftsgärtnerei", Karte C

Schloßrampe mit einer breiten Mitteltreppe kam 1825/26 zur Ausführung, und es wurde eine 40jährige Blutbuche aus Großschacksdorf am Ende der südlichen Rampe gepflanzt, jener heute so prachtvoll wirkende Riesenbaum.

Das mit der Öffnung der Querallee auf der Schloßwiese sichtbar gewordene Orangeriegebäude störte in seiner Form den Bauherrn, und Schinkel unterbreitete eine Ideenskizze zur Verschönerung des Baues und der Szenerie – ein origineller Entwurf, mit einem halbkreisförmigen Festsaal als Anbau an der Nordseite.

In der Zeit zwischen 1822 und 1826 hat Schinkel weitere Zeichnungen für Parkarchitekturen geliefert. So auch für das Hermannsbad, das an hervorragend gelegener Stelle am südlichen Ausgang der Stadt angelegt und 1823 bereits eröffnet wurde. Ausschlaggebend für die Wahl des Standortes war die dort entspringende Heilquelle und ein Gradierwerk der Alaunsiederei. Drei eingeschossige Bauten, vor den Fabrikanlagen stehend, wurden für Badezwecke umgebaut, bescheiden, aber sehr anheimelnd. Dicht neben dem Bad wurden zwei einfache Bauten zu Logierhäusern umgebaut, „Villa Pückler" und die „Rosenvilla", in der später die von Pückler 1840 aus Afrika mitgebrachte Äthiopierin Machbuba lebte. Abb. 211 e, f.

Am höchsten Punkt der Tränenwiese, auf einem vermutlich durch künstlichen Erdaushub aus der Hermannsneiße geschütteten Geländevorsprung, wurde schon Mitte der zwanziger Jahre eine bunte eiserne Laube errichtet, zu der auch Schinkel die Zeichnung lieferte, die aber nicht erhalten ist.

Auch die gußeiserne Fuchsienbrücke geht auf Schinkel zurück. An weiteren Eisengußarbeiten sind die Büsten zweier von Pückler hochverehrter Damen erwähnenswert, die im Schloßgarten aufgestellt waren. Henriette Sontag und der Gräfin Alopäus bewahrte er damit bildkünstlerisch seine Zuneigung. Aufstellung in Schloßnähe fanden auch die Büsten der Reformer Stein und Hardenberg.

„Als Schlußstein des Ganzen ward", wie es in Pücklers „Andeutungen" heißt, „zum Andenken eines Werks, das mit so unsäglichen Schwierigkeiten zu kämpfen hatte, projektiert, auf einem isolierten Hügel im Mittelpunkt des Parks und am Ufer des Flusses einen Tempel, der Beharrlichkeit gewidmet, zu errichten …"[26], zu dem Schinkel ebenso wie zu weiteren Park- und Gebäudeverzierungen Zeichnungen anfertigte. Weitere ausführliche Pläne oder auch nur Skizzen erarbeitete Schinkel für das Mausoleum, den Viadukt und die Burgruine. Diese Bauten sollten sowohl vom Schloß als auch vom Heilbad aus sichtbar die obere Talterrassenkante krönen. Für die Reitbahn auf dem Oberberg war ein großes Reitzelt vorgesehen.

Viel ist im Briefwechsel Pücklers mit Schinkel von Gitterwerk für Tore und Wappen zum Blumengarten, von Pflanzkübeln und anderem die Rede, woraus ersichtlich ist, daß bis ins Detail viel schmückendes Beiwerk durchdacht, immer wieder einfachere, dem flüssigen Gelde entsprechend billigere Lösungen zu deren Erlangung gefordert wurden und Schinkel nicht müde wurde, trotz riesiger Arbeitsaufträge seinem Freunde Pückler diesen Dienst zu erweisen.

Zur Realisierung all dieser großen Baupläne fehlte es aber nach wie vor an Geld. Es wird vermutet, daß der Entschluß des Ehepaares, sich scheiden zu lassen, mit den Schloßumbauplänen im Zusammenhang steht. An Schinkels drittem Entwurf und der hervorragenden Wirkung der geöffneten Schloßwiese hatte sich Pückler so berauscht, daß er meinte, um das nötige Kapital nach Muskau zu bringen, in England nach einer reichen Frau suchen zu müssen.

Die Parkarbeiten haben Vorrang

Für die Arbeiten im Park war das Jahr des Reptonbesuches sehr fruchtbar. Petzold notiert, daß 1822 an sehr vielen Stellen gearbeitet wurde, die Bepflanzung der unteren Partien der Berglehne jenseits der Neiße vom Englischen Haus bis zur Doppelbrücke erfolgte, und auch auf der Schilfwiese, hinter dem Wirtschaftshof und der Lindenallee wurde gepflanzt.

Der Tod des Schwiegervaters von Pückler, des Kanzlers Hardenberg, Ende 1822 bescherte dem Muskauer Standesherrn 1823 wieder ein finanzielles Krisenjahr, weil er ohne erhoffte Erbschaft von den Banken nun auch keinen Kredit mehr erhielt. Dennoch gehen die Arbeiten im Park unvermindert weiter. Am Eichbusch, auf der Bergwiese, unterhalb des Englischen Hauses, vor dem Schloß, hinter dem Theater, an der Wachsbleiche, am Badedamm wird – nach Petzold – gepflanzt, und Wege werden um den Eichbusch, von der Gitterbrücke zum Englischen Haus sowie von der Postbrücke (jetzt Friedensbrücke) zur Doppelbrücke und auf der Tränenwiese angelegt. Nur eine riegelartige Pflanzung an der damals noch südlich des Dorfes

33
Muskau. Der Haag, eine von drei Waldwiesen oberhalb der Stadt, entlang des Oberweges
mit stark differenzierten Ausblickbreiten und charakteristischen Baumgruppierungen. 1993

Köbeln liegenden Parkgrenze könnte als Verzicht auf ausgedehntere Parkpläne in Richtung Norden gedeutet werden. Doch da gleichzeitig außerhalb des Parkes auf den Köbelner Feldern Pappeln gepflanzt wurden, dürfen wir die Grenzpflanzungen nur als eine Interimslösung ansehen. Ebenfalls 1823 wird das Bad eröffnet. 1824 trägt sich Pückler kurze Zeit wieder mit Verkaufsabsichten.

Unvermindert wird im Park gearbeitet. In der Lindenallee werden weitere Bäume gefällt und gerodet; und während die Fundamente für die neue Schloßrampe gelegt werden, erfolgen auch weitere Arbeiten im Pleasureground des Schlosses. Am Oberberg wird eine neue Baumschule eingerichtet, die näher am Burgberg liegt. Auf der Schilfwiese erfolgen Entwässerungsarbeiten, und gepflanzt wird am Eichbusch, an der Wachsbleiche, auf der Schilfwiese, an den Braunsdorfer und Köbelner Parkgrenzen und anderen Stellen. Große Mengen Bäume werden dazugekauft. 1825 wird, wie schon erwähnt, auf einer schön modellierten Geländenase am westlichen Rand der

Tränenwiese die Gloriette errichtet. Der Name steht weniger für das Bauwerk als vielmehr für die sich von dort bietende Aussicht. Sie ist der Anfangs- bzw. Endpunkt des Pleasureground, der entlang des Gloriettenweges als schmaler, zur Tränenwiese mit einem niedrigen eisernen Zaun abgegrenzter Streifen ausgebildet ist und aus dem, von dem bunten Blütenhügel ins Tal hinabschauend, sich „vier Gemälde", gleichsam in Rahmen gefaßt, panoramaartig ausbreiten. Die von diesem Aussichtspunkt damals gebotenen bzw. beabsichtigten Ansichten hat Pückler für seine „Andeutungen über Landschaftsgärtnerei" von August Wilhelm Schirmer zeichnen lassen (Abb. XVII, XVIII, XIX dieses Gartenwerkes). Die dort auffallenden großen Bäume auf dem „Kamm" des jenseits der Neiße befindlichen „Hügels" sind zum Teil im gleichen Jahr und später gepflanzt worden und bilden points de vue. Auch im Badepark wurden 1825 große Bäume gesetzt, und im gleichen Jahr entstehen ein Bau für das Moorbad sowie ein neuer Stall als Ersatz für den am Amtshaus abgerissenen.

Von besonderer Bedeutung für den Hintergrund der Hauptaussicht vom Schloß nach Osten ist die 1826 erfolgte „große Pflanzung, welche von den Bergen auf die Schilfwiese vortritt" (Petzold). Während der zweiten Englandreise Pücklers, die ja der Suche nach einer reichen Frau dienen sollte, wurden von Herbst 1826 bis Januar 1829 die Treppe der Schloßrampe fertiggestellt und die Wangen der Rampen mit Granitplatten belegt, die „Chaussee am Englischen Haus fertiggestellt", dort die große Berglehne angesät und in eigener Baumschule herangezogene große Bäume verpflanzt (1827).

Erstmalig erwähnt Petzold die Durchforstung größerer Pflanzungen. 1828 wird der „große Weg" über die Braunsdorfer Berge und in Fortsetzung der Weg über die erste Berglehne zum Pücklerstein und zur Doppelbrücke gebaut. Der zuletzt genannte Weg bereitete Pückler in der Linienführung lange Kummer, wie er im Gartenwerk im Abschnitt „Wege" mit dem Bild V bekennt[27]. Heute hat er eine völlig abweichende Form.

Unter Rehders Leitung erfolgen ferner jenseits der Postbrücke und am Weinberg Rigolarbeiten, die neue Pflanzarbeiten ankündigen. Diese werden bereits 1829 durchgeführt. Noch im Jahre 1828 wird die Orangerie auf der Schloßwiese abgerissen, mit nachfolgenden Planaden und Neupflanzungen daselbst. 1830 nimmt Pückler dort nochmals Terrainveränderungen vor.

Die englische Reise brachte keine reiche Frau, kein Kapital nach Muskau. Die Schloßbaupläne mußten fallen. Unüberhörbar ist die Klage Pücklers, nicht so frei walten zu können, wie es seinem geistigen Auge vorschwebte. Die nach wie vor hohen Schulden und die Unfähigkeit, sich einzuschränken, zwingen zu äußerster Sparsamkeit. Wenn auch keine Bauten entstehen – am Park wird weitergearbeitet.

Die zweite Englandreise gibt dem Bauherrn die Genugtuung, daß sein Muskau ein großer Wurf ist, wenngleich ihm nach zweijähriger Gewöhnung englischer Landsitz-Dimensionen Muskau zu eng und zu klein erscheint. Doch erweitert wird der Park vorerst nicht allzuviel. Nach 1829 werden vor allem die schon räumlich vorgezeichneten peripheren Teile des Hauptparkes detaillierter ausgestattet. Als eine der auffallendsten Neuerungen werden unmittelbar vor dem Schloß am 17. April 1830 auf der Schloßwiese drei große Schwarzpappeln mit sehr hoch ansetzender Krone gepflanzt. Die Idee dazu stammt aus dem kleinen Park des Herzogs von Devonshire in Chis-

34
Muskau. Ausblick vom Oberweg auf die zwei erhaltenen Kirchtürme der Stadt. 1993

wiek. „Eine schöne Wirkung macht ein einzelner hoher Baum vor dem Hause, dessen Stamm man bis an die Krone glatt aufgeputzt hat und unter welchem man nun den ganzen Garten und einen Teil des Parkes übersieht, ein guter Wink für Landschaftsgärtner, den ich Dir in M. zu benutzen rate", heißt es in einem Brief vom Oktober 1826 aus London an seine Frau[28].

Diese Pappeln hatten, wie aus den Abbildungen II b und XV der „Andeutungen" zu erkennen ist, eine ganz besondere Bedeutung für die Bildwirkung auf der Schloßwiese.

Noch im gleichen Jahr wird auf dem Kapellenberg gepflanzt, jenem steilen Geländerücken unmittelbar nördlich des Badeparkes, nachdem vorher dort die rutschungsgefährdete Berglehne mit Faschinen befestigt wurde. Große Pflanzungen erfolgen auch im Bergpark.

Östlich der Neiße werden die Rothwiese (an der Doppelbrücke) und die Quellwiese (unterhalb des Marienberges) angelegt und im Neißegarten Wegebau und Ansaa-

35
Muskau. Schloßruine vom Aussichtspunkt Kirchsteig. 1990

36
Muskau. Blutbuche am Herrengarten. Die sichtbaren
Wurzelrücken bezeugen Muldenpflanzung,
die für sehr große Bäume angewandt wurde. 1992

37
Muskau. Blick aus dem Blauen Garten mit Fuchsienbrücke
zur Schloßwiese mit der charakteristischen
Platanengruppe in der Bildmitte. 1986

38
Muskau. Herbstfärbung eines Tulpenbaumes. 1990

39
Muskau. Blüten des Tulpenbaumes

ten durchgeführt. Weitere Pflanzungen großer Bäume erfolgen im Jahre 1830 auf der Gornika – einer ebenen Fläche
östlich der Neiße mit der berühmten Hermanns-Eiche als
Ausgangspunkt –, ferner auf der Granitza – einer sanften
Geländemulde nördlich des Badeparkes – und im anschließenden Bergpark. Außerdem werden Rigolarbeiten
von Petzold am Herrenberg und Kapellenberg vermerkt.

1831 wird vor allem östlich der Neiße weitergearbeitet
an der Schilfwiese, Kesselwiese und unterhalb des Grabmals des Unbekannten. Vom Lübbenauer Dichter Ernst
Houwald wird eine große Blutbuche gekauft und vermutlich im Herrengarten gepflanzt, der 1832 eine Umgestaltung erfährt.

Auf der oberen östlichen Flußterrasse, gegenüber der
Hauptaussicht vom Schloßhof, wird 1832 die Erdterrasse
für das Mausoleum gebaut. Im Bergpark, auf den Badebergen, um die Familienhäuser und im Weinbergbezirk
gehen die Arbeiten weiter; dort werden Grenzgräben und
Grenzzäune angelegt, womit angedeutet ist, daß eine

geländemäßige Erweiterung hier nicht mehr erwogen
wird. Noch im Jahre 1832 fertigt August Wilhelm Schirmer im Auftrage Pücklers Skizzen verschiedener Szeneri-
en des Muskauer Parkes unter Verwendung der Schinkelschen Bauentwürfe an, die dann jene schönen Stiche in
den 1834 erschienenen „Andeutungen über Landschaftsgärtnerei" ergeben.

Bis zur Afrika/Orient-Reise Pücklers, 1834–1840, entstehen noch sehr wesentliche Bereicherungen im Park.
Der Eichsee wird jetzt, 1833, ausgegraben. Mit seinem Bau
erfolgen Verbesserungen in dessen Nachbarschaft, wo
von der Wachsbleiche, oberhalb des Eichberges, flußabwärts neben Pflanzungen auch ein zur Neiße führender
Promenadenweg angelegt wird. Während der Orientreise
des Fürsten entsteht das Eichseewehr mit dem aufrecht
stehenden Findling, und in diesem Zusammenhang müssen die Hermannsneiße vom Wehr am Herrengarten an
und der Eichsee vertieft werden. Ferner wird von Rehder
in dieser Zeit vor allem der Wegebau vorangetrieben, vom

40
Muskau. Blick von der Gloriette über die Seewiese mit Hermannsneiße
zu den jenseitigen Flußterrassen. Um 1833. Zeichnung von A. W. Schirmer

41
Muskau. Der gleiche Bildausschnitt im Jahre 1975

Badepark hinauf zum Kapellenberg über den Bergpark, am Dorfe Berg vorbei und wieder zur Stadt Muskau hinunter. Damals werden am Oberweg auch jene drei hübschen Waldwiesen angelegt, die noch heute sehr gut wirken[29]. Von der südlichsten Wiese, dem Grünen Dreieck, bietet sich ein großer Überblick über Stadt und Park, einem Lieblingsplatz Pücklers.

Die relativ späte Fertigstellung dieses so überaus wichtigen Teiles der Pücklerschen Parkkonzeption rührt daher, daß dem Parkschöpfer dieser Teil als ländliche Idylle unter Verwendung vorhandener Obstgärten, ergänzt durch reich blühende und kräftiger wachsende wilde Apfel-, Birnen- und Kirschbäume, lange Zeit vor Augen schwebt und noch 1834 in seinem Gartenwerk so beschrieben wird. Jacob Heinrich Rehder hat an diesen Arbeiten großen Anteil.

1840, während Pückler sich schon auf der Rückreise nach Wien befindet, führt er ohne Wissen seiner Frau Verhandlungen über den Verkauf seiner Standesherrschaft. Der energische Widerstand Lucies weiß diese Absicht vorerst zu verhindern. Und als Pückler im Spätsommer wieder in Muskau eintrifft, scheint er von seinem Werk so überwältigt zu sein, daß er sich mit neuen Parkplänen befaßt. Es kommt zu riesigen Parkerweiterungen durch Hinzunahme von 350 ha, dem sogenannten Außenpark, wie Pückler den Teil nennt, der in der Form einer „ornamental farm" gestaltet werden sollte. Durch Anlegen von 15 km Grenzgräben mit Wällen wird diese neue Parkgrenze fixiert. Es kommt zu Anpflanzungen auf den Lucknitzer und Krauschwitzer Bergen und 1841 zu wesentlichen Parkerweiterungen nach Norden und Osten sowie zur Vergrößerung der Baumschule. Neben der Einbeziehung der Braunsdorfer Feldfluren, der Ausdehnung des Parkes bis Lucknitz, wird auch die Köbelner Feldflur, die bisher durch eine Pflanzung fast hermetisch vom Park abgeschlossen war, nun in den Park einbezogen. Die früher dort gepflanzte Sichtbarriere wird beseitigt, die Parkgrenze bis 200 m nördlich des Dorfes Köbeln zum „Thor terrible" hinausgeschoben, das Dorf bis auf Reste abgetragen, westlich der Neiße neu aufgebaut und dieser Bereich in der Art einer offenen Flußniederung gestaltet.

Bis 1845 erfolgen dann noch die Bepflanzung der über die Braunsdorfer Felder geführten Wege, die Umpflanzung der dortigen kleinen Teiche und die Anlage von Wiesen um Gobelin, die in den „Andeutungen" Abb. XXXIX als ideale ländliche Idylle vorweggenommen sind.

Nun erst werden Pflanzungen oberhalb der Thoreiche, am Vogelherd, am „Thor terrible", an der Freischützwiese und im Heidental vorbereitet.

Diesem neuen Unternehmen von gigantischen Dimensionen wird dann durch den 1845 erfolgten Verkauf der Muskauer Standesherrschaft für 1,7 Millionen Taler vorerst ein Ende bereitet. Finanznöte haben Pückler zu diesem Schritt bewogen. Mit größter Wahrscheinlichkeit gab die sogenannte Separation, die endgültige Aufhebung der Leibeigenschaft, den Ausschlag, die der Fürst bisher mit Geschick von Muskau fernhalten konnte[30].

Das in 30 Jahren bis zu Pücklers Weggang Geschaffene läßt ein farbiger Parkplan aus dem Jahre 1847 deutlich werden. Demnach hat der Park die Ausmaße, wie sie in Pücklers Gartenwerk 1834 dargestellt sind, noch überschritten, und zwar nach Westen bis zum Dorf Krauschwitz und nördlich und nordöstlich des alten Dorfes Köbeln um weit mehr als 90 ha, über 750 ha insgesamt.

Der von Pückler fertiggestellte Teil umfaßte vor allem das vom Schloß bzw. vom Pücklerstein (Standort des Tempels der Beharrlichkeit) einsehbare, damals noch überschaubare Flußtal der Neiße mit seinen „Berglehnen" und den gesamten Bergrücken vom Badepark bis zum Dorfe Krauschwitz. Die im Plan 1847 am meisten durchgearbeiteten Teile sind der Schloßpark diesseits und jenseits der Neiße, vom Englischen Haus bis zum Badepark jeweils bis in Höhe der oberen Flußterrasse, dann der Bergpark bis in seine westlichsten Ausläufer, sowie die Hangpartie über der Stadt Muskau. Etwa 35 von ursprünglich 110 alten Linden der ehemaligen Querallee sind noch vorhanden, in ihrem nördlichen Teil sogar noch teilweise in kurzen Reihen. Ferner sind über hundert im gesamten Parkareal verstreut stehende stattliche Laubbäume und einige wenige, sofort ins Auge springende große und kleine Solitärfichten sowie Pyramidenpappeln an mehreren Standorten im Park erkennbar.

Das Wegenetz stimmt größtenteils mit dem im Plan B von 1834 konzipierten überein, nur fehlen noch mehrere schmalere Fußwege.

Die riesige Pferderennbahn auf dem Oberberg ist nicht ausgeführt worden, nur die kleine Reitbahn östlich des Marienberges. Von den geplanten Gebäuden kamen nur das Hermannsbad und das Englische Haus sowie ein Gewächshaus und ein Stallgebäude zur Ausführung, ferner zwei Parkarbeiterhäuser (Familienhäuser) im Bergpark. Nicht verwirklicht wurden: die Fasanerie im türkischen

42
Muskau. Partie nördlich des Pücklersteins mit Prinzenbrücke.
Komposition mit vier Dreiecksflächen:
Fluß, Wiesenhang, Waldhang, Baum-Massiv. Um 1833.
Zeichnung von A. W. Schirmer

Stil, das Mausoleum, der Viadukt, die Burgruine, das Observatorium, die Colonie Gobelin – Häuser für die Parkarbeiter –, der Tempel der Beharrlichkeit und die Orangerie.
Realität geworden waren aber die am Schloß und am
Theater reich ausgestatteten Blumengärten, deren Pflanz-
formen in Fachkreisen damals Kritik auslösten (Abb. 175).

Wegen seines heutigen starken Verwachsungsgrades
muß der westliche Ausläufer des Parkes, der Bergpark,
besonders erwähnt werden, der im Plan von 1847 einen
sehr schönen Charakter zeigt. Im Wechsel von fließend
ausgebildeten Wiesenstücken und kompakter, dann wieder aufgelockerter und sehr stark akzentuiert gesetzter
Raumpflanzung ist dieser Teil 1847 als vollkommen aus-
gereift und fertiggestellt zu bezeichnen. Ganz bewußt,
wenn auch sparsam, ist hier die Feldflur blickmäßig in die

Konzeption einbezogen, und zum Dorf Berg und der
Bergschen Feldmark hin ist der Park zweifach geöffnet,
am Reitweg parkartig ausgebildet mit eigenen Torbauten
beiderseits des Weges, während weiter südlich in breitem
Fluß eine Wiese in die Krauschwitzer Feldmark hinüber-
fließt.

Zusammenfassend läßt der Plan 1847 ohne weiteres erkennen, daß 1845 das Hauptstück der Arbeit, der von den
Flußterrassenrändern umschlossene Raum, in dessen
Brennpunkt das Schloß prangt, und der bis Krauschwitz
ausgedehnte Bergpark, geleistet war.

Der äußere Park, von Köbeln über die Hochfläche der
Braunsdorfer Feldflur bis zum Belvedere, bedurfte noch
der Vollendung. Vielen Teilen gemeinsam ist ein offener
Charakter des Ganzen, nicht jenes Vollgestopftsein, das in

den Folgejahren erhebliche Sorgen bereitete. Die Überschaubarkeit und Durchsichtigkeit großer Parkteile, wie sie aus den Zeichnungen Schirmers im Gartenwerk überall hervorgeht, war damals das Generalthema. Die Dimensionen, in denen gearbeitet wurde, geben sich durch ein paar Zahlen vielleicht auch dem Uneingeweihten zu erkennen. 1845 waren 257 ha Park fertiggestellt bei einer konzipierten Parkgröße von ca. 750 ha, vier Flußbrücken über die Neiße, elf Brücken über Hermannsneiße und Schluchten gebaut und mehrere Millionen Bäume gepflanzt.

Schließlich griff Pückler in seinen Vorstellungen von gestalteter Landschaft bis in das 30 km² große Gebiet seines Tiergartens südwestlich von Weißwasser aus: Dieses völlig eingezäunte und mit neun Torhäusern abgeschlossene Terrain gestalterisch durchzuarbeiten, bildete ein zweites gärtnerisches Anliegen des Fürsten. Er fand hier eine mit schönen alten Eichen, Fichten und großen Kiefern bewachsene, streckenweise wellige Fläche vor, deren Boden von Heidelbeer- und Preißelbeerkraut, Adlerfarn und wildem Rosmarin fast durchgängig bedeckt war. Inmitten dieses Tiergartens legte er zwischen Jagdschlößchen und

43
Muskau. Eichseewasserfall von Norden. 1982

Försterei eine große Parkwiese an, auch hier mit einer Solitärblutbuche, Platane, Esche und Eichengruppen, und verdeckte den Nadelwald durch einen Laubholzmantel. Hier entstand das Romantischste, was wir von Pücklers Schöpfungen kennen: ein kleiner Moorteich nahe den beiden einzigen Bauten.

Ein anderer exterritorialer Teil des Landschaftsensembles ist die Wussina. 3 km südöstlich von Muskau an den östlichen Neißehängen gelegen, wurde sie als eine Art Naturreservat ob ihrer wildromantischen Schönheit durch Wege erschlossen und eingefriedet. Als südliches Verbin-

dungsstück vom Badepark zum 12 km entfernten Jagdschloß hat man über die Keulaer Eisenhütte bis zum Braunsteich in Weißwasser den 4 km langen Keulaer Tiergarten landeskulturell bearbeitet; und selbst noch bis kurz vor dem Verkauf 1845 sind dort starke Eichen gepflanzt worden.

Nach dem 1845 erfolgten Verkauf der Standesherrschaft Muskau an die Grafen Nostitz und Hatzfeld, welche diese bereits ein Jahr später –1846 – gewinnbringend weiterveräußerten, fiel der Park in den Besitz eines der reichsten Männer der damaligen Hocharistokratie, an den

44
Muskau. Eichseewasserfall mit Blick zur Seewiese. 1982

45
Muskau. Panorama des Schloßparks vom Pücklerstein. 1834.
Zeichnung von A. W. Schirmer
Dieses Idealbild ist in Wirklichkeit nie erreicht worden.

Prinzen Friedrich der Niederlande. Jacob Heinrich Rehder, der als verdienstvoller Garteninspektor an der Seite Pücklers den Park heranwachsen sah und dem der Fürst viele seiner gärtnerischen Kenntnisse verdankte, blieb bis zu seinem Tode 1852 in Muskau. Im gleichen Jahr wurde durch den neuen Besitzer und wohl auf Empfehlung Pücklers der in Weimar tätige Eduard Petzold als Garteninspektor in Muskau eingestellt. Petzold war von 1831 bis 1835 als Gärtnerlehrling und Gehilfe in Muskau tätig, also in der Zeit, da der Park nach Pücklers zweiter Englandreise seine Feinausstattung und seine erste Erweiterung erfuhr. Mit Petzold übernahm ein dem Parkschöpfer kongenialer Mann die Fortführung und künstlerische Überwachung des Gartenkunstwerkes Muskau. Die nun reichlich vorhandenen finanziellen Mittel boten die Gewähr, das große Werk zu vervollständigen. Durch Petzolds Leistung entstand in Muskau schließlich das, was sein Begründer

Pückler sich vorgestellt hatte. Dieser bestätigte das in einem Brief an Petzolds Vater: „Meine Gegenwart in Muskau ist nun nicht mehr nötig, da ein alter ego für mich eintritt, ja einer, dem ich mehr zutraue als mir selbst"[31].

Obwohl der so genau erscheinende Plan aus dem Jahre 1847 die Schlußfolgerung zuläßt, daß Pückler in seinen dreißig Schaffensjahren das Wesentliche für die Realisierung seiner gartengestalterischen Idee und für den Parkgrundriß geleistet hat, stellt Petzold fest, daß der Muskauer Park 1852 kaum zur Hälfte fertig war. „Nur die näher liegenden Teile waren beendet, als der Verkauf dazwischen kam. Diese waren allerdings mit einer Meisterschaft ausgeführt, welche schlechterdings keine Zufügung zuließ. Jede solche Zufügung würde wie eine Korrektur ausgesehen haben, wäre aber gewiß jedesmal falsch gewesen …" Der Kernpark zeigte sich also im weitgehend fertigen Zustand; die großen Flächen des Oberparks aber wa-

Verheerende Hochwässer zwangen zum Deichbau am jenseitigen linken Ufer.
Die flußnahen Bereiche eroberte sich sehr schnell Wildwuchs,
der das jenseitige Ufer von Bildmitte flußabwärts bis zum Eingriff Potentes um 1935 waldähnlich werden ließ.
Heute sind zumindest zwei schmale Sichten vom Pücklerstein in Richtung Eichsee wieder geöffnet.

ren noch nicht fertiggestaltet, und um die grüne Umgürtung der Stadt Muskau im Süden und Südwesten zu schließen, mußte der schmale Verbindungsstreifen vom Burgberg zum Belvedere in Lucknitz gestaltet und die Kippenlandschaft des Alaunbergbaues geordnet und bepflanzt werden.

Petzold ging sofort an die lange fälligen Aushauungen in den Pflanzungen. Durch den zuletzt kränkelnden Rehder und auch zu Pücklers Zeit waren diese vernachlässigt worden, „weil der Fürst immer befürchtete, er würde sein Werk momentan zerstören …", obgleich er sich der Notwendigkeit dieser Pflegearbeit durchaus bewußt war, denn er selbst nannte neben dem Spaten die Axt als das wichtigste Werkzeug in der Parkgestaltung. So versteht sich auch Pücklers großes Lob für Petzold. Letzterer sagt zu dieser Art Parkpflege: „Es liegt in der Natur der Laubhölzer, daß sie verjüngt werden wollen … Die meisten

Pflanzungen, deren Flächeninhalt damals gegen 2000, später weit über 3000 Morgen betrug, waren zu Stangenholz herangewachsen und hatten den Schluß verloren, da das Unterholz fehlte; eine kräftige Durchforstung mit vorzugsweiser Berücksichtigung der landschaftlichen Interessen war daher das zunächst Gebotene. Sie erfolgte von innen nach außen, vom Schloß ausgehend – in dessen Nähe sich auch zugleich die ältesten Pflanzungen befanden – nach den entfernteren Partien, und dauerte acht Jahre, wo wieder von vorn angefangen werden mußte … Auch auf die malerische Ausbildung der größeren, freistehenden Bäume wurde selbstverständlich ganz besondere Sorgfalt verwendet, indem die schlechteren ganz entfernt und denjenigen, die sich malerisch zu entwickeln versprachen, der genügende Raum dazu gegeben wurde. Die Pflanzungen erhielten durch die sehr kräftigen Stockausschläge wieder Schluß. In jedem Winter arbeitete ich

46
Muskau. Blick vom Pücklerstein nach Nordwesten. Um 1925

47
Muskauer Park. Blick vom Pücklerstein die Neiße abwärts. 1992

mit 60 Mann in den Pflanzungen und zeichnete jeden Baum, der gehauen werden sollte, selbst an, um etwaige Fehler bei dieser Arbeit zu vermeiden, da sie, einmal begangen, nicht zu verbessern gewesen wären … Nach diesen Grundsätzen ist der Muskauer Park durch 30 Jahre von mir behandelt worden, und dieser Art der Behandlung hat derselbe seine vielen schönen Bäume und Baumgruppen zu verdanken"[32].

Das Ausholzen wurde mit der Zeit zur selbstverständlichen Arbeit und findet in Petzolds Notizen kaum mehr Erwähnung. Sein erstes parkgestalterisches Anliegen war die im Plan von 1847 schon angedeutete Verbindung des Schloßparks zum Oberweg am Bergschen Hang. Sodann ließ er das Gebiet nördlich des Englischen Hauses bis zur Parkgrenze und zur Gornika in südlicher Richtung am Burgberg bearbeiten sowie die Schluchten zwischen Kirchruine und Badepark durch Promenadenwege zugänglich machen – auch hier stellt der Plan von 1847 mehr dar, als in Wirklichkeit bereits vorhanden war!

Viele Brücken bedurften der Erneuerung und wurden nun massiv ausgeführt. Die damit zwangsläufig verbundenen Verwüstungen nutzte Petzold, um jeweils Veränderungen und Verbesserungen in der unmittelbaren Umgebung durchzuführen – besonders am Ostufer der Neiße, dem Brückenkopf der Gitterbrücke und ebenso in der Gegend um die Prinzenbrücke und am Viadukt.

1858–1866 legte Petzold das Muskauer Arboretum an. 50 Jahre lang trug es als erste Gehölzsammlung Mitteleuropas zum Ruhme Muskaus bei. Möglicherweise hatte Prinz Friedrich der Niederlande den Park durch Exoten zu bereichern gewünscht. Ob es nun dieser Anspruch war oder ob Petzold dem Park zuliebe und dem Gärtnerberuf zum Nutzen den Gedanken an ein Arboretum zuerst aussprach, ist hier nicht zu entscheiden. Er bekannte rückblickend, die Idee für ein Arboretum lange gehegt zu haben, um die Vielfalt der neu eingeführten Gehölze durch Anschauung in ihrem landschaftlichen Wert und in ihrem Wachstum sowie ihrer Verwendbarkeit kennenzulernen. Das Sammeln von Gehölzen erfreute sich seit Anfang des 19. Jahrhunderts wachsender Beliebtheit; Pückler verwendete indes fremdländische Gehölze nur im Pleasureground. Petzold hingegen bevorzugte eine größere Mannigfaltigkeit der Baumarten; das Arboretum sollte ihrer Auswahl dienen. Damit trug das Unternehmen von Anfang an wissenschaftlichen und gleichzeitig praktisch-gartengestalterischen Charakter, der sich auch in der An-

lage des systematischen Teils des Arboretums nach parkkünstlerischen Gesichtspunkten zeigte. Auf diese Weise ließ sich der Wert einer Art für einen Park leicht und exakt beurteilen.

Bei alledem bewahrte Petzold im Muskauer Park die für Pückler typische, beinahe spartanische Gehölzauswahl und schenkte den späteren Landschaftsarchitekten ein von Überflüssigem gereinigtes, botanisch richtig benanntes Gehölzsortiment[33].

Das für das Arboretum erschlossene Gelände erstreckt sich östlich der Neiße zwischen Observatorium und Burgberg in 1,5 km Länge und 350–400 m Breite, wobei die Geländemulde zur Verstärkung der räumlichen Wirkung genutzt wurde. Das 40 ha große Hauptterrain mit der systematischen Abteilung erhielt für die geographische Abteilung den etwa 15 ha großen und 60–100 m breiten Streifen zwischen Burgberg und Belvedere, an dessen Fuß die Neiße entlangfließt, angegliedert. Mit dieser Gestaltung war das von Pückler vorgesehene Terrain für den Park er-

48
Muskauer Park. Der wiedererrichtete Pücklerstein. 1991

49
Muskau. Pleasureground der Schloßwiese mit Sichten zu markanten Punkten
auf der oberen östlichen Flußterrasse. Um 1833.
Zeichnung von A. W. Schirmer

schlossen, ohne daß seiner Grundvorstellung Abbruch getan wurde. Ein grüner Ring von Laubgehölzen umschloß die Stadt Muskau, und jenes schöne Panorama vollendete sich, das ein Bild Schirmers von 1833 mit dem Blick vom Belvedere am äußersten südlichen Punkt des Außenparks auf Muskau vorwegnahm (Abb. XXXVII der „Andeutungen").

Die Pläne, welche Petzold weiterhin mit dem Arboretum verband, waren eine Nutzanwendung in dem „mehrere hundert Morgen" großen ehemaligen Alaunbergbaugelände. Statt dieses Planes wurde dann aber das Rekultivierungsgebiet in nur einfacher Form durch Wege erschlossen und vorwiegend mit Eichen, Buchen, Birken und Stroben hain- und waldartig bepflanzt.

Zwei die Pücklerschen Pflanzungen betreffende kleine, aber wesentliche Korrekturen Petzolds in Schloßnähe seien genannt, weil sie deutlich werden lassen, daß dem pflegenden Gärtner eine ähnliche künstlerische Fähigkeit eigen sein muß wie dem Parkschöpfer selbst. Petzold ließ zu groß gewordene Bäume in allen drei Pleasuregrounds

und Blumengärten entfernen, um diese „kleinen Räume von ihrer Überfüllung zu befreien". „Ein Gleiches geschah auf der Tränenwiese und der Schloßwiese, wo allein vom großen Schloßrasen dreizehn Pflanzungen entfernt werden mußten." „Was bei Beginn der Pflanzungen, solange die Bäume noch jung, sehr schön war, paßte später nicht mehr"[34], begründete Petzold. Diese gleich nach seinem Amtsantritt 1852 vorgenommenen Gehölzreduzierungen auf der Schloß- und Tränenwiese sind in seinen nicht sehr genauen Karten erst 1865 angedeutet. Erst bei der weiteren Durchdringung der Pücklerschen Pflanzungen im Zuge der Rekonstruktionsarbeiten wird erkennbar werden, was Petzold entfernen ließ und aus welchem Grunde. Jedenfalls hat Petzold nur das „Zuviel", wie wir es uns mit Hilfe der Schirmerschen Zeichnungen vom Schloßgarten und der Tränenwiese sehr gut vorstellen können, entfernt und auf das spätere Erscheinungsbild hingewirkt.

Der Oberpark oberhalb der östlichen oberen Flußterrasse war unter Pückler nicht mehr bis an die Grenze fertiggestellt worden, und die Feldflur hatte nur teilweise eine

50
Muskau. Zustand der Schloßwiese um 1935.
Blick aus Pücklers Arbeitszimmer den Prospekt hinauf zum Mausoleum-Standort jenseits der Neiße,
auf der oberen Flußterrassenkante

Behandlung zur „ornamental farm" erfahren. Unter dem Prinzen Friedrich der Niederlande verblieb dieser Zustand, wie wir dem Petzoldschen Plan von 1865 entnehmen können. In einer Größe von etwa 550 ha durchgestalteter Fläche ist der Park dann 1883 vom Grafen Traugott von Arnim übernommen worden.

Unter Prinz Friedrich der Niederlande vor allem erhielt der Park eine Reihe von Baulichkeiten und Ausschmückungen. Die Erneuerung der Brücken wurde schon erwähnt. In der Nähe des Grabmals des Unbekannten entstand 1864 der „Viadukt am Herrenberg" mit einem großen Bogen, während 1853 schon der Viadukt mit fünf Bogen südlich des Mausoleumstandortes gebaut wurde. Auf die noch immer ohne plastischen Schmuck ge-

bliebenen Treppenwangen der Schloßrampe kamen 1857 die beiden vom Berliner Bildhauer Friedrich Wolff geschaffenen mächtigen Löwen in vergoldetem Zinkguß, die Wappentiere des Niederländers. Schloß, Rentamt und Kavalierhaus – das heutige Moorbad – mußten innen und äußerlich erneuert werden und erhielten zwischen 1864 und 1866 neue Fassaden in einem Mischstil aus „deutscher und französischer Renaissance". Dabei wurde der Hauptbaukörper des Schlosses um das Mansardengeschoß erhöht. Die Bauausführung lag bei den Berliner Architekten Wentzel und Strasser. Gleichzeitig entstanden die Plastiken über dem Rentamtportal, welche die Alt-Muskauer Hans Georg von Schöneich, Curt Reinecke II. von Callenberg und Carl Christoph zu Dohna darstellen.

51
Muskau. Sieben Pyramidenpappelgruppen sind um das Schloß postiert. Um 1833.
Zeichnung von A. W. Schirmer

Auf dem Dach des Rentamtes waren die Initialen des Prinzen angebracht, während das Portal das Doppelwappen der Familien von Callenberg und Dohna zierte. Zur Farbigkeit der neuen Fassaden der Hauptgebäude gibt es keine genauen Überlieferungen; in Pücklers Zeit trug der Putz einen gelblichen Anstrich, zu dem die roten Ziegeldächer und die blauen Turmhelme in reizvollem Kontrast standen.

Prinz Friedrich finanzierte ebenso großzügig die damalige Gartenausstattung, wie auch die Ausstattung des Bades und Jagdhauses in reicheren Formen vorgenommen worden ist. Somit kann die Herrschaftszeit des Prinzen der Niederlande als die Zeit der Vollendung des Muskauer Kunstwerkes bezeichnet werden, indem alles getan war, um diesem Gebilde Dauer zu geben.

Die dritte Etappe der Geschichte des Muskauer Parks umfaßt eine Zeitspanne von mehr als sechs Jahrzehnten. Als eine Folge der mit dem Zweiten Weltkrieg eingetretenen Verluste auch der meisten Aktenunterlagen kann sie

nur lückenhaft und unter Zuhilfenahme von Fotografien veranschaulicht werden. Ähnlich wie nach dem Verkauf Muskaus 1845 kam es 1881 zu einer Interimsphase in den Besitzverhältnissen. 1881–1883 war eine Tochter des Niederländers, Marie Fürstin zu Wied, Erbin des Muskauer Besitzes geworden. Wohl aus politischen wie allgemein wirtschaftlichen Gründen verkaufte sie 1883 Schloß und Park Muskau an Traugott Herrmann Graf von Arnim. Mit ihm zog eine neue Zeit in Muskau ein. In erster Linie war der neue Besitzer ein Unternehmer und gewillt, die wirtschaftlichen Möglichkeiten, welche ihm die Standesherrschaft Muskau bot, voll auszuschöpfen. Der Park trat für ihn zumindest in den ersten Jahren nach der Übernahme in den Hintergrund – wenngleich Arnim seine feudale Lebenshaltung durch die glanzvolle Folie des berühmten Pückler-Parkes erhöht sah.

Für den 1878 ausgeschiedenen Petzold führten der Leiter des Arboretums und der Baumschule Heinrich Gustav Schrefeld und für den übrigen Park der Obergärtner Wil-

52
Muskau. Panorama vom gleichen Standort wie Abb. 51 vom Grünen Dreieck. 1982.
Blutbuchen umschreiben die Schloßwiese

53
Muskau. Blick vom Neißedamm über Schaf- und Schloßwiese
zum Grünen Dreieck am Oberweg. 1982

54
Muskau. Parkplan von 1847. Ausschnitt Schloßpark

helm Roth ab 1881 die Geschäfte. Nach Schrefelds Tod 1891 kam Rudolf Lauche nach Muskau und blieb hier bis 1928 Park- und Gartendirektor. Ihm zeigte sich Traugott Herrmann Graf von Arnim zuerst als nur wenig verständiger Parkbesitzer, und Lauche benötigte eine Reihe von Jahren, bis ihm eine den gärtnerischen Notwendigkeiten entsprechende Amtsführung gestattet wurde. Eigentlich sei erst ab 1919 mit der Übernahme durch Adolf Graf von Arnim der Muskauer Park wieder „völlig das geworden, was er heute darstellt: die klassische Parkanlage Deutschlands", äußerte Camillo Schneider 1922 [35].

Die nicht sehr vorteilhafte Darstellung der Verwaltung des Pücklerschen Erbes durch Traugott von Arnims Enkel bedarf einer Klarstellung. Unter Traugott von Arnim waren 30 bis 40 Arbeitskräfte mit Rudolf Lauche, als dem Be-

sitzer direkt unterstellten Parkdirektor, tätig; 1931 nur 8 bis 20 und im Zweiten Weltkrieg nur mehr 13 Kräfte. Seit 1929 fungierte kein Parkdirektor mehr, sondern der Leiter des Muskauer Forstamtes Walter Bruhm wurde mit diesem Amt betraut. Mit einer geschätzten zu pflegenden reinen Parkfläche von ca. 390 ha (ohne Arboretum) sind die unter Lauche tätigen Pflegekräfte zwar nicht hoch, aber ausreichend gewesen. Ansonsten hätte der Park nicht ein so vorteilhaftes Aussehen speziell in den zwanziger Jahren gehabt, wie Fotografien belegen. In vielen Parkteilen bestimmte damals eine sehr große Anzahl von prächtigen Solitärbäumen das Bild, wenngleich keine alle Parkteile gleichermaßen erfassende Fotodokumentation möglich ist [36]. Auch die waldartigen Teile des Parkes erfuhren eine zweckdienliche Behandlung, indem auch dort die Pflege

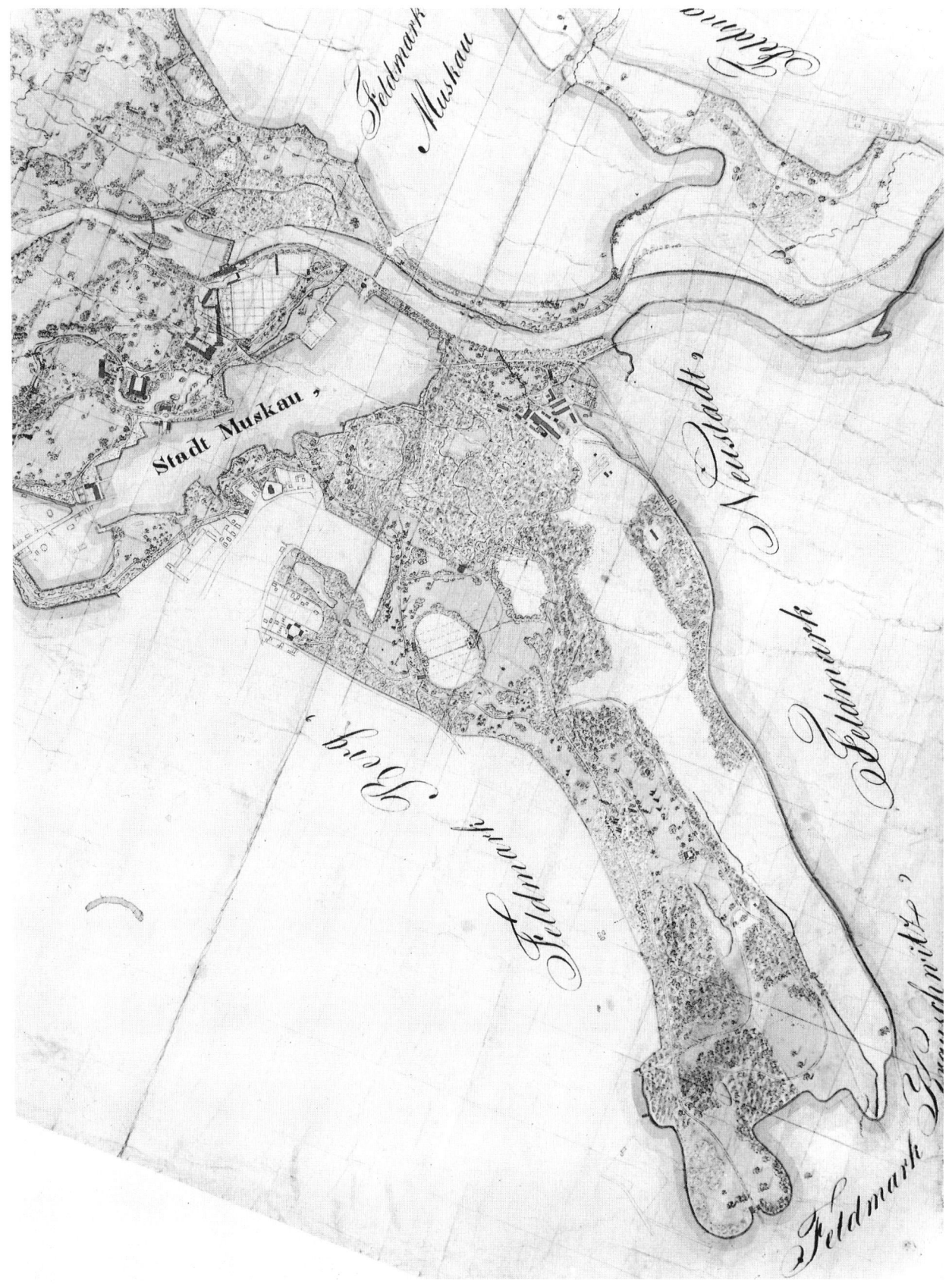

Feldmark
Muskau

Stadt Muskau

Neustadt

Feldmark

Feldmark

Berg

Feldmark

Feldmark Kraussschwitz

55
Muskau. Parkplan von 1847. Ausschnitt Bergpark

auf schöne vollkronige Bäume und Einzelbaumgruppierungen orientiert war. Beim Vergleich dieser Zeitdokumente mit einer Fotoserie, die Stoitscheff[37] 1941/42 schuf, ist auffallend, daß die Profilierung der Ränder der großen Baummassive östlich der Neiße noch in den zwanziger Jahren gut war, während sie 1942 recht unförmig wirkte und die Höhendifferenzierung gänzlich fehlte.

Unter Traugott von Arnim war auch am Park die Industrialisierung Muskaus nicht vorübergegangen. Anstelle der kleinen Mühle am Neißewehr wurde eine Pappenfabrik mit einem sehr hohen Schornstein errichtet, der weit über die Baumkronen des Parks aufragte. Noch empfindlicherer Verlust entstand durch das Auflassen des Uferweges entlang des Mühlendammes. Der Zutritt zum Wasser und die unmittelbare Verbindung vom Badedamm zum Petzold-Damm entfielen. Damit ist heute im geteilten Park die schöne Flußkrümmung bis in Höhe Pücklerstein nicht mehr erlebbar. Einen weiteren Eingriff in die Parksubstanz brachte der Bau der Muskauer Waldeisenbahn 1896–1898, die ein Versorgungsgleis auch zur Pappenfabrik führte und durch den Bergpark eine Verbindung nach Weißwasser zu den Kohle- und Tongruben und den Ziegeleien nach sich zog.

Unter Traugott von Arnim erfuhr zwischen 1883 und 1919 der Park mehrere bauliche Bereicherungen. Schon Pückler hatte für den Bau des Mausoleums einen Platz auf der obersten Flußterrasse östlich der Neiße vorgesehen. Während Schinkel einen hellen Kapellenbau an dieser Stelle vorschlug, errichtete 1888 Julius Raschdorff entsprechend dem Zeitgeist ein in monumental gotisierendem Stil gehaltenes Gebäude aus schweren Granitbruchsteinen. So wenig dieser Bau mit seinen seitlichen Bogenarchitekturen dem Geiste Pücklers und Schinkels entsprach, brachte er doch das notwendige Pendant zum Schloß und zum Aussichtsplatz von der wendischen Kirchruine und folgte so der Pücklerschen Grundkonzeption für den Landschaftspark. Eine weitere Ergänzung stellte seit 1901 der außerordentlich große Findling auf Hilkes Berg dar – dem Platz für den von Pückler geplanten „Tempel der Beharrlichkeit". Ein Bronzemedaillon mit dem Bildnis des Fürsten Pückler erhob diesen Punkt in der geometrischen Mitte des Parks zum Ehrenplatz für den Schöpfer des Landschaftsparks – Pücklerstein genannt. Eine dritte Bereicherung brachte der Anbau der Loggia mit zwei Balkonen an der bisher glatten Westseite des Schlosses. Mit Hilfe dieses architektonischen Details

entstand eine weitere Beziehung zwischen Schloß und Tränenwiese. Und im Schloßhof entstand an der Ostseite des Hauptbaues ein Vorbau mit vier üppig verzierten Säulen. Im Bauhof, dem südlich der Schloßwiese liegenden Gebäudekomplex, erhielt der südliche Baukörper noch vor dem Ersten Weltkrieg seine barocke Fassade.

Die veränderten gesellschaftlichen Verhältnisse nach dem Ersten Weltkrieg führten auch zu Veränderungen im Status des Gräflich-Arnimschen Besitzes durch Bildung der „Graf von Arnimschen Waldgutstiftung Standesherrschaft Muskau", wovon der Park ein Teil war und somit Parkpflege und Erhaltung eine Aufgabe, die im öffentlichen Interesse lag.

Nachdem Adolf Graf von Arnim 1919 Muskau erworben hatte, ließ er 1921 den Schloßbau durch den Architekten Alfred Breslauer erneut verändern. Eine Warmwasserheizung wurde eingebaut, deren Medium in einem unter vorhandenen Wegen begehbaren Kanal von der 400 m entfernt am Neißemühlenwehr arbeitenden Pappenfabrik herangeführt wurde. Im Treppenhaus erfolgten Durchbrüche in allen Stockwerken zur besseren Belichtung. 1925 kam an der Nordseite des Schlosses ein Küchentrakt mit darüber befindlichem Festsaal hinzu. In alter Ausstattung blieb lediglich die Bibliothek von 1647, jener als Rittersaal geschaffene Raum neben dem großen Turm. Das Schloßäußere erfuhr mit dem Entfernen der Eisengitter eine Vereinfachung, dafür sind weiß gestrichene horizontale Sandsteinbänder in das Mauerwerk eingelassen und der Putz insgesamt in zartem Rosa – den Farben der Arnims – getönt worden. Zum Schloßteich grenzte eine niedrige Mauer mit heller Sandsteinabdeckung den Gebäudetrakt ab und bildete gleichsam eine Art Tafelfläche, auf der das Schloß abgesetzt von der Umgebung nun steht. Zwischen 1925 und 1931 fand sich vor der Schloßrampe eine halbkreisförmige geometrische Gartenanlage. Unter dem neuen Besitzer wurden 1920 im „Vogelherd" von der Hermannseiche ostwärts nach dem Holzeinschlag Koppeln eingerichtet und um 1924 das noch aus der Pücklerzeit stammende, inzwischen verwilderte „Tannenreich" zwischen Tränen- und Lindenwiese geräumt. Seither blühen dort nach Farben schön gruppierte Rhododendren und Azaleen unter alten Eichen, eine noch heute wirksame Arbeit Rudolf Lauches. Und 1928 säuberte er im Auftrage Adolf von Arnims schließlich auch das Arboretum von verkümmerten Bäumen und legte hier große Flächen für einen Golfplatz frei, womit

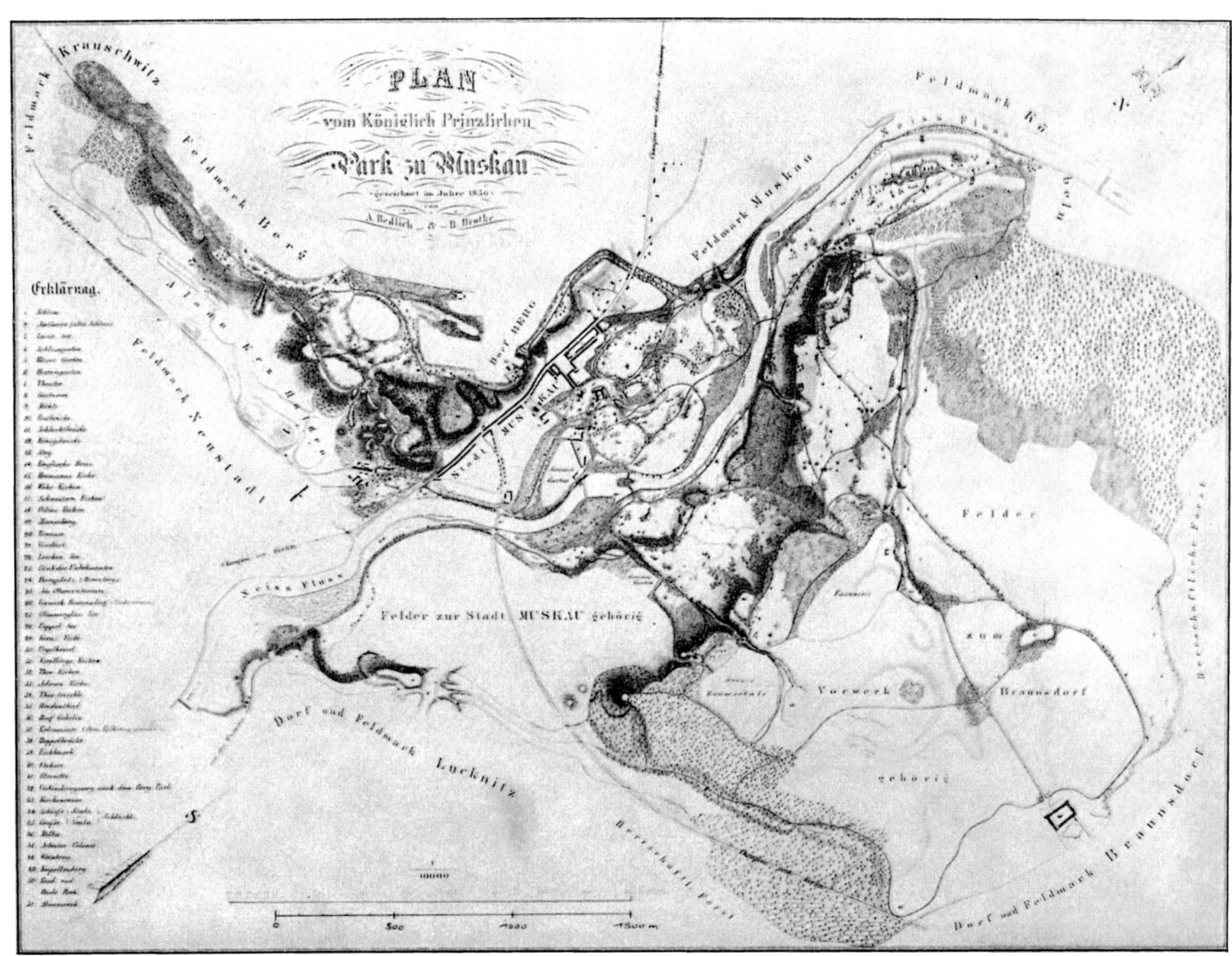

56
Muskau. Parkplan von 1856

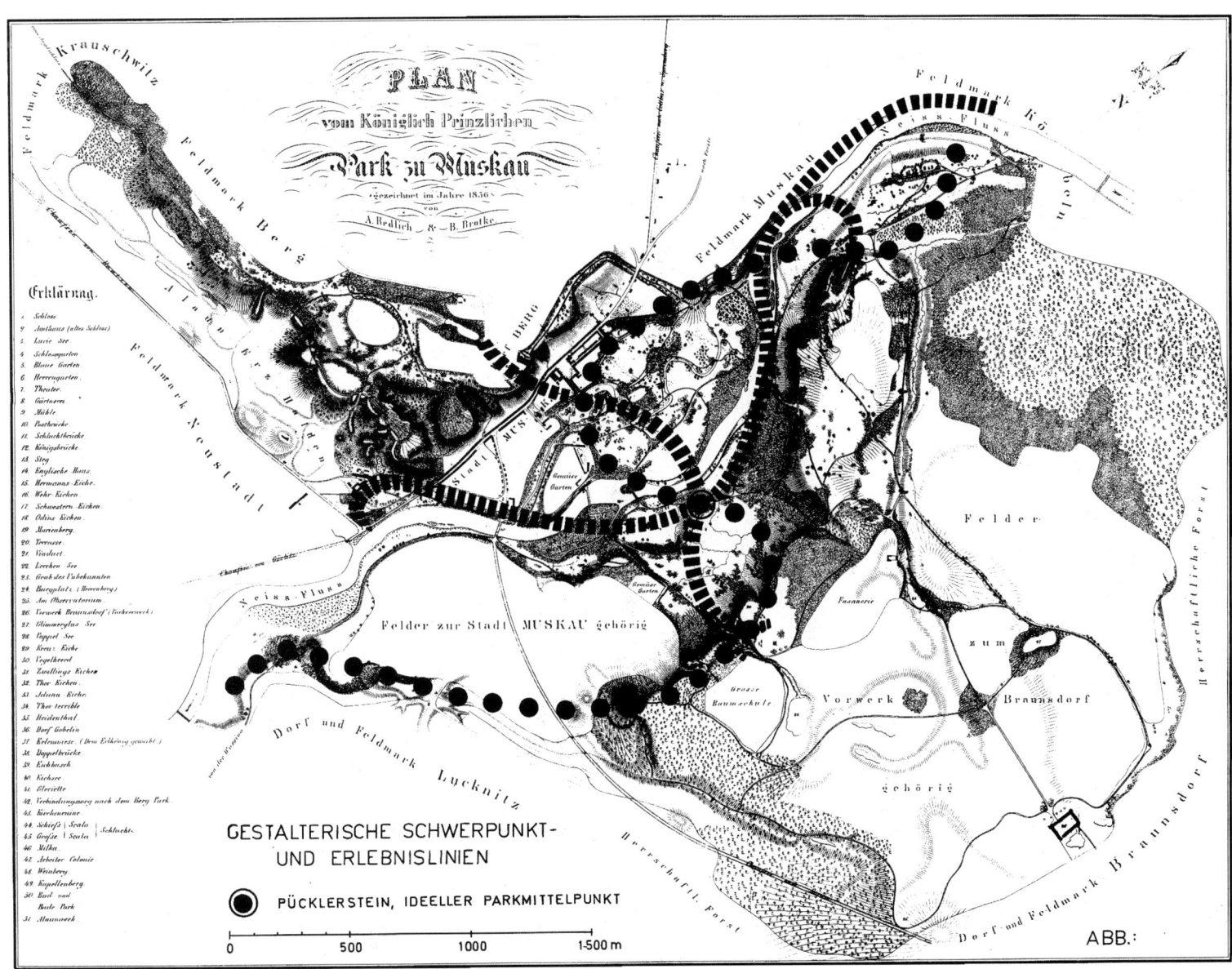

57

Muskau. Gestalterische Schwerpunkt- und Erlebnislinien.
Schwerpunktlinie gepunktet, auf Wegen erreichbar.
Erlebnislinien kennzeichnen die räumliche Überschau

58 bis 60
Muskau. Veränderungen am Baumbestand im Blauen Garten
in einer Wachstumsperiode von 120 Jahren.
Insgesamt kein Bildverlust trotz anderer Baumakteure

58
um 1870

59
Zustand 1983. Neben Blutbuche rechts Ulmen

60 ▶
Nach Ausfall einer fünfstämmigen Ulmengruppe 1986.
Die Bildplastizität hat gewonnen.

61
um 1870 mit 85jähriger Blutbuche, links angeschnitten

61 bis 63
Muskau. Veränderungen vor der Schloßrampe von 1870 bis 1982

62
um 1910 mit 125jähriger Blutbuche

63
1982 mit der fast 200jährigen Blutbuche

das Schicksal des bereits von 1883 an vernachlässigten Arboretums besiegelt wurde[38].

Aus der Zeit 1927/28 hat sich ein Skizzenbuch mit unmaßstäblichen Aufzeichnungen und ohne Altersangaben des dendrologisch wertvollen Gehölzbestandes von dem Konrektor der Muskauer Stadtschule Bruno Gerlach erhalten[39]. Die dargestellten Partien bestehen aus: den drei Pleasuregrounds, der Wegebegleitpflanzung vom Schloß zur Gloriette und um den Wirtschaftshof, Teilen des Arboretums, einer Partie am Mausoleum, dem Eingangsteil zur Baumschule und der Eichseeumgebung. Das Pflanzensortiment war damals sehr reichhaltig, die Anzahl der farb- und formmäßig auffallenden Bäume wesentlich größer als heutzutage. Große Bedeutung hatten Grau- und Silberpappeln sowie Nadelbäume – nicht so sehr zahlen-, als vielmehr standortmäßig –, die heute ganz fehlen, ferner rotblühende Roßkastanien, Rot- und Scharlacheichen.

Über den Verbleib der vielen Pyramidenpappeln um das Schloß, die bis 1880 fotografisch nachweisbar sind, ist nichts bekannt. In Lauches Zeit fallen Nach- und Neupflanzungen von acht bis zehn Blutbuchen unter anderem an Standorten von Pyramidenpappeln und Fichten. Roteichen wurden bereits von Petzold in Muskau eingebracht. Veränderungen und Zusätze zu den ursprünglichen Pücklerschen Baumbeständen sind also an vielen

64
Muskau. Schloßwiese um 1885. Stich von Theodor Blätterbauer.
Pappeln vor der Schloßrampe.
Rechts Dreiergruppe aus Platanen, kurz vor 1845 gepflanzt.

65
Muskau. Schloßwiese um 1860. Blick von der Schloßrampe nach Osten.
Stich von Fr. Preller d. J.

66
Charakteristische Baumstellung im Muskauer Park:
Schaf- und Lindenwiese vom Petzoldweg. 1982

Stellen erfolgt – immerhin wurde in Muskau am Südrand
der Schloßwiese um 1900 ja schon die zweite Baumgeneration gepflanzt.

1930 erfolgte die Gründung der „Fürst-Pückler-Gesell-
schaft", in welcher seit 1931 der Potsdamer Gartendirektor Georg Potente als sachverständiger Berater wesentlich
zu parkpflegerischen Entscheidungen in Muskau beitrug.
Man holte nun nach, was seit 1880 allem Anschein nach
doch versäumt worden war: das Auslichten zu eng stehender Pflanzungen. Die riesige Menge von 14 500 fm
Holzeinschlag in einem 545 ha umfassenden Parkareal innerhalb von dreizehn Jahren – davon 7267 fm in den ersten
sechs Jahren – verdeutlicht den Nachholbedarf[40].

Unter Potentes Anleitung erfolgten neben Reduzierun-
gen zu sehr in die Breite gegangener Baummassive, das
Öffnen von Sichten, auch Auflockerungen des waldartigen Bestandes. Als markanteste Arbeiten Potentes läßt die
Bearbeitung der „Veränderungen von 1929–41" durch L.
Stoitscheff[41] folgende Stellen erkennen: Öffnen der langen
Kiebitzwiese und der Sicht von den Wehreichen über die
Prinzenbrücke zur Doppelbrücke; starke Reduzierung im
Aubusch und Feinarbeit an den Innenrändern des Arboretums. Ferner wurden, der Karte Stoitscheffs folgend,
von 1931 bis 1941 Reduzierungen ausufernder Gruppen
und kompakter Pflanzungen am Marienberg, am Krautgarten, um den Pücklerstein, auf der Schloßwiese nahe

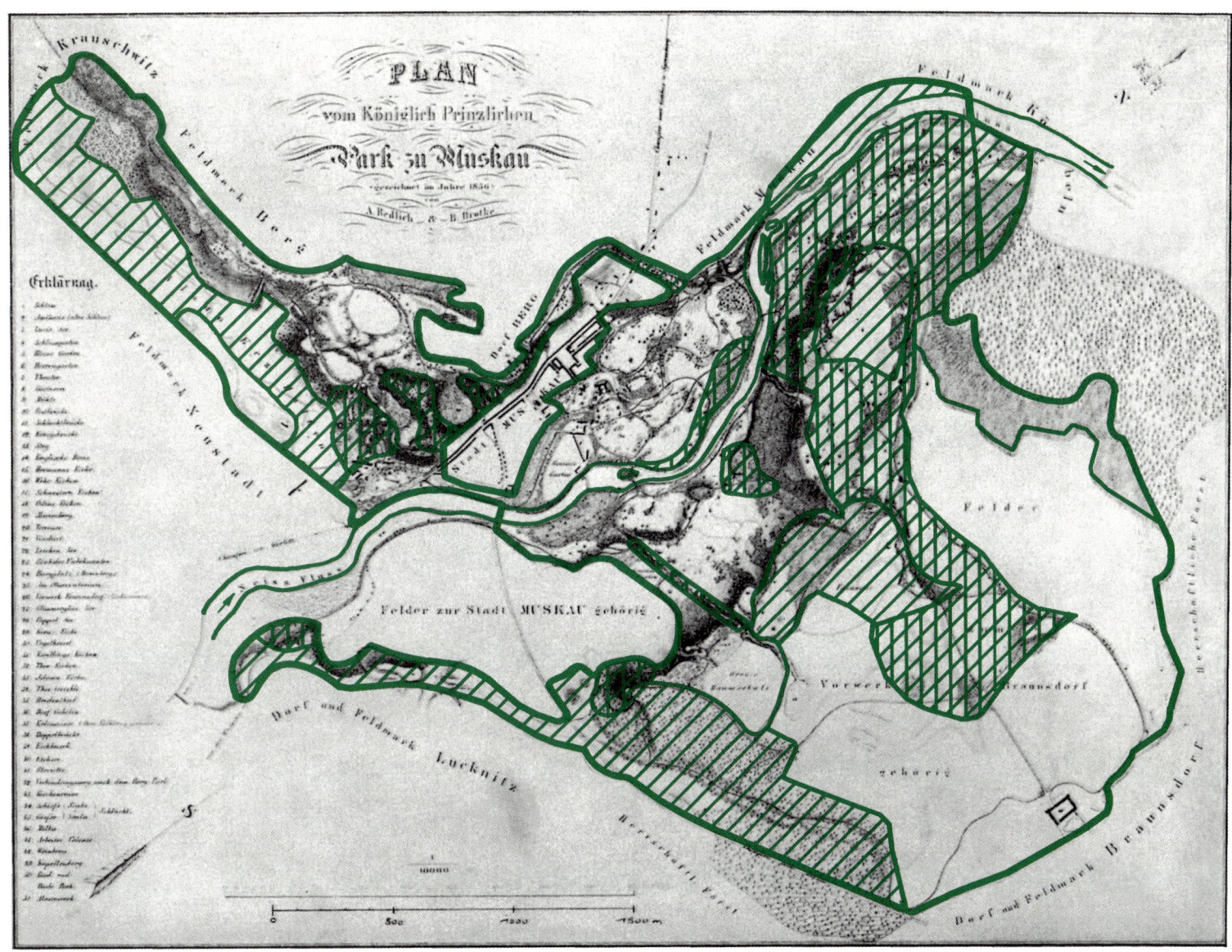

ORIGINAL
VON PÜCKLER

VON PÜCKLER BEGONNEN,
VON E. PETZOLD VOLLENDET
ODER ÜBERARBEITET

VON E. PETZOLD
VÖLLIG NEU GESTALTET

67
Parkautorenschaft – ein Versuch. 1980

der Doppelbrücke, an der Gloriette, am südlichen Rand der Tränenwiese und an den Rändern der Schaf- und Lindenwiese vorgenommen. Auch im Bergpark erfolgten Reduzierungen der Pflanzungen, so am Südrand des Weinbergteiches, nördlich der Wiesera und beiderseits der Vexierlachen. An der „Großen Schlucht" wurden deren Hals und damit wieder eine Verbindung zur Tschinerwiese geöffnet sowie dicht am Bergschen Friedhof die dort vorhandenen Räume erweitert. Völlig neu geschaffen wurden einige Lichtungen: südwestlich der Maiwiese, westlich des Sanatoriumsweges, wo eine Steinbank steht, und zwischen Streuweg und Waldeisenbahnweg in dem erst nach 1868 aufgepflanzten ehemaligen Alaunbergwerksgelände. Erst die weitere Durchdringung dieses heute noch sehr verwaldeten Parkteiles wird die letztgenannten Ausholzungen verständlich werden lassen,

während die beiden erstgenannten Lichtungen sicher zur Schaffung der Aussicht nach Süden dienten.

Mit diesen den gesamten Park umfassenden Ausholzungen waren die allerwichtigsten Nachholarbeiten geleistet und die Gewähr gegeben, daß das Kunstwerk in seiner Substanz der nachfolgenden Generation überliefert werden konnte. Im Zweiten Weltkrieg sah das anders aus. Das Artilleriefeuer an der wochenlang hier verlaufenden Front brachte vor allem dem Altbaumbestand im Schloßpark bleibende Schäden und führte im nachhinein zum Verlust des Schlosses, des Amtshauses, Kavalierhauses, des Bades, Mausoleums und des Englischen Hauses sowie des Pücklersteins.

Mit dem Abschluß des Potsdamer Abkommens wurde die Neiße Grenzfluß zwischen der Volksrepublik Polen und der DDR. So ist der Muskauer Park heute in zwei un-

68
Charakteristische Baumstellung im Muskauer Park:
Situation am Eichsee. 1983

terschiedlich große Teile auf zwei staatlichen Territorien geteilt.

In den ersten Nachkriegsjahren nutzte man die Wiesenflächen rings um die Schloßruine als Grabeland, wobei mehrere auf der Schloß- und Tränenwiese stehende Solitärgruppen und -bäume beseitigt wurden.

Nach der Überführung der Graf-Arnimschen-Waldgutstiftung in Volkseigentum war für den Fortbestand des Parkes westlich der Neiße in einer Größe von 206 ha der 1948 gefaßte Beschluß der Stadtverordnetenversammlung von Bad Muskau bedeutungsvoll, den Park zur allgemeinen Nutzung wiederherzurichten, ein Moorbad zu eröffnen und Stadt und Park zu einem Kurort auszubauen – eine Entscheidung, die sich gegen die Absichten richtete, den Park aufzusiedeln und der landwirtschaftlichen Nutzung zuzuführen [42].

Nach der Gründung der Deutschen Demokratischen Republik wurde 1953 die Parkverwaltung geschaffen, nachdem 1950 im ausgebauten ehemaligen Theater das Moorbad eröffnet worden war. 1955 wurde der Park unter Denkmalschutz gestellt.

Die ersten denkmalpflegerischen Arbeiten galten der Sicherung des historischen Bestandes, soweit dieser in seinem Wert erkannt war. Das Gelände des ehemaligen Alaunwerkes wurde mit dem aus der kriegszerstörten Stadt abgefahrenen Schutt aufgefüllt, wobei die Heilquelle das Kernstück des neu angelegten Parkteils bildete. In einer Schlucht der Badeberge entstand 1955/56 die Freilichtbühne. Durchforstungen setzten im Bergpark 1956 ein und dauerten bis 1961, begleitet von Arbeiten zum Entschlammen der Hermannsneiße im Oberlauf bis zur Karpfenbrücke. Wildwuchs war in großen Teilen des

69
Charakteristische Baumstellung im Muskauer Park:
Partie am Mausoleumsweg. Um 1910

70
Muskau. Das wiederaufgebaute Rentamt mit Blutbuche,
Platane und Roteiche (von Mitte nach links). 1982
Blutbuche und Roteiche nehmen zwei ehemalige Pyramidenpappelnpflanzungen ein.

71 ▶
Muskau. Kleine Diagonalsicht mit Herta-Eiche im Vordergrund rechts
Der Blick führt zwischen zwei Blutbuchen hinauf
zur westlichen, oberen Neißeterrasse;
dazwischen liegt die Stadt Muskau. 1982
Seit 1987 steht die Herta-Eiche nicht mehr.

72
Muskau. Blick zur Gloriette an der Tränenwiese. Prächtige Gelbfärbung
eines Tulpenbaums vor dem Schloß. 1986

Parks zu beseitigen. Das Öffnen zugewachsener Partien am Neißeufer gegenüber dem Pücklerstein, im Eichbusch und am „Weltende" bildete ebenso wichtige pflegerische Schritte. Die Gehölzgruppenränder bedurften gründlicher Säuberung, um wieder ein ausgewogenes Verhältnis von Frei- und Baumflächen zu schaffen. 1965 wurde die „Rote Brücke" im Bergschen Hangpark oberhalb der Stadt erneuert, jedoch nicht in der ursprünglichen Form. Zwischen 1965 und 1968 konnten die historischen Kompositionen im Bereich des Eichsees und an der Neiße unterhalb der ehemaligen Doppelbrücke erschlossen werden. Dabei entstanden Blicköffnungen nach Norden, Osten und Südosten, um die Einheit des Parkgeländes beiderseits des Flusses optisch erfaßbar zu halten.

Die besonderen Verdienste, die sich Hermann Schütt auf seit 1947 um die Parkpflege in Muskau erwarb, fanden

73
Muskau. Blick über den Schloßsee zur Tränenwiese. 1982
Drei Blutbuchen in Reihung nehmen die Standorte
ehemaliger Pyramidenpappeln ein.

74
Muskau. Blick von der Karpfenbrücke zur Gloriette. 1982

75
Muskau. Wasserfall an der Karpfenbrücke, Blick die Hermannsneiße
flußaufwärts zur Kanalwiese. 1984

76
Muskau. Altes und Neues Schloß. 1930

1967 in der Aufstellung eines Gedenksteines anläßlich seines Todes oberhalb der Freilichtbühne eine besondere Würdigung.

1971 wurde durch die Arbeitsgemeinschaft „Generelle Stadtplanung Kurort Bad Muskau" der Anstoß zur systematischen Parkrekonstruktion gegeben, nachdem schwere Unwetter der vorangegangenen Jahre die Problematik des teilweise überalterten Baumbestandes im Schloßpark besonders verdeutlicht hatten. Anstelle des zunächst notwendig erscheinenden Abholzens der Altbaumgruppen und deren totaler Erneuerung entschloß man sich für ein schrittweises Vorgehen.

Mitte der siebziger Jahre wurde, wie schon einmal in den zwanziger Jahren, die Forderung nach einer zweiten Ortsdurchfahrt zwischen Stadt und Park aus militärischen Gründen erhoben. Das hätte den Park unwiederbringlich an seiner empfindlichsten Stelle getroffen. Durch den mutigen Einspruch des Landeskonservators Prof. Dr. Hans Nadler sahen die verantwortlichen Verkehrsstellen den Fertigstellungstermin der Straße gefährdet. So kam es glücklicherweise zu einer anderen, ökonomisch zwar aufwendigeren, aber parkbewahrenden Umgehungsstraße westlich des Parkes. Von ihr aus ist nun auch der Bergparkteil mit seinem Umland erlebbar geworden. – Ironie der Geschichte: Dem Einspruch wurde durch das Kulturministerium nicht stattgegeben; doch die Umgehungsstraße war schon im Bau.

Nach zwölfjähriger Bauzeit war 1977 das Rentamt fertiggestellt und 1984 mit der Einweihung eines Konzertsaales im Dachgeschoß der Innenausbau abgeschlossen.

Muskau. Situationsplan 1981

Maßstab 1:2000

Die weitere Entwicklung der Stadt Muskau und des Dorfes Krauschwitz wurde im Generalbebauungs- und Generalverkehrsplan von 1979 für die nächsten 20 Jahre vorgezeichnet, und mit der Festlegung der Denkmal- und Umgebungsschutzgebietsgrenzen neue Bauanforderungen in solchen Grenzen gehalten, die das Parkkunstwerk vor Beeinträchtigungen bewahren sollen.

Seit 1981 erfolgten wieder größere Holzeinschläge im ehemaligen Alaunbergbaugebiet, es wurde die Tschirnerwiese im Bergpark von Wildwuchs befreit und vom Eichsee bis zum „Weltende" Fremdwuchs beseitigt. Dadurch ist die großartige Komposition von dem Eichberg, der westlichen unteren Flußterrasse, mit Blickbeziehung zur jenseits der Neiße liegenden – heute verwachsenen – Bergwiese und zur Seewiese im Vorder- und der Tränenwiese im Hintergrund mit ihren so souverän gepflanzten Eichengruppen wieder voll erlebbar.

Darüber hinaus wurden ab 1983 große Teile der verwachsenen Neißeufer von der Gitterbrücke bis zur Doppelbrücke freigestellt, der Aubusch kräftig aufgelichtet durch Beseitigung des Jungwuchses und damit die alten Blickbeziehungen zur Goldenen Höhe, zum Pücklerstein und zur Prinzenbrücke wieder geöffnet. Neben dem Gewinn an Durchschaubarkeit des Schloßparkes und der Sichtbarmachung der Neiße hat der Muskauer Park wieder etwas von seiner ehemaligen Dimension zurückerhalten. Auch die durch das Juli-Hochwasser 1981 beschädigten Brücken wurden wieder erneuert. Die Fuchsienbrücke im Blauen Garten wurde neu gegossen und 1983 eingeweiht, die weiter unterhalb auch über die Hermannsneiße führende Schäferbrücke repariert und mit neuen Granitplatten belegt; sie soll in Zukunft ihre alte Klinkerbrüstung wieder erhalten, die bei Entschlammungsarbeiten entdeckt wurde, und schließlich konnte 1985 der Neubau der Eichseebrücke abgeschlossen werden. In unmittelbarer Nachbarschaft wurde 1985 der schon lange nicht mehr benutzte untere Fußweg von der Eichseebrücke mit dem oben vorhandenen Weg vom „Weltende" zum Eichberg

◀ 78
Muskau. Große Diagonalsicht von der Eichbergbank
nach Südosten. 1982

79
Muskau. Sichtfächer von der Eichbergbank. 1975

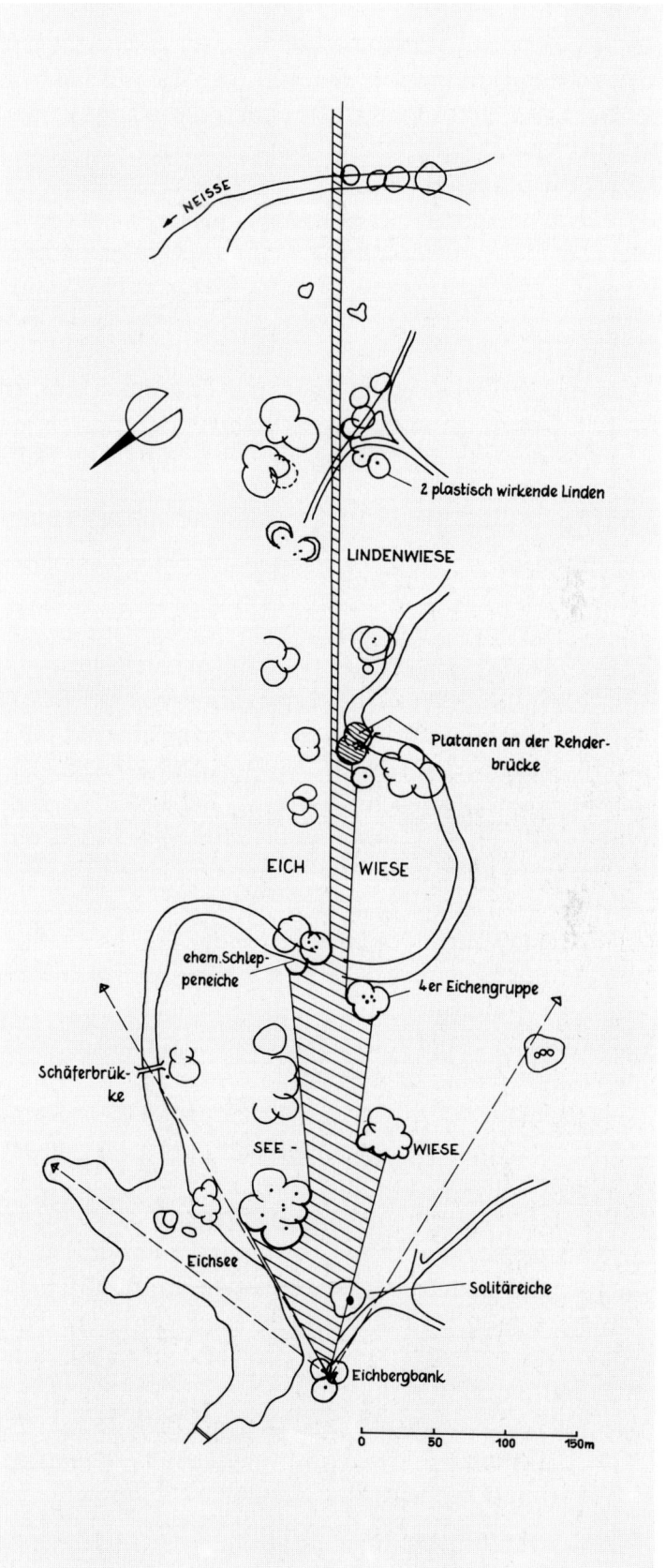

verbunden und rekonstruiert. Mit dieser komplexen Rekonstruktion zählt dieser Parkteil heute zu den am besten
ausgeformten und zusammen mit dem Sichtfächer von
der Eichbergbank aus zu den am besten erhaltenen Teilen
der Pücklerzeit.

Die Erfolge bei der Beseitigung des zum Teil über 40 bis
60 Jahre alten Wildwuchses sind der Tatsache zu verdanken, daß die Parkverwaltung mehrere Abschnitte zum
Selbsterwerb von Brennholz an die Muskauer Einwohner
vergeben hat und nur die komplizierten Fällungen selbst
durchführte.

Mit diesen beachtlichen Leistungen konnte anläßlich
des 200. Geburtstages des Parkschöpfers den Gästen der
Festveranstaltung am 29. Oktober 1985 das erfolgreiche
Bemühen zur Bewahrung des Pücklerschen Erbes vor Augen geführt werden.

Wurden die Standorte für Nachpflanzungen ausgefallener oder vernichteter Baumgruppen auf Schloß- und Tränenwiese anfangs mit Hilfe von Luft- und Bodenfotografi-
en und analog Pücklerscher Gestaltungsregeln durchgeführt, so erfolgte 1984 auf der Schloßwiese eine Korrektur.
Diese wurde möglich, nachdem ein Parkplan vom Jahre
1847 gefunden wurde. Dieser Plan, zwei Jahre nach Pücklers Weggang aus Muskau angefertigt, ist seitdem eine relativ verläßliche, exakt vermessene Grundlage für weitere
Rekonstruktionsarbeiten. Nach ihm wurden fünf ehemalige Solitärbaumstandorte auf der vorderen Schloßwiese abgesteckt. Gepflanzt wurden vorerst die drei berühmten
Pappeln und eine Linde. Bis 1994 konnte man sich nicht
entschließen, alle fehlenden Bäume zu ersetzen, was nach
der Öffnung des Blickes vom Pücklerstein, 1990, mittels alter Fotografien sehr gut möglich geworden ist.

Gearbeitet wurde mit großem Erfolg an der Freistellung
sehr interessant stehender Altbäume im Eichbusch am
Eichsee. Das Ergebnis ist eine weitere Sicht von der Steinbank an der neu gepflanzten „Georgseiche" zum Neiße-
hochufer am „Weltende". Darüber hinaus wurden zu
Stangenholz herangewachsene Linden am Südufer des
Eichsees gefällt, nachdem durch ein historisches Foto
nachgewiesen werden konnte, daß diese nur als Büsche
behandelt wurden, während die anschließenden Eichen
ausgewachsene Bäume waren. Das Ergebnis ist ein sehr
großer Gewinn in der Rückführung dieses Parkteiles auf
die ursprüngliche Form der Pücklerzeit. Nun kann der
Eichsee auf ganzer Länge wieder mit der Eichwiese korrespondieren. Die Abbildungen 81, 82 lassen die noch heute

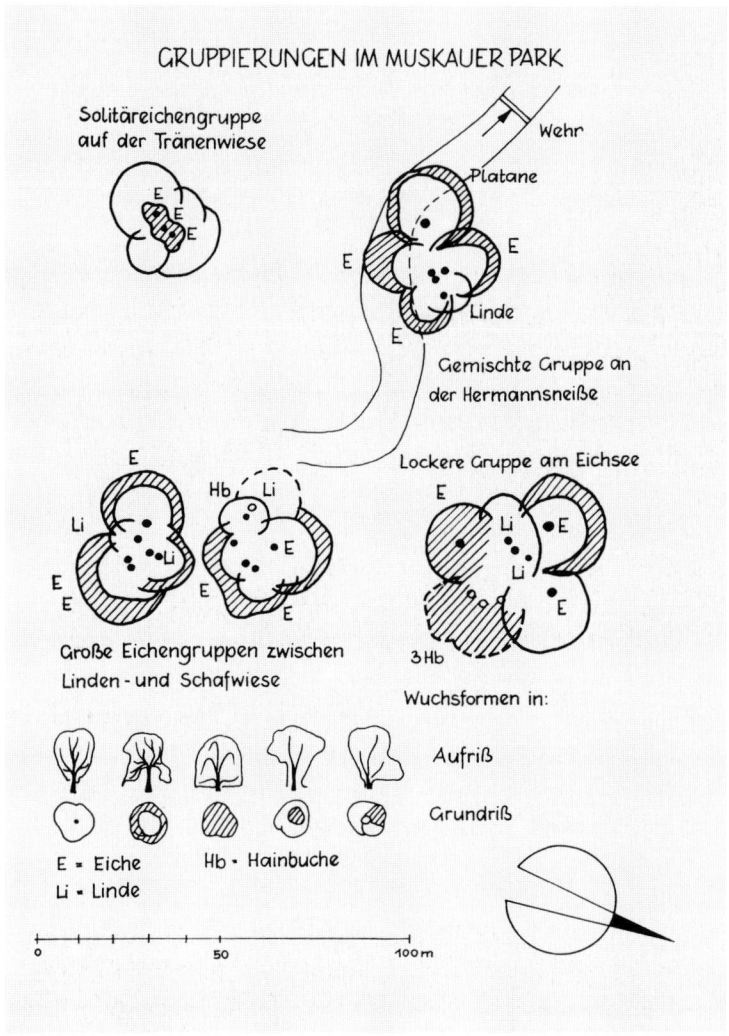

80
Muskau.
Baumgruppierungen zwischen Seewiese und Eichwiese

überzeugende Komposition erkennen. Somit ist die Partie
um den Eichsee eine die Pücklersche Pflanzweise am besten demonstrierende, neben den ausgezeichnet plazier-
ten Bäumen am Haag oberhalb der Stadt (Abb. 33).

Die um 1980 vom Bezirksarchitekten Kästner ange-
bahnte Zusammenarbeit zwischen deutschen und polnischen Staatsorganen zur gemeinsamen Pflege des Muskauer Parkes führte auf Regierungsebene zur Ausarbeitung eines Abkommens mit dem Ziel: Ausbau des abgebrannten neuen Schlosses durch polnische Baudenkmal-
pfleger; als Äquivalent sollten in polnischen Städten von
DDR-Baubetrieben Wohnungen errichtet werden. Durch
die polnische Solidarność-Bewegung kam es nicht zum

81
Muskau. Tränenwiese mit den 1972 erfolgten Nachpflanzungen
ausgefallener oder beseitigter Bäume in Form von clumps. 1993

82
Muskau. Die große Diagonalsicht mit Seitensicht zur Schäferbrücke. 1993

83
Muskau. Blick vom Eichberg auf den Eichsee.
Rechts im Bild Stockausschläge der weggeschlagenen Linden,
die den Blick in die rechte Sicht versperrten. 1993

Vertragsabschluß. Erst 1989 gelang es dem Institut für Denkmalpflege der DDR (Dr. Karg), erneut Beziehungen mit zentralen polnischen Denkmalstellen anzuknüpfen. Polnischerseits wurde der bisher unter Naturschutzstatus stehende östliche Teil des Muskauer Parkes unter Denkmalschutz gestellt und der am polnischen Grenzübergang plazierte Pücklerstein an seinen ursprünglichen Standort zurückgebracht – eine nicht hoch genug zu bewertende Geste. Anstelle der Pückler-Plakette prangte am Grenzkontrollpunkt eine Schrifttafel zum 1000jährigen Bestand Polens am Stein. Als Zeichen gemeinsamer Verantwortung wurde von deutschen und polnischen Mitgliedern der Denkmalbehörden Wildwuchsbeseitigung am Pück-

lerstein vorgenommen. Bisheriger Höhepunkt war dann am 30. November 1991 die Enthüllung der von brandenburgischer Seite angefertigten neuen Pückler-Plakette auf dem wieder aufgestellten Pücklerstein. Mit diesen Aktionen kann sowohl von der Schloßruine der Pücklerstein wieder gesehen als auch das faszinierende Panorama, das uns W. Schirmer vom Standort des „Tempels der Beharrlichkeit" anfertigte, nachempfunden werden, Abb. 35.

Es ist zu hoffen, daß die erfreuliche Freistellung der alten, bildprägenden Baumgruppen östlich der Neiße weiter voranschreitet und der ehemals großartige Prospekt hinauf zum ehemaligen Mausoleum wieder erlebbar wird.

Der Babelsberger Park

Das Terrain, das der Babelsberger Park einnimmt, besteht aus einem bis zu 48 m sich über den Wasserspiegel der Havel erhebenden Berg mit einer schmalen ebenen Uferzone von wechselnder Breite im Norden und Westen und einem großen, dem Berg nach Süden vorgelagerten ebenen Teil der ehemaligen Nutheniederung. Seine Oberfläche hat zwischen dem Flatowturm und der Gerichtslaube einen tiefen Einschnitt. Vom Berg aus, dem eine überragende Bedeutung im Landschaftsgefüge der reich mit Wasserflächen und Hügeln geformten Potsdamer Landschaft zukommt, bieten sich Rundblicke in die Umgebung. Bevorzugte Sichtbeziehungen entstehen von Norden nach Westen und Süden durch die breite Havel mit ihren vielgestaltigen nahen und fernen Ufern, durch die Stadt Potsdam mit den sich über die Dächer erhebenden Hügeln, die ihrerseits – wie Pfingstberg, Ruinenberg und Telegrafenberg – von Bauten gekrönt sind. Früher – ohne Hochhäuser und das sich ausbreitende Häusermeer – waren der Park von Sanssouci und der Neue Garten mit ihren Gebäuden, so wie heute noch der dicht benachbarte Glienicker Park neben der schönen Altstadtsilhouette, weitere Glanzpunkte der Potsdamer Landschaft.

Um 1840 bedeckten Eichenstockausschlag und Kiefern den Berg, nachdem die alten Eichen 1806/07 von den Bürgern der Siedlung Nowawes gefällt worden waren. Der Holzbestand war also damals rund dreißig Jahre alt. Die ebenen Flächen des Terrains dienten dem Ackerbau, auf kahler Kuppe stand anstelle des Flatowturms eine Windmühle. Für die Anlage eines Parkes waren die Bodenverhältnisse nicht besonders geeignet, nur die flachen Teile entlang der Havel zeichneten sich durch nahes Grundwasser und humusreichere Böden aus.

Mit dem Babelsberg als Ort für eine Sommerresidenz beschäftigte sich der preußische Prinz Wilhelm schon seit 1826, und sein Bruder – der spätere König Friedrich Wilhelm IV. – fertigte dafür eine Entwurfsskizze in klassizistischem Stil an. Von Persius stammt 1831 ein Entwurf für ein kleines Schlößchen im normannischen Burgenstil. Als Wilhelm nach seiner Vermählung mit der Weimarer Prinzessin Augusta 1833 den Babelsberg in Erbpacht erhielt, beauftragte er Schinkel mit einem Schloßentwurf in neugotischem Stil und Lenné mit der Planung für einen Park. Nach Lennés erster Vorstellung sollten ein äußerer und

ein innerer Ringweg das 70 ha große Gelände erschließen, durch radiale Wege miteinander so verbunden, daß in einer spinnennetzartigen Wegeanordnung das Schloß den eigentlichen Kernpunkt bildete. Dieser Plan läßt zu den nachfolgenden Plänen der Lennéschen Wirkungszeit in Babelsberg keine Beziehung finden. Verschönerungsarbeiten, vor allem der Wegebau, erfolgten durch Lenné aber schon einige Zeit vor der Entscheidung über einen Schloßbau auf dem Babelsberg. Allem Anschein nach sind diese Wege dann in die ab 1833 forcierte Parkgestaltung übernommen worden.

Für das Schloß wurde ein Standort in etwa halber Höhe des Nordhanges gewählt, und als Vorlage diente eine englische Veröffentlichung im Besitze Augustas[43].

Der Einfluß der Prinzessin auf die Schloßbaupläne einschließlich Innenausstattung muß groß gewesen sein, denn Wilhelm hatte im Juli 1833 noch für eine 50 Fuß im Quadrat große Cottage am unteren Abhang in der Nähe des Fischerhäuschens die Genehmigung seines Vaters erbeten.

1834 erfolgte die Grundsteinlegung zum Schloß, und bereits 1835 konnte der Bau eingeweiht werden. Nur der östliche Teil des Schinkelschen Entwurfes war aber verwirklicht worden, unter der Oberleitung von L. Persius und Leitung des Hofbauinspektors Gebhardt.

Bis zur Fortführung des Schloßbaues verstrichen fast zehn Jahre, und L. Persius erhielt erst 1841 – ein Jahr zuvor war Wilhelm zum Thronfolger ernannt worden – den Auftrag, Pläne zur Erweiterung anzufertigen. 1845, im Todesjahr von Persius, waren erst die Grundmauern gelegt. In der Zwischenzeit, von 1836 bis 1845, entstanden mehrere Bauten, die für eine Hofhaltung notwendig waren: 1838 das Kavalierhaus, das später wieder abgerissen wurde, zwischen 1834 und 1839 der Marstall. 1841/42 erfolgte der Umbau des jetzt als Gaststätte genutzten Kleinen Schlosses, das Matrosenhaus 1842.

Parallel zur Errichtung der Bauten entstanden die ersten Partien im Park, im Herbst 1833 bereits um den Schloßstandort sowie nach Poensgens auf den drei höchsten Punkten.

Nach seinem ersten Parkentwurf von 1833[44] legte Lenné zwei Jahre später einen Plan vor, der sich vor allem durch ein völlig anders gestaltetes Wegenetz von jenem unterscheidet[45]. Die Wege folgen jetzt dem Geländewurf, verbinden die höchsten Punkte des Berges – bei einem Parkumfang von ca. 70 ha – und binden das Schloß locker ein.

84
Babelsberg. Das Matrosenhaus am großen Geländeeinschnitt. 1985

85
Babelsberg. Kleines Schloß, von C. Graeb

Die westlich des Schlosses liegende langgestreckte Mulde war für den am intensivsten gestalteten Teil des Pleasureground vorgesehen, der Hang vom Schloß zur Havel als großzügige offene Fläche, Bowlinggreen genannt. Doch schon 1837 mußte Lenné wegen ungenügender Mittel die Parkarbeiten reduzieren und ist, nach Hinz, 1839 wegen gänzlich fehlender Mittel für neue Anlagen als leitender Gärtner ausgeschieden. Der seit 1836 für den Babelsberger Park eingestellte Hofgärtner Christoph Ferdinand Kindermann führte in den Folgejahren die anfallenden Arbeiten durch, wobei Lenné durch die Pflanzung von 120 großen Bäumen an der Südseite des Berges im Winter 1841/42 nochmals genannt wird[46]. Diese letzte Baumpflanzaktion muß den Anlaß zu einem Brief Wilhelms an den Fürsten von Pückler-Muskau gegeben haben, in dem er diesen bittet, ihm seinen Muskauer Obergärtner zwecks Verpflanzung von großen Bäumen nach Babelsberg zu schicken. Pückler reagierte blitzartig. Obwohl wegen eines Sturzes nicht gehfähig, wie er Heinrich Laube noch am 3. März 1842 schrieb, reiste er mit Rehder nach Babelsberg und legte nach „mehrtägiger" Besichtigung des Geländes und der begonnenen Parkgestaltung bereits mit Datum vom 6. März 1842 seine 15 Seiten umfassende, in der Abschrift nochmals eigenhändig ergänzte Schrift

86
Babelsberg. Matrosenhaus und Flatowturm von der Seeseite,
nach starkem Holzeinschlag und Rodungen. 1985

„Unterthänigstes Promemoria" vor. Diese Schrift, vollständig wiedergegeben auf S. 283, ist eine Analyse des
Vorgefundenen mit Vorschlägen detaillierter Art zu dessen Verbesserung[47].

Innerhalb von drei Tagen wurde außerdem die Königliche Baumschule in Potsdam besichtigt und Persius
bemüht, Abänderungen am Schloßerweiterungsbau zu
skizzieren; von Pückler selbst wurden zwei Zeichnungen
angefertigt. Ein Jahr lang blieb Prinz Wilhelm unent-
schlossen, ob er dem sich anbietenden Pückler das Babelsberger Parkprojekt überlassen solle. In einem Brief an
Lenné vom 17. März 1843 bittet er um dessen Stellungnah-

me[48]. Wilhelm wünschte, daß Lenné neben die Ansichten
Pücklers seine Meinung schreibe. Ob Lenné auf dieses
Ansinnen je geantwortet hat, ist nicht bekannt. Pücklers
Ehrgeiz, in Potsdam ein Beispiel seiner Kunst auszu-
führen, wird befriedigt. Ab 1843 ist er mit großem Engagement am Babelsberg tätig. Seine Bitte, der Prinz möchte
ihn in Muskau besuchen, damit er die dortigen „Gärten
gründlich sieht", hatte bereits Ende Juni 1843 Erfolg.
Gleichzeitig wurde C. Kindermann während einiger Monate mit der Muskauer Gärtnerpraxis vertraut gemacht.

Die erhaltenen Reste des Briefwechsels zwischen Fürst
Pückler und dem Hofmarschall des Prinzen Wilhelm,

87
Babelsberg. Blumengarten westlich des Schlosses. 1985

88
Babelsberg. Wasserwerk, auch Maschinenhaus genannt, von C. Graeb

89
Babelsberg. Schloß von Süden mit Rondell der Schloßhöhe, von C. Graeb

dem Grafen Pückler, seinem Vetter, von 1843 bis 1860 lassen die Verschönerungsarbeiten am Babelsberg verfolgen[49]. Doch Pückler mußte all sein diplomatisches Geschick anwenden, um mit Zähigkeit und Energie dem Prinzen ein Zugeständnis nach dem anderen abzuringen. Daß dies nicht immer ersprießlich war, geht aus einem Brief ohne Datum hervor, der an seinen Vetter gerichtet ist, worin er ihm seinen Ärger über dessen Herrn klagt, der „in der Tat zu peinlich sei". Er unterziehe sich der Babelsberger Angelegenheit mit großer Selbstverleugnung. Er könne aber nur dann bei der Stange halten, wenn man ihm volle Handlungsfreiheit gebe und das, was nötig sei, ohne weiteres tue. Dazu gehöre, daß endlich das Terrain zur Anlage einer Baumschule und eines Erdmagazins angekauft werden müsse, ebenso die fehlende Gärtnerei hinter der Dampfmaschine, um dann mit voller Selbstsicherheit

fortzufahren: „Ich stehe Ihren Hoheiten dafür, daß der Babelsberg als ein organisches Ganzes, etwas Gediegenes und in künstlerischer Hinsicht alle anderen Anlagen seiner Art in der Potsdamer Gegend übertreffen wird. Aber man muß mir freie Hand lassen und tun was ich sage, sonst kann ich die künstlerische Verantwortung nicht dafür übernehmen. Knickern aber darf man gar nicht, denn umsonst ist nur der Tod und unnütze Verschwendung wird unter meinen Leuten nie vorfallen, aber das Notwendige muß geschafft werden …" – Demnach waren neben Rehder weitere Muskauer Gärtner in Babelsberg eingesetzt. Trotz dieses ungehaltenen Tones müssen die finanziellen Mittel für den Park erheblich gewesen sein. Es entsteht 1843–1845 ein Wasserwerk am Nordufer des Babelsberges, ein Wasserreservoir auf der höchsten Kuppe und ein unterirdisches Rohrsystem zur Speisung

90

Babelsberg. Der „Goldene Rosengarten". 1985

der Brunnen und Fontänen sowie zur Bewässerung der Rasen- und Gehölzflächen. Am 25. Mai 1845 laufen erstmals die Fontänen.

Seinen Ideen für die Gestaltung des Babelsberges legte Pückler das von Lenné im Plan von 1835 konzipierte Wegenetz zugrunde und konnte ein zwischen 1841 und 1846 von 70 auf 100 ha erweitertes Areal in seine Planung einbeziehen. Es wurde in allen Teilen gleichzeitig gearbeitet, bevorzugt am Pleasureground mit dem westlich vom Schloß aus noch einsehbaren Blumengarten, der zwischen 1844 und 1845 entstand. Die Fertigstellung dieses in einer reizvollen Geländemulde liegenden Blumengartens erwies sich als sehr geschickt, denn unabhängig von den Schloßerweiterungsarbeiten, die erst 1849 abgeschlossen wurden, war dieser Teil schon zwei Jahre nach Pücklers Beginn nutzbar. Dies spiegelt sich auch in einem Brief des Hofmarschalls für die fertiggestellten Gartenpartien vom September 1845 wider: „Die Prinzessin Augusta läßt sich herzlich bedanken für all die Herrlichkeiten, die Du auf Schloß Babelsberg geschaffen hast. Auch der Prinz ist sehr zufrieden und habe alles genehmigt". Mit der Rohbaufertigstellung 1847 konnten dann auch die um das Schloß neu angeordneten vier Terrassen unmittelbar vor den Fenstern der Auftraggeber gestaltet werden. Anstelle der schmalen Terrasse mit Rasenböschung im Schinkelentwurf[50], die Pückler in seiner Denkschrift bemängelte, wurden insgesamt vier Terrassen um das Schloß angelegt, durch Stützmauern aus der Nachbarschaft abgehoben.

Die Fertigstellung des Schlosses dauerte ungewöhnlich lange. Erst nach dem fünften Entwurf von Ludwig Persius begannen 1845 wieder die Bauarbeiten und zogen sich bis 1849 hin. Die Leitung hatte nach Persius' Tode Heinrich Strack übernommen. Es muß erhebliche unterschiedliche Auffassungen zur Lösung der Gesamtaufgabe gegeben haben, wobei neben der stark engagierten Prinzessin Augusta sicher auch Pückler seinen Einfluß ausübte. Der fertige Schloßbau zeigt zwei sehr deutlich unterschiedene Handschriften, was die Formen, vor allem aber die Kubaturen betrifft. Ordnete sich Schinkels Bau maßstäblich dem Berg unter, überragt der später entstandene Teil beträchtlich den östlichen Schloßbau und der Turm auch den Bergrücken. Die Pücklerschen Pflanzungen auf der Nordseite des Schlosses, also vor der Schauseite des Baukomplexes, gehen auf die Architektur in der Form ein, daß nur vor dem niedrigeren Ostteil eine offene, aus Solitärs und kleinen Gruppen bestehende Baumgruppierung ent-

stand, während der höhere Westteil eine geschlossene Laubbaumbarriere erhielt, einschließlich einer größeren Pyramidenpappelgruppe direkt in der Sichtachse von Schloß Glienicke zum Babelsberger Schloßturm[51].

Die Umsetzung der Pücklerschen Ideen erfolgte durch dessen erfahrenen Garteninspektor Jacob Heinrich Rehder, der mit einem Stamm Muskauer Parkarbeiter und unter Einbeziehung der Babelsberger Gärtner sehr zügig gearbeitet haben muß. Der 1845 erfolgte Verkauf der Muskauer Standesherrschaft zwang Pückler, ohne seinen Facharbeiterstamm weiterzuarbeiten, was dazu führte, daß er monatelang sich selbst um die Ausführungsarbeiten kümmern mußte, wenn nicht alles „drunter und drüber" gehen sollte, wie in einem hilfesuchenden Brief des Hofmarschalls an Pückler zum Ausdruck kommt. Dieser Pflicht unterzieht sich Pückler. Im Tagebuch heißt es: „Seit 4. April 1846 in Babelsberg tätig, dessen Anlagen ich mich in der Tat mit Selbstverleugnung widme …" „Ganz einsam in Potsdam schon 14 Tage gelebt …" „Täglich mehrere Stunden auf dem Pferde, dito auf dem Babelsberg pflanzend, und die Anlagen inspizierend …" „Fleißig auf dem Babelsberg, und außer beim Prinzen die Gesellschaft vermieden"; am 26. Mai 1846 kommt dann in seinem Tagebuch die erlösende Notiz: „In Babelsberg endlich der liebenswürdigen, schönen Herrin die neuen Anlagen gezeigt …"[52]

Um den ständigen Anforderungen im Babelsberger Park gerecht zu werden, versuchte Pückler, als er wegen der großen Hauungen im Ettersburger Buchenwald in Weimar weilte, den dort tätigen Eduard Petzold für den Babelsberg zu gewinnen. Doch dieser lehnte aus persönlichen Gründen ab. Bis 1847 weilte Pückler zu den Pflanzzeiten im Frühjahr und Herbst wochenlang in Babelsberg, und die Resignation, die ihn 1847 befiel, als er vom König nicht in den erwünschten Herrenstand erhoben worden war, hielt nur kurz vor, denn wenig später erteilte er bereits dem Hofgärtner Kindermann wieder Anleitungen. 1847 berichtet der Hofmarschall, daß trotz großer August-Trockenheit dank der Bewässerungsanlagen der Rasen vor dem Schloß prächtig aussehe. Der Park könne als neue Schöpfung genossen werden, obwohl die Schloßerweiterung erst im Rohbau stehe.

Nach knapp fünf Jahren hatte Pückler also die wesentlichen Teile des Babelsberges so weit hergerichtet, daß der Park räumlich erlebbar war. So wird verständlich, daß Augusta den Fürsten einen „Zauberer" nannte.

91
Babelsberg. Südseite des Schlosses mit Voltaire-Terrasse. 1985

Zwischen 1846 und 1848 ist oberhalb des Schlosses, gespeist von dem noch etwas höher liegenden Wasserbehälter, das „Schwarze Meer" entstanden – entgegen den Reptonschen Regeln auf einer der höchsten Kuppen des Berges. Auch um diesen sehr kleinen, mit vier Inseln ausgestatteten Teich muß es Auseinandersetzungen gegeben haben, da Pückler mehrfach vermerkt, Hand anlegen zu müssen, und Augusta im Oktober 1847 sich als „Statthalterin seiner (Pücklers) Insel in unserem Schwarzen Meer" bezeichnet[53].

Die vier um das Schloß geschaffenen Terrassen gehörten zu dem am reichsten ausgestatteten Teil des Parkes. An die Goldene Terrasse vor dem Schinkelbau schließt

sich nach Westen, etwa 1 m tiefer gelegen, die Porzellanterrasse mit einem Springbrunnen an, und an der Rückseite des Erweiterungsbaues entstand die Voltaireterrasse mit zwei pilzartig geschnittenen Baumreihen auf leicht nach Westen geneigter Fläche. Nach Nordosten lag die nicht mehr vorhandene Blaue Terrasse. Alle Terrassen waren reich mit Blumen, Plastiken und anderem Beiwerk geschmückt. Einige Einzelheiten der angestrebten Exklusivität gibt eine anonyme Schrift Pücklers wieder, mit der er wie ein reisender Fachmann die Neuerungen im Babelsberger Park sozusagen publik machen will, eventuell auch zur Forcierung seiner Intentionen. Dort erfahren wir an weiteren Einzelheiten, daß „zum ersten Mal ein Blu-

92
Babelsberg. Schloß mit Schmuckterrassen von Westen, von C. Graeb um 1850

mengarten en relief und eine Art Blumenfontäne" entstanden und „aus einer Vase in Filigranarbeit rankende
Gewächse auf einzelnen Golddrähten, gleichsam Wasserstrahlen ähnlich, abwärts strömen, um sich in einem darunter befindlichen Blumenbassin zu verlieren".

In der gleichen Schrift – etwa 1845/46 verfaßt – verfolgte
er gleichzeitig weitere Absichten. Sich auf einen Stahlstich
beziehend, plädiert er dafür, die auf dem Kamm des Babelsberges aus der Lenné-Zeit stammenden Gruppen
größerer Bäume, die besonders „von der Berliner Eisen-
bahnstrecke her gesehen durch ihre ungraziöse steife
Form die schönen Wellenlinien des Eichbusches, der die
Babelsberger Hügel krönt, auf die widerlichste Art unter-

brechen", zu beseitigen; es sollten „unbeschnittene, voll-
belaubte Bäume nach dem verbesserten Prinzip dafür hin-
gesetzt werden"[54].

Um dem Babelsberger Park die von Pückler stets erstrebte rasche vollendete Wirkung geben zu können, waren Verpflanzungen bereits größer entwickelter Bäume
nötig. Sie wurden unter anderem von einem Potsdamer
Friedhof beschafft – was beinahe eine Rebellion in der
Stadt hervorrief[55]!

1848 fragte Pückler bei Rehder in Muskau an, ob er zu-
stimme, große Bäume aus den Blumengärten und dem
Pleasureground in Muskau für Babelsberg abzugeben,
ohne daß es stören würde[56]. Ein Parkplan um 1850[57] ver-

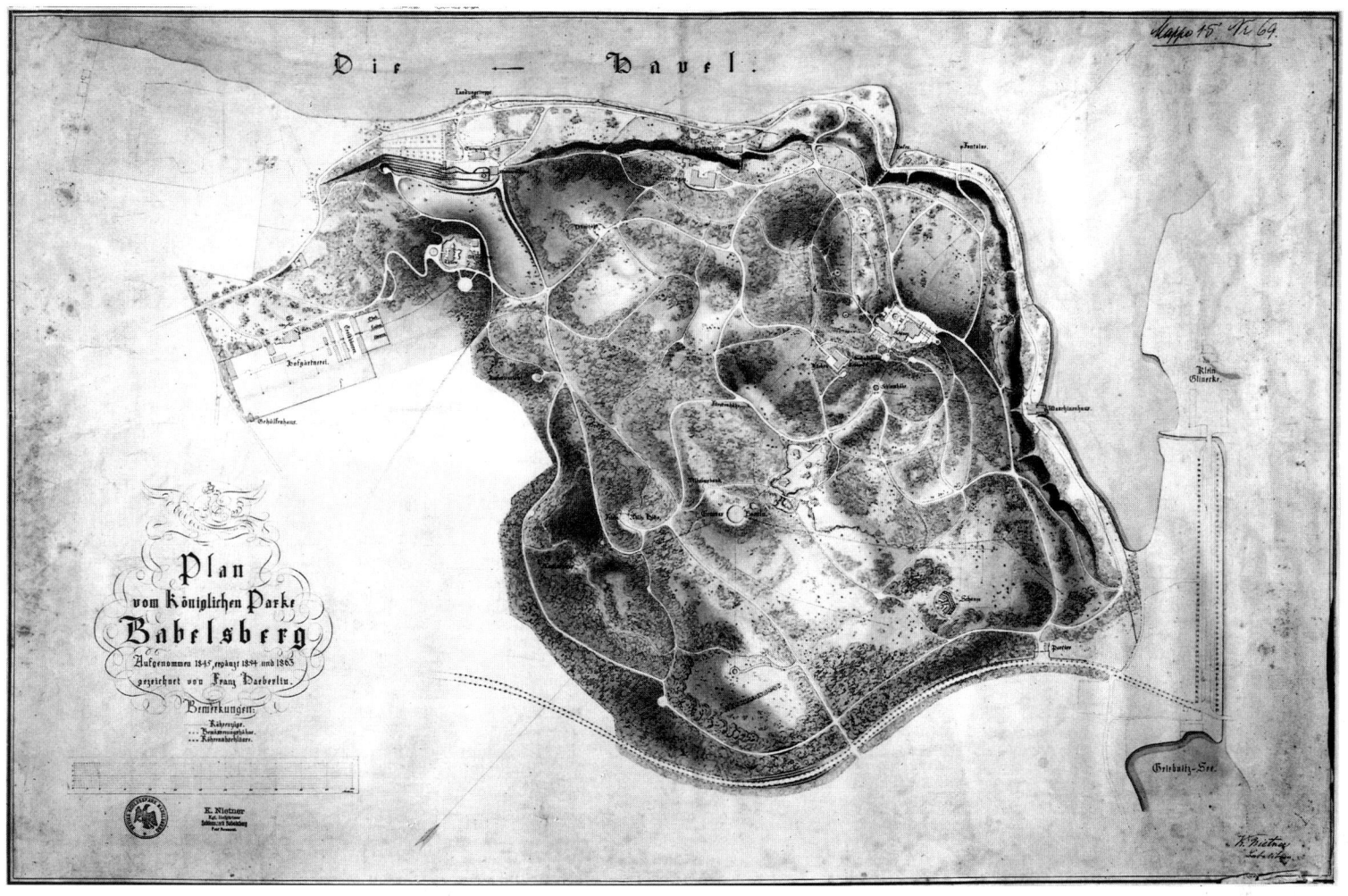

94
Babelsberg. Parkplan von Franz Haeberlein,
1845 aufgenommen, 1854 und 1863 ergänzt,
zeigt Umfang des Wirkens Pücklers
vor der Hinzunahme des Ebenenteiles

◀ 93
Babelsberg. Flatowturm von Westen. 1985

96
Babelsberg. Der Flatowturmprospekt nach Westen. 1975

deutlicht das Geschaffene. Das Wegenetz baute auf dem des Vorgängerplanes von 1835 auf, verdichtete dieses und zeigt die Erweiterung des Parkterrains auf 100 ha. Die an vier Stellen vorgenommenen Bleistifteinzeichnungen lassen neue Absichten erkennen. Sehr gut ist das Verhältnis der waldartig bepflanzten zu den locker überpflanzten Wiesenflächen erkennbar. Deutlich treten die Solitärbäume hervor; die angewandte Pflanzweise hat viel Ähnlichkeit mit derjenigen im 1868er Plan von Branitz; typisch auch die Pücklersche Dreiergruppierung.

Wenn auch die Tagebuch- und Briefnotizen über das weitere Parkgeschehen in Babelsberg nach 1850 noch spärlicher werden, so belegen kleine Briefäußerungen in der Korrespondenz Pücklers mit Augusta bis 1868, daß er sich immer wieder um die Verfeinerung und Fortsetzung der Parkarbeiten mühte[58].

1851 wurde vom Architekten Strack ein Plan für eine Erweiterung des Schlosses nach Osten gezeichnet, eine Idee, die 1908 erneut aufgegriffen und wieder verworfen wurde. 1853 wird auf der am weitesten zur Stadt Potsdam vorspringenden Nase des Berges als besondere Dominante der Flatowturm errichtet, dessen Vorbild der Eschenheimer Turm in Frankfurt/Main war. Neben C. F. Kindermann muß auch zeitweilig Gustav Meyer wie auch in den Koblenzer Schloßparkanlagen, so in Babelsberg wirksam gewesen sein, worauf einige briefliche Äußerungen Pücklers an Augusta hindeuten[59]. Wenn auch C. F. Kindermann, nach eigenen Worten Pücklers, viel dazugelernt hat, so muß er dem Meister doch nicht voll genügt haben. 1861, in dem Jahr, in dem Wilhelm zum König gekrönt wurde, bemühte sich Pückler, Gustav Meyer als künstlerischen Leiter für Babelsberg zu empfehlen. Wilhelm aber genügte sein alter Hofgärtner.

1862/63 wird das Hofgärtnerhaus im Gelände der Parkgärtnerei Babelsberg errichtet, und 1865 kam zum Wasserwerk eine größere Maschinenhalle hinzu, was neue Parkpläne ankündigt.

◄ 95
Babelsberg. Der Flatowturmprospekt nach Osten. 1985

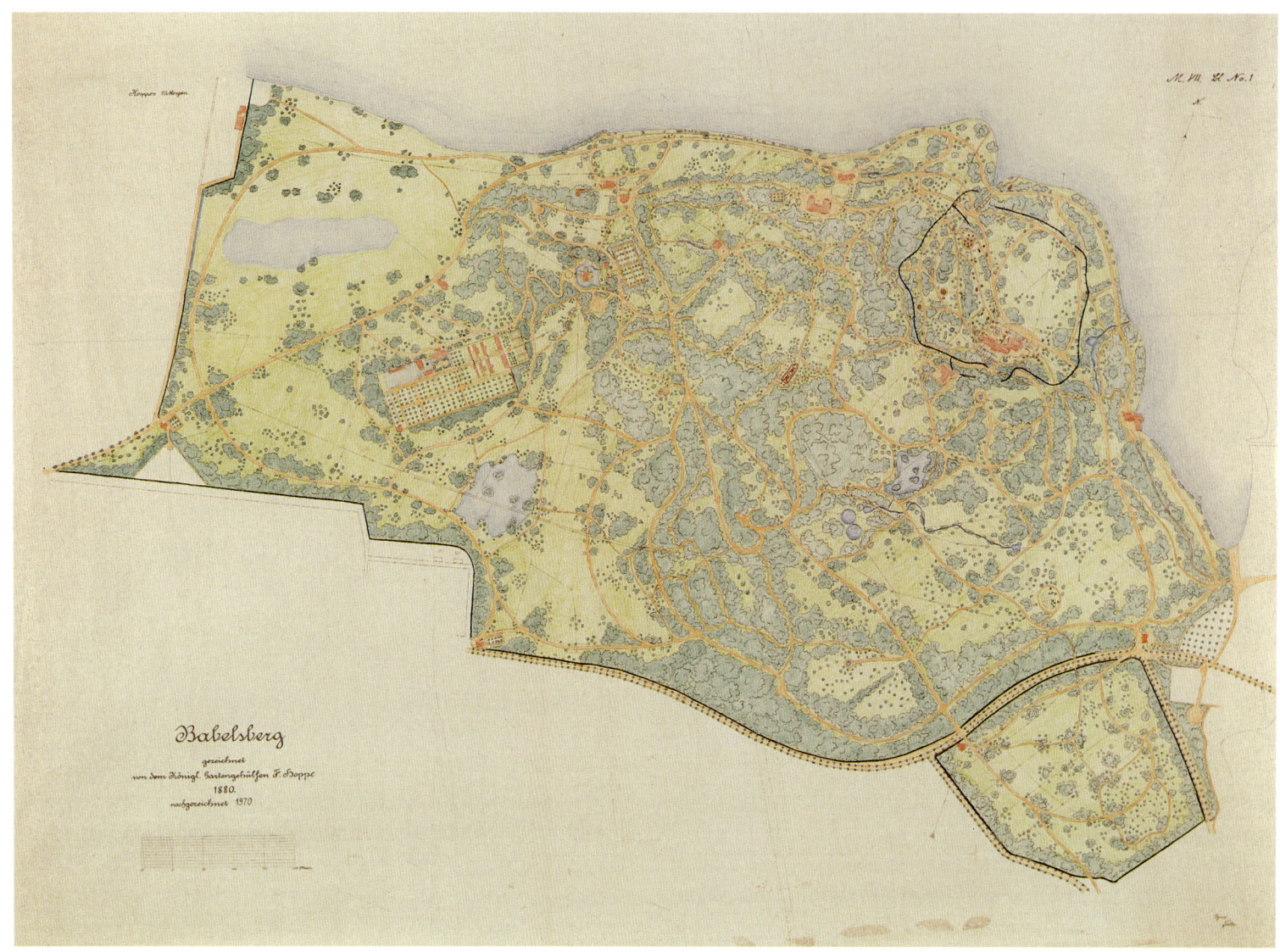

97
Babelsberg. Parkplan von F. Hoppe 1880,
nachgezeichnet und koloriert 1970

98   ▶
Babelsberg. Blick von der Generalseiche auf Potsdam. 1985

Betrachtet man den um 1850 gefertigten Plan im Vergleich zum fertiggestellten Umfang im Hoppe-Plan von 1880, so forderte die Führung des an der Havel liegenden Umfahrungsweges geradezu eine Fortsetzung in den südlich des Babelsberges befindlichen ebenen Teil. „Denn das weite flache Uferland, das sich hier mit großen Rasenflächen, Kanälen und Baumreihen nach Nowawes hinunterzieht … entspricht am deutlichsten dem Charakter der Englischen Parks, die ohne Flachland undenkbar sind", formulierte es Poensgen. Für die Wirkung des Flatowturmes wie auch des reich gegliederten südlichen Berghanges östlich der Gärtnerei fehlte der entsprechende räumliche Abstand. So gehen wir nicht fehl, in Pückler den eigentlichen Initiator der Abrundung des Parkes nach Nowawes und zur Nutheniederung zu sehen[60]. Doch erst nach dem Tode C. F. Kindermanns im September 1865 beleben sich mit der Amtsübernahme seines Sohnes O. F. Kindermann die Aktivitäten wieder. Vorsorglich hatte Pückler diesen von April 1864 bis Januar 1865 in Branitz für die zukünftigen Aufgaben vorbereitet.

Die Gestaltung der erst 1865 erworbenen 30 ha Erweiterungsfläche einschließlich des „Großen Sees" östlich der Gärtnerei und des größeren Sees im Südwesten des Parkes ist nach dem derzeitigen Erkenntnisstand das Werk Otto F. Kindermanns. Als 22jährigem wurde ihm diese bedeutende Aufgabe zuteil, und er hat sie so gut gelöst, daß es schwerfällt, den Schüler vom Meister zu unterscheiden, ganz im Gegensatz zur Erweiterung östlich der Glienicker Allee (Sternwarte)[61].

Zwei Pläne liegen aus der Entstehungszeit des Erweiterungsteils in die Nutheniederung vor, eine kolorierte Federzeichnung ohne Jahr und Verfasser und eine Skizze von O. F. Kindermann. Der farbige Plan zeigt Elemente Lennéscher Schule in Wegeführung, Pflanzweise sowie in einem Hippodrom, während die Vorstufe des Kindermann-Sees Pücklerscher Schule ähnelt, dem Schilfsee in Branitz sehr verwandt. Von den großen Sichten ist die zu den Geltower Bergen besonders gut herausgearbeitet. Der zweite Plan ist die „Allerhöchst genehmigte" Skizze O. F. Kindermanns von 1865. Sie wurde die Grundlage der Ausführung. Ruhig ist dort die Wegeführung. Der von Lenné stammende, mit einer Allee bepflanzte Zufahrtsweg von den Nuthewiesen wird übernommen, die Allee aufgelöst. Der Große See wie der Flatowturmprospekt sind gut durchgestaltet. Zu den Nuthewiesen ist die Parkgrenze bis auf zwei kleine Aussparungen dicht abge-

pflanzt. In der Generalsituationskarte von 1869 ist der damals fertiggestellte Park überliefert. 1866 und 1868 prüfte Pückler nochmals das Entstandene; empfohlene Ausformungen an den älteren Teilen wurden aber von Wilhelm I. abgelehnt.

Noch zwei Erweiterungen erfuhr der Park nach Pücklers Tod. 1872 wurden ihm 10 ha der Nuthewiesen angegliedert, das Areal für den heutigen Kindermann-See, und 1875 jenseits der Glienicker Allee ein 12 ha großes Schießgelände bis zum Griebnitzsee dazuerworben und eigens mit einem Torhaus versehen. Damit waren alle irgendwie wertvollen Landschaftsteile um den Berg im Park vereinigt, insgesamt 150 ha.

An komplettierenden Bauten entstanden südlich des Schlosses, in den Berg hineingearbeitet, das Erinnerungsdenkmal an den unrühmlichen Badischen Feldzug Wilhelms (1849), das Borkenhäuschen auf der Augustahöhe 1853, das durch einen unterirdischen Gang mit dem Schloß verbundene separate Küchengebäude 1859/60, die beiden Pförtnerhäuser am Eingang Alt-Nowawes und am Mühltor 1866. Um 1871 wurde die Gerichtslaube von Berlin nach der Lenné-Höhe am Westhang des Babelsberges umgesetzt. Die Viktoria-Säule betonte später die Louisenhöhe. 1880 fertiggestellt, ermöglichte das den gesamten Babelsberger Park durchziehende Wasserleitungsnetz eine vorzügliche gärtnerische Pflege mit einem inzwischen 40- bis 70jährigen, doch meist älter wirkenden Baumbestand. An verschiedenen Plätzen des Parks sprudelten Fontänen, und aus der Havel schoß ein 40 m hoher geysirartiger Wasserstrahl empor – genau im Blickfeld des Schlosses. In zwei kleinen Seen und einem Wasserbecken um den Flatowturm sowie vom Kindermann-See blitzte abermals Wasser auf. Gebirgsbach und Bergwiese – Anklänge an Augustas thüringische Heimat – wurden ergänzt durch einen chinesischen Blumengarten in einer waldigen Mulde.

Das Ergebnis des gartenkünstlerischen Bemühens in der von Pückler beeinflußten Gestaltungsphase des Babelsberges zwischen 1843 und 1868 wird anhand mehrerer noch vorhandener Pläne[62] sowie einiger Gemälde und Fotografien grob nachvollziehbar. Exaktere Erkenntnisse werden erst bei fortschreitender Rekonstruktion und nach Erarbeitung eines Planes des freigestellten Altbaumbestandes im Vergleich zum Plan von 1850 möglich werden. In dem vom Potsdamer Gartengehilfen F. Hoppe 1880 gezeichneten Plan sind bis auf den noch fehlenden Kinder-

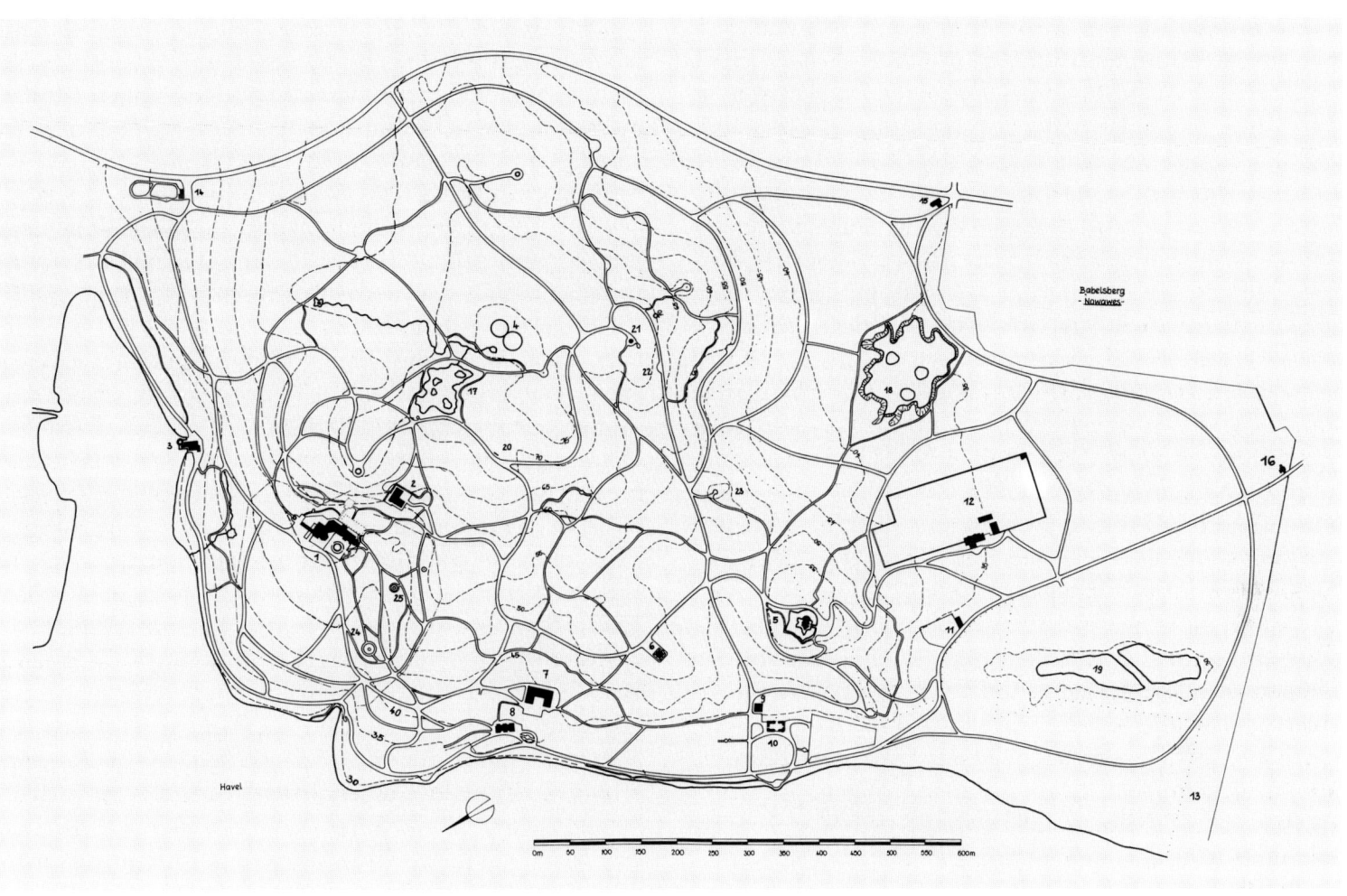

99
Babelsberg. Lage- und Höhenplan. 1985 aufgenommen

1 Schloß	10 Ehem. Kavalierhaus	18 großer See
2 Küchengebäude	(abgerissen)	19 Kindermann-See
3 Maschinenhaus	11 Kutscherhaus	20 Fürstenblick
4 Wasserbassins	12 Gärtnerei mit	21 Victoria-Säule
5 Flatowturm mit	Hofgärtnerhaus	22 Generalsbank
Wasserbecken	13 Havelhaus	23 Borkenhäuschen,
6 Gerichtslaube	14 Torhaus Glienicker Brücke	Augustablick
7 Marstall	15 Torhaus Nowawes	24 Zierbeet mit gotischer
8 kleines Schloß	16 Torhaus Nuthewiesen	Fontäne
9 Matrosenhaus	17 Schwarzes Meer	25 Rosengarten

mann-See alle Teile des Parkes dargestellt. Aus ihm können einige Hauptgesichtspunkte über Zustand und künstlerische Absichten abgelesen werden: Der Berg zeigt insgesamt eine hain-, teilweise waldartige Bepflanzung mit kleinen Lichtungen. Die Berghänge weisen eine lockerere Bepflanzung auf, und die Hangwiesen korrespondieren zur Havel oder den größeren Parkwiesen des Ebenenteiles. Von den die schönsten Aussichtspunkte verbindenden Fahrwegen werden unzählige, variierende Ausblicke in die umgebende Landschaft geboten, außer nach Osten, wie zeitgenössische Bilder und Vorgängerpläne zeigen. Ganz deutlich im Plan hervorgehoben durch Aussparungen in den Pflanzungen sind jene berühmten Ausblicke vom Schloß über den Bowlinggreen zur Havel und zu den baulichen Zielen jenseits der Wasserflächen, die langen Rundumsichten vom Flatowturm und die kürzeren Sichten vom südlichen Berghang zum Großen See, dem Torhaus Altnowawes und anderen Zielen.

Andere, ebenfalls bedeutende Sichten, wie zum Beispiel die von der Lennéhöhe (Gerichtslaube) oder von der Fürstenbank, sind durch tiefer stehende Querriegel-Pflanzungen oder durch vermutlich niedrigere Büsche räumlich geschlossen, über die der Blick aber hinwegschweifen konnte.

Überhaupt nicht erkennbar ist die bedeutende Sicht von der Victoria-Säule zum Pfingstberg, die von Nadelbaumgruppen und einer Blutbuche am Schnittpunkt mit der Sicht vom Flatowturm zum großen Schloßturm betont war und zum Teil noch ist.

Im Ebenenteil herrschen großflächige Wiesenpartien mit stark variierenden Gehölzpflanzungen vor, die nach Südwesten zu den Nuthewiesen und nach Westen zur Havel aufgelockerter und sparsamer werden und so zur Nachbarlandschaft vermitteln. Meisterhaft ist die Baumgruppierung westlich des Kindermann-Sees, die eine Sichtfolge ergeben haben muß, sowohl vom Fahrweg Mühlentor – Kutscherhaus als auch vom Umfahrungsweg des Kindermann-Sees. In dem von O. F. Kindermann fertiggestellten Teil des Parkes sind die zwei größten Sichten hervorzuheben: der Flatowturmprospekt mit einer Länge von 600 m und – dank des leicht ansteigenden Hanges – mit konkaver Ausbildung sowie die etwa 1000 m lange, den südlichen Teil des Ebenenteiles durchmessende Sicht mit dem Fernziel der Geltower Berge, die im Drittelungspunkt am „Großen See" bewußt eingeengt und durch Platanen und Koniferen betont ist.

Hatte schon Pückler erfahren müssen, daß Wilhelm nicht geneigt war, das heranwachsende Zuviel an Bäumen zu entfernen, so waren auch dem jungen Kindermann auf diesem Gebiet Schranken gesetzt. Statt der notwendigen Fällungen wurden viele Bäume durch ständigen Rückschnitt klein gehalten, wodurch es zu den sogenannten „Perückenbäumen" kam. Im Hoppe-Plan von 1880 ist der Zustand des Parkes, leider ohne Differenzierung der Bäume von niedrigem Buschwerk, festgehalten.

Nach dem Tode Wilhelms I. 1888 ging das Interesse am Park stark zurück, die Orangerie wurde größtenteils nach Sanssouci verlegt und das Pflegepersonal erheblich verringert. Diese Umstände führten 1898 dazu, daß Kindermann vorzeitig seinen Abschied nahm. Sein Nachfolger im Amt wurde im gleichen Jahr der 39jährige Kurt Nietner bis 1924. „Er übernahm die Anlage zu einer Zeit, als jegliches Interesse für diesen großartigen Landschaftspark verloren gegangen war. Mit den noch verbliebenen Arbeitskräften und den beschränkten Mitteln versuchte er das Bild durch Fällungsarbeiten im Winter zu erhalten. Vor allem ließ Nietner die sogenannten Perückenbäume entfernen…"[63]

1908 erfolgten große Geländeabtragungen östlich vom Schloß, um nun doch einen neuen, weit größeren Gebäudeflügel anzufügen. Doch es blieb beim Plan. Auf der freien Fläche wurden ausschließlich Nadelbaumgruppen gepflanzt[64]. 1912 trennte man den jüngsten Parkteil zum Griebnitzsee hin für den Bau der Sternwarte ab. Nach 1918 fanden in dem Teil, der dem alten Nowawes zugewandt ist, Volksfeste statt.

Die Geschicke des Parkes übernahm 1925 der unter Georg Potente geschulte Carl Friedrich Gerischer als Gartenoberinspektor. Um den vielerorts verlorengegangenen Parkcharakter wieder herzustellen, erfolgten zwischen 1925 und 1931 umfangreiche Ausholzungen zur Auflockerung von Gehölzmassen als auch zur Öffnung zugewachsener Sichten mit Schwerpunkten um den Flatowturm und die gesamten zur Havel orientierten Hangpartien. Anschließend wurden bis etwa 1938 Gehölz- und Strauchpflanzungen durchgeführt[65]. Auch die Blumenbeete wurden zu jener Zeit mit einer dreimaligen Bepflanzung versehen.

Der Zweite Weltkrieg setzte den so erfolgreichen gärtnerischen Arbeiten ein Ende. 1952 wurde östlich des Schlosses eine Richterschule – dann Akademie für Staats- und Rechtswissenschaft – in das Parkareal eingefügt, und

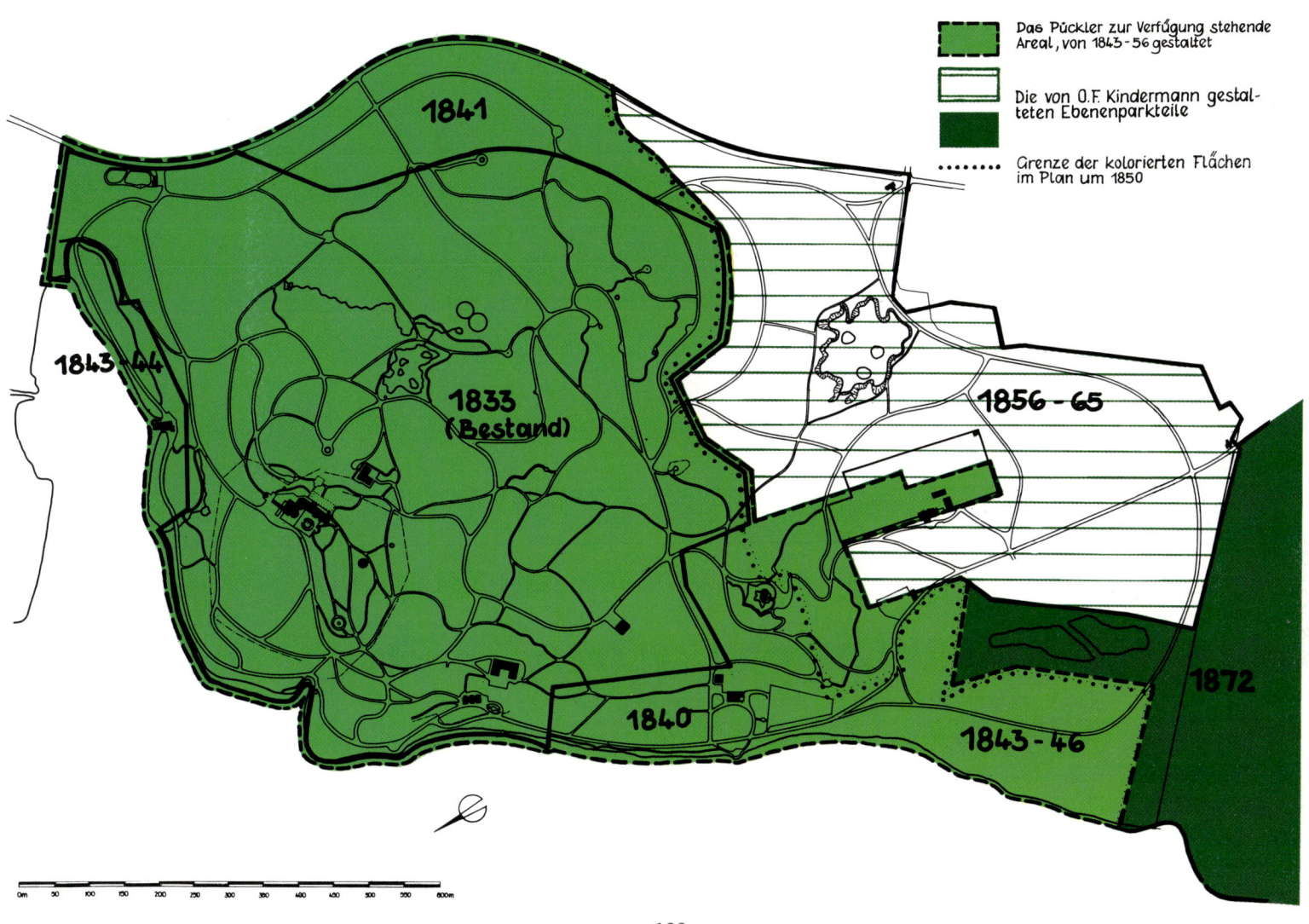

Legende:

- Das Pückler zur Verfügung stehende Areal, von 1843–56 gestaltet
- Die von O.F. Kindermann gestalteten Ebenenparkteile
- ·········· Grenze der kolorierten Flächen im Plan um 1850

1841

1843-44

1833
(Bestand)

1856-65

1872

1840

1843-46

100
Babelsberg. Die Etappen der Parkerweiterung. 1986
Jahresangaben zum Landerwerb mit den Bauetappen

102
Babelsberg. Blick vom Kindermannsee zum Flatowturm. 1985

◄ 101
Babelsberg. Blick vom Flatowturm auf Potsdam

103
Babelsberg. Die Siegessäule, 1866 auf einem Aussichtspunkt
am Rande des Babelsberges errichtet. Zustand nach starken Baumfällmaßnahmen. 1984

1961 mußte ein Randstreifen für die Sicherung der Staatsgrenze abgetrennt werden. Nach Übernahme der Gartendirektion der Staatlichen Schlösser und Gärten Potsdam-Sanssouci durch Dr. H. Günther begannen ab 1960 parkspezifische Wiederherstellungsarbeiten, zuerst im Bowlinggreen, wo auch der Standort der Solitärpappel mit Platanen neu bepflanzt wurde. Danach erfolgte ein vorsichtiges Freistellen des ursprünglichen Baumbestandes durch Ausholzungen im abermals stark herangewachsenen Wildwuchs. Denkmalpflegerische Pionierarbeit wurde seit 1971 auch im Zusammenhang mit der Rekonstruktion des großen Blumengartens westlich des Schlosses geleistet, wo der von Pückler geformte Grundriß festgestellt und wieder erlebbar gemacht werden konnte. Seit 1979 ist dieser in großen Teilen mit den für Pückler typischen Blumen-Torteletts im Rasen wiederhergestellt.

Zu Ehren des Parkschöpfers wurde 1977 in Schloßnähe am Rande des Blumengartens ein Stein mit dem Reliefbild Pücklers vom Bildhauer Gerhard Geyer aufgestellt.

Über die Art und Weise denkmalgetreuer Restaurierungen jahrzehntelang vernachlässigter Parkbaumbestände gingen in Babelsberg die Meinungen auseinander. Das kühle Kalkül des Gartendirektors und der Feuereifer seines zuständigen Gartenbauingenieurs führten schließlich dazu, daß die sehr erfolgreich durchgeführten Ausholzungen zu stocken begannen.

Wie schwierig die Restaurierungs- und Rekonstruktionsarbeiten im Babelsberger Park waren und es weiterhin sind, gibt Heinrich Hamann in der 1984 erschienenen Broschüre „Der Park Babelsberg" wie folgt wieder: „Nach 1920 durchgeführte Neupflanzungen von Bäumen zeugen davon, daß die gestalterischen Absichten Pücklers nicht mehr in jedem Fall erkannt wurden, da sie z. T. mitten in Sichtachsen erfolgten oder Gebäude verdeckten, die für die Blickbeziehungen Bedeutung hatten ..." „Dabei ist es sehr schwierig, diese Blickachsen aus dem Bestand herauszuschälen und so zu verbreitern, daß ausgeglichene Proportionen zwischen der Breite der Sicht und der Höhe der Bäume von neuem hergestellt werden. Vor Beginn jeglicher Fällungsarbeiten ist es erforderlich, diejenigen Bäume zu erkennen, die einst das Parkbild ausgemacht haben. Aber auch große Stubben nicht mehr vorhandener Bäume, die zur Lokalisierung wichtiger Standorte dienen, dürfen vor den Fällungen nicht außer acht gelassen werden ..." „Nicht sofort wurde das Vorhandensein der zahlreichen mehrstämmigen Eichen in einigen Parkteilen verstanden, die sich bis heute zu schlecht gewachsenen Bäumen entwickelten. Ursprünglich erfolgte hier die Parkgestaltung mit Büschen, die sich aus den Stockausschlägen der Eichen bildeten. Nachdem man aufgehört hatte, diese regelmäßig abzusetzen, wuchsen daraus Bäume."

Es können an dieser Stelle die damaligen Leistungen nicht hoch genug gewürdigt werden, weil dabei wieder neue Erkenntnisse Pücklerscher Gestaltungsart zutage traten, wie schon in Muskau, Ettersburg und Branitz erkundete Gestaltungsprinzipien erneut sichtbar wurden. Dazu zählen der Bereich um den Kindermann-See, die Sichten vom Flatowturm, die ungemein reizvollen Baumkonstellationen am Südhang des Babelberges. Bei der Rekonstruktion des westlich des Schlosses liegenden Blumengartens sind die derzeitigen Ergebnisse noch nicht voll überzeugend. Gründe sind das noch fehlende Strauchwerk und die bis 1990 direkt an der Schloßnordseite vorbeiführenden Grenzbefestigungsanlagen. Mit deren Beseitigung, dank des Falles der „Berliner Mauer" 1989, ergibt sich nun die Chance, das Herzstück des Babelsberger Parkes, die Partie vom Schloß zur Havel, wieder wirksam werden zu lassen. Diese Aufgabe, an der jetzt Karl Eisbein wirken kann, ist wohl die schönste Belohnung, die einem tätigen Landschaftsgärtner nach jahrzehntelangem Erkenntnisgewinn während des Arbeitsprozesses zuteil werden kann. Für die Pückler-Forschung ist die Wiedergewinnung ehemaliger Gestaltung eminent wichtig. Einmal, um originalgetreue Nachpflanzungen bei Ausfall jetziger wesentlicher Bäume vornehmen zu können, zum anderen, um durch Vergleiche der Pückler-Parke untereinander die hier begonnene Darstellung immer wiederkehrender Gestaltungsmodi zu untermauern und zu erweitern.

Die im Babelsberger Park noch notwendigen großen Hauungen werden noch viele Jahre beanspruchen, und noch länger wird es dauern, bis auch die störenden Bauten wieder abgerissen sind. Dennoch ist es für die Verfechter einer hohen Parkkultur eine Ermutigung, daß nach Jahrzehnten des Verfalls doch immer wieder Perioden der Wiedergewinnung ursprünglicher Gestalt und Struktur sich bieten. Sie dauern nie lange. Um so eifriger müssen sie genutzt werden, um diese Einmaligkeit, lebende Kunstwerke – was unsere Parke sind –, auch nachfolgenden Generationen im Geiste ihrer Schöpfer erhalten und vor allem erneuern zu können.

Der Branitzer Park

Nach dem Verkauf seiner Muskauer Standesherrschaft im Sommer 1845 verspürte Pückler wenig Lust, sich auf den durch Erbregelung unveräußerlichen Besitz Branitz zurückzuziehen und hier nach dem Wunsch seiner Gefährtin Lucie „eine Wüste zu einer künstlerischen Oase" umzugestalten! Vielmehr weilte er im Sommer 1845 in Thüringen und ritt oft ganz allein durch die anmutigen Täler zwischen Eisenach und Meiningen und rings um Bad Liebenstein. Ihn interessierten die Gärten, welche E. Petzold und andere Muskauer Gärtner dort angelegt hatten. Er gab Ratschläge, zeichnete zu fällende Bäume an und steckte Wege ab, so unter anderem in Weimar, Reinhardsbrunn, Altenstein und auf dem Nordhang des Ettersberges.

Schließlich gelang es Lucie, ihren Lebensgefährten zumindest zu einer Verschönerung der unmittelbaren Schloßumgebung umzustimmen. So kam Pückler im Winter 1845/46 zu ersten Überlegungen für eine Gartengestaltung nach Branitz, und Rehder erhielt bereits am 28. März 1846 eine Gehölzbestellung für den Pleasureground. Der Posten sollte an die Fürstin Pückler adressiert werden und „könnte auch erst im Herbst 1846 oder im Frühjahr 1847 benötigt werden". Zu dieser Zeit waren schon Gärtner aus Muskau in Branitz engagiert, und von einem dieser Leute müssen kolorierte Pläne nach skizzenhaften Entwürfen Pücklers angefertigt worden sein. Pückler selbst hatte ja nach Rehders Ausscheiden in Babelsberg dort ab 1845 auch die Arbeit des leitenden „Obergärtners" wahrzunehmen. Um so überraschender erscheint sein Engagement in Branitz ab 1846. Wiederum ist sein Entschluß spontan. Er bricht seine Italienreise ab und kehrt vom Comer See nach Branitz zurück. Er stellte aber die Bedingung, daß Lucie ihm in seinen Anlagen nicht widerspreche, denn „... die letzte Zeit will ich nun auch einmal herrschen, wie Du dreißig Jahre lang ..."[66] Seinem „Sandwurm zuliebe" begann er um das Herrenhaus ein recht kleines, etwa erst 10, dann 13 ha umfassendes Areal abzustecken und zu formen, das bereits 1850 mehr als verdoppelt wurde: die Schmiedewiesen östlich des Herrenhauses und weitere Flächen im Westen wurden einverleibt. Über den Bau des Branitzer Parkes liegen nicht so viele Tagebuch- und Briefnotizen vor wie über Muskau. So müssen wir uns mehr auf Pläne, Kassenbücher und Fotografien stützen.

Drei Parkpläne sind vom Arbeitsbeginn in Branitz aus dem Jahre 1846 vorhanden[67], deren erster ein Abtasten der Ausgangssituation verdeutlicht, zugleich aber auch Erweiterungen nach Süden anzeigt, mit Überplanung vorhandener Bauten und Fremdgrundstücke. Gleich von Anfang an war vorgesehen, den Dorfteich im Ort Branitz einschließlich der angrenzenden elf Büdner-Grundstücke in Parkgelände umzuwandeln. Während der Schloßsee schon ein der heutigen, ausgeführten Form ähnliches Aussehen hat, erfuhr der Dorfteich noch keine künstlerische Gestaltung. Das Schloß ist von einer Terrasse umgeben.

Diese Urplan-Skizze ist dann Grundlage für die kolorierte Tuschzeichnung aus dem gleichen Jahr mit sparsam verteilten Baumgruppen und mit dem Standort der Pokallinde (noch mit zwei Bäumen dargestellt) in der Achse des Schlosses im Hauptwerk (Schloßwiese).

Im dritten Plan der Frühphase ist die Mondwiese mit ihren Hügeln zum Park dazugeschlagen. Der Schwarze See hat annähernd seine heutige Form mit „Wespentaille" und Langer Brücke. Auffallend ist der diagonal über die Schloßwiese geführte Weg zum Gärtner-Torhaus Richtung Cottbus sowie eine Abgrenzung des Gutshofes durch eine Mauer mit Pergola. Die Schloßterrasse ist beträchtlich nach Süden erweitert, auf ihr ein Gebilde, das entweder eine zweite höhere Terrasse werden sollte oder ein Wintergarten, mit dem Pückler ja schon in Muskau liebäugelte. Die Idee greift er dann 1860 nochmals auf.

Wie sah es in Branitz zu jener Zeit aus? Als Gottfried Semper am 1. April 1847 zur Besichtigung der Baulichkeiten nach Branitz kam, glaubte er sich beim Anblick des verwahrlosten Gutsbesitzes tatsächlich in den April geschickt: Das 1772 erbaute, große Schäden aufweisende Herrenhaus, das Pückler 1819/20 mitsamt dem Majorat verkaufen wollte, war von einem Wassergraben umgeben, den kleine Stege überspannten. Viehställe, einfache Wirtschaftsgebäude und der Dunghaufen lagen dem Eingang gegenüber. An der Gartenseite standen magere Obstbäume, und der Blick schweifte ungehindert vom Schloß bis zu den Türmen und den ersten Fabrikschornsteinen der damals 9000 Einwohner zählenden Stadt Cottbus.

Bis auf den unmittelbaren Bezirk um das Herrenhaus war die Gegend überhaupt nicht anziehend. Wie aus dem Urmeßtischblatt[68] von 1845 hervorgeht, dehnte sich nach allen Seiten eine kahle Ebene. Magere Kiefernbestände

104
Branitz. Blick vom Südzipfel des Schwarzen Sees zum Schloß. 1983

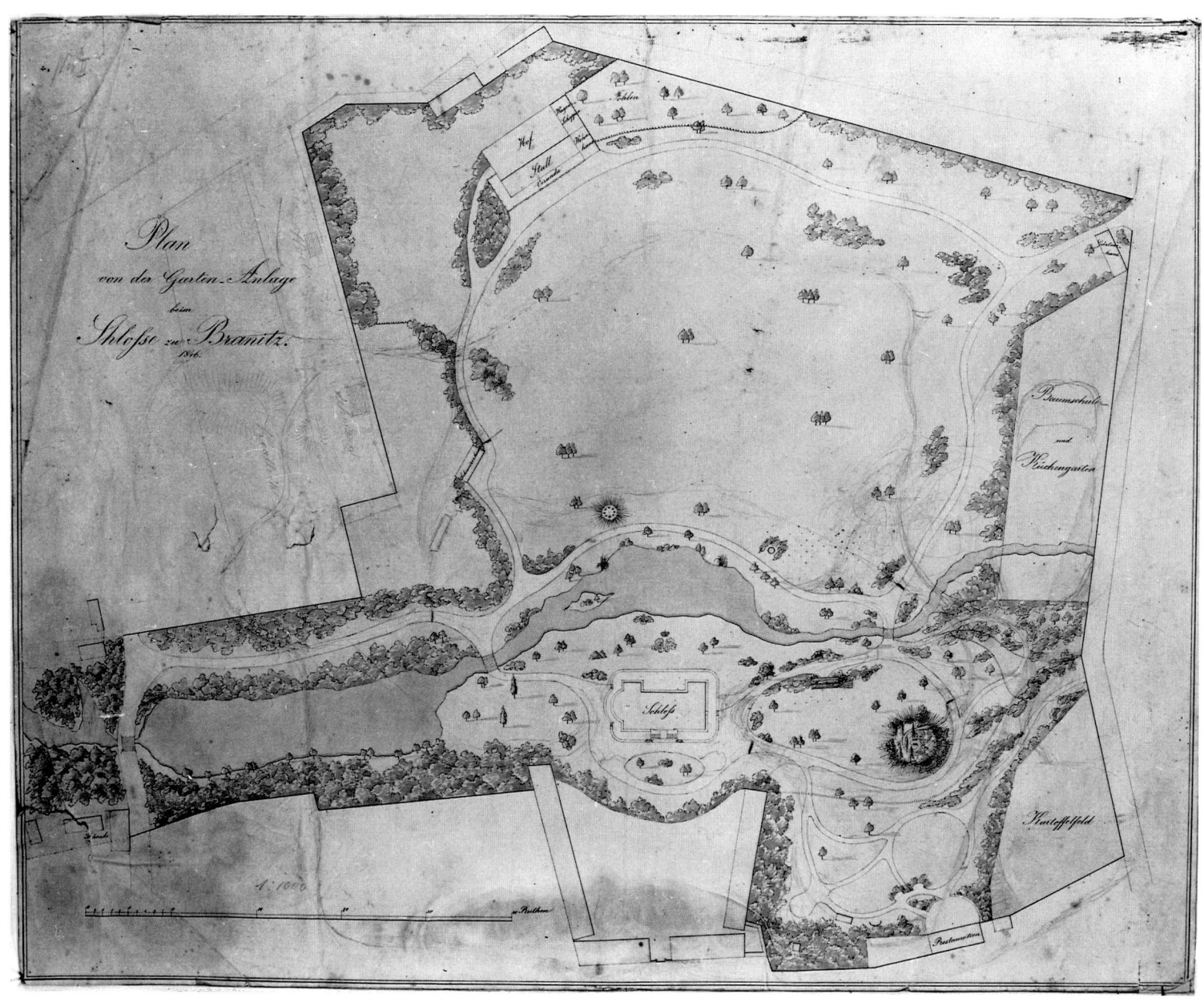

105
Branitz. Plan von der Gartenanlage beim Schlosse zu Branitz. 1846

breiteten sich im Bereich der Branitzer Siedlung, der Madlower Schluchten und dem Südfriedhofsgelände sowie zwischen Branitz, Haasow und Kahren aus. Die Spree war noch unreguliert und durch viele Hochwasser sowie damit einhergehende Ausuferungen verwildert – erst 1881–1886 erfolgte ihre Regulierung und Eindeichung. Das Dorf Branitz reichte bis unmittelbar an die Gutsgebäude mit dem Herrenhaus heran, lag also zu gut einem Viertel auf heutigem Parkgelände. Der Vorparkweg gabelte sich in Höhe des heutigen Sees im Gelände der Bundesgartenschau 1995, wovon der westliche, mit Linden bestandene Fahrweg mitten durch das Gelände des späteren Parks führte und über den ehemaligen Schießstand am Westrand des Dorfes nach Süden weiter verlief.

Wo sich die etwa 200 alten Bäume befunden haben, von denen Pückler beiläufig sprach, ist nicht mehr nachweisbar. Viele müssen morsch gewesen sein, so daß sie nicht für einen neuen Park geeignet erschienen. Auch Pappeln und Robinien standen im Urpark, wie wir aus Briefen Georg Bleyers, des späteren Gartendirektors des Grafen Heinrich von Pückler in Branitz, entnehmen.

Bereits 1846 vermerken die Branitzer Kassenbücher erste Pflanzarbeiten. Eine sehr intensive Schaffensperiode Pücklers für sein letztes Werk bringt dann das Jahr 1847, in dem er allein in einem Vierteljahr an die hundert große Bäume umsetzen ließ. In einem Brief an den Hofgärtner Sello in Potsdam-Sanssouci vom 2. Oktober 1848 urteilt er über das Geschaffene: „Wenn Sie mich künftiges Jahr besuchen, vergessen Sie nicht, daß hier tabula rasa war und was Sie finden werden, bis auf das Schloß und einige hundert alte Bäume, die auf kleineren Raum von zwei Morgen beschränkt der einzige vorhandene Kern der ganzen Anlage war."[69]

1847–1850 wurden auch die für die Parkerweiterung benötigten Büdnergrundstücke ihren Besitzern abgekauft und am südlichen Dorfrand neue Häuser für sie errichtet. Das Dorf Branitz wurde durch diese Amputation in seinem Aufbau empfindlich gestört. Das heutige Straßennetz zeigt keinen organisch gewachsenen Zusammenhang, und die umgesetzten Häuser sind in keiner Weise zur Bereicherung des Dorforganismus benutzt worden – Pückler fehlte allem Anschein nach der Sinn für städtebauliche Planung. Der Park aber hat durch diese Maßnahme gewonnen. Obwohl wir Sempers Zeichnungen nicht kennen, hat der Besuch des Architekten ohne Zweifel die Art des Umbaues von Schloß, Terrasse und früherem

Gutsbereich beeinflußt. 1852 war der Umbau des Schlosses beendet, vorher wurden Marstall und Kavalierhaus im Tudorstil umgestaltet. Allein für die Baulichkeiten wurden dabei jährlich 12 000 bis 15 000 Taler aufgewendet, für den Park jährlich 4000 bis 6000 Taler.

Die Fortschritte beim Verschönern der unmittelbaren Schloßumgebung führten 1849/50 zur Erweiterung des Parkareals auf das Doppelte, auf etwa 38 ha. Die Notiz in den Kassenbüchern von 1850 „sehr viele Zaunfelder gesetzt" steht mit dieser Erweiterung in Zusammenhang. Im gleichen Jahr erhielt die neue Schmiede am östlichen Parkzugang – als Torhaus eingerichtet – ihre Turmspitze.

Obgleich Pückler immer wieder – oder immer noch – mit dem Gedanken spielte, sich in einer von der Natur reich ausgestatteten Landschaft niederzulassen – Salzburg, die Alpen, die Pyrenäen und selbst die Insel Euböa reizten ihn –, ließ er in Branitz parallel zu den Arbeiten in Babelsberg den Park vorantreiben. Seine Salzburger Episode zwischen September 1849 und April 1850 verdient jedoch Erwähnung. Pückler erteilte hier den Auftrag, eine Kopie der „Großen Goldenen Stube" der Feste Hohensalzburg anzufertigen. Die gotischen Ausstattungen der „Goldenen Stube" sollten im Schloß Branitz wiederholt werden, wenngleich die dortigen baulichen Verhältnisse völlig andere waren. Ungeachtet dessen gab er gleichzeitig einen Kaufauftrag zum Erwerb des Schlosses Neuhaus mit etwa 200 ha Land bei Salzburg, so sehr begeisterte ihn die Schönheit dieser Landschaft. Beide Vorhaben indes zerschlugen sich; und wegen der Weigerung eines Salzburger Bankiers, ihm einen Wechsel von 20 000 fl einzulösen, verließ der Fürst gekränkt Salzburg und stürzte sich wieder in die Branitzer Arbeiten. Wie sehr das Bild von der alpenländischen Landschaft in ihm weiterwirkte, offenbart seine Bemerkung im Brief vom 27. April 1850 an seinen Mittelsmann in Salzburg, Georg Petzolt: „Ist dieses einmal nicht zu erzwingen, so wird sich etwas anderes finden. Neue Gelegenheiten bieten sich ja immer wieder dar, oft, wenn man es am wenigsten erwartet und das Land ist so groß und schön überall. Wir bauen noch zusammen … über kurz oder lang, geschehen wird es. Und dann müssen Sie mich einmal hier besuchen und sehen, wie man eine Oase in der Wüste schafft."[70]

Die Kassenbücher dieser Jahre sagen aus, daß fast an allen Teilen des Branitzer Parks gleichzeitig gearbeitet wurde. So entstanden 1849/50 der Schloßsee, der Schwarze See, der Schilf-, Weiden- und Bergsee. Neben Erdarbeiten

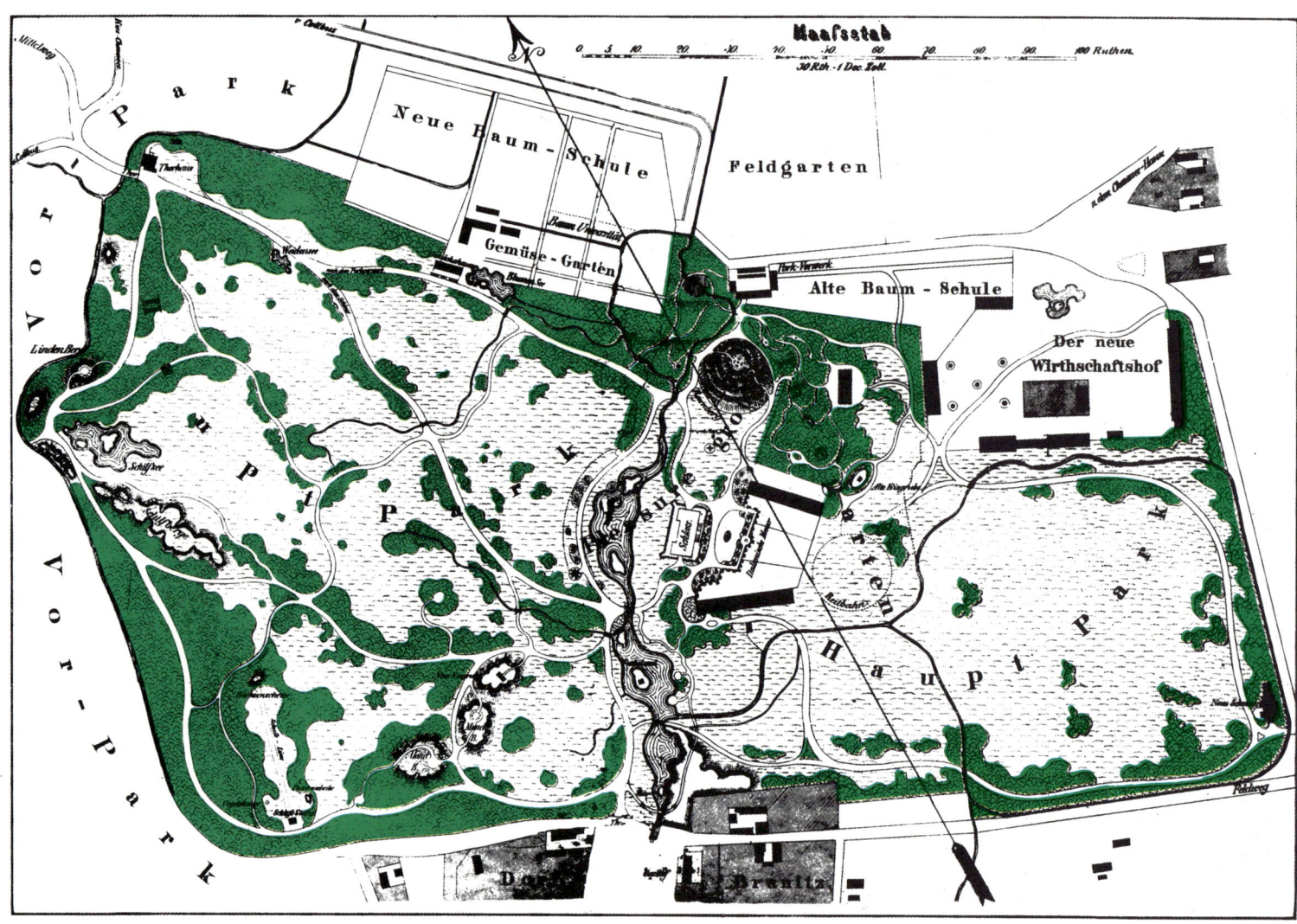

106
Branitz. Plan des Branitzer Parkes. 1853

wurde im Frühjahr und Herbst unentwegt gepflanzt, zunächst sehr viel Forstbaumschulware, die erst bis zu einem Meter groß war. Später erst legte man eine eigene Baumschule in Branitz an.

Pückler ließ – wie schon erwähnt – über vierhundert große Bäume aus der Umgebung herbeischaffen und umsetzen. Entfernungen von 15 km wurden dabei nicht gescheut. Aus 41 Orten um Cottbus wurden nach S. Neumann (Cottbuser Heimatkalender 1995, S. 36–45) große Bäume herbeigeschafft. Einmal mußte ein Cottbuser Stadttor abgedeckt werden, um einen Baum passieren zu lassen; Schadenersatz für zertrümmerte Fensterscheiben fiel reichlich an. Diese großen Bäume formten sofort Raumbilder und ließen die Konturen des Parks rasch erkennen. Einige dieser Bäume stehen noch heute, eine aus Siewisch herbeigeholte dreistämmige Esche stand bis 1967 westlich der Schloßterrasse. Die großen Bäume wurden mit Hilfe zweirädriger Pflanzkarren in vorbereitete flache Gruben gesetzt, eine Praxis, die Sachkenntnis erfordert (Abb. 163). In den sechziger Jahren soll Pückler eine auf dem Hof des Gasthofs „Zum Weißen Roß" in Cottbus stehende große Kastanie gekauft haben. Sie sei im blühenden Zustand nach Branitz gebracht und unweit der Treibhäuser dort in viele Fuhren Gartenerde eingegraben worden. Ein Leinenzelt schützte die „Operationsstelle" vor Sonnenstrahlung, und die Kastanie wuchs an! – Auf keinem Bild vom Branitzer Park ist an dem dortigen Standort eine Roßkastanie bisher zu entdecken gewesen. Nicht nur aus der näheren Umgebung, sondern auch aus Muskau, Weißwasser, Potsdam, Witzleben, Berlin und Wien wurden Pflanzen, aus Hamburg und Erfurt Samen bezogen. Gleichzeitig ließ Pückler den heranwachsenden Park mit sehr viel schmückendem Beiwerk ausstatten. Rings um das Schloß befanden sich äußerst reich ausgestattete Blumengärten[71]. Nicht nur im umzäunten Park wurde gearbeitet, auch außerhalb erfolgten Pflanzungen meist größerer Bäume in der Feldflur und an einem äußeren Umfahrungsweg, wofür 3–7 Prozent des Parketats verwendet wurden. Den vollen Umfang der gartenkünstlerischen Arbeiten erkennen wir im Plan 1903. Nach Fertigstellung des Parkes, im Umfang 1852 von der Schmiede bis zum Cottbuser Torhaus, wurde mit den Parkarbeitern ein großes Fest gefeiert (Abb. 106, 107).

Eine Analyse des Geschaffenen ist sehr aufschlußreich für die Pücklersche Auffassung zu jener Zeit. Der Park setzt sich im Parkplan 1853 aus drei Hauptbereichen zusammen, dem einfach und sehr offen gehaltenen Eingangsteil – Schmiedewiesen genannt –, dem Pleasureground mit Teegarten (Restaurationsgarten) und dem Schloßpark. Letzterer ist durch abschirmende Pflanzungen wiederum in mehrere kleine Räume unterteilt. Auffallend ist im Hauptpark (Mittelteil) eine kettenartige Reihung von Nord nach Süd verlaufender Pflanzungen, auf die noch näher eingegangen wird. Allgemein erscheinen die Pflanzungen weniger differenziert, im Gegensatz zu den 1846er Skizzen. Einzelbaumdarstellungen fehlen!

Das Wegesystem ist außer dem kleinen Umfahrungsweg im Schloßparkteil sehr verschieden vom heutigen. Ins Auge fällt der diagonal über die Schloßwiese führende Weg, der die Richtung der oben erwähnten kettenartigen Pflanzungen hat.

Die Erdhügel sind schon so angelegt wie in der späteren Phase. Der heute so wirkungsvolle Schilfsee ist aber noch sehr klein und ohne Verbindung zum Schloßsee. Überdimensional wirkt der Rosenberg. Der Teegarten, nochmals durch eine Einfriedung vom Pleasureground getrennt, ist flächig bepflanzt. Östlich der Parkgebäude liegt eine kreisrunde Reitbahn in völlig offener Wiesenfläche, wodurch Kavalierhaus und Marstall schon von weitem vom Auffahrtsweg aus Richtung Parkschmiede voll sichtbar waren. Nach Teichert waren die Dächer der Gebäude oft mit bunter schachbrettartiger Deckung versehen[72]. Auch die Buchenlaube mit ihren Steinbänken, die aus dem ursprünglichen Park vor Pückler stammt, wurde in die neue Konzeption aufgenommen[73].

Die Bauten zwischen Marstall und Kavalierhaus sind abgerissen, und der Wirtschaftshof ist neu an seinem heutigen Standort errichtet. Alle Grundstücke der Büdner und Kossäten sind dem Park einverleibt; nur der Hof des Bauern Reinschke liegt noch auf heutigem Parkterrain, durch einen großen Erdhügel sichtmäßig vom Park abgeschirmt, „vergrabener Bauer" volkstümlich genannt[74]. Auf größeren Strecken ist der Park von einem wasserführenden Graben begrenzt – für Pückler, wie analog in Muskau, die endgültige Parkgrenze. Dennoch blieb es nicht bei der Größe von 38 ha.

Nach einer zwei- bis dreijährigen Pause erweiterte der fast Siebzigjährige seinen Park um 50 ha. Zwischen 1854 und 1856 entsteht der Tumulus, eine aus einer Seefläche sich erhebende, 11 m hohe Erdpyramide, die seine Begräbnisstätte werden sollte. 1854 verstarb Pücklers Lebensgefährtin. Der Gedanke an den Tod dürfte daher ein bestim-

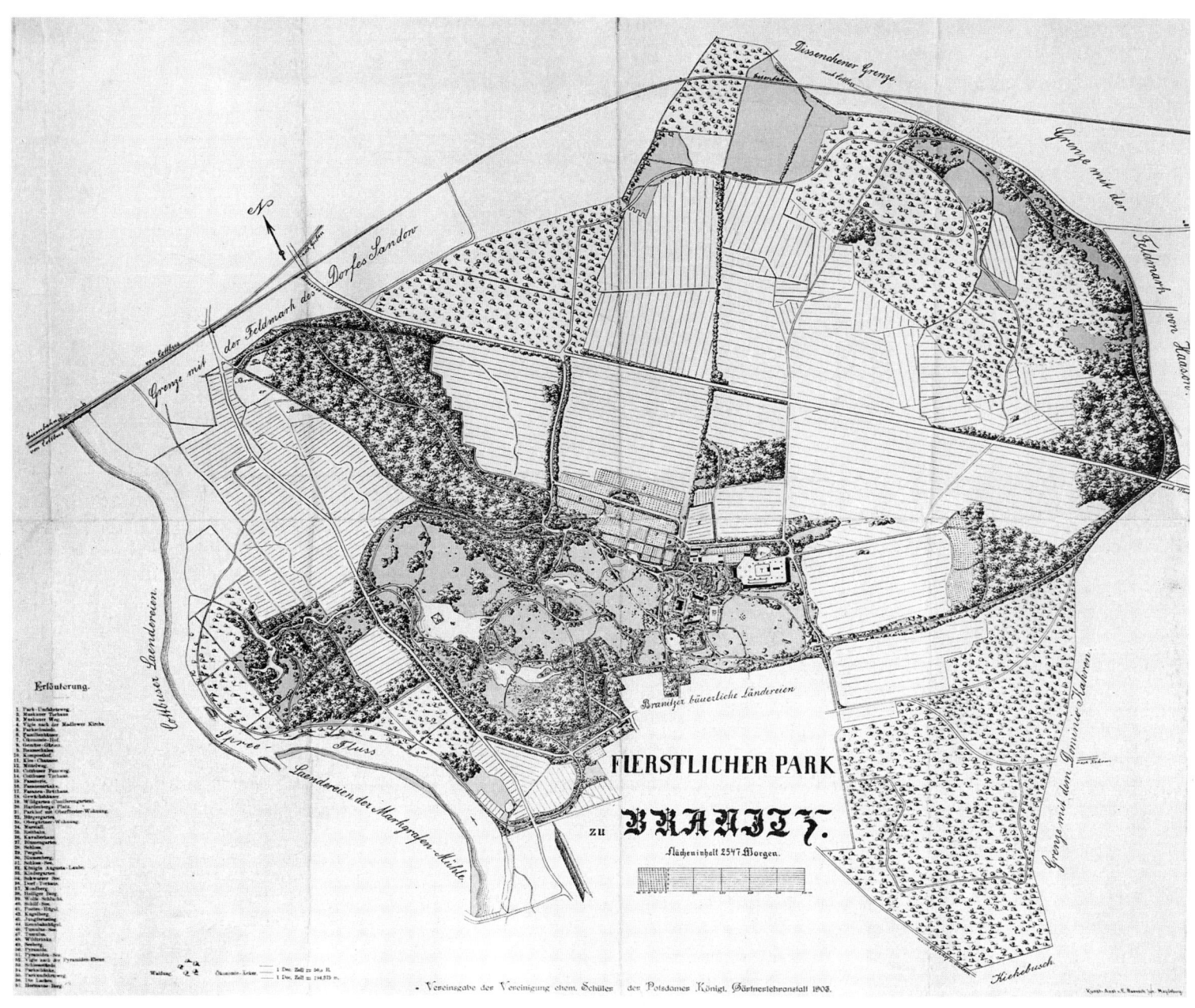

107
Branitz. Gesamtumfang des Schaffens Pücklers in Branitz. 1903
Vereinsgabe der Vereinigung ehemaliger Schüler
der Potsdamer Königlichen Gärtnerlehranstalt

mendes Moment für den Bau des Tumulus gewesen sein. Trotzdem aber wurde in dem von Pyramiden bestimmten Teil eine Rennbahn für den Pferdesport angelegt. Eine kleine Erhebung diente als Beobachtungspunkt. Wieder bestimmten große Wasserflächen die neue Parklandschaft. Bis 1856 erfolgten dann die größeren Aushübe für den Pyramidensee (Abb. 185).

Vor der Fertigstellung einer Verbindung zum Spreeoberwasser bereitete in trockenen Sommern die Füllung der vorerst überwiegend grundwassergespeisten Branitzer Seen Schwierigkeiten, weil das Oberflächenwasser aus Gräben südlich des Dorfes und eine Quelle im Schlangensee nur ein Wasserminimum boten. In den Jahren 1857/58 wurden dann die Verbindungskanäle zwischen den einzelnen Teichen für eine bessere Wasserhaltung gegraben, die fließendes Wasser auch in den Schilf- und in den neuen Pyramidensee leiten, und dabei wurde der Schilfsee wesentlich vergrößert.

Von Anfang an ließ Pückler in Branitz die Aushubmassen anders als in Muskau verwenden. Während der Verbleib des Aushubs aus der Hermannsneiße und den beiden Seen in Muskau noch nicht geklärt ist, dienten in Bra-

108
Branitz. Marstall mit dem 1880 entstandenen Pergolagarten.
Zustand 1982

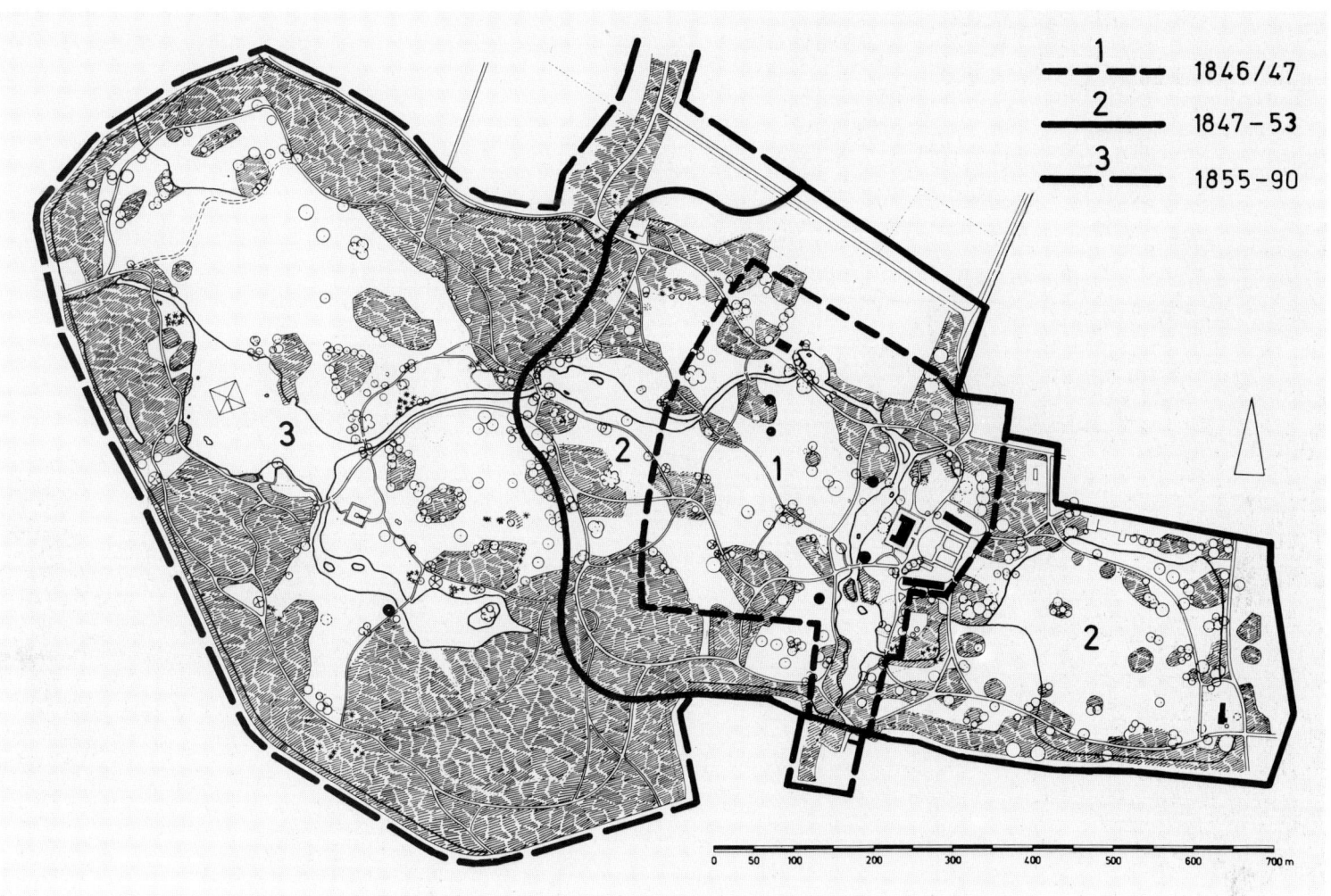

110
Branitz. Die Bauetappen des Branitzer Parkes. 1978

◀ 109
Branitz. Blick von der südwestlichen Terrassenecke in den Hauptpark

111
Branitz. Die Ägyptische Treppe in achsialer Zuordnung zum Tumulus,
dem Begräbnisort des Parkschöpfers;
neben dem Pergolenhof einzige geometrische Gestaltung im Park. 1992

nitz die Erdmassen zur bewußten Schaffung von Höhenunterschieden meist in Nachbarschaft zu den Wasserflächen. So entstanden in Schloßnähe der langgestreckte Mondberg – bis 1853 vorerst aus drei separaten Hügeln bestehend – und der „vergrabene Bauer" sowie am damals westlichen Parkrand 1853 die Hügel der Schilfseeberge, der Poetenhügel, auch Kugelberg genannt, und der daneben liegende Lindenberg. Es sind weniger markante als vielmehr untereinander harmonisch abgestimmte Erhebungen, die besonders während der laubfreien Winterzeit mit schwacher Schneedecke hervorragend zur Geltung kommen. Sicherlich hatte die Komposition um den Schilfsee den Bauherrn zu den weit größeren Wasserflächen und Geländegestaltungen im Erweiterungsteil

angeregt. Als Hermann Jäger 1859 Branitz besuchte, fand er bereits eine „zweite weit mannigfaltigere Hügelkette vor, die frischen Rasen, Laubholz und sogar Weinreben trug, während die etwas älteren Pflanzungen auf den ersten Hügeln schon ansehnliche Bäume trugen, einen kleinen Bergwald bilden und den Horizont malerisch einschneiden"[75]. Die Wirkung der neuen Hügelkette in damaliger Ausdehnung – also des Seeberges mit seinen Ausläufern – ist heute nur schwer vorstellbar, da das Gelände völlig zugewachsen ist. Der über den Seeberg führende Hohlweg kann mit Erlebnissen Pücklers in der Märkischen Schweiz in Zusammenhang gebracht werden, eine Gegend, die er als Fünfunddreißigjähriger von Neuhardenberg her mehrfach durchstreifte. 1863, also acht bis

112
Branitz. Tumulus in Rot. Um 1975. Die asymmetrische Verteilung ist Absicht.
Es wurden 2/3 rotfärbender und 1/3 gelbfärbender Wein in der Potsdamer Landesbaumschule bestellt.

neun Jahre nach dem Bau des Tumulus und des Seeberges, inspirierten die inzwischen begrünten Erdkörper den Fürsten zur Anlage der Stufenpyramide, und weitere sieben Jahre später entstand die dritte große Erhebung, der Hermannsberg. Pückler hatte an der Geländemodellierung Gefallen gefunden; so gesellten sich im Park zu seinen „Baumplastiken" die „Erdplastiken". Ihre Abstände von 220 bis 250 Metern, leicht versetzt entlang einer zum offenen Raum gekrümmten Linie, lassen erkennen, daß das visuelle und emotionale Moment zu ihrem Entstehen geführt hat. Bei Benutzung des Schlangensee- und des Heideweges kommt die raumbildende Wirkung der Erhebungen zur Geltung, die trotz der beachtlichen Entfernungen der Hügel ein harmonisches Ganzes bilden.

Während der Schüttung des Hermannsberges starb Pückler. Der 1868 eingestellte Georg Bleyer führte unter dem Grafen Heinrich von Pückler die Arbeiten zu Ende.

Wie bei fast allen Vorhaben Pücklers war auch in Branitz jeweils die Fertigstellung eines Parkabschnittes der Zeitpunkt, das Geschaffene zu vermessen. Dazu wurde 1867 der Gartenkünstler Bruno Teichler vom Schloß Zbiron gewonnen. Dank seiner Generalrechnung vom Juni 1869 sind wir heute in der Lage, den Verfasser des hervorragenden Parkplans von 1868 zu kennen und mehr über die letzten Arbeiten dieser Zeit zu erfahren[76]. Teichler maß nicht nur den Park, sondern auch die Güter Branitz und Groß Döbbern. Er steckte ebenfalls Wege ab und nahm diese in das Nivellement auf. Von ihm stammen die

114
Branitz. Blick von der Poetenbank über den Schilfsee. 1982
Im Mittelgrund betonen blühende Robinien die Baumwand;
sie stehen genau am ersten Drittelungspunkt der Sicht Poetenbank – Schloß

◄ 113
Branitz. Spätherbst am Schlangensee.
Die Landpyramide mit zwei Baumwächtern. 1990

116
Branitz. Kleiner Standortwechsel von der Poetenbank nach Norden
verändert das Parkbild erheblich. 1982

◄ 115
Branitz. Die Ausbildung der Uferlinien des Schilfsees. 1983

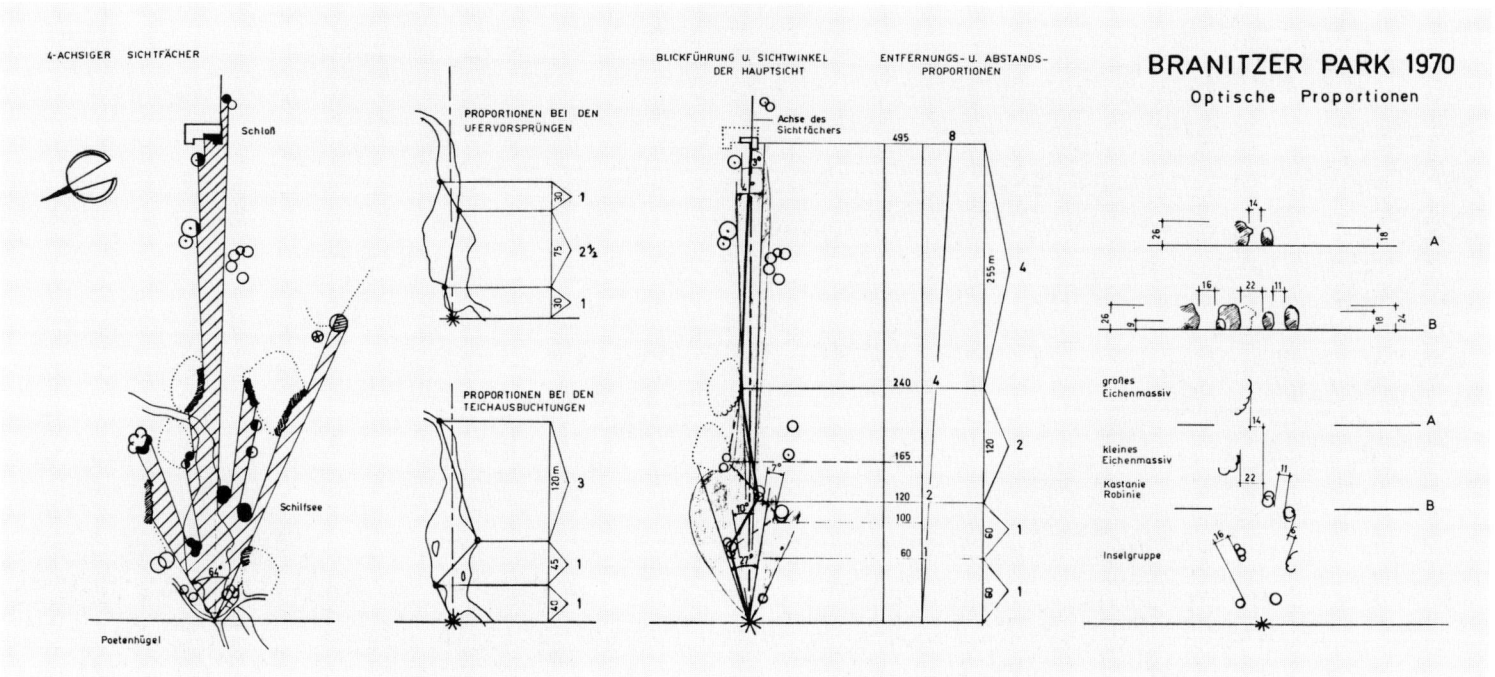

116a
Branitz. Optische Proportionen des Sichtfächers von der Poetenbank zum Schloß

Fortsetzung des äußeren Park-Umfahrungsweges und der Weg vom Chausseehaus nach Dissenchen sowie die Zeichnung eines Rosariums. Pückler selbst, der in den letzten Lebensjahren oft krank war, konnte diese Arbeiten nicht mehr ausführen. Wie in Muskau und Babelsberg, wurde also auch in Branitz sein Werk erst durch seine Nachfolger vollendet. So muß die weitere Ausstattung des zweiten großen Erweiterungsabschnittes von Branitz Georg Bleyer und seinem neuen Bauherrn Graf Heinrich von Pückler zugeschrieben werden.

Qualität und Genauigkeit des Teichlerschen Planes entsprechen der des Muskauer Planes von 1847. Allerdings zeigt er die Bäume nicht aus der Vogelperspektive; dadurch sind die Standorte der Koniferen und Pyramidenpappeln nicht ablesbar. Raumbildende begrenzende Pflanzungen heben sich gestalterisch wirksam von den die Wiesenflächen belebenden Solitärs und Gruppen ab. Bestimmendes Element im Erweiterungsteil ist die fast 2 km lange Rennbahn. Mehr als die Hälfte der von ihr umschlossenen Fläche ist hainartig bepflanzt; große Teile, darunter der Standort des späteren Hermannsberges, sind kahles Ackerland. Leider sind im Teichler-Plan auch Planungsabsichten enthalten; der Schlangen- und vor allem

der Pyramidensee sind wesentlich größer als ihrer heutigen Größe entsprechend gezeichnet, der Hermannsberg fehlt dagegen noch.

Das Wegenetz im Hain- und Schlangenseeteil entspricht im wesentlichen der heutigen Führung. Ein ca. 4 ha großes Baumschul- und Gärtnereigelände sowie eine etwa 2 ha große Baumuniversität[77] sind am Nordrand dem Park angegliedert und mit rahmenden Pflanzungen nach außen abgeschirmt. Im Hauptpark ist die Differenzierung der Parkräume wie im Plan 1853 beibehalten worden, nur ungemein sorgfältiger die Bepflanzung dargestellt. Das Wegenetz zeigt hier außer dem fast unverändert gebliebenen Kleinen Umfahrungsweg bei den Binnenwegen eine straffere Linienführung sowie weitere zusätzliche. Der Cottbuser Weg verläuft nicht mehr südlich, sondern nördlich des Rosenhügels und damit jetzt am Rande des Pleasureground. Die Vielzahl der Wege ist verwirrend und ihre parallele Führung auf der übersichtlichen Schloßwiese unverständlich. Beides kritisierte Pückler in seinem Gartenwerk, und man neigt zu der Schlußfolgerung, daß die Binnenwege im 1853er Plan zumindest noch nicht befestigt und wahrscheinlich auch 1868 noch nicht fertiggestellt waren.

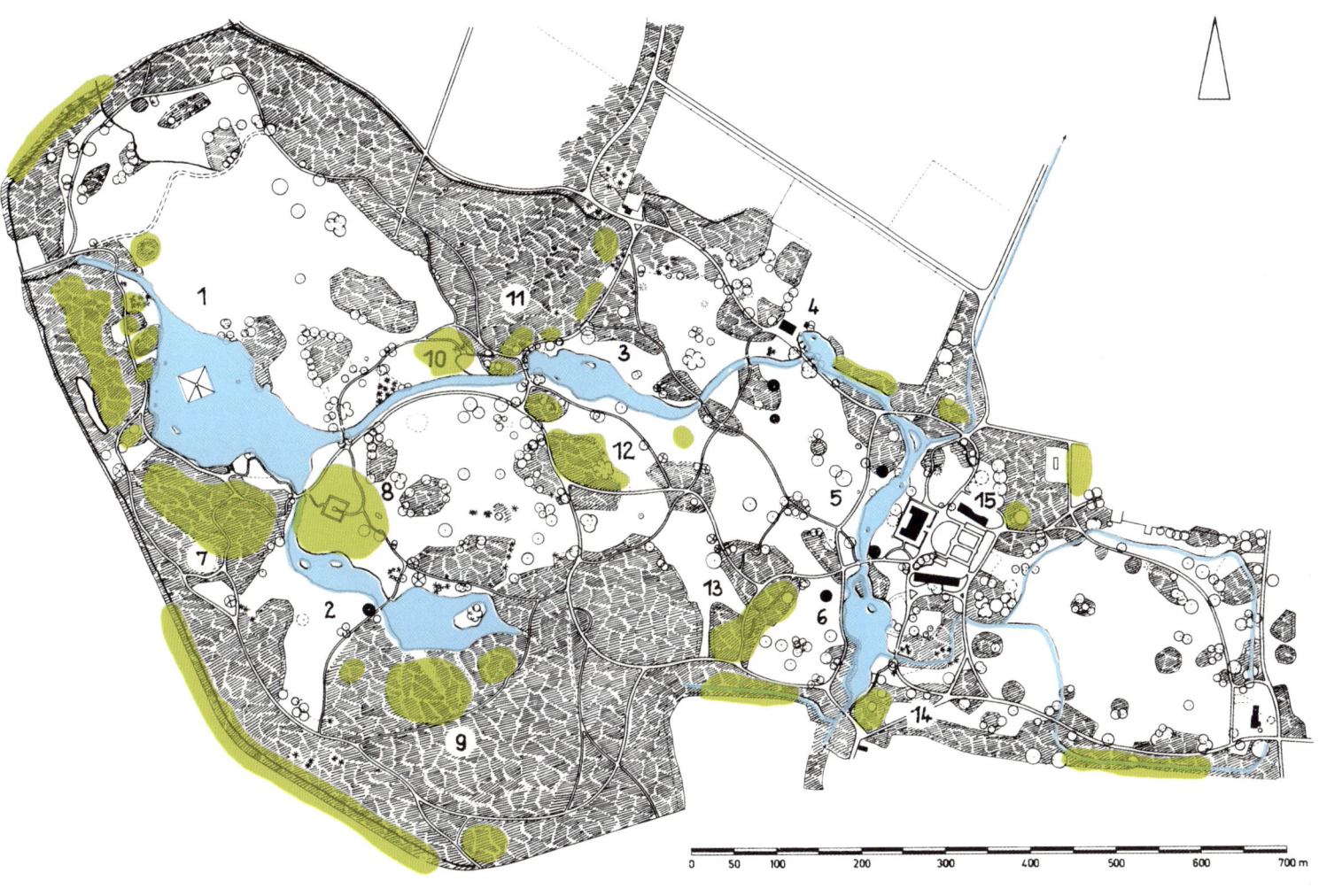

117

Branitz. Teiche und Hügel in ihrer Zuordnung. 1978

1 Pyramidensee	6 Schwarzer See	11 Poetenhügel
2 Schlangensee	7 Seeberg	12 Schilfseeberg
3 Schilfsee	8 Landpyramidenberg	13 Mondberg
4 Blumensee	9 Hermannsberg	14 Vergrabener Bauer
5 Schloßsee	10 Hügel mit Regenpilz	15 Rosenhügel

blau = Wasserfläche

gelb = Aushub aus Teichen und Gräben zur Hügelbildung

118
Branitz. Dreier-Baumgruppe im Haintal (2 Eichen, 1 Linde)
mit Regenpilz im Hintergrund

119
Branitz. Gegenblick zu Abb. 118.

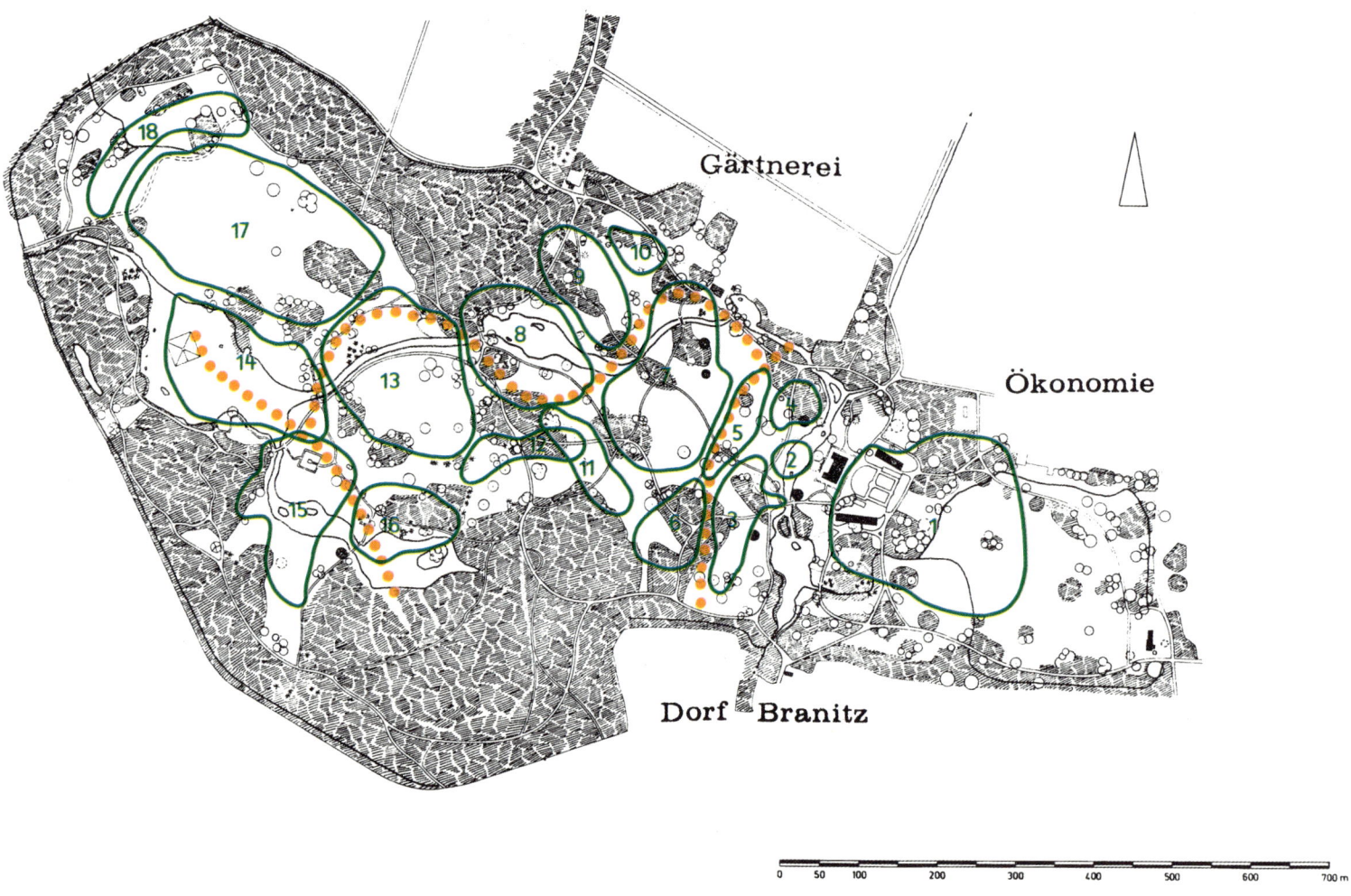

120
Branitz. Die gestalterischen Schwerpunktlinien
als Funktion der Parkräume und Bauten

1 Schmiedwiese	10 Cottbuser Empfangsraum
2 Schloßhof mit Pergola	11 Repton-Wiese
3 Schwarzer See und südlicher Blumengarten	12 Verbindungsglied Schloßwiese/ Hainteil
4 Nördlicher Blumengarten	13 Hainteil
5 Schloßsee mit westlichem Blumengarten	14 Pyramidenseeteil
6 Mondwiese	15 Schlangenseeteil
7 Schloßwiese	16 Hermannsbergteil
8 Schilfseebereich	17 Bleyer-Parkteil
9 Pokaleichenbereich	18 Parkausklang

Beibehalten wurde die kettenartige Anordnung der großen Baumpflanzungen in Form eines Fächers. Sein Ausgangspunkt ist die Lange Brücke über den Schwarzen See. Noch heute sind vom östlichen Brückenkopf her in Richtung Schloß drei schmale Öffnungen in der rahmenden Pflanzung erkennbar. Innerhalb der Wiesenflächen des Fächers befinden sich eine Unzahl von Einzelbäumen und einige kleinere Baumgruppen. Eduard Petzold erklärt diese Fülle mit Pücklers hohem Alter: „Je älter er wurde, desto dichter pflanzte er und in Branitz … hat er stets auf den augenblicklichen Effekt gepflanzt, weil er immer glaubte, er würde die Ausbildung seiner Bäume und Pflanzungen nicht mehr erleben. So kam es denn, daß er oft nach einigen Jahren schon wieder junge Pflanzungen entnehmen mußte."[78] Verändert wurde die offene Situation südlich des Kavalierhauses, wo ein neuer Gartenraum entstand, der sogenannte Kindergarten[79], und im Theegarten sind mehrere intime kleine Räume geschaffen worden.

Zwischen Marstall und Kavalierhaus ist der ehemalige Hof östlich der Italienischen Mauer als geometrischer Garten gestaltet, muß also vom Schloßeingangshof durch die Pergola zugänglich gewesen sein. Während die Parkgrenzen nach fast allen Seiten durch Pflanzungen hermetisch abgeschlossen sind, zeigt der östliche Rand der Schmiedewiesen mehrere Öffnungen in die Feldflur hinaus. Diese wurde als „ornamental farm" behandelt und der 500 m entfernte Kiefernwald mit einer Eichenvorpflanzung verdeckt. Somit parkwürdig geworden, ist die Feldflur in die Szenerie der Schmiedewiesen einbezogen und bietet vom Schloß und von der Blauen Brücke reizvolle Fernsichten. Verschönernde Pflanzungen erfolgten auch als nördlicher Abschluß der Baumschule und des Gutskomplexes, womit diese in das Parkganze integriert sind.

Bevor der weitere Ausbau des Parkes verfolgt wird, sollen noch zwei Seiten Pücklerscher Auffassung über Gestaltung erwähnt werden, seine Behandlung des Pleasureground und seine Meinung zur Parkarchitektur in Branitz.

Sicher war es Gottfried Semper, der Pückler 1847 überzeugt hat, die Symmetrie des schönen Branitzer Schlosses beizubehalten. Im Innersten war der Bauherr aber damit nicht zufrieden. So tauchen 1860 nochmals Umbaupläne für das Schloß auf, die nun einen asymmetrischen Baukörper anstrebten. Im Zusammenhang mit dem Auftrag zum Umbau eines Wohnzimmers in ein Frühstückszimmer wurde dem Berliner Hofbaurat von Arnim eine Liste von Bauwünschen übergeben, allem voran eine Erweiterung des Schlosses. Unter Beibehaltung des Terrassenumganges forderte er, den gut proportionierten Barockbau durch zwei Anbauten – ein Gewächshaus und einen Turm – zu erweitern[80]. Wie in Muskau kam es nicht zur Realisierung[81] (Abb. 124). Die im Tudorstil umgebauten ehemaligen Wirtschaftsgebäude des Gutes, der Marstall und das Kavalierhaus entsprachen dem Geschmack des Fürsten, ebenso wie die neuerbaute Parkschmiede, das Schloß jedoch nicht. Man ist deshalb geneigt, das fast völlige Verdecken seiner Parkseite durch eine dicht vor der Fassade gepflanzte Baumlisiere von allein vier Solitärs und drei mehrstämmigen Solitärgruppen damit in Zusammenhang zu bringen.

Pücklers große Vorliebe für luxuriös ausgestattete Blumengärten wurde in den Muskauer und Babelsberger Anlagen schon genannt. Welcher Farb- und Formenreichtum in Branitz bestand, ist in der Arbeit A. Schäfers umfassend dargestellt[82]. Allen Pücklerschen Blumengärten gemeinsam ist ihre mit größter künstlerischer Sicherheit erfolgte Integration in die Gesamtkomposition, es gibt keine separaten Gärten.

Die raumbestimmenden Baumpflanzungen reichen bis an das Schloß heran und überspielen teilweise die Farbenpracht. Aus den Gärten reichten Ausblicke in Park und Umgebung. Das ungemein vielfältige Wechselspiel zwischen durchsonnten, mit Blumen geschmückten Partien, Blütensträuchern und schattigen Bäumen faszinierte damals viele Besucher. Die Grenzen zwischen Park und Pleasureground mit den Blumengärten waren fließend, nur durch niedrige, zierliche Zäune markiert. Die in England ab 1840 sich verbreitende Vorliebe für achitektonisch bestimmte Separatgärten, die wie aus dem Park herausgeschnitten waren, lehnte Pückler ab und propagierte dafür seinen „Fortschrittspark"[83].

Ähnlich wie Petzold über Muskau berichtet auch Bleyer, Branitz sei 1871 nur zu einem Drittel der endgültigen Parkgröße vollendet gewesen. Auch er ließ als erste gärtnerische Maßnahme ausholzen. Der nächste entscheidende Schritt war die räumliche Vereinigung der getrennten beiden Parkteile durch Eingriffe in die Randpflanzungen südlich der Schilfseeberge. In die neue große Öffnung pflanzte Bleyer kleine Baumgruppen und Solitärbäume und ergänzte im Hainteil Pücklers Pflanzungen durch

121
Branitz. Partie im Hainteil mit Robinie, Lärchen, Linde, Fichten. 1982

122 ▶
Branitz. Südlicher Teil des Pleasureground; Farbkontrast: Platane/Blutbuche, links.
Formkontrast: Esche/Bergahorn in einem Pflanzloch, rechts. 1986

Fichten, Weymouthskiefern und Tannen. Ebenfalls auf ihn gehen die kleinen Wäldchen zwischen Hainteil und Schlangensee sowie im nach ihm benannten Bleyerparkteil zurück. Was ihn zu diesen kompakten Pflanzungen veranlaßte, kann nur vermutet werden. Möglicherweise suchte er zu den hainartig gepflanzten, jungen und noch unruhig wirkenden Einzelbäumen einen beruhigenden Gegenpol.

Neben dem Hermannsberg entstanden weitere Erdanschüttungen in dessen Nachbarschaft sowie nördlich des Seeberges am Pyramidensee. Als Bepflanzung der dritten und höchsten Erhebung in der Seenlandschaft des Erwei-

terungsteiles hatte Bleyer Zwergkiefern vorgesehen, womit er wohl – neben der Befestigung der steilen Böschungen – die Hügelgestalt erhalten wollte. Möglicherweise waren die benötigten 30000 Stück nicht beschaffbar, so daß schließlich unten Laubhölzer und oben Kiefern gesetzt wurden – beim dritten Versuch erst erfolgreich! Auf der Spitze des Hermannsberges wurde später eine Laube errichtet, auch Gloriette genannt[84]. Besonderes Verdienst hat Bleyer an der Gestaltung der Wasserflächen in den „neuen Anlagen". Wenngleich der Pyramidensee nicht die geplante Größe und der Schlangensee nicht seine Form erhielt, sind die Wasserflächen im Erweiterungsteil

123
Branitz. Gartenraum der Pergola mit Schloß und Kavalierhaus.
Farbkontrast: blühende Roßkastanie und Blutbuche. 1982

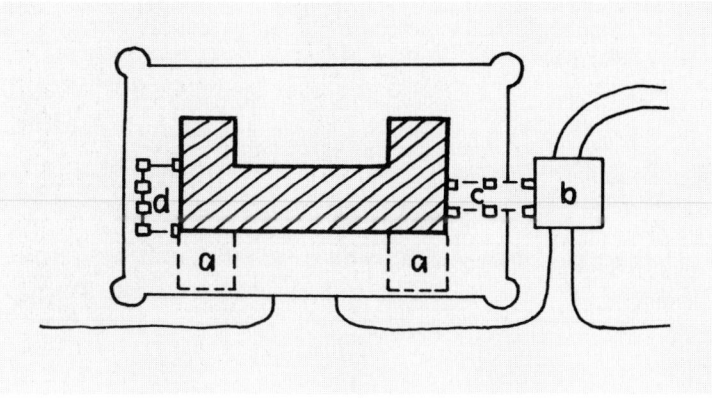

124
Branitz. Skizze nach einer Vorlage
zum geplanten Schloßumbau 1860

doch zum bestimmenden Element geworden[85]. Als großer Gewinn sind der von Bleyer am Westufer des Pyramidensees geführte Weg und die vier Inseln anzusehen.

Der 1880 erfolgte Abriß der morschen italienischen Mauer gestattete jetzt einen freien Blick vom Schloß auf die Schmiedewiesen. Im gleichen Jahr wurden die Flügel der Pergola verlängert. Die Verlegung des von Cottbus kommenden Fahrweges machte die Auflösung des Hardenberggartens notwendig, wodurch der schöne Blick auf die Längsachse der Wasserfläche des Schloßsees verlorenging.

Viele Pflanzungen erfolgten in den ersten zwanzig Jahren von Bleyers Amtszeit; im Hainteil mußte dabei der wenig fruchtbare Boden stark mit Lehm und Kompost angereichert werden. In der inzwischen florierenden Baumschule wurden unter anderem Perückensträucher für den Blumengarten sowie rote Magnolien, Kerrien und rotfruchtender Holunder herangezogen. Die Aufwendungen für gestalterische Arbeiten deckten sich annähernd mit Pücklers jährlichen Ausgaben für den Park, was die Intensität der Ausbauarbeiten verdeutlicht. Mit dem Gewinn der Baumschule konnte man die Hälfte der Parkausgaben bestreiten.

In die Bleyer-Zeit fällt bis 1876 wohl auch die Veränderung des Uferweges westlich vom Schloßsee. Lag er nach dem Plan 1853 und auch 1868 innerhalb kostbarer Pflanzungen dicht am Ufer des Schloßsees, so wurde der neue Weg außerhalb des Pleasureground verlegt und damit der Öffentlichkeit zugänglich. Mehrere Brücken wurden zwischen 1876 und 1878 gebaut, komplettiert und eine neu geplant[86].

Manches Geplante blieb aber unausgeführt; und daß die Wasserflächen nicht alle ihre nach gartenkünstlerischen Gesichtspunkten projektierte Größe erreichten, lag wohl daran, daß die Arbeitskosten die vorhandenen Mittel überstiegen hätten. Die Nichtrealisierung geschah allerdings auf Kosten gestalterischer Wirkung[87].

Bedeutenden Umfang hatte der nach 1871 noch zu bewältigende Wegebau. Ein Jahr nach Pücklers Tod wurde der „Cottbuser Auffahrtsweg" auf Anordnung des Grafen Heinrich von Pückler gebaut. Es kann sich dabei nur um den diagonal von der Gärtnerei über die Schloßwiese zur Schloßbrücke führenden Weg gehandelt haben, der in den Plänen zwischen 1853 und 1888 so variable Formen zeigt und allzusehr seine funktionelle Aufgabe herauskehrt. Weit harmonischer war der ebenfalls diagonal zu den bestehenden Wegen gebaute Panoramaweg im Bleyerparkteil, der zum Pyramidensee führte und dort, über eine Brücke an seiner Mündung, in den Großen Umfahrungsweg einbog. Beide Wege existieren heute nicht mehr – für den ersten kaum ein Verlust, der zweite hingegen erschloß einen großen Parkraum und ließ vor der Brücke die drei Erdbauwerke in einem Bild vereint erleben[88] (Abb. 129).

1875 wurde die morsch gewordene Brücke über den Schwarzen See abgetragen, was einen großen Verlust für das Parkerlebnis an der Mondwiese bedeutete. Als Folge mußte dann auch der Auffahrtsweg von Osten verlegt werden.

Nochmals tauchten Schloßumbaupläne auf, diesmal ausgelöst von Heinrich Graf von Pückler. In einer Skizze ohne Datum und Signum, aber mit seiner charakteristischen Handschrift, sind an der Hofseite des Bauwerkes zwei runde Ecktürme sowie ein nach außen verlegtes Treppenhaus angegeben. An der Parkseite sollten an den Flügeln des Schlosses mehrere Anbauten in unsymmetrischer Form entstehen und ein Ausgang mit Doppeltreppe im Biedermeierstil in den Garten führen. Eine kolorierte Architektenzeichnung in großem Format nimmt die Idee der Ecktürme auf, während die übrigen baulichen Hinzufügungen fehlen. Auch diese Pläne zerschlugen sich.

1888 war Büttner als Geometer tätig. Zwischen seinen Arbeiten, Parkaufnahmen des Cottbuser Hoffotografen Metzner aus der gleichen Zeit und einer wenig freundlichen Bemerkung Hermann Jägers zu Branitz in seinem Gartenkunst-Buch scheint ein Zusammenhang zu bestehen: Parkplan und fotografische Dokumente sollten vermutlich die gestalterischen Anstrengungen auch 17 Jahre

nach dem Tode des Parkschöpfers belegen[89]. Mit Hilfe dieses 1888 geschaffenen, bisher noch vermißten Planes dürfte auch etwa die Vollendung des Branitzer Parks in seinem heutigen Umfang fixiert gewesen sein.

Aus dem Jahre 1903 stammt eine Farbdruck-Karte, welche das Areal des Landschaftsgartens einschließlich der gestalteten Umgebung darstellt, insgesamt 530 ha. Sie wurde von Schülern der Gärtnerlehranstalt Potsdam als Vereinsgabe erarbeitet. Dabei dienten auch die Pläne von 1868 und 1875 als Grundlage[90]. Es ist die einzige Karte, die den Gesamtumfang des Pücklerschen Werkes in Branitz dokumentiert und die geplanten großen Dimensionen des Gartenschöpfers auch hier andeutet. In dem Bericht von 1906 in der „Gartenflora" über einen Ausflug nach Cottbus und Branitz am 9. Juli würdigt Georg Potente die Leistung Pücklers und gleichermaßen die seiner Nachfolger: „Nach dem Eintritt in den abgeschlossenen Teil des Parkes befand man sich sogleich inmitten der großartigsten Parkszenerien, die uns so besonders charakteristisch bei allen Pücklerschen Schöpfungen entgegentraten. Die meisterhafte Behandlung der Terraingestaltung, die wirkungsvolle Anordnung der Gehölzpflanzungen im Grundriß und Aufbau und die naturgetreue Ausarbeitung der den Park durchziehenden Gewässer sind die drei Hauptfaktoren, die die Pücklersche Gestaltungskunst als deutsche Gartenkunst für alle Zeiten vorbildlich machten ..." Auch Camillo Schneider hob 1909 in der „Gartenkunst" die Einfachheit und Einheitlichkeit hervor, welche als Werk einer ausgeprägten Persönlichkeit den Branitzer Park formte.

Siebenundvierzig Jahre war Georg Bleyer für den Branitzer Park tätig, bis 1915 der Tod seinem rastlosen Schaffen ein Ende setzte. Als Angestellter des Gräflichen Besitzers, der selbst in die weitere Parkgestaltung eingriff, konnte er künstlerisch nicht so wirksam werden wie Petzold in Muskau. Die völlig andere Art seiner Pflanzungen, die kaum Pücklersches Erbe fortsetzte, und die nicht so elegante Verwendung des Teichaushubes zur Geländemodellierung machen es möglich, recht gut seine Arbeiten von denen des Gärtnerfürsten zu trennen. Sein Verdienst ist es, dem Park seine räumliche Einheit gegeben und die Baumbestände gefördert zu haben. Den größten

◄ 125
Branitz. Schloßwiesenimpression. 1982

126
Branitz. Blühende Halesia an der südlichen Schloßterrasse. 1986

Teil der in Branitz gepflanzten Koniferen ließ Bleyer setzen.

Von 1915 bis 1943 wurde die Parkpflege einem Förster namens Diedler anvertraut, der seit 1885 im Dienste der Herrschaft Branitz stand.

In diesem Zeitabschnitt ließ man an der Eingangsseite des Schlosses Scheinzypressen bis zur Traufe wachsen, pflanzte Roßkastanien beiderseits des Weges über den Mondberg und eine Lindenreihe vor dem Poetenhügel. Durch die letztgenannte Pflanzung wurde die einzige sichtmäßige Verbindung, die Pückler zwischen seinem ersten Parkabschnitt und dem Pyramidenteil geschaffen hatte, wieder aufgehoben. Größere Veränderungen brachten dann flächige Pflanzungen von Schwarzkiefern, Kiefern und Fichten westlich vom Seebergareal, das von Bleyer noch als kleines Tälchen gestaltet war. Die Nadelholz-

127
Branitz. Blick vom Hermannsberg nach Norden. Um 1890
Eine Pappel neben der Landpyramide und am Horizont eine Vielzahl von ihnen,
durch ihr Höhenwachstum erkennbar,
zeigen die große Bedeutung, die dieser Baumart anfangs zukam.

128
Branitz. Blick vom Fuße der Stufenpyramide auf die ägyptische Brücke
und den Pyramidenseeteil. Um 1900

129
Branitz. Bodenmodellierung und Baumgruppierung am Schilfsee. 1982

130
Branitz. Das aus fünf Bäumen gebildete Ensemble am Schilfsee.
Von links nach rechts: Hainbuche, Graupappel, Hainbuche/Linde,
Roßkastanie/Robinie und am rechten Seeufer Robiniengruppe. 1982

131
Branitz. Dieser Blick ist nur vom ehemaligen Panoramaweg erlebbar.
Eine Komposition, bei der zwei Erdpyramiden von fünf Solitärs halbkreisförmig akzentuiert werden und
drei kleine Buschgruppen in die Tiefe des Raumes führen. 1989

pflanzung westlich des großen und kleinen Hermanns-berges ist erst knapp 70 Jahre alt; nur der Fichtenbestand östlich vom Schlangensee stammt aus den Jahren um 1900. Eine ungenügende Pflege erfuhren die waldartigen Bestände und die Baummassive, und so fehlen in ihnen fast durchgängig Bäume mit gut ausgebildeten Kronen. In einem zusammen mit Robert Kalwa 1928 herausgegebenen Buch brachte Fritz Zahn keine zeitgemäßen fotografischen Aufnahmen von Branitz ein, sondern griff auf ältere Bilder zurück und ließ Zeichnungen anfertigen, vermutlich, weil „… Branitz keinen vollendeten Eindruck wie zum Beispiel Muskau…" mehr machte[91].

Bis auf eine kurze Zustandsbeschreibung des Parkes von Luise Henriette Gräfin von Pückler 1933 ist aus der Zeit zwischen den beiden Weltkriegen nur wenig über den Park bekannt[92]. 1934 war das Gut Branitz so stark verschuldet, daß ein staatlicher Verwalter eingesetzt wurde.

Die Pücklersche Familie vermochte auch nicht mehr die Mittel für die Parkpflege aufzubringen. So kam es zur Grenzziehung zwischen der Stadt Cottbus und dem Dorf Branitz unmittelbar westlich am Schloß. Für den Cottbuser Teil des Parkes stellte die Stadt jährlich 10000 Mark Pflegemittel zur Verfügung. Schloß und Schmiedewiesen blieben weiter im Familienbesitz der Pücklers. Mit der Bodenreform 1945 wurde das Gut Branitz enteignet und einschließlich der Schmiedewiesen zunächst aufgesiedelt für 56 landarme Bauernfamilien. Ohne größere Schäden überstand der Park den Zweiten Weltkrieg, wenngleich etwa 30 Bomben auf seinem Gelände detonierten. Der Verwachsungsgrad allerdings war bei Wiederaufnahme der Pflegearbeiten erheblich. So veranlaßte Hermann Schüttauf erste Auflichtungen in den waldartigen Parkteilen sowie die Beseitigung störender Pflanzungen um das Schloß. Als Schutzmaßnahmen gegenüber nachteili-

132
Branitz. Baumgruppierung im Hainteil mit
zwei konvergierenden Reihen. 1995

132 a
Branitz. Gegenblick zu Abb. 132. 1995

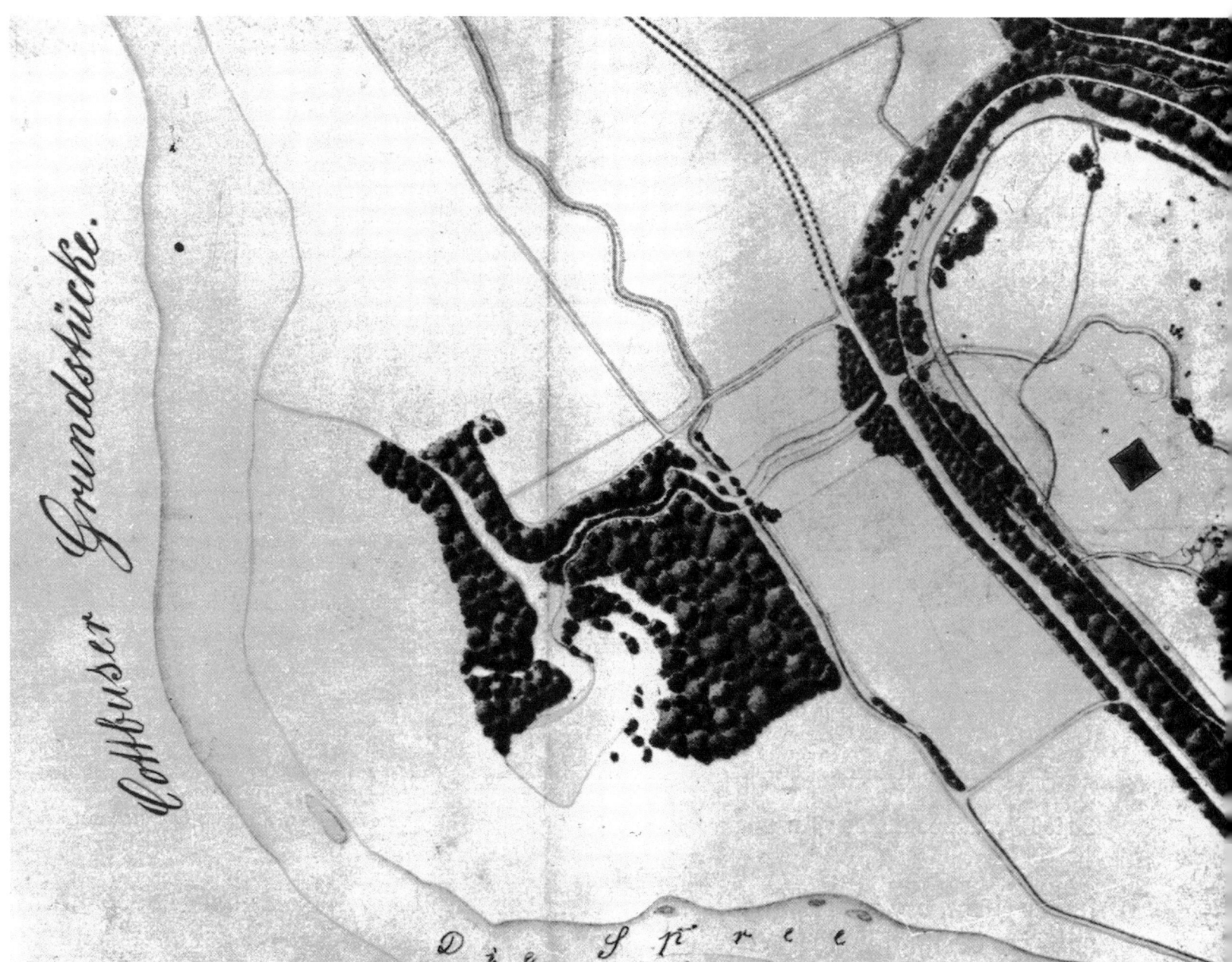

Cottbuser Grundstücke.

Die Spree

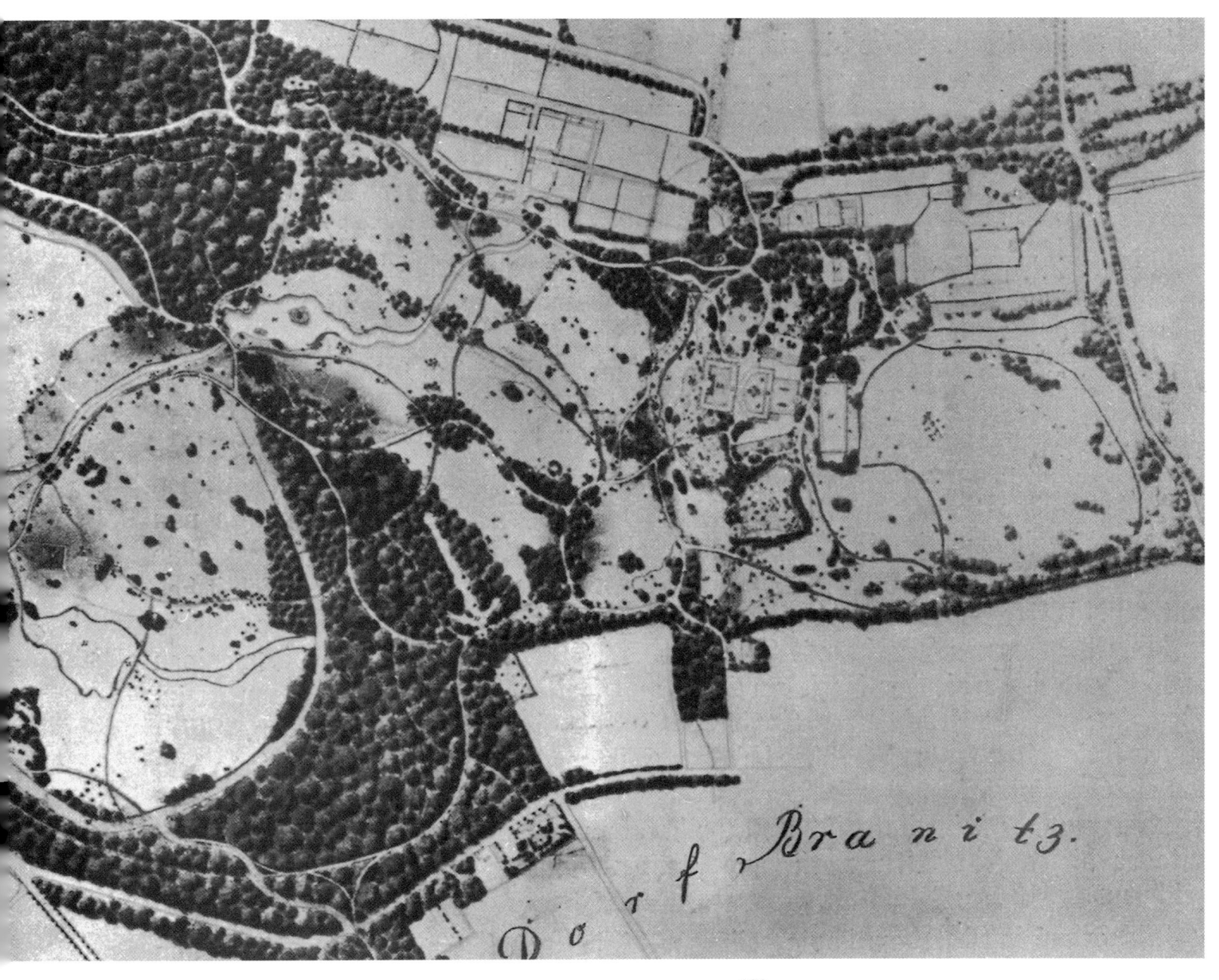

133
Branitz. Parkplan von Bruno Teichler. 1868

134
Branitz. Baumgruppierung an den Schilfseebergen. 1980

gen Wirkungen des zu erwartenden Grundwasserabzu-
ges durch die Entkohlung nahegelegener Gebiete wurden
1984 Plenterungen zur Stabilisierung der kompakten
Baumbestände durchgeführt und ein 2,5 km langer Wassergraben zur Oberflächeneinspeisung aus der Spree angelegt. Ein inneres Bewässerungssystem und Maßnahmen zur Überwachung des Gehölzzustandes, wie zum
Beispiel Infrarotluftbilder, sind ein Teil eines umfangreichen Programms an Kontroll- und Schutzmaßnahmen
zur Erhaltung des Branitzer Parkes.

Um die vielfältigen Ansprüche an die unmittelbare
Nachbarschaft des Parkes in vertretbare Bahnen zu len-

ken, sind in der 1985 erarbeiteten Ortsgestaltungskonzep-
tion für Branitz neben der Festlegung des Umgebungs-
schutzes begrenzte Bauflächen und Bauhöhenbeschrän-
kungen im Ort festgelegt worden. Um allen irgendwie
möglichen Schäden am Baumbestand durch Grundwasserabsenkung des in 3 km Entfernung arbeitenden Braun-
kohlenbergbaues vorzubeugen, wurde 1990 ein Bereg-
nungssystem installiert. Mit ihm erhalten die künstlerisch
wertvollsten Parkteile und die oft von Trockenheit be-
drohten Baumbestände – außer den waldartigen – Zusatz-
wasser mittels Versenkregner. Betrüblich, daß eine große
Chance vertan wurde, dem Schlangensee wie dem Pyra-

midensee *die* Größe zu geben, die im Plan von 1868 vorgezeichnet ist. Die Begründung war technisch möglich, zur noch stärkeren Anreicherung schwebender Grundwasserhorizonte mit positiver Auswirkung auf das Baumwachstum, ganz zu schweigen vom künstlerischen Gewinn. Die Ausweitung des Schlangensees hätte zur Folge, daß sich die Landpyramide einerseits und die prächtigen Blutbuchenzwillinge andererseits im Wasser spiegeln. Und die Erweiterung des Pyramidensees hätte zur Spiegelung des Tumulus auch vom großen Umfahrungsweg im Nordwesten des Bleyerparkteiles geführt. Heute scheint der Tumulus auf der Wiese zu sitzen. Unverzeihlich ist seit 15 Jahren das Zögern, die noch klar nachweisbaren Pücklerschen Pflanzungen im Hainteil und Bleyerparkteil nicht von den „Zutaten" der Nachfolger zu befreien und fehlende Bäume zu ersetzen. Mit diesen über-

fälligen Arbeiten kann auch dem Erweiterungsteil *die* künstlerische Qualität zurückgegeben werden, die man heute nach dem Verlassen des 1. Parkbauabschnittes vermißt. Nach erfolgreichem Praktizieren von Verjüngungsmaßnahmen in einem waldartigen Teil in Nähe des Erbbegräbnisplatzes durch Förderung der Naturverjüngung zwischen 1970 und 1988 erfolgte 1989 am Pleasureground-/Ecke Cottbuser Weg eine radikale Entnahme altersschwacher Bäume und Ersatz durch Nachpflanzungen. Nach vier Jahren füllen die Jungbäume zusammen mit den Überhältern die Fläche – ein gutes Beispiel zur Erneuerung allgemeiner Baumsubstanz.

Seit 1992 wurde mit dem Nachpflanzen altersschwacher oder fehlender Solitärbäume begonnen, auf der Schmiedewiese und an der Gartenseite des Schlosses einschließlich der „Pokallinde" als Mittelsichtteiler auf

135
Branitz. Auftakt zum Bleyerparkteil vom Schilfsee kommend. 1988

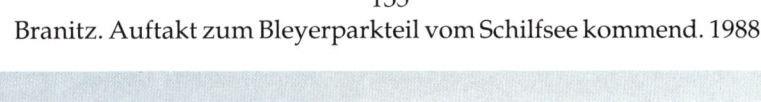

136 und 137
Branitz. Die durch geringe Standortveränderung auf der
Schloßterrasse hervorgerufene Szenerieveränderung:

136
Blick von der südwestlichen Terrassenecke. 1965

der Schloßwiese. Im Wäldchen westlich des „Parasols"
wurde 40jähriger Wildwuchs ausgehauen.

Erneuert wurden mehrere Holzbrücken einschließlich
der Schlangenseebrücke; die Blaue Brücke, die Reitweg-
brücke und in ihrer alten Form die Ägyptische Brücke mit
ihrem gußeisernen Geländer neu errichtet. Reparaturen
erfolgten an dem Erdkörper des Tumulus unter Einsatz
von Faschinen und Neupflanzung beziehungsweise Ansaat der Tumulusflächen. Alle Teiche erhielten neue Faschinen.

Die bereits vor der deutschen Wiedervereinigung begonnenen Restaurierungsarbeiten am Schloßensemble
wurden ab 1990 verstärkt, so daß im Jahr 1995 dieses bauliche Kleinod samt allem schmückenden Zubehör in größ-

ter Pracht sich dem erwarteten großen Besucherstrom zur
Bundesgartenschau Cottbus, 1995, präsentieren kann. Besonders zu nennen sind der schon 1985 rekonstruierte Ro-
senpavillon (Kiosk) mit der vergoldeten Büste der Sängerin Henriette Sontag, zwei farbige Venusplastiken, die erneuerte Pergola mit Terracotta-Reliefs von Thorwaldsen
und auf den verlängerten Mauerpfeilern vier Adler und
vier Vasen sowie zahlreiche Kugelaufsätze – alle vergoldet. In ungewohnter Abfärbung – Rosé-Fassade mit
Stumpfgrün abgesetzten Stuckverzierungen und
schwarzem Dach – das Schloß, und in strahlendem Hell-
gelb der Marstall und das Kavalierhaus, mit ihren reich
geschmückten Giebeln. Im Schloßinnern sind dann neben
dem unverändert aus der Rokokozeit gebliebenen Musik-

137
Blick von der Mitte der Terrasse. 1965
Die in Abbildung 136 souverän stehenden Baumgruppen ergeben hier eine ruhige Baumwand.

saal, den drei orientalischen Zimmern, auch die wieder-eingerichtete Pücklersche Bibliothek und der ebenso als Ahnengalerie genutzte corps de logi in restauriertem Zustand zu besichtigen. Und von der mit zwei Greifen geschmückten Terrasse an der Westfront des Schlosses kann man, von deren Südwest- zur Nordwestecke schreitend, die wohl faszinierendste Parkinszenierung in einem Landschaftspark erleben. Es ist wie auf einer Wechselbühne mit total sich ändernden Szenarien bei gleichbleibender Anzahl der „Baumakteure". Und wenn am Besuchstag Schönwetterwolken den Himmel zieren, muß man sich unbedingt Zeit nehmen, um das Schauspiel zwischen sonnloser und durchsonnter Szenerie auf sich wirken zu lassen. Höchstes Vergnügen bereitet dieser Beleuchtungs-

wechsel im Spätsommer zwischen 2 und 4 Uhr nachmittags von der westlichen Schloßterrasse in den Hauptpark blickend, wenn das farbarme Bild belebt wird durch die von hinten nach vorn vorrückenden besonnten Partien, die Baumschatten auf der kurzgeschorenen goldgrünen Wiesenfläche ihre Konturen malen und alle Bäume plastisch wirken, ihre Körperform voll zur Geltung bringen.

Strenggenommen gibt es kaum eine Jahreszeit, in der der Branitzer Park nicht wirkt. Das verdanken wir der Fülle an Bildern und Baumcharakteren. Letztere zeigen ihre Schönheit erst im halb- bis unbelaubten Zustand. Dann wirkt auch das nachts angestrahlte Schloß hinter dem Filigranastwerk alter Bäume wie ein Zauberschloß aus dem Orient, den Fürst Pückler so liebte.

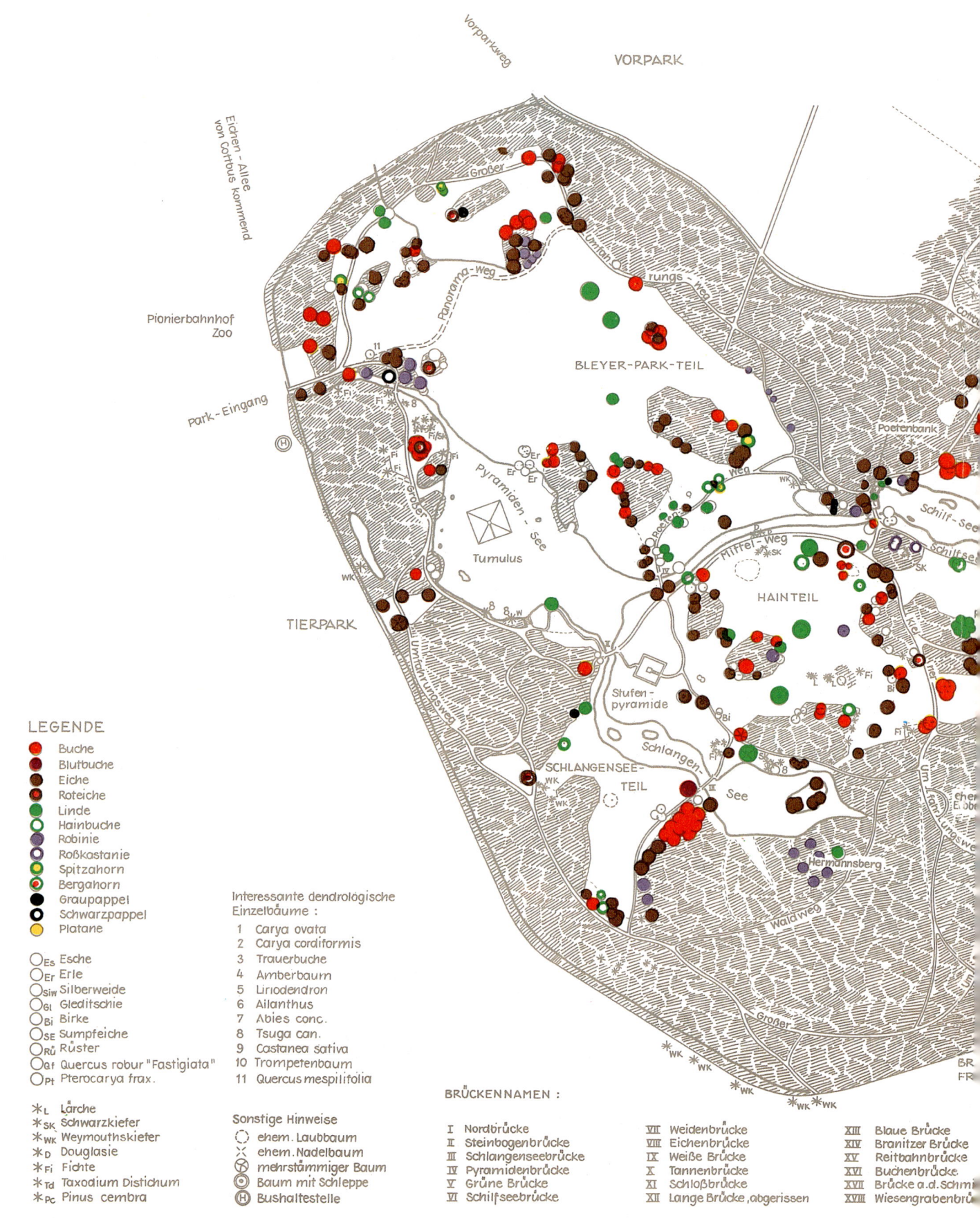

LEGENDE

- 🔴 Buche
- Blutbuche
- Eiche
- Roteiche
- 🟢 Linde
- Hainbuche
- 🟣 Robinie
- Roßkastanie
- Spitzahorn
- Bergahorn
- ⚫ Graupappel
- Schwarzpappel
- 🟡 Platane

- ○Es Esche
- ○Er Erle
- ○Siw Silberweide
- ○Gl Gleditschie
- ○Bi Birke
- ○SE Sumpfeiche
- ○Rü Rüster
- ○Qf Quercus robur "Fastigiata"
- ○Pt Pterocarya frax.

- *L Lärche
- *SK Schwarzkiefer
- *WK Weymouthskiefer
- *D Douglasie
- *Fi Fichte
- *Td Taxodium Distichum
- *Pc Pinus cembra

Interessante dendrologische Einzelbäume :

1. Carya ovata
2. Carya cordiformis
3. Trauerbuche
4. Amberbaum
5. Liriodendron
6. Ailanthus
7. Abies conc.
8. Tsuga can.
9. Castanea sativa
10. Trompetenbaum
11. Quercus mespilifolia

Sonstige Hinweise

- ehem. Laubbaum
- ehem. Nadelbaum
- mehrstämmiger Baum
- Baum mit Schleppe
- (H) Bushaltestelle

BRÜCKENNAMEN :

I Nordbrücke	VII Weidenbrücke	XIII Blaue Brücke
II Steinbogenbrücke	VIII Eichenbrücke	XIV Branitzer Brücke
III Schlangenseebrücke	IX Weiße Brücke	XV Reitbahnbrücke
IV Pyramidenbrücke	X Tannenbrücke	XVI Buchenbrücke
V Grüne Brücke	XI Schloßbrücke	XVII Brücke a.d.Schm...
VI Schilfseebrücke	XII Lange Brücke, abgerissen	XVIII Wiesengrabenbrü...

138
Branitz. Baumbestandsplan 1985

FELDFLUR

Tivolische Allee
zur Branitzer Siedlung

Eichen - Weg

Cottbuser
Torhaus

ehemalige
Baumuniversität

Dissenchener Landgraben

ehemalige
Parkgärtnerei
mit Baumschule

Orangerie
mit Gärtnerhaus

Blumensee

Es
Es
Es

Kastanien - Allee

Cottbuser Weg

Pleasure - Ground

Wiesenweg

SCHLOSS - WIESE

Parkinspektorenhaus

ehemaliger
Gutshof

Schloß-See

Marstall

Gutsinspektorenhaus

Schloß

REPTON - WIESE

Kavalierhaus

MOND-WIESE

SCHMIEDE-WIESE

Moorberg

FELDFLUR

Zollhaus - Weg

Auffahrt

Vergrabener Bauer

Parkschmiede

DORFLAGE
BRANITZ

Branitzer Eingang
mit ehem. Torhaus

Englische Allee
aus Richtung Görlitz, Muskau

DORF BRANITZ

FELDFLUR

0   50   100   200   300   400   500   600   700 m

139
Branitz. Trotz Ausfalls einer sehr großen Linde am Standort des Jungwuchses
bilden die noch vorhandenen Eichengruppen einen harmonischen Dreiecksverband auf der Schloßwiese. 1986

Pücklerschlag in Ettersburg

Die Tätigkeit Fürst Pücklers in Ettersburg fällt in das Jahr des Verkaufs seines Muskauer Besitzes und in das darauffolgende – eine Zeit, in der er in Branitz noch nicht tätig war, dafür um so mehr im Babelsberger Park, wo er ohne seinen Obergärtner Rehder auskommen mußte. Seine Einbeziehung in die Verschönerungsarbeiten um das Ettersburger Schloß bei Weimar geschah allem Anschein nach aus Gefälligkeit seinem Meisterschüler Eduard Petzold gegenüber. Dieser fand bei seinem Brotherren wenig Gehör für die künstlerische Einbeziehung des dem Schloß gegenüberliegenden Nordhanges des Ettersberges. So war Pückler als anerkannte Autorität am Weimarer Hof sowohl der Geburtshelfer als auch Autor der viel zuwenig bekannten, nach ihm benannten Aushauung einer Schneise zu einem Parkprospekt.

Werdegang

Ettersburg war seit 1840 neben dem Tiefurter Park und dem Ilmpark die Wirkungsstätte Eduard Petzolds, des Meisterschülers der Pücklerschen Schule. Im Auftrage des Großherzogs Carl Alexander wurde dort begonnen, eine zum Schlößchen und der umgebenden Landschaft passende gartenkünstlerische Gestaltung vorzunehmen.

Die Entwürfe Petzolds – in W. Gresky[92], Eduard Petzold als Hofgärtner in Ettersburg und Weimar, dargestellt – zeigen eine Auffassung, die nicht sofort die Pücklersche Schule verrät (Abb. 141). Vielmehr muß angenommen werden, daß Petzold auf den Schriften des führenden englischen Gartenkünstlers Repton aufbaute und somit zu einer architektonischen Lösung im Schloßbereich gelangte. Die Pflanzungen sind an die Seiten gedrängt und bieten ein pittoreskes Bild, durch Verwendung in der Höhe und Form sehr differenzierter Baumarten. Das Fehlen von Vordergrundbäumen und die damit erzielte absolute Vorherrschaft der Architektur wird kräftig unterstützt durch Laubengänge, die, seitlich an das Schloß anschließend, diesem eine um ein Vielfaches breitere Basis geben. Die Ordnung der Pflanzung, die wir bei Pückler kannten, ist hier nicht ablesbar.

Das Ettersburger Schloß, das auf einem kleinen Geländerücken erhöht über dem flach auslaufenden Nordhang des Ettersberges liegt, verlangte nach dem Geschmack der damaligen Zeit auch nach einer Einbeziehung des Etters-

berges in die künstlerische Gesamtkonzeption. Die ehemals vorhandene lange, den bewaldeten Berg buchstäblich halbierende Schneise konnte nicht befriedigen. So plante Petzold, nach Angabe Greskys, diese Schneise auszuhauen. Seine negativen Erfahrungen im Wilhelmstaler Park anläßlich eines ähnlichen, jedoch weit weniger umfangreichen Unternehmens ließen Petzold jedoch vorerst auf einen derartigen Eingriff verzichten.

Wir wissen nicht genau, wie es dazu kam, daß Pückler-Muskau den Auftrag erhielt, die „Aushauung" der Schneise vorzunehmen. Jedenfalls berichtet ein Zeitgenosse[93], nachdem Pückler im Sommer 1845 mit dem Hieb begonnen hatte: „Der Fürst wütet in unserem Ettersburger Wald, er hat die Lisieren des Waldes weit zurückgerückt, die gerade Allee zu einer krummen geschaffen, die majestätischen Bäume und schöne Gruppen sichtbar gemacht. Ich finde schön, was er leistet, doch gibt es auch Gegner." Unter den Gegnern befanden sich sicherlich die ökonomisch denkenden Forstleute und Verwaltungsbeamten. Um die als „zwecklose Waldverwüstung" hingestellte Arbeit vom künstlerischen Standpunkt zu rechtfertigen, erhielt Petzold den Auftrag vom Großherzog, dem Publikum detailliert die Gründe zu erläutern[94].

Ein Jahr später, 1846, kündigt sich Pückler-Muskau für Mitte Juni wieder bei Petzold an, um den „begonnenen Hieb für die Schloßaussicht vollends auszuhauen (wenn es gestattet wird) und dann den Rest Ihnen überlassen, wo alles in besten Händen ist. Gott schaffe Ihnen nur Geld, denn ohne dies ist alles übrige umsonst."[95]

1846 wird also die als „Pückler-Schlag" in die Literatur eingegangene Aushauung einer Schneise des Ettersberges von Pückler fortgesetzt, und Petzold schätzte sich glücklich, „täglich um ihn zu sein und seine Befehle vollziehen zu lassen". Mit Abstand dazu stellte Petzold 1890 fest: Der Pücklerschlag sei ein Musterbeispiel dafür, daß die Axt, mit Geschmack und Kenntnis geführt, oft in einem Monat mehr Wirkung hervorbringen kann, als dies junge Pflanzungen in 50 und mehr Jahren imstande sind.

Mit dieser Arbeit hat Pückler ein auch für ihn neues Arbeitsfeld betreten. Waren es bisher Neupflanzungen, mit denen er Parkräume, Sichten und Prospekte schuf, so gleicht die Arbeit am Ettersberg der des Bildhauers: aus der indifferenten Masse von Waldbäumen eine Raumgestalt herauszuschälen. Das Anzeichnen der Bäume, die gefällt werden mußten, erfolgte im belaubten Zustand, die Sicht innerhalb des Waldbestandes war somit sehr begrenzt. Es ist wieder frappierend, mit welcher Sicherheit der Fürst im damals 80jährigen Buchenwald die zukünftigen Ränder des hochinteressanten Prospektes gefunden hat und nur eine Korrektur 1846 notwendig war.

Die künstlerische Grundidee und die Lösung der Aufgabe

Bei der Verwirklichung des Aushauens der geradlinigen, den Waldbestand des Ettersberges senkrecht einschneidenden Schneise zu einem breiten Prospekt wurde nicht

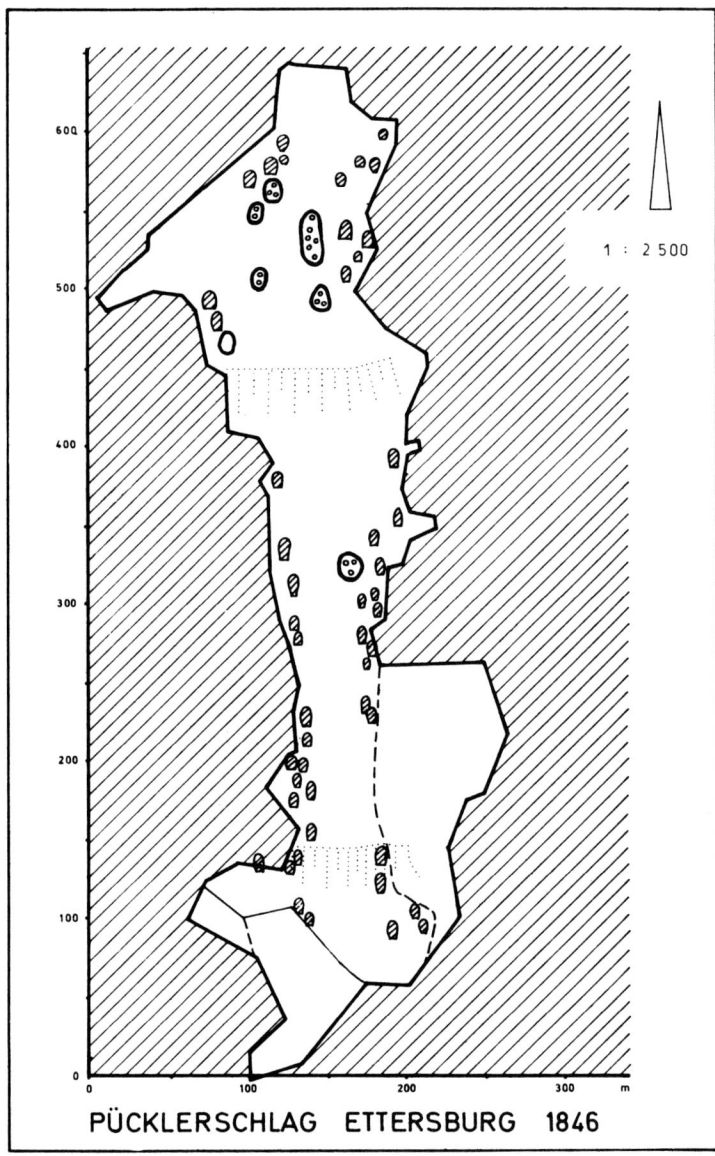

PÜCKLERSCHLAG ETTERSBURG 1846

140
Ettersburg. Pücklerschlag nach dem Aufmaß von O. Hensold, 1846

beidseitig der Schneise der Waldrand zurückgenommen, sondern vor allem nach Osten erweitert. Die Schneise führte nicht axial auf das Schloß und endete auch nicht auf dem höchsten Gipfel des Berges, sondern in einem Sattel.

Durch Verbreiterung nach Osten kamen die neu entstandenen Wiesenflächen des Berghanges so in sehr gute Beziehung zum Berggipfel. Durch leicht diagonale Staffelung der westlichen Begrenzung des Prospektes wird der Blick dadurch genau zur höchsten Erhebung des Berges geführt. Die Aushauung wurde nur so weit den Berghang hinaufgetrieben, daß ein genügend großer Teil der Bewaldung des Berggipfels unangetastet erhalten blieb. Durch dieses schöne Spannungsverhältnis erhält der Pücklerschlag eine immanente Dynamik. Der Vergleich vom Grundriß und Abb. 144 zeigt, daß vor allem die 150 m nach Nordosten vorgetriebene Ausbuchtung dazu beiträgt, den Berggipfel vor einer hellen Wiesenfläche sich vorteilhaft abheben zu lassen.

Die Führung des Blickes von rechts nach links hinten (Abb. 50) ist auch beim Muskauer Prospekt vom Schloß zum Mausoleum angewandt worden. Wir gehen wohl nicht fehl in der Annahme, daß Pückler die in Muskau in mühsamer Selbsterkenntnis gesammelten Erfahrungen hier erneut angewandt hat. In Ettersburg wird der fast geradlinigen diagonalen Blickführung durch einzelne vorspringende Baumgruppen auf der westlichen Seite eine im weichen S-Schwung folgende Waldrandlinie auf der östlichen Seite im ersten und zweiten Drittel entgegengesetzt. Dieser Kontrast von architektonisch strenger Reihung und sanft geschwungener Linienführung verleiht dem Ettersburger Prospekt seine klassische Schönheit und Allgemeingültigkeit. Wie wenig der Grundriß diese Schönheit sofort verrät, verdeutlicht gleichzeitig, daß solche vollkommenen Gestaltungen nicht vom Grundriß allein gelöst werden können.

Die Proportionen des Pücklerschlages im Vergleich mit den anderen Parken

Rein zahlenmäßig die Schönheit der Proportionen dieses Prospektes darzustellen, ist vor allem nach dem letzten Gedanken einseitig. Dennoch sind einige Fakten im Vergleich zu anderen Sichten in den Pückler-Parken von Interesse.

141
Ettersburg. Gestaltungsvorschlag von Eduard Petzold

Die Entfernung Schloß – Berggipfel beträgt ca. 1 km; die Länge des Pücklerschlages vom Talgrund bis an seine südliche Begrenzung 650 m, vom Schloß gemessen also ca. 700 m Blicktiefe. Die vom Schloß wirksame optische Breite der ‚Sicht' wechselt zwischen 180 m im Vordergrund, 50 m im Mittelgrund und 80 m im Hintergrund. Insgesamt wurde eine Wiesenfläche von 6,3 ha in den Wald hineingelegt, mit der 1,3 ha großen Wiesenfläche zum Forsthaus an der Basis des Prospektes ingesamt 7,6 ha, ohne Bäume. In Muskau wie auch in Babelsberg wurden durch Pückler ähnlich groß dimensionierte Prospekte geschaffen, nur mit dem Unterschied, daß es sich dort um Neupflanzungen handelt, die also damals bei weitem nicht die Wirkung besaßen wie der Pücklerschlag am Ettersberg nach der Aushauung. Um so mehr lohnt ein Vergleich mit späteren Bildern. Im Bild 50 ist die Muskauer Schloßwiese mit der Sicht zum Mausoleum, Zustand 1935, dargestellt mit einem 110jährigem Baumbestand. – Zum Vergleich die Zeichnung Friedrich Prellers d. J. 1888

vom Pücklerschlag mit ca. 125jährigem Baumalter, mit Muskau also baumaltersmäßig durchaus vergleichbar, 1925 immer noch imponierend (Abb. 140), wirkungsmäßig aber Muskau übertreffend. Die Entfernung vom Muskauer Schloß bis zum Mausoleum mißt 1100 m, ist mithin 350 m länger als der Ettersburger Prospekt.

Die Disposition der markanten Baumgruppen zeigt in Muskau, Ettersburg und sogar Branitz (Abb. 136) eine sehr ähnliche Haltung. Immer stehen die Gruppen von rechts vorn nach links Mitte, den Blick in die Tiefe führend. Es sind jeweils drei an der Zahl, bei sonst sehr unterschiedlicher Behandlung des Ganzen. Unwillkürlich kommt einem der Auftakt der Beethovenschen 5. Symphonie in den Sinn; der vierte Paukenschlag „ertönt" auf der linken Bildseite. Dieser eherne Rhythmus klingt in mehreren Partien der Pücklerschen Parke immer wieder an, in Ettersburg sogar 1975 noch (Abb. 146) nachvollziehbar. Und in Babelsberg? Dort gibt es zwei ähnliche Prospekte. Der eine von Südosten nach Nordwesten zum

142
Blick aus dem Schloß Ettersburg vor dem nach Pücklers Angaben
1845/46 von Eduard Petzold vorgenommenen Aushau

143
... und nach dem Aushau

Flatowturm (Abb. 96) mit 600 m Länge; und vom gleichen Standort nach Westen die fast 10 km lange Sicht zu den Geltower Bergen mit dem innerhalb des Parkes 1000 m langen Prospekt im Vordergrund. Letztere Prospekte führte der sehr geschickte O. F. Kindermann aus, doch Pückler korrigierte die ihm zugesandten Pläne.

Zurück zum Ettersburger Pücklerschlag. Dort konnte Pückler sein Landschaftsideal sofort in ein fertiges Bild umsetzen. Wichtig für unsere Darstellung der Stabilität Pücklerscher Parkräume durch Jahrzehnte ist die Tatsache, daß auch beim Ettersburger Pücklerschlag, trotz des Verlustes mancher Bäume an den neugeschaffenen Waldrändern, der Gesamteindruck ein vollkommener geworden ist. Petzold schreibt darüber 1888: „Da im Schluß gestandene Buchen das Freistellen nicht wohl vertragen, so geschah es auch hier, daß viele derselben an den Stämmen

brandig wurden und entweder eingingen oder längere Zeit brauchten, um sich wieder zu erholen. Hierdurch hat aber die Totalansicht keinen Eintrag gelitten, es haben sich im Laufe der Zeit neue Pflanzungsränder gebildet, die Konturen sind aber in ihrer Entschiedenheit dieselben geblieben, und es ist gewiß von Interesse zu sehen, wie sich jener bedeutende Aushau, welcher damals nicht geringes Aufsehen erregte, nach Verlauf von 43 Jahren immer vollkommener in seinen großen Linien herausgebildet hat."[96]

Auf dieser Kenntnis aufbauend können wir verstehen und beweisen, daß eine entschieden konzipierte Parkkomposition Verluste an der Baumsubstanz als auch das eigengesetzliche Wachstum der Parkbäume selbst das Kunstwerk Park nicht kurzfristig zerstören können.

Die Ursachen für diese Kontinuität sehen wir im Beispiel des Ettersburgers Pücklerschlages in den kühnen, oft

144
Ettersburg. Pücklerschlag 1888. Holzschnitt nach Fr. Preller d. J.

145
Ettersburg. Pücklerschlag um 1925, Blick den Berg hinan

146 ▶
Ettersburg. Pücklerschlag aus halber Hanghöhe
in Richtung Schloß mit Kirche. Um 1975

147 ▶
Ettersburg. Pücklerschlag aus der Mitte des Prospektes. 1994.
Die links Mitte stehende Hainbuche nimmt den Drittelungspunkt
der Gesamtentfernung Schloß – Brunfthof ein. Zum Vergleich Abb. 146.

148
Ettersburg.
Gehölzbestand des Pücklerschlages 1992

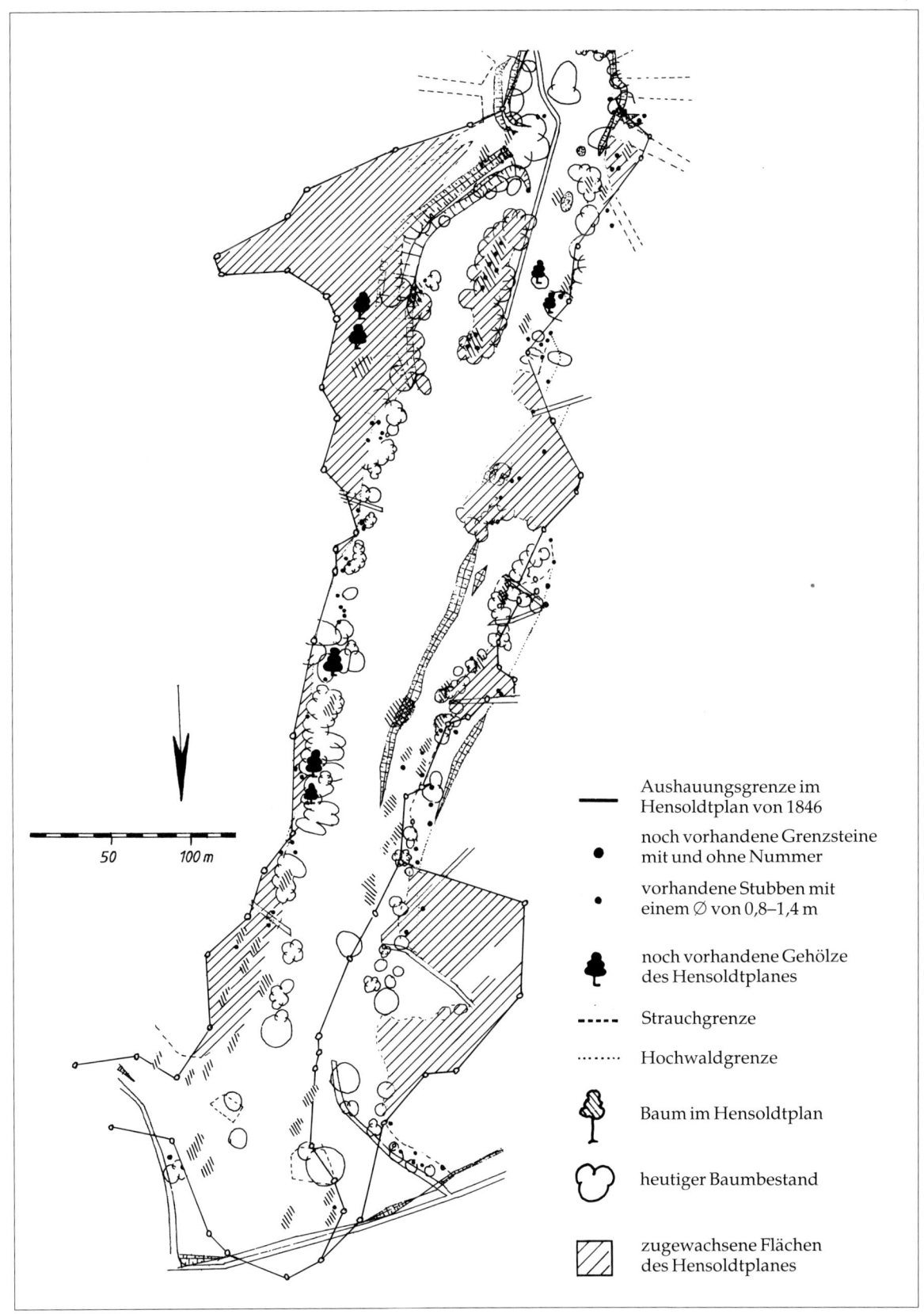

Aushauungsgrenze im
Hensoldtplan von 1846

noch vorhandene Grenzsteine
mit und ohne Nummer

vorhandene Stubben mit
einem ⌀ von 0,8–1,4 m

noch vorhandene Gehölze
des Hensoldtplanes

Strauchgrenze

Hochwaldgrenze

Baum im Hensoldtplan

heutiger Baumbestand

zugewachsene Flächen
des Hensoldtplanes

50   100 m

149
Ettersburg. Pücklerschlag. Übereinander-Zeichnung von Gehölzplan
1992 und Hensoldtplan 1846

schroffen Vor- und Rücksprüngen der neuen Waldränder (im Grundriß Abb. 149 sichtbar), wodurch in perspektivischer Verkürzung der große Landschaftsprospekt so überzeugend in der Fläche als auch in die Tiefe gegliedert ist. Selbst nach den Verwüstungen am Baumbestand des Waldes nach 1945 (infolge fehlender Kohlen wurden die Bäume als Brennmaterial geschlagen) zeigt sich der Prospekt vom Schloß aus gesehen immer noch in seiner eigenwilligen Konturierung. Dies ist dadurch zu verstehen, daß einzelne Randbäume, die das Bild formen, stehenblieben. Die Proportionen in den Baumhöhen und das Verhältnis Baum- beziehungsweise Waldhöhe zur Freifläche sind heute noch unbefriedigend. Nur einzelne riesige Buchen, die souverän im Talgrund und vorderen Drittel des

Pücklerschlages stehen, zeugen von der einstigen Schönheit dieser Kunstlandschaft. Die Parkteile unmittelbar am Schloß, die von Petzold geschaffen wurden, sind demgegenüber gut erhalten und verdeutlichen durch ihre kraftvolle Sprache, wie sehr Petzold der Pücklerschen Schule verwachsen war, wie sehr beide Parkkünstler einheitliche Auffassung in der großen Form besaßen (Abb. 199).

Die heute immer noch ungeklärten Eigentumsverhältnisse erschweren die Wiederherstellung des Gesamtareals dieser einst meisterhaften Kunstleistung Mitte des 19. Jahrhunderts. Es ist zu hoffen, daß es dem sehr erfolgreichen Team um Jürgen Jäger in Weimar gelingt, auch diese grandiose Leistung deutscher Gartenkunst allmählich in voller Schönheit wiedererstehen zu lassen.

Grundzüge der Pücklerschen Gestaltungsart in seinen Landschaftsparken

Von Helmut Rippl

> „Den Stoff sieht jedermann vor sich,
> den Gehalt findet nur der etwas dazu zutun hat,
> und die Form ist ein Geheimnis den meisten."
>
> Goethe, Maximen und Reflexionen

Mit drei großen Landschaftsparken und einem fast lehrbuchdeutlichen Parkprospekt sind wir hinlänglich in die Lage versetzt, in vergleichender Betrachtung wesentliche Merkmale Pücklerscher Gestaltungsart in Wort und Bild darzulegen.

Ganz besonders reizvoll ist der Umstand, daß die vier Objekte ganz verschiedene landschaftliche Ausgangssituationen haben und dennoch die Hauptgestaltungsprinzipien der Pücklerschen Schule überall wieder erkennen lassen.

Vergegenwärtigen wir uns nochmals: In Muskau erhält ein kleines, in ein Plateau eingeschnittenes Flußtal höchste künstlerische Ausdeutung. In Babelsberg kommt einem Berg die zentrale Rolle zu, alle sich bietenden baulichen und Landschaftsreize Potsdams mittels eines Rundumwegenetzes einzufangen und der Parkidee dienstbar zu machen. In Ettersburg erhält das relativ bescheidene Schloß durch Erweiterung einer Waldschneise zu einem Parkprospekt eine ungeahnte Wertsteigerung. Und im tischebenen Branitz muß der gänzlich fehlende Landschaftsreiz erst künstlich geschaffen werden.

Folgende Arbeitsweise führte zu dem hier vorgestellten Ergebnis:

1. Erfassen der bildwirksamen Bäume und farbige Kennzeichnung nach Arten im Grundriß[1].
2. Einzelstammvermessung dieser raumbildenden, bildwirksamen Bäume[2].
3. Fotografische Fixierung aller Parkbereiche im belaubten und unbelaubten Zustand, zum Laubaustrieb und zur Herbstfärbung, zur Blütezeit der Bäume und nach Ausfall von wichtigen Bäumen.
4. Sammlung alter Fotografien, möglichst aus allen Phasen der Baumentwicklung, unter Umständen auch verläßliche Zeichnungen.
5. Vergleiche aller Fotografien miteinander. Dabei wurde der große Formwandel des Parkbildes erkennbar und die Ablösung der kurzlebigen durch die langlebigen Baumarten, der abgestorbenen durch die nachwachsenden etc. und das Offenhalten der Sichten durch Aufasten der Randbäume erklärbar.
6. Fixierung der Quintessenz, der heutigen und der früheren markanten Baumstandorte im Vermessungsplan.
7. Vergleich der Pläne verschiedener Zeitstufen miteinander.
8. Vergleich Pücklerscher Parke mit anderen Landschaftsparken im Osten Deutschlands, Österreich, Tschechoslowakei.

Obwohl sich Pückler an die allgemein geltenden Regeln des Landschaftsgartens hielt, modifizierte er sein Metier in solch eigenwilligem Maße, daß wir es mit einer besonderen Form dieses Gartenstiles zu tun haben.

Wir können uns hierbei auch auf E. Petzold stützen, der in seiner Würdigung der Leistungen seines Lehrers schrieb: „Was die Werke des Fürsten ganz besonders charakterisiert, ist die *Entschiedenheit in der Form*, welche sich überall kundgibt, und diese Entschiedenheit tritt namentlich hervor in seinen Pflanzungen."[3]

Nach Pückler beruht die „wahre Schönheitslinie der Außenseite einer Pflanzung in unbestimmtem Überwerfen, kühnen Vorsprüngen und weitem Zurückweichen, hier und da wohl auch in fast geraden, wiewohl immer

150
Muskau. Schloßwiese. Linke Seite: drei hintereinander gepflanzte Gruppen auf einer Geraden,
siehe Abb. 151. Rechte Seite: drei auf einem leichten Bogen stehende Gruppen.
Im Vordergrund die 1985 nachgepflanzten drei Pappeln. 1994

durch einzeln vorgepflanzte Bäume und Sträucher unterbrochenen und dadurch locker erhaltenen Linien"[4].

Dies die Erklärung für die Baumwirkung. Hinzu kommt die Verwendung der „Gegenstände", worunter wir hier speziell die Verwendung der Solitärs und Baumgruppen verstanden wissen wollen. Genial kurz formulierte Pückler die große Mannigfaltigkeit seiner Parkbilder bei Beschränkung der gestalterischen Mittel: „Die große Kunst und Schwierigkeit bei Anlegen eines Parkes ist aber, verhältnismäßig wenig Dinge so zu benutzen, daß sie viele und ganz verschiedene Bilder ergeben, welche nicht als dieselben Gegenstände wiedererkannt werden, oder wenigstens einen ganz neuen, bisher nicht geahnten Effekt entfalten."[5]

In der speziellen Art, *wie* Pückler Bäume pflanzte, unterscheidet er sich von seinem großen Lehrmeister Repton. Er beschränkte sich nicht auf die näheren und mittleren Parkbereiche, sondern übertrug sie auf die Gesamtheit des Parkes. Doch weder Pückler noch Petzold haben uns weitere Hinweise gegeben, in welcher speziellen Weise sie die Bäume arrangiert haben. Beide waren viel zu sehr Künstler und viel zu sicher in der Handhabung ihres Metiers, als daß sie langatmige Erklärungen ihrer Kunstwerke nötig hatten. Hinzu kommt die Tatsache, daß gerade in Muskau viele der heute bildbestimmenden Bäume erst im letzten Dezennium der Arbeitszeit Pücklers gesetzt wurden – in einer Zeit, als Pückler sein „Lehrbuch" bereits veröffentlicht hatte. Über Branitz hat er sich unseres Wissens nicht mehr über Gestaltungsfragen geäußert, nur über die allgemeine, ihn begeisternde Wirkung.

So sei hier der Versuch unternommen, aus dem auf uns überkommenen, zum Teil durch Restaurierung wieder sichtbaren „Bilderschatz" die so überzeugende Gestaltungsart Pückler-Muskaus zu umreißen.

Keiner der anderen deutschen Gartenschöpfer des 19. Jahrhunderts besitzt jene Gabe, so viele Solitärs zu höch-

151
Muskau. Schloßwiese. Linke Seite, jetzt seitlich gesehen: drei Baumgruppen,
die den Blick zum Pücklerstein führen. 1970

ster individueller Wirkung zu bringen – ohne Vernachlässigung der großen Form des Ganzen. Wenig Unterschiede zwischen Lenné und Pückler gibt es in der Wegeführung, etwas mehr bei der Bodenmodellierung und der Teichgestaltung. Doch beim Vergleich der Baumpflanzungen liegen die Unterschiede klar auf der Hand. Lenné pflanzte Bäume in weiten, oft gleichen Abständen, so daß seine Gruppen und Massive Auencharakter verkörpern. Die großen Gehölzränder lockerte er – ähnlich Pückler – durch davor gesetzte Einzelbäume auf, nur mit dem Unterschied, daß alles einen epischen Charakter besitzt. Pücklers Pflanzart muß man dagegen als dramatisch bezeichnen.

Die dramatische Wirkung wird auf vielfältige Art und Weise erreicht. An erster Stelle steht das *Engpflanzen* der Bäume in kleinen Gruppen (Solitärgruppen), wodurch jene hochaufgeschossenen schlanken Erscheinungen zustande kommen, wie sie in Branitz noch heute auf den

Schmiedewiesen oder mit der „Pokaleichengruppe" im Hauptpark erlebbar sind. Durch unterschiedlich große Pflanzabstände und Mischung von zwei bis drei Baumarten in einer solchen eng gepflanzten Gruppe wird die dramatische Wirkung weiter erhöht. Beim Bepflanzen größerer Gehölzmassive wurde nach Petzold folgende Methode angewandt: „Als Kern größerer Pflanzungen wurden eine Anzahl größerer Exemplare passender Baumarten gruppenweise in mehr oder weniger mannigfaltiger Mischung, bald näher, bald entfernter, bald in größeren, bald in kleineren Gruppen so ungezwungen und leicht wie möglich geordnet, stets so, daß nie drei derselben in eine Linie kommen durften."[6] Letzteres ist eine Pflanzweise, die für eng gepflanzte Gruppen zutrifft, nicht für solche Gruppen oder Solitärs, die mit großen Abständen auf eine Gerade gesetzt wurden.

Letzteres zählt, wie wir heute wissen, zu den unbedingt notwendigen Ordnungselementen im Meer der durch

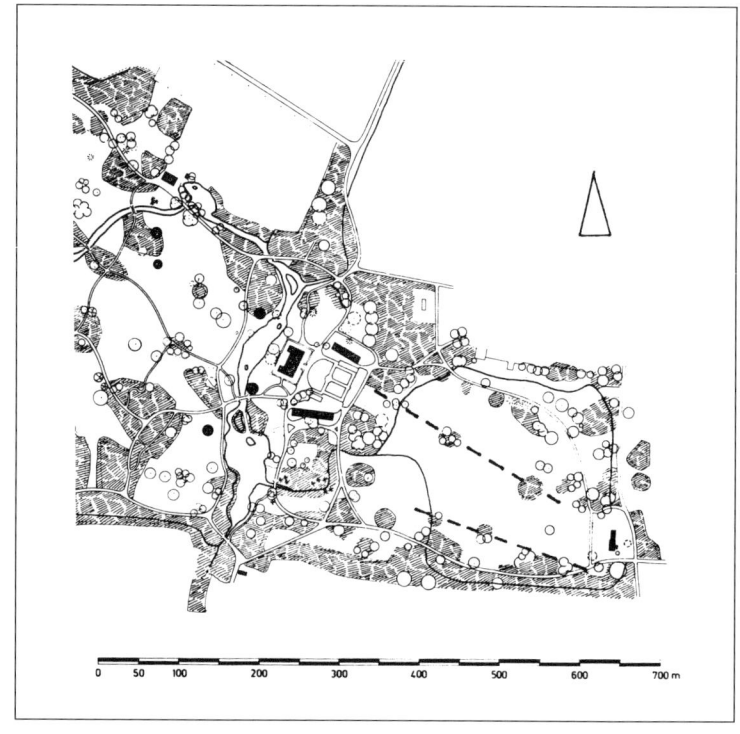

152
Branitz. Schmiedewiese mit Pergola und den
zur Parkschmiede hinführenden Baumgruppen. 1970

153
Branitz. Östlicher Parkteil mit zwei Beispielen für auf einer
Geraden gepflanzte Baumgruppen. Dazu Abb. 152

154
Branitz. Schmiedewiese von der Parkschmiede. Auftakt mit einer Dreiergruppe Eichen. 1988

und durch asymmetrischen Pflanzweise. Die von Petzold genannte Pflanzweise trifft auf die so markanten Dreier-Solitärgruppen zu. Hierbei stehen immer zwei Bäume enger, der dritte etwas weiter entfernt, wodurch jenes unvergleichlich spannungsreiche, ungleichschenklige Dreieck entsteht (Abb. 154). Derartige Dreier-Gruppen haben Abstände nach den Regeln des „Goldenen Schnittes", mit 0,75, 1,0 bis 1,5 m zu 2–3 m zum Dritten.

Neben Dreier-Baumgruppen, die nie gleichschenklig sind, ist in Muskau eine Fünfer-Gruppe nachweisbar mit ebenso spannungsreichen Abständen.

Die dramatische Grundhaltung in den Pückler-Parken tritt aber nicht nur bei den Pflanzungen zutage. Dramaturgisch raffinierte Bildfolgen in schnellem Wechsel werden abgelöst von beruhigenden Waldweg-Abschnitten, die den Besucher befähigen, neue Bild-Inszenierungen aufzunehmen. Neue Bildszenarien werden dann – meist durch schmale „Fenster"-Öffnungen im Baumbestand – angekündigt, was als raffinierter, neugierig machender Auftakt zu werten ist (Abb. 173). Den immer wieder mit anderen Mitteln erzeugten Bildfolgen stehen dann als Höhepunkte wenige Standorte gegenüber, von denen sich entweder Panoramen oder auf einen Punkt konzentrierte Sichtfächer bieten. Das berühmteste Panorama nach wie vor ist der Blick vom Pücklerstein im Muskauer Park. Wenn auch längst nicht so imposant wirkend wie in Schirmers Meisterbild, so fasziniert auch heute die landschaftliche Situation. Äußerst wirksam im gleichen Park ist der Sichtfächer von der Gloriette als auch der von der Eichbergbank. Bei letzterem kommt am überzeugendsten die dramatische Komponente zur Geltung, wenn die Belaubung im Frühjahr beginnt oder im Herbst stark durchsich-

155
Branitz. Mondwiese mit Schloßsüdgiebel.
Enge Baumpflanzung in der linken Gruppe in ungleichen Men-
genverhältnissen von Eiche,
Buche, Hainbuche. 1991

156
Parkführung in Branitz.
Die eng gepflanzte Baumgruppe besteht aus einer flach
gepflanzten Buche als großer Markierbaum mit
2 starken Eichen im Dreierverband. Die schwächeren
Bäume sind sogenannte Füller, die hochgeschossen
sind. Sie hätten rechtzeitig entnommen werden müssen,
zur besseren Wirkung der pücklertypischen
Baumstellung.

157 ▶
Branitz. Beispiel besonders eng gepflanzter Baumgruppen. 1991

nern gerühmte Ruhe und Einfachheit. Dazu gehören besonders die auf eine Gerade gepflanzten Baumgruppen. Seitlich betrachtet, führen diese Geraden immer hin zu einem Ziel. Von ihren Kopfenden betrachtet, ist nur *eine* Gruppe wirksam, die anderen sind verdeckt. Sie haben sich ein- beziehungsweise untergeordnet, geben damit den Blick frei für zwei Sichten, oder ihr Kopfbaum wird integriert in eine neue Baumkonstellation.

Dieser Gestaltwandel ist nur möglich bei Bäumen, die genügend nah zum Betrachter stehen. Große offene Flächen vor dem Schloß, wie oft in England, könnten das nicht bewirken.

Eine weitere Besonderheit Pücklers ist die *Art der Standortwahl* und *Pflanzweise* der bildwirksamen Bäume. Im jungen Park kommt neben der Masse kleiner Bäumchen den bereits 30–50jährigen Großbaumpflanzungen die Aufgabe zu, gut proportionierte Bilder mit Höhendominanten von Anfang an zu haben. Dazu gesellten sich sehr bald die schnellwüchsigen Pappeln, die dort, wo sie wie in Branitz noch vereinzelt vorhanden sind, imposante Erscheinungen im Parkbild darstellen. Petzold schreibt: „Besondere Bedeutung wurde ferner den kanadischen Pappeln beigemessen, die, wenn sie ihren Zweck erfüllt hatten, größtenteils wieder entfernt wurden." Damit spricht Petzold Muskauer Praktiken aus. Aus Fotografien des Branitzer Parkes von 1890 bis 1930 wissen wir, daß Pückler im Laufe der Zeit gelernt hatte, die Pappeln nicht nur für Interimslösungen zu benutzen, sondern sie an Stellen zu pflanzen, wo sie alt werden konnten, ohne ihren Nachbarn lästig zu werden. Mit den vor der Jahrhundertwende stammenden Fotographien besitzen wir eindeutige Zeugnisse für eine große Dauerhaftigkeit des Massenaufbaues in Branitz von bestimmten Standorten aus. Pappeln standen sehr oft dort, wo heute 30 m hohe Eichen das Bild prägen. Somit hat bei gleichbleibender Raumkomposition die Eichengeneration die Pappeln als Gründergeneration abgelöst – eine sehr weitreichende Entdeckung – die nicht nur dem Können des Gartenkünstlers zu verdanken ist, sondern ebenso seinem Willen, seinem Werk *Dauerhaftigkeit* zu geben.

Die langlebigen Baumarten bestimmen heute den Charakter der Pückler-Parke. In Muskau sind fast nur noch Eichen und Linden mit wenigen Platanen und Buchen, Hainbuchen, Roßkastanien von der ursprünglichen Pflanzenpalette übriggeblieben. Ulmen, Ahorn, Pappeln, Birken, Robinien, Eschen und Nadelbäume fehlen voll-

tig geworden ist; dann sind die Baumstandorte und Baumstellungen sowie das Astgerüst sehr gut erkennbar.

Bevor die besondere Art der Baumstellungen dargelegt wird, muß aber die wohl verdichtetste Form Pücklerscher Gestaltungskunst beschrieben werden: der Blick, der sich von der Schloßterrasse in Branitz in Richtung Westen/ Nordwesten bietet. Hier sind mehrere Hauptgestaltungsprinzipien in komprimierter Form erlebbar. Die durchgehende asymmetrische Art der Gestaltung im Parkganzen erfährt hier aber eine in früheren Phasen nicht nachweisbare Note: eine aufs Schloß zentrierte lange Mittelsicht mit zwei kürzeren, symmetrisch angeordneten Nebensichten und zwei nur 100 m langen Sichten über die Wasserachse des Schloß-Sees nach Süden und Norden. Dieser fünfachsige Sichtfächer ist alles andere als starr oder gar denen in Barockparken vergleichbar. Er ist aber ein Ordnungsfaktor ersten Ranges.[7]

In allen Pückler-Parken finden sich Ordnungselemente. Sie sind Voraussetzung für die immer und von allen Ken-

158
Branitz. „Gotisches Fenster". 1982

159
Branitz. Blick zum Gotischen Fenster
mit der mehrstämmigen Graupappel am Ufer rechts. 1909

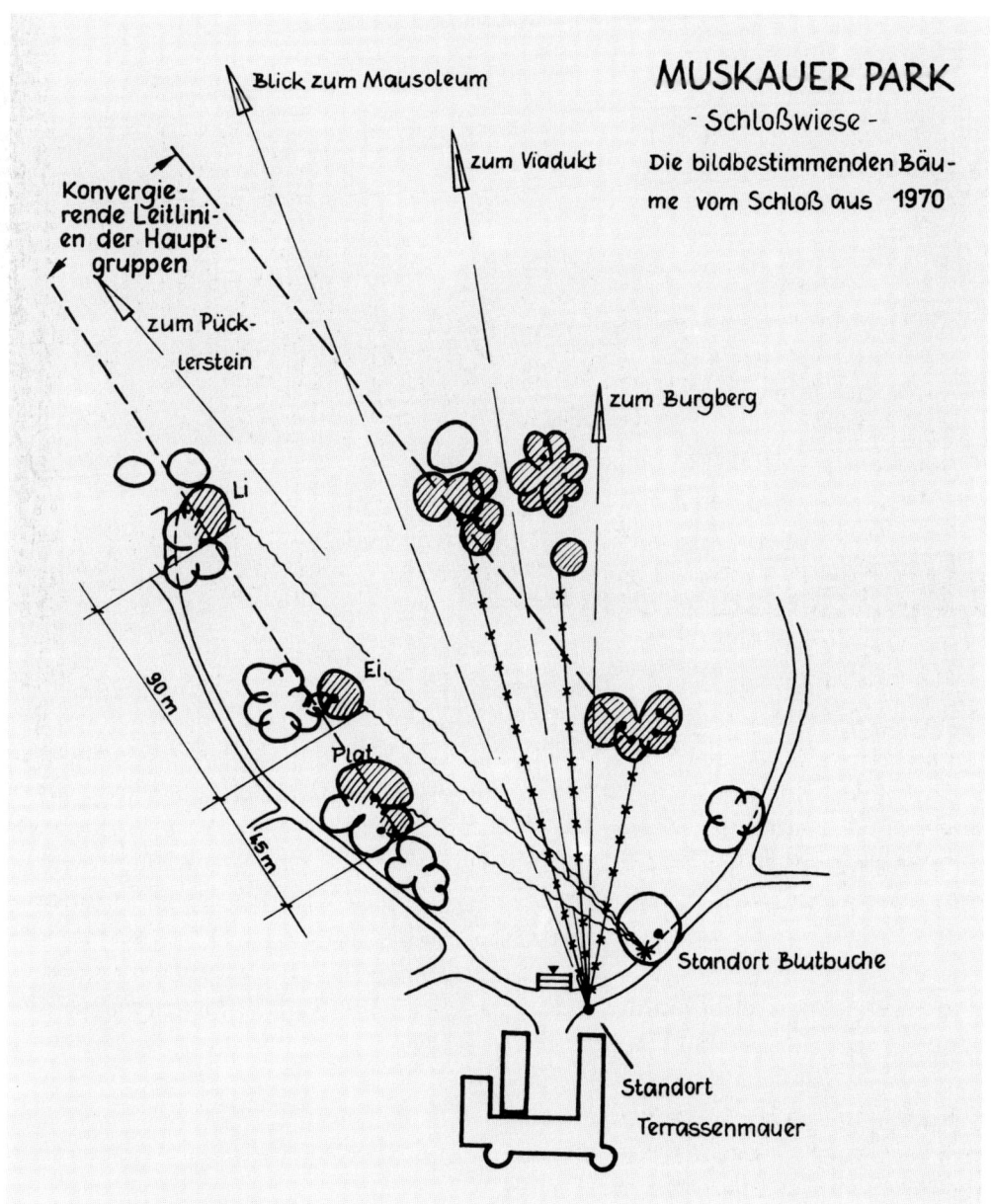

160
Muskau. Schloßwiese mit ihren bildbestimmenden Baumgruppen. 1970

161
Branitz. Baumkomposition auf der Schloßwiese mit drei Gruppen.
Eine Graupappel links als Ausgleich.
Zwischen beiden Eichengruppen als point de vue die Pokaleichengruppe. 1989

ständig im Altbaumbestand. Im jüngeren Branitz stellen Eichen und Buchen den Hauptanteil des Baumbestandes. Dazu kommen eine gewisse Anzahl Hainbuchen und Linden, Roßkastanien, Robinien sowie „Spurenelemente" von Esche, Spitzahorn, Bergahorn, Schwarzkiefer, Lärche, Weymouthkiefer und die so entscheidend hier die Parkräume prägenden „Farbtupfer" in Form von Blutbuchen und Graupappeln. Alle anderen einheimischen Baumarten fehlen auch hier bereits. Doch trotz großer Baumverluste überrascht besonders Branitz mit Baumelementen in weiten Teilen des Parkes, die vollkommene Harmonie ausstrahlen. Die Gründe hierfür sind so einfach wie andererseits kompliziert darstellbar.

Das Wechselspiel von statischen und dynamischen Elementen

Die Harmonie in Pücklers Parken beruht nicht in der Vermeidung von Gegensätzen, in der spannungslosen Ruhe, sondern vorwiegend im Ausspielen zweier gegensätzlicher Gestaltungsweisen. Es sind dies die architektonische Grundlinie, die überlagert oder auch konfrontiert wird vom Gegenspiel „freirhythmischer"[8] Gestaltung.

Die den großen Sichten und Prospekten innewohnende Ruhe, trotz bewegter Formen, ist Bestätigung der Synthese zwischen beiden Prinzipien. Der Pücklerschlag in Ettersburg bietet hierfür die beste Anschauung, wie im vorangehenden Kapitel schon erläutert. Sie finden sich in Muskau und Branitz wieder. Immer ist es die gerade Linie,

162
Branitz. Blick von der Schloßterrasse in die mittlere und rechte Sicht des Schloßwiesenfächers.
Links zwei Graupappeln und eine blühende Roßkastanie,
rechts je eine Blutbuche vor der Orangerie und am Teich. 1989

163
Zeitgenössische Darstellung eines
Großbaumtransportes nach Sir Henry Steuarts. 1827

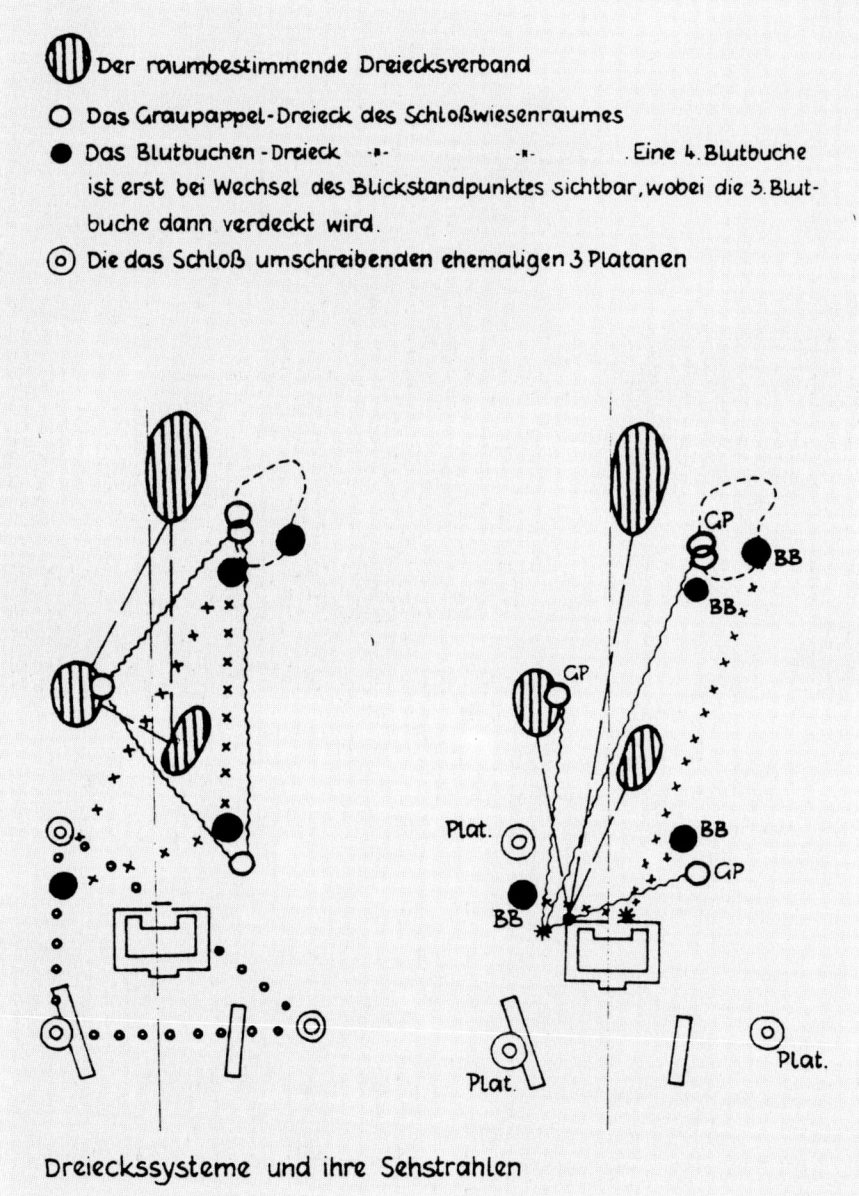

Der raumbestimmende Dreiecksverband

○ Das Graupappel-Dreieck des Schloßwiesenraumes

● Das Blutbuchen-Dreieck ·–·–· ·–·–· Eine 4. Blutbuche ist erst bei Wechsel des Blickstandpunktes sichtbar, wobei die 3. Blut- buche dann verdeckt wird.

◎ Die das Schloß umschreibenden ehemaligen 3 Platanen

Dreieckssysteme und ihre Sehstrahlen

164
Branitz. Die markanten Baumgruppierungen auf der
Schloßwiese nach dem Dreiecksprinzip. 1970

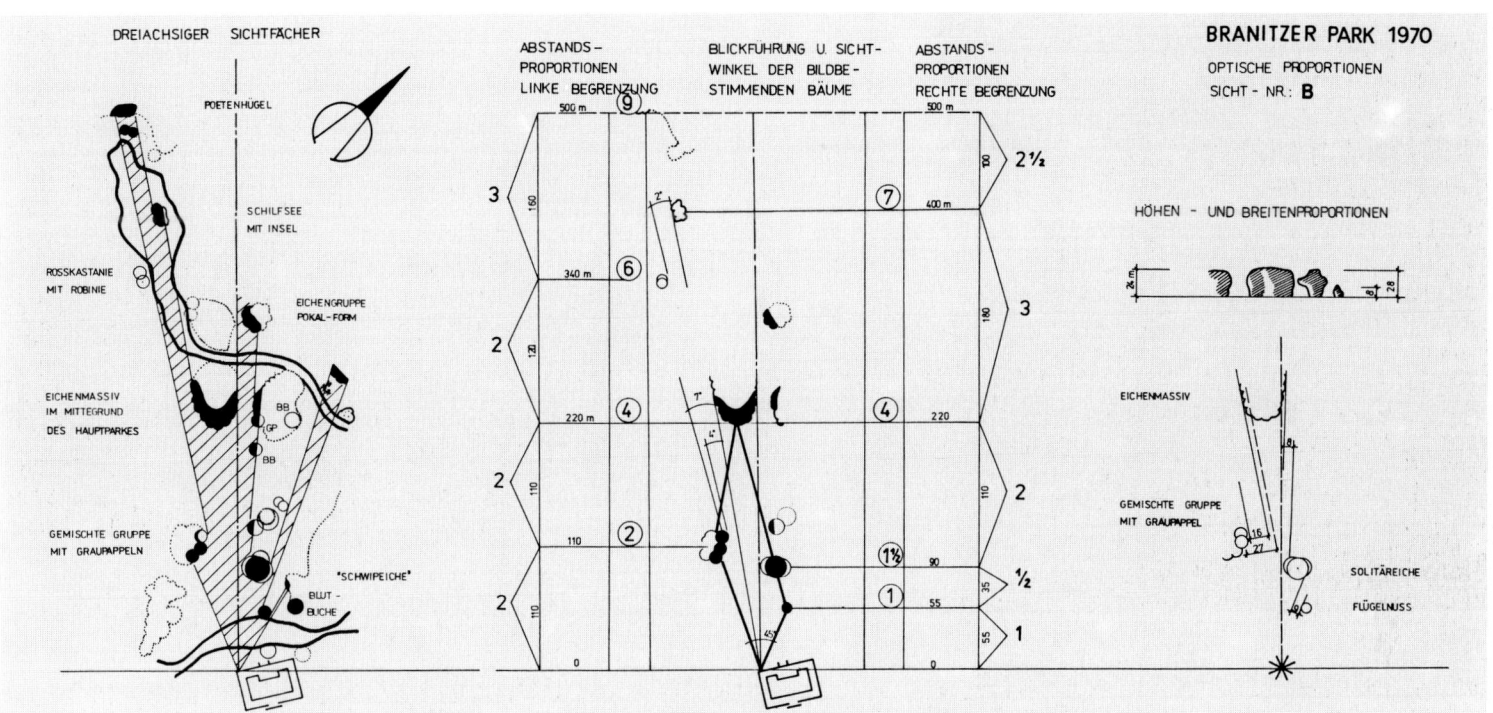

165a
Branitz. Grundriß des Sichtfächers von der südwestlichen Terrassenecke des Schlosses (siehe dazu Abb. 136)

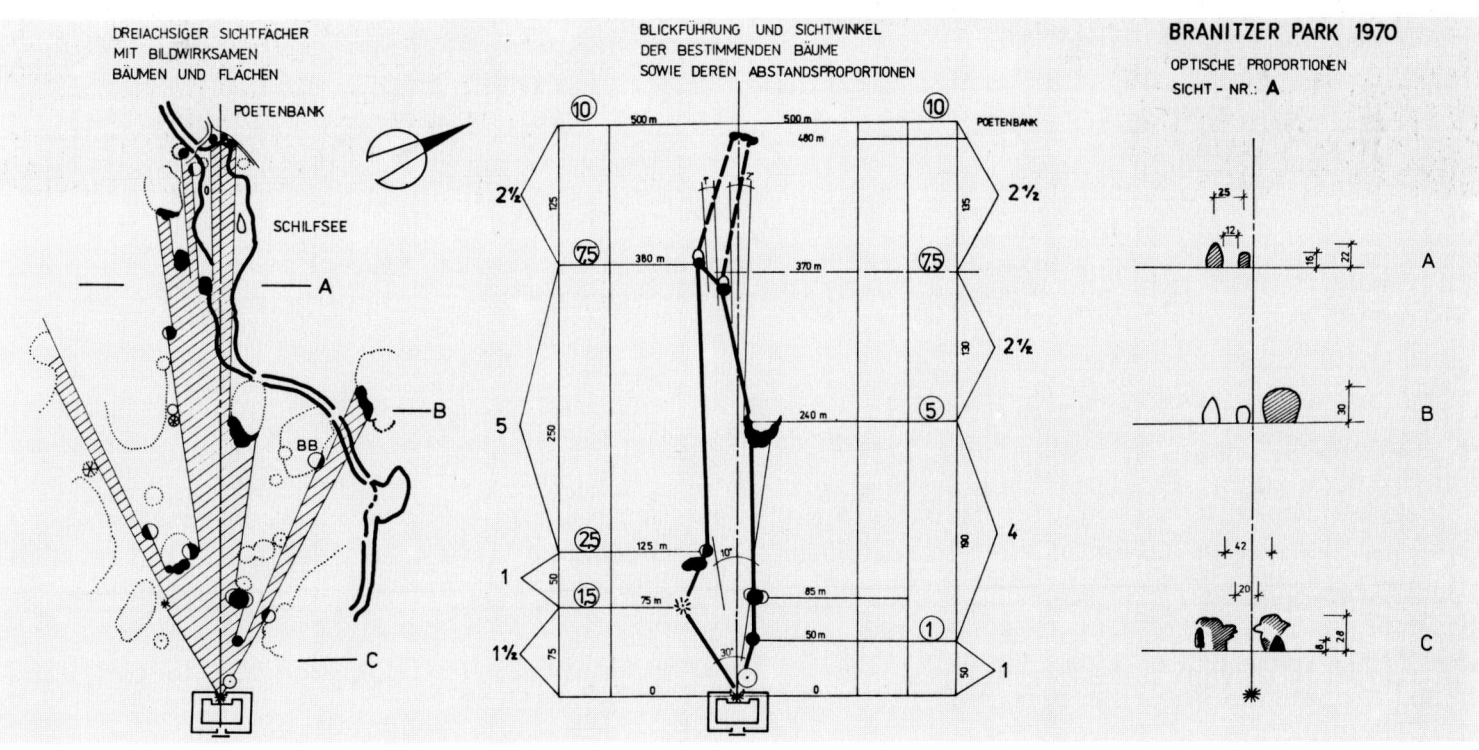

165b
Branitz. Grundriß des symmetrischen Sichtfächers von der Mitte
westliche Schloßterrasse (siehe dazu Abb. 137)

166
Branitz. Mittelsicht zum Schilfsee mit Roßkastanien-Solitär und davor der „Wiesenpickel",
exakt auf der Mittellinie der Sicht plaziert. 1991

die Ordnungsbringerin, die Blickführerin auf der einen Bildseite, der die gegenüberliegende Seite in lässigem Bogen oder mit weit ausholendem, breit gelagertem Raum antwortet. Schönste Bestätigung dieser mehrfach angewandten Methode sind die Schloßwiese in Muskau von der Rampe aus und der Blick vom Schilfsee (Kugelberg) über die Wasserfläche zum Schloß in Branitz.

Ohne das ordnende Element der geraden Linie, der Reihung der Baumgruppen zur Blickführung auf ein Ziel, ohne Sichtfächer und Sichtfolgen mit den auf sie bezogenen Baulichkeiten oder Solitärbäumen wäre die Fülle des Dargebotenen künstlerisch nicht zu meistern, auch bei noch

so guter Wegeführung. Sie sind die Konzentrationsachsen oder Brennpunkte im Meer der Bäume. Diese Art Ordnungselement hat es in den berühmten Landschaftsgemälden eines *Ruisdael* oder *Claude Lorrain* nicht gegeben und hat es auch nicht zu geben brauchen. Im Park, der vom gehenden Menschen erlebt wird, ist dies unbedingt erforderlich, wenn er nicht nur als wahllose Summe schöner Bilder gelten will.

Doch damit allein ist das Repertoire Pücklerscher Kunst noch nicht erschöpft. Das Wesentliche waren ihm die Bäume. Seine Lieblinge verwendet er sowohl in demokratischer Gleichberechtigung als auch in aristokratischer Hal-

167
Branitz. Blick aus dem Bleyerparkteil zur Landpyramide.
Die Blutbuche betont den Erdbaukörper und ist gleichzeitig
„Brückenkopf" der Schlangenseebrücke. 1975

tung, was ihre prononcierten Standorte künden. Alle im gemäßigten Klima gut gedeihenden Baumarten sind in diesen Parken *gleichberechtigt* verwendet worden, nicht in gleicher Anzahl – das wäre unkünstlerisch –, aber in der Form, daß sowohl Linden, Eschen, Erlen, Birken, Kastanien, Ahorn, Eichen, Buchen, ja sogar Robinien das gleiche Recht eingeräumt wurde. Es ist das Recht, an bestimmten Stellen der Pflanzungen als markanter Baum in voll entfalteter Individualität in Erscheinung zu treten.

Dies wurde dadurch erreicht, daß entweder der Baum als Solitär im Parkraum oder 20 bis 30 m vor eine rahmenbildende Pflanzung gestellt wurde oder er dadurch vor den übrigen Bäumen den Vorzug erhält, daß er an einer Ecke einer Baumgruppe in einem um 2 bis 5 m größeren Abstand von seinen Artgenossen gepflanzt wurde. Dies genügte bereits, um seine Krone sich kräftiger entfalten zu lassen, als die der in engerem Bestand stehenden. So ergibt sich eine sehr breite Anwendungsmöglichkeit des Akzentuierens, des Hervorhebens einzelner bei relativ beschränkter Artenanzahl.

Die Solitärs wirken ständig, da sie – ähnlich Plastiken – im Raum stehen und unabhängig, ob belaubt oder kahl, immer sofort ins Auge springen. Anders bei den Halbsolitärs, die eine $\frac{1}{2}$ bis $\frac{2}{3}$ ausgebildete Krone besitzen und

Glied einer Gruppierung bleiben. Aber auch bei ihnen ist die Wirkung verblüffend. Je nach der Jahres- und Tageszeit wirken jeweils andere Halbsolitärs. Diese Kenntnis nutzend, sind die einzelnen Baumarten als Markierungen so gesetzt, daß sie, asymmetrisch verteilt, an meist nur drei Stellen einer Sicht, eines Parkbildes auftauchen und das Auge somit zwingen, von einem zum anderen zu wandern. So lernt man den Raum begreifen, so wird der gleiche Raum immer in anderer Nuancierung betont, je nachdem, ob blühende Linden, herbstfärbende goldgelbe Kastanien, Blutbuchen oder Grau- und Silberpappeln hervortreten und ihn umschreiben. Obwohl die Standorte der jeweils wirksamen Bäume somit wechseln, ist stets auf Beibehaltung entsprechender Zuordnung untereinander geachtet.

Doch damit ist die künstlerische Verwendung des Baumes noch nicht erschöpft. Bäume können am Ende einer Sicht, einer Blickachse als point de vue stehen und damit das Gebäude oder die Plastik ersetzen, die im Barockpark unbedingt für den Abschluß einer Blickachse nötig waren, sie können Brücken betonen (Brückenkopfbildner), Wegeabzweigungen andeuten, Eingänge markieren. Das Schwergewicht wurde aber auf die große Raumdisposition gelegt und vor allem auf die frei stehenden Solitärs und Gruppen, die gleich Plastiken innerhalb eines größeren Parkraumes wirken.

Das, was uns heute an Branitz fasziniert, ist die Stellung dieser Gruppen, Massive und Solitärs zueinander und untereinander und die bei allem vegetativen Wandel über Jahrzehnte gleichbleibende Harmonie. Wenngleich der heutige Zustand mit dem vor 50 oder 70 Jahren nicht mehr übereinstimmt, so ist der Vergleich alter Parkfotografien mit der heutigen Wirklichkeit dennoch frappierend, vor allem beim Vergleich der ältesten Teile. Harmonie war damals genau so vorhanden, wie wir sie heute überall im Park wahrnehmen, wenngleich sich die Proportionen

168
Branitz. Landpyramide mit eisernen Krönchen. Gegenblick zu Abb. 167.
Am Standort der zwei Eichen, rechts der Pyramide, wuchs um 1890 eine Schwarzpappel. 1975

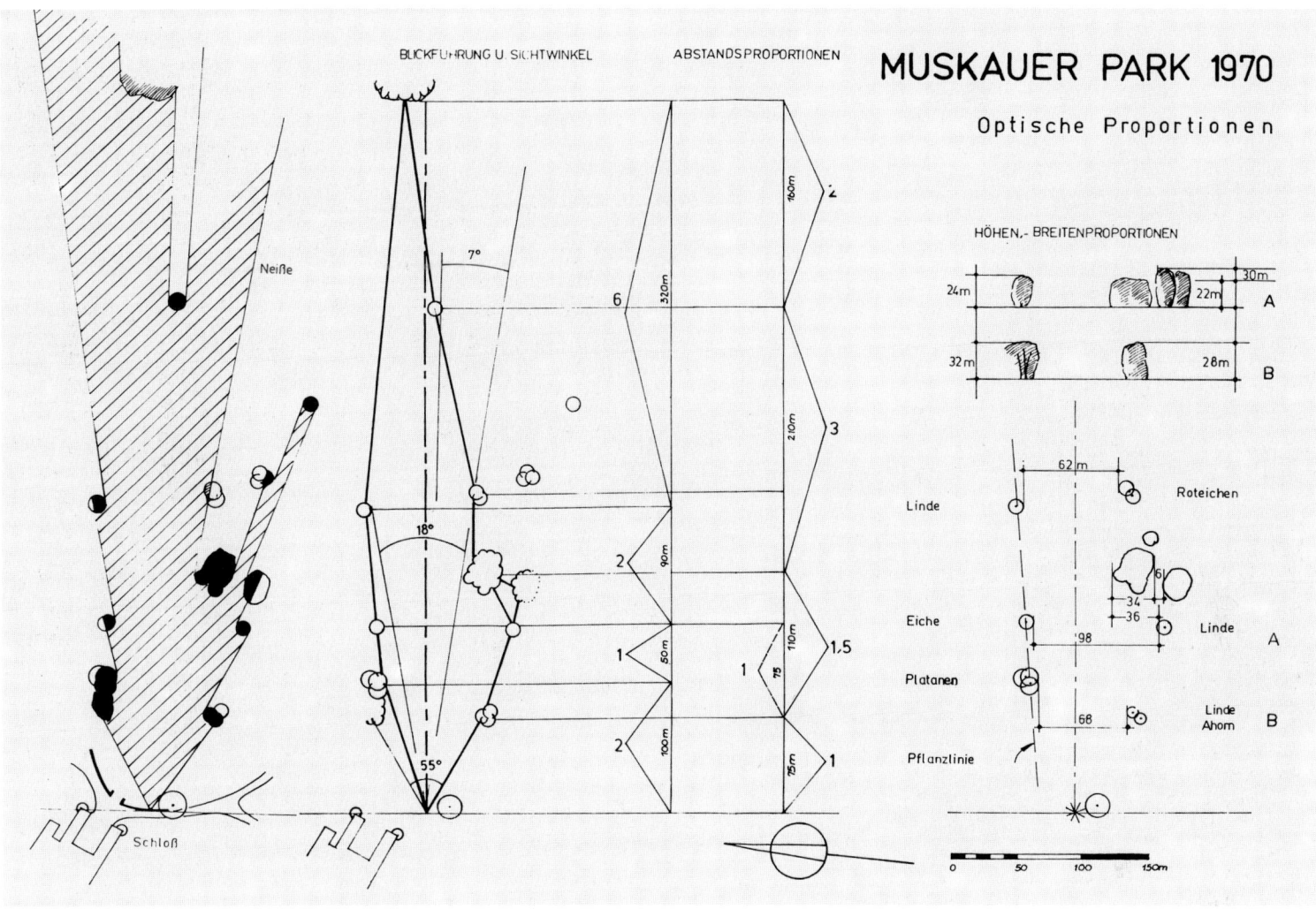

169
Muskau. Schloßwiese. Optische Proportionen. 1970

stark verändert haben, heute andere Bäume bildbestimmend sind als früher. Nur die Sichten und Blickachsen haben ihre Lage beibehalten.

Diese Wandlungsfähigkeit ist ein weiteres Spezifikum des Landschaftsgartens; es ist das Dynamische, das ihm überall innewohnt.

Kopernikus hat vor 450 Jahren in seinem Werk „De revolutionibus orbium coelestium" das bis dahin geltende statische Weltbild unseres Sonnensystems aufgrund von Beobachtungen der Mechanik der Himmelskörper zerstört und an dessen Stelle ein dynamisches gesetzt. Auf dem Gebiet der Gartenkunst wurde durch den Landschaftsgarten mit dem statischen Gestaltungsprinzip der vorhergehenden Epoche des Barock gebrochen, wodurch er sich in die große fortschrittliche Bewegung der Neuzeit einordnet. Dank seiner Mittel und Möglichkeiten waren

seine Gestalter in der Lage, dem neuen Weltbild in ihm plastischen Ausdruck zu verleihen. Indem sie sich dem allgemeinen Naturgesetz unterwarfen und es künstlerisch meisterten, schufen sie ein Modell, in dem das Dynamische zur Herrschaft gelangt. Die Meisterung des Dynamischen wurde damit zur künstlerischen Quintessenz, wobei die Dynamik dreifacher Natur ist:

– die ständig wechselnde Bildfolge beim Wandern durch den Park,
– die wechselnde Bildwirkung in Abhängigkeit vom Sonnenstand und der Jahreszeit,
– die langfristigen Veränderungen durch Alterung und Generationswechsel der Bäume.

Mit dem Begriff „Fortschrittspark", wie Pückler seine Branitzer Schöpfung nennt, reiht er sich in die Gruppe der progressiv wirkenden Künstler seiner Zeit ein.

170
Muskau. Teilstück der Großen Diagonalsicht vom Mittelweg zur Solitäreiche nahe dem Eichberg.
Rechts Eichen-, Linden- und wieder Eichengruppe; links vorspringend Platanengruppe an der Rehderbrücke. 1979

Zusammenfassend seien die wesentlichsten Kriterien der von Pückler angewandten Gestaltungselemente hier kurz aufgeführt. An erster Stelle stehen die *Ordnungsträger* oder *statischen Elemente*:

– die auf eine *Gerade* gepflanzten Baumgruppen und Solitärs, die das Auge in die Tiefe des Raumes führen,
– der nur in Branitz angewandte *symmetrische Sichtfächer* von Mitte Schloßterrasse in den Hauptpark (Schloßwiesen),
– die *Bilddiagonale*, fast immer von vorn rechts nach hinten links führend,

– *konvergierende* oder *divergierende* Raumbegrenzungen, mit ihrer raumvertiefenden oder -verkürzenden optischen Wirkung.

Diesen offensichtlichen Ordnungsfaktoren stehen als Gegenthemen *dynamische Elemente* gegenüber:

– die Raumdiagonale, worunter besonders lange Sichten fallen, die unterschiedlich orientierte Parkräume quer durchmessen, ohne baulichen Ausgangs- und Endpunkt,
– das Gegeneinandersetzen von gerader Linie zu gekrümmter (Gerade:Bogen) in *einem* Raum,

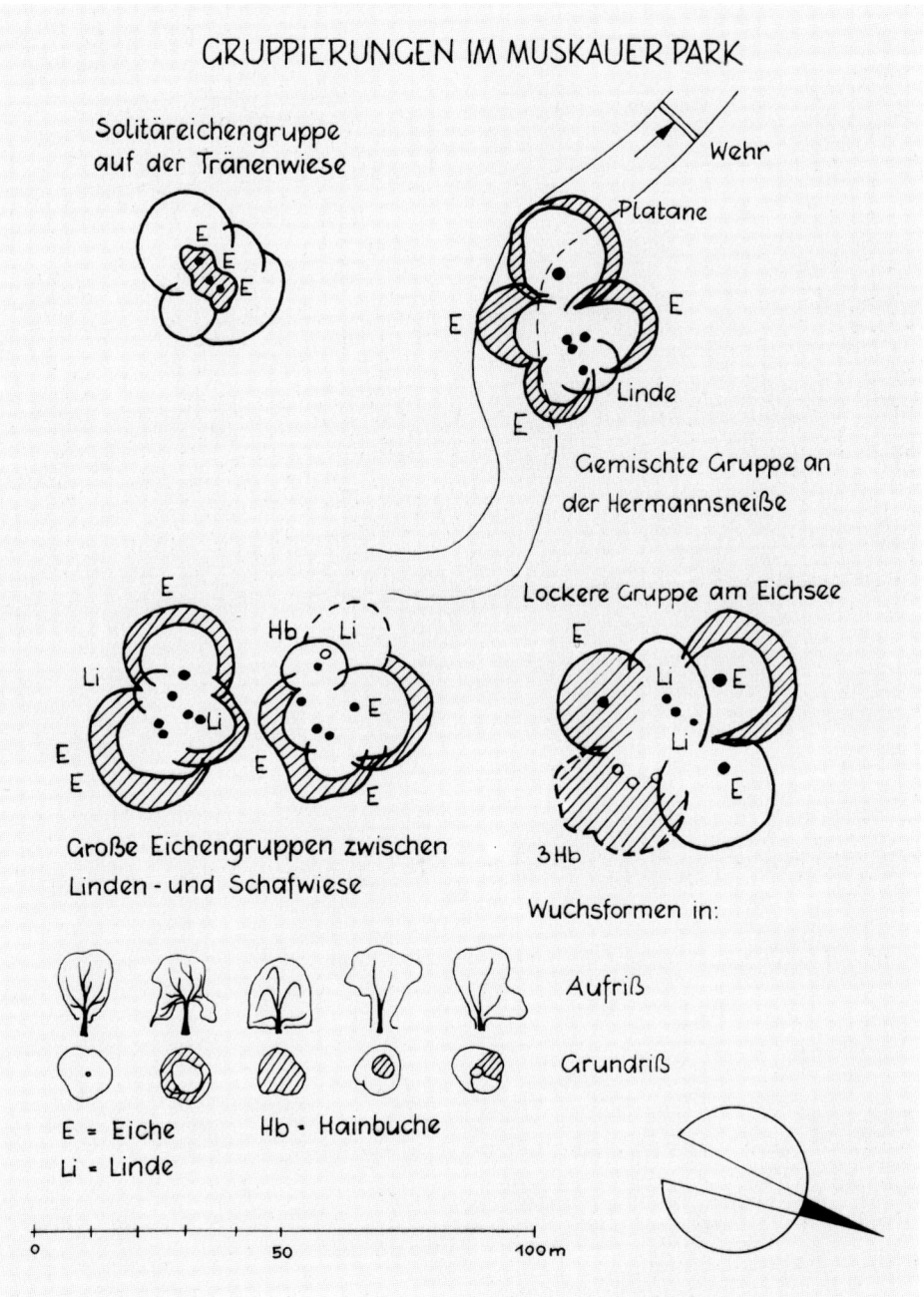

GRUPPIERUNGEN IM MUSKAUER PARK

Solitäreichengruppe
auf der Tränenwiese

Wehr

Platane

E

E

Linde

Gemischte Gruppe an
der Hermannsneiße

Lockere Gruppe am Eichsee

E

Li

Li

E

E

Hb Li

E

E

E

Li

Li

E

E

3 Hb

Große Eichengruppen zwischen
Linden - und Schafwiese

Wuchsformen in:

Aufriß

Grundriß

E = Eiche   Hb = Hainbuche
Li = Linde

0   50   100 m

171

Muskau. Baumgruppierungen zwischen Seewiese und Eichwiese

172
Branitz. Parkraum südlich des vorderen Schlangensees.
Blutbuche und Sumpfeichen als Betonung der dortigen Brücke. 1982.

173
Branitz. Landpyramide vom Hohlweg/Seeberg
mit kleinem Fenster zur Schlangenseebrücke. 1991

– einer schmalen langen Sicht einen breitgelagerten Parkraum entgegensetzen.

Überlagert und erweitert werden diese primären Gestaltungselemente durch *semantische Pflanzungen, die den Raum bezwingen*:

– die Akzentuierung bedeutender Punkte im Park, wie Brücken, Hügel, Gebäude mit besonders auffallenden Bäumen als Form- oder Farbakzente,
– die häufige Verwendung von farblich auffallenden Solitärbäumen, die die Ecken verschiedenartiger, aber immer ungleichschenkliger Dreiecke einnehmen und den Raum akzentuieren,
– Setzen eines Solitärs oder einer Solitärgruppe ans Ende einer Sicht als point de vue.

Und zum Schluß das *Pittoreske* oder die bedingungslose Anwendung asymmetrischer Pflanzweisen:

– unterschiedliche Breite und Tiefe (Länge) der Einzelsichten von Sichtfächern:
– das Hineinstellen eines meist aufgeasteten Baumes in eine Sicht zur Steigerung der Tiefenwirkung,

– die asymmetrische Anordnung von sichtteilenden Bäumen, um einer schmaleren eine breitere entgegenzusetzen,
– Schaffung starker Höhendifferenzierungen bei den raumbestimmenden Pflanzungen: Busch, Baum, Großbaum,
– Ausbildung von Einschnitten in die Himmelslinie rahmender waldartiger Partien nach unbestimmt ästhetischer Gesetzmäßigkeit,
– häufige Anwendung der punktuellen Dreier-Baumgruppen,
– Mischung von Gruppenpflanzungen aus mehreren Baumarten in ungleichen Mengenverhältnissen und Stellungen sowie Abständen
– das Zusammenpflanzen von zwei mehr oder weniger stark differierenden Baumarten in eine Pflanzgrube (Roßkastanie und Robinie; Linde und Ulme),
– Pflanzen mehrerer Individuen in eine Pflanzgrube zur Drosselung ihres Höhenwachstums, sowie zur Bereicherung der Formenvielfalt.

Zur Ausstattung von Landschaftsgärten im 19. Jahrhundert mit Kleinarchitekturen, mobilen Gartenausstattungen und Pflanzungen unter besonderer Berücksichtigung von Park Branitz

Von Anne Schäfer

Kleinarchitekturen sind neben der Pflanze eines der wesentlichen Gestaltungsmittel in der Gartenkunst. In der Form von Pavillons, Lauben, Pergolen, Spalieren, Treppen, Mauern, Balustraden, Einfriedungen, Toren, Wasserbecken, Brunnen, Plastiken, Leuchtkörpern, Flaggenmasten und ähnlichen baulichen Ausstattungen haben sie sowie auch mobile Gartenausstattungen, zum Beispiel Gartenmöbel, Vasen und Beeteinfassungen, eine architektonisch dekorative Wirkung. Kleinarchitekturen sind als Gegenstand der Kunst und Architektur Ausdruck der gesellschaftlichen und ökonomischen Verhältnisse, ihr Stil und ihre Ausdrucksform verkörpern die Geisteshaltung der jeweiligen Epoche[1].

Für eine besonders reiche Ausschmückung mit Blumen, Ziersträuchern, Kleinarchitekturen und mobilen Gartenausstattungen ist im Landschaftsgarten seit H. Repton der sogenannte pleasureground vorgesehen. Die Bezeichnung wird seit dem 19. Jahrhundert verwendet, da es keine treffende deutsche Übersetzung dafür gibt. Er ist in unregelmäßigem Stil angelegt und umfaßt die eigentlichen Ziergärten, die meist direkt an das Gebäude anschließen, ist weniger reich als diese mit Blumen und fremdländischen Gehölzen geschmückt und mit einem feinen Gitter vom Park getrennt. Dieser Zaun hat nicht nur die Funktion des Schutzes der kostbaren Anlage, sondern auch die der Trennung zwischen dem Garten und dem Park, der als idealisierte Natur anzusehen ist.

Pückler betrachtet den pleasureground als ausgedehnte Wohnung, wo er allen Luxus und jede Laune bei der Gestaltung gestattet, gleichzeitig auf größte Sauberkeit und sorgfältigste Pflege achtet. Den Rasen wünscht er „sam-metartig" kurz, damit die Blumenbeete darauf wie Stickereien erscheinen. In Pücklers Parkanlagen umgibt der pleasureground die Gebäude, während er in England oft nur an einer Seite derselben angelehnt wurde. Pückler bevorzugt als Begrenzung der Ziergärten eine höherliegende Terrasse oder ein fortlaufendes „Aha"[2].

Ziergärten am Schloß

Babelsberg

Die architektonische Fassung der terrassenförmig angelegten Ziergärten am Schloß Babelsberg erfolgte 1844[3]. An die Südwestseite des Schlosses wurden 1847 zwanzig Linden von Voltaires Grundstück in der Luisenstraße 68/70, dem sogenannten „Marquisat", wo sie 1751 gepflanzt worden waren, übertragen, wodurch der Name „Voltaireterrasse" entstand[4]. Auf den mit Efeu bewachsenen Absätzen der Terrasse waren beiderseits der Treppen Tierplastiken aufgestellt: Antilopen, Vögel, Reiher, Fasanen und Ibisse[5]. Die beiden, die Terrassen seitlich begrenzenden Balustraden schmückten achteckige neogotische Vasen aus Steinmasse[6].

In einer Nische auf dem oberen Plateau steht ein kleiner neogotischer Marmorbrunnen mit Mittelsäule und einem sechseckigen, nur wenig über dem Terrain liegenden Wasserbecken sowie einer darüber angeordneten Schale in Form eines Vierpasses. Als Wasserspeier dienten sechs Delphinköpfe am oberen Säulenabschluß, auf dem ein Herold aus Zinkguß von L. W. Wichmann (1788–1859)

174
Babelsberg. Marmorbrunnen auf der Voltaireterrasse. Aquarell von Carl Graeb

plaziert war[7]. Hinter dem Brunnen befand sich eine Bank ohne Lehne mit Holzsitz, deren Füße zwei Zwerge in Knappentracht aus Sandstein bildeten.

Am Ende des Terrassenabsatzes führt eine Treppe zu einem von einer Mauer und Bänken umgebenen achteckigen Platz, dessen Südseite eine hohe Wand begrenzt, die ein neogotischer Spitzbogen mit krabben- und kreuzblumengeschmücktem Wimperg und dem Erzengel Michael ziert, eine 1847 von A. Kiß (1802–1865) geschaffene und durch F. G. Fischer in Bronze gegossene Figur[8]. Dieses Monument aus rotem und gelbem Sandstein schenkte Friedrich Wilhelm IV. dem Prinzen Wilhelm zur Erinnerung an die Niederschlagung der Freiheitsbewegung in Baden 1849, die Wilhelm den wenig ehrenhaften Namen

„Kartätschenprinz" einbrachte. Obwohl sich der Prinz zunächst gegen die Aufstellung des Denkmals, das an den unrühmlichen Feldzug erinnerte, wehrte, fügte er sich dem Wunsch des Königs[9].

Die Goldterrasse auf der Nordseite des Babelsberger Schlosses ist von einem Eisengußgeländer mit Fischblasenmotiv umgeben. Die Wege zwischen den geometrisch angelegten, meist rechteckigen Beeten, die von Drahtseilen und gitterförmigen, niedrigen Einfassungen mit Vergoldung gerahmt waren, sind mit Marmormosaikpflaster ausgelegt.

Auf dieser Terrasse waren Blumenparterres „en relief" und eine Blumenfontäne ausgeführt, eine Vase, aus der Gewächse auf Golddrähten in ein darunter befindliches

Blumenbassin rankten, das von einer niedrigen ringförmigen Einfassung umgeben war[10]. Die Verwendung vergoldeter und bronzener Blumenständer erhöhte die vor-
nehm wirkende Farbigkeit von weißem Marmor, von
goldfarbenen Ausstattungsgegenständen und bunten
Blumen, die noch durch das Grün der aufgestellten Neu-
holländergruppen gehoben wurde[11].

Die Goldterrasse ist durch eine Marmortreppe mit der
Porzellanterrasse verbunden. Zierliche Weinfestons bilden das natürliche Geländer dieses tiefer gelegenen
Schloßgärtchens. „Lorbeerbäume, mächtige Exemplare
von Phormium tenax sind in demselben, in künstleri-
schem Wechsel mit Tiergestalten auf den Balustraden und
mit chinesischen Gartensitzen aufgestellt, die letzteren
um einen kunstvoll gemeißelten Brunnen, ein Geschenk
der Kölner Dombauhütte."[12] Den Brunnen zierte eine Sta-
tuette des ersten Kölner Dombaumeisters Gerhard von
Rille. Die erwähnten chinesischen Gartensitze sind bau-
chige, tonnenförmige Gefäße aus Keramik oder Porzellan
mit rundem oder achteckigem Querschnitt, offenem Boden und meist geschlossener Sitzfläche. Seitlich befinden
sich in der Regel zwei runde ornamentale Durchbrüche[13].
Solche kostbaren Gartensitze wurden bevorzugt in Gebäudenähe aufgestellt.

Von den Tierplastiken, die sich auf der Porzellanterrasse befanden, sind im Garteninventar von Babelsberg zwei
Pfauenhähne aus Majolika, zwei Windspiele aus Sandstein, eine Hündin mit ihren Jungen, von F. L. Bürde, sowie ein Neufundländer und eine Bulldogge aus Steinmasse aufgeführt[14].

Branitz

1846 wurde mit dem Umbau der einfachen, aus der Entstehungszeit des Schlosses stammenden Freitreppe begonnen. 1847 erwarb Pückler die vier Zinkgußkandelaber
auf vier Löwenfüßen von der Werkstatt M. Geiß in Berlin
und das Geländer aus Zinkguß, das 1848 vergoldet wurde, für diese Treppe. Die gleiche Werkstatt fertigte auch
die sechzehn Vasen mit Löwenköpfen für die Vorsprünge
der Terrassenmauer[15]. Das obere Treppenpodest am Ge-
bäudeeingang ist von einer offenen Brüstung umgeben,
auf deren sechs Pfeilern je eine Zinkgußvase mit gefloch-
tenen Henkeln stand. Jede Vase zierte ein aufrecht im Erdreich stehender Thyrsosstab. Zwei an den Thyrsosstäben

befestigte Festons verbanden auf beiden Seiten der Balu-
strade drei Vasen[16].

Vier Vasen mit antiken Relief aus Steinmasse von der
Firma M. March in Charlottenburg schmückten die Wangen der beiden Seitenaufgänge[17] und zwei Terracottakan-
delaber aus der Firma Feilner in Berlin den freien Platz an
der Westseite des Schlosses. Die Kandelaber, die in gleicher Ausführung am Schinkelpavillon in Charlottenburg
standen, entwarf K. F. Schinkel (1781–1841), die Figuren
sind von L. W. Wichmann modelliert[18]. Die auf der Rückseite des Schlosses auf der Freitreppe zum See placierten
Greifen bestanden aus Zinkguß. Alle Vasen und Kandelaber, die aus Steinmasse und Terracotta eingeschlossen, sowie die Greifen waren angestrichen und bronziert[19].

Der Bau der Terrasse wurde mit dem Verlegen der
Sandsteinabdeckung und dem sandsteinfarbigen Anstrich der Mauer sowie mit der Anlage der Wege 1850 beendet[20]. Im selben Jahr führte Otto Terscheck, der von
1850–1851 als Obergärtner in Branitz tätig war, die erste
Bepflanzung aus. Die sechzehn Vasen auf der Terrassenmauer waren mit Hortensien bepflanzt. Die Hauswand
des Schlosses beiderseits der Freitreppe deckten die verschiedensten, auf der Terrasse aufgestellten Orangerige-
wächse. Terschecks Vorschlag, zwischen den Fenstern
höhere, davor und dazwischen kleinere Kübelpflanzen zu
arrangieren und den übrigen Raum mit Blumen zu bepflanzen[21], scheint von Pückler berücksichtigt worden zu
sein, denn auch der von 1856 bis 1858 bei dem Fürsten als
Blumengärtner eingestellte Kühnau berichtet davon, erwähnt die Blumen allerdings nicht[22]. An der Rückseite des
Gebäudes waren Mahonien, Kirschlorbeer und Rhodo-
dendron gepflanzt. Auf den Rabatten an der Terrassenmauer standen scharlachrote Pelargonien[23].

Muskau

Die Auffahrtsrampe zum Schloß und die vom Schloßvor-
platz in den pleasureground herabführende Treppe projektierte Schinkel. Der Bau der Rampe begann 1825, im
gleichen Jahr wurde sie chaussiert und 1826 die Fläche davor vollendet. Im folgenden Jahr ließ Pückler die reprä-
sentative Treppe und die Absätze der Schloßrampe, auf
die je ein Orangenkübel aufgestellt wurde, mit Steinplat-
ten belegen[24]. Den Schloßinnenhof schmückten Orange-
riegewächse.

175
Muskau. Die Blumengärten vom Turmbalkon des Schlosses aus gesehen.
Zeichnung von A. W. Schirmer. 1834

An der Südseite des Gebäudes lag der Schloßgarten, einer der drei Blumengärten innerhalb des pleasureground, die Pückler wegen der besonders reichen Austattung mit Blumen so bezeichnete. In diesem Blumengarten befand sich das „Rosary", ein wie eine Blumenrosette gestaltetes Beet, in dessen acht in Buchsbaum gefaßte Blütenblätter Monatsrosen gepflanzt waren. Die Mitte bildete ein hoher eiserner Blumenkorb mit vergoldeten Spitzen. Auf dem angrenzenden Rasen, den ein schmaler, die Buchsbaum-

konturen nachzeichnender Sandstreifen von dem Rosenbeet trennte, standen acht Kübel mit Granatbäumchen[25].

Die Beete im Schloßgarten zwischen Lucie-See und Schloßrampe hatten die Form eines Füllhorns, einer Blumenpyramide, eines Sterns mit „H" und eines Fächers. Daneben gab es mehrere runde, ovale und rechteckige Beete, die mit Einfassungen aus Korb, gebranntem Ton, Gußeisen oder niedrigen Blumen versehen waren. Komplizertere Beetformen waren in der Regel mit niedrigem,

176, 1–17
Beeteinfassungen
aus Gußeisen

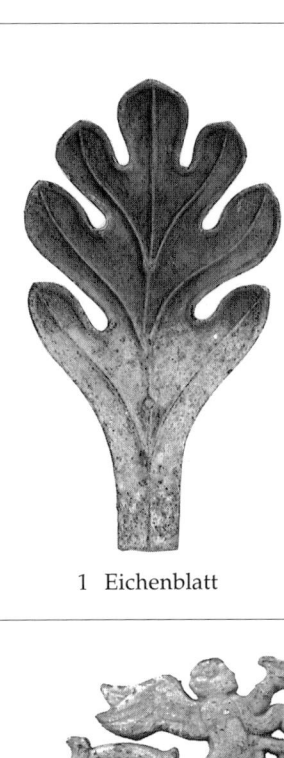

1 Eichenblatt

2 Lindenblatt

3 Korbkoralle

4 geflochtener Korbrand

5 zwei Engel

6 kleines Akanthusblatt

7 großes Akanthusblatt

8 herzförmiges Blatt

9 Muschel

10 Kleeblatt

11 Weidenblattornament

12 Muschel

13 durchbrochene Palmette

14 Lilie

15 Adler

16 Palmette mit Voluten

17 glattrandige Muschel

176, 18–21
Beeteinfassungen
aus Porzellan aus dem
Babelsberger Park

18 Vierpaß, weiß mit
     rotem Rand

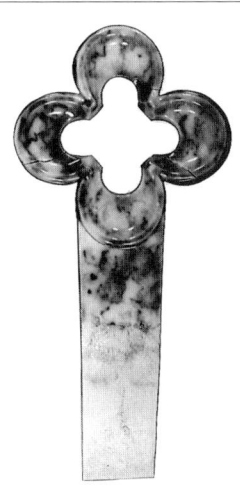

19 Vierpaß, mittelblau
     marmoriert

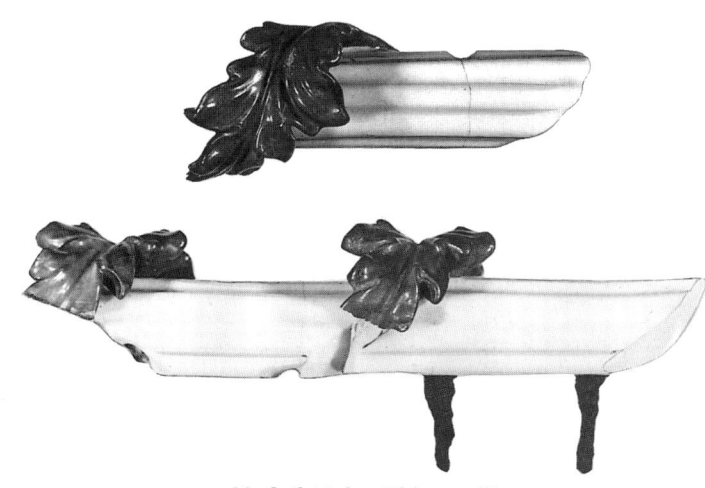

20 Seilstück mit blauem Blatt
21 zwei Seilstücke mit blauem Blatt

geschnittenem Buchsbaum eingefaßt. Die Bepflanzung erfolgte vorrangig mit Sommerblumen, aber auch mit Rosen, Stauden und Zwiebelgewächsen, bevorzugt in reinen, kräftigen Farben[26].

Pleasuregrounds

Babelsberg

Der nordwestliche Teil des pleasureground am Schloß Babelsberg ist besonders reich mit Beeten und Fontänenanlagen geschmückt. Zwanzig runde, ovale und nierenförmige Beete, deren Standort auch in den Plan des Babelsberger Parkes 1880 von F. Hoppe eingetragen sind, wurden ab 1971 in gartenarchäologischer Kleinarbeit rekonstruiert. Die Vorbilder für die verwendeten glasierten Beeteinfassungen aus Ton stammen aus den Weimarer Parkanlagen.

1970 wurden auf dem Wirtschaftshof der Parkgärtnerei Porzellaneinfassungen gefunden, jedoch konnte nicht ermittelt werden, in welchem Teil des pleasureground sie ursprünglich verwendet worden sind. Es könnte sich um Restbestände der im Garteninventar von Babelsberg 1939 erfaßten 400 roten und 700 weißen Porzellansteine handeln. Sie sind grottensteinähnlich, haben einen rechteckigen Grundriß mit einer Seitenlänge von 4,5 x 6 cm und eine Höhe von etwa 4 cm. Außerdem wurden glasierte Porzellaneinfassungen in den Formen eines Vierpasses mit Stiel in zwei Farbvarianten und eines weißen Seilstückes mit blauem Akanthusblatt und Eisendornen, die zur Befestigung im Erdreich dienten, entdeckt. Die Vierpaßformen sind 17,3 cm lang und messen 8,3 cm an der breitesten Stelle des Ornaments. Eine Variante ist mittelblau marmoriert, die andere weiß mit rotem Rand. Das Seilstück ist abgeschrägt, 14 cm lang und 3 cm breit.

Glanzpunkte des pleasureground sind der weitestgehend wiederhergestellte Goldene Rosengarten und der Blumengarten um die Gotische Fontäne. Den Goldenen Rosengarten umgeben eine Gitterlaube im Eingangsbereich und doppelte gotische Bögen auf runden Pfosten, zwischen denen ein niedriger Gitterzaun angebracht ist. Im kreisrunden Gärtchen stand ein balzender Reiher auf der achteckigen Säule des Fontänenbeckens inmitten von sechzehn Rosenbeeten[27]. Um jedes Beet legte sich ein vergoldetes Drahtseil in Blütenblattform, am Ende mit einer

Schleife versehen. Als Bepflanzung waren weiße Rosen zum Andenken an die früh verstorbene Freundin Elisa von Radziwill sowie rote Rosen für Augusta, die Gemahlin des Prinzen Wilhelm, gewählt worden[28]. Anregungen zur Anlage des Rosengartens hatte Pückler aus Reptons Gartenwerk gewonnen, in dem ein ähnlicher kleiner Garten, jedoch mit flachen, die Durchblicke rahmenden Bögen und siebzehn Beeten abgebildet ist[29].

Die Gotische Fontäne umgeben achtzehn symmetrisch angeordnete Blumenbeete von runder, lilien- und dreipaßförmiger Gestalt. Ein krabbenbesetztes Fialtürmchen, aus dessen zahlreichen Öffnungen Wasserstrahlen sprühten, bildete den Mittelpunkt des bereits von Lenné angelegten Blumengärtchens. Schlanke, hohe Pfosten, durch Festons verbunden, stehen ringsum[30]. Die dritte Fontäne, aus deren Mittelsäule in vier Richtungen Wasserstrahlen in das runde Brunnenbecken fielen, krönte ein Adler mit ausgebreiteten Flügeln.

Zwischen der Adlerfontäne und den Terrassenanlagen standen die Bronzebüsten des Großen Kurfürsten von C. Caspary sowie Friedrich Wilhelms III., die Marmorbüste der Königin Luise von Chr. D. Rauch (1777–1857) und die Statue der Germania. Das Standbild Friedrichs II. aus Zinkguß von C. Caspary befand sich in der Nähe des Goldenen Rosengartens. Südwestlich der Gotischen Fontäne waren die Vase zur Erinnerung an den 90. Geburtstag Wilhelms I. und die bronzene Büste Friedrich Wilhelms IV. von Rauch aufgestellt[31].

Am südwestlichen Ende des pleasureground führte eine mit vergoldeten neogotischen Bögen überspannte Treppe zur Havel[32]. Wie das Vogelhäuschen und die Stellage des Rosengartens ist ihre Entstehung Anfang der vierziger Jahre des 19. Jahrhunderts einzuordnen[33].

Branitz

Im Plan des „Fürstlich Pückler-Muskauschen Parks zu Branitz" von 1853 ist die Ausdehnung des pleasureground mit einer gestrichelten Linie gekennzeichnet. Von Nord nach Süd breitete er sich vom Rehgarten bis zur Blauen Brücke am Schwarzen See, von West nach Ost vom Weg am Schloßsee bis zum „Theegarten" und zur Pergola mit den daran anschließenden Gebäuden aus. „Dieser Pleasureground ist vom eigentlichen Park durch ein feines, rasengrün gestrichenes Drahtgitter abgegrenzt. Wo

177
Branitz. Das Schwanenhäuschen.
Stahlstich von J. Gottheil. Um 1857

die Wege nach dem Park führen, sind feine, verschließbare Drahtthore angebracht, welche den Begriff der ausgedehnteren Wohnung andeuten, den der Fürst mit den Worten Pleasure-ground verbindet."[34]

In diesem reich mit Blumen und Ziersträuchern geschmückten Bereich existierten 56 Blumenbeete. Ihre Standorte gehen jedoch aus keinem der vorhandenen Pläne hervor. Bedauerlicherweise kam auch der von Kühnau gezeichnete Bepflanzungsplan für den pleasureground abhanden[35]. Auf jeder Seite des Schlosses trug der pleasureground einen anderen Charakter. An der Eingangsseite lag ein intimer Gartenbereich, durch die Mauer der zur Schmiedewiese geschlossenen Pergola begrenzt. Anregungen zum Bau der „Italienischen Mauer" gewann Pückler auf einer Reise 1846 in Italien, und Gottfried Semper (1803–1879), der im April 1847 nach Branitz kam, erhielt für das Anfertigen von Zeichnungen, darunter vermutlich auch für diese Mauer, 65 Reichstaler. In dieser Mauer waren sechzehn Terracottareliefs, nach Entwürfen von Thorwaldsen, 1848 gefertigt von der Firma M. March,

eingelassen. Sie symbolisieren Tag und Nacht, die vier Jahreszeiten, die vier Elemente, zeigen Apfel- und Weinernte, Bacchus und Amor, Anacreon, Hylas und Gracien. Die Eckpfeiler der Rotunde, die in der Mitte der Pergola in Form eines überdimensionalen Speichenrades angeordnet ist, schmückten zwei Adler mit ausgebreiteten Flügeln. Sie stammen aus der Zinkgießerei M. Geiß Berlin und waren vergoldet wie der große Pinienzapfen, der die Mittelachse des Rades krönt[36]. Zwischen den Pfeilern befanden sich auf der Mauer anfangs hölzerne Gitterfelder, die 1869 durch Ketten und im Bereich der Rotunde durch blau gestrichene Eisengitter mit vergoldeten Verzierungen ersetzt wurden. Auf die Pfeiler ließ Pückler 24 vergoldete Zinkkugeln setzen[37]. An den vier Eckpunkten des von der Pergola umschlossenen Raumes standen vier bronzierte Plastiken auf Postamenten, Apollino und Bacchus, von Geiß gefertigt sowie Amor und Flötenspieler, auch als borghesischer Faun bezeichnet, von der Firma Devaranne gegossen[38]. Schmuck der Eckpfeiler waren ab 1870 vier teilweise vergoldete Vasen aus der Eisengießerei Lauchhammer[39].

Eine weitere Zierde der Pergola bildeten zwei korallenartig geformte, rot gestrichene, 1858 vom Königlichen Hof-Zinkgußfabrikanten F. Kahle erworbene Fußgestelle, die große Muscheln als Goldfischbecken trugen[40]. Schalen der Riesenmuschel Tridacna gigas wurden früher auch als Wasch- oder Taufbecken, sogenannte benetiers, benutzt[41]. Im Babelsberger Park lagen bepflanzte Muschelschalen auf der Voltaireterrasse.

Auf der mit Lanzen und Ketten eingefaßten, halbrunden Rasenfläche vor der Pergola, die mit Fuchswein Vitis labrusca und mit Rosen bepflanzt war, befand sich ein großes, aus zwanzig kleinen Beeten bestehendes Blumenstück, das nur mit blauen Blumen bepflanzt wurde[42]. Inmitten des Beetes stand auf einem achteckigen neogotischen Postament eine Venus nach Canova, 1850 gegossen von Devaranne, der auch zwei Tritonengruppen, zwei Faun- und Panthergruppen und vier Kandelaber auf Sockeln als etwa 30–40 cm hohe Einfassungen für das Beet fertigte. Alle Figuren und Kandelaber des Beetes waren bronziert[43].

1859 war das Beet am Fuß der Statue einer Beschreibung zufolge ringförmig mit hohen Gräsern (Andropogon schimkeri) bepflanzt, gefolgt von Blattpflanzen sowie hohen und am Rand niedrigen Blumen[44]. 1861 wurden sechs antik bronzierte Kandelaber und Glaskugeln um das

178
Branitz. Rosenlaube (Kiosk) nach der Rekonstruktion. 1985

◄ 179
Branitz. Rosenlaube (Kiosk) mit der Büste der Sängerin Henriette Sontag. 1994

Venusbeet aufgestellt. 1862 lieferte der Klempner acht-zehn Einfassungen zu Glastulpen, die vermutlich zu den Kandelabern gehörten, aber auch separat im Beet für Illuminationen gestanden haben könnten. Die Tulpen waren durch Deckel mit Kugeln abgedeckt[45].

Auf der Westseite des Schlosses lag vor der Freitreppe zum See – auf deren Wangen Greifen als Symbole der Wächter aristokratischen Besitzes aufgestellt waren – ein acht Meter langes und siebeneinhalb Meter breites Blu-menbeet in Arabeskenform. Bereits in dem Plan von 1846 Nr. II findet sich ein Hinweis auf die Form dieses soge-nannten Kronenbeetes, das Pücklers Initialien mit der Krone darüber ausformte. Als Farben für die Bepflanzung hatte Pückler goldgelb, blau, lila und rosa festgelegt. Die Krone war mit dem goldgelben Sedum sexangulare be-pflanzt, was im Juli besonders effektvoll gewesen sein soll[46]. Die Mitte des Medaillons bildete der Buchstabe „S", als Rankgerüst aus Eisen für eine Schlingrose ausgeführt.

180
Branitz. Büste Henriette Sontag

Terscheck hatte das Beet „mit erhöhtem Rasen wie die Arabesken auf der Terrasse des Barbertsberges ohne Buchsbaum..." angelegt[47].

Der Blumengarten auf der Nordseite des Gebäudes, der sich vom Rosenhügel bis zum Schloß erstreckte, war zum „Theegarten" und „Rehgarten", in dem Tiere gehalten wurden, durch einen feinen Drahtzaun abgegrenzt. Vor dem Hügel, auf dem Rosen vor einem Hintergrund aus dunklen Nadelbäumen standen, lag in der Mitte der Rasenfläche das blau bepflanzte Blumengrab, dem Hunde „Nimm's" gewidmet. Das runde Beet zierte eine bronzierte, große Warwickvase auf einem Postament mit vergoldeter Inschrift[48].

Von einer alten Aufnahme sind die Standorte von vier Beeten, die in der Nähe der Terrasse angelegt waren, bekannt. Deutlich lassen sich die verwendeten Toneinfassungen erkennen[49]. 1977 fand man in Branitz 17 verschiedene Beeteinfassungen auf dem Dachboden des Kavalier-

hauses wieder, daraus erwuchs die Möglichkeit der katalogartigen Aufführung des Bestandes. Nur für einige Einfassungen ist die Bezeichnung der Form bekannt. So habe ich sie neu benannt und für einen Teil die von M. Seiler in seinem Beitrag verwendeten Namen übernommen[50]. Er zitiert darin eine Textstelle aus H. Jägers Buch „Der Hausgarten": „Man hat auch gebrannte Steine oder Platten von gekünstelter Form, ein Akanthusblatt oder eine ähnliche Form vorstellend und glasiert, bronziert oder mit Oelfarbe angestrichen. Mit solchen bildet man um einzelne Beete Einfassungen, welche einen Blumenkorb vorstellen und, am rechten Platze angebracht, recht hübsch aussehen. – Außer den dichten Steinen dieser Art giebt es auch noch durchbrochene, ein Geflecht oder Korallen vorstellend, goldig glasiert oder farbig (meist rot oder weiß) mit Oelfarbe angestrichen."[51]

Von Seiler werden vier Formen beschrieben, die den Branitzer Einfassungen ähneln. So wurden in Klein-Glienicke die „Palmette mit Voluten", die „Muschelform", die „Lilie" und der „Lilienrapport", eine Variante der „Weidenblätter" gefunden, die aus der gleichen Werkstatt wie die aus Branitz kommen könnten. Weitere Beeteinfassungen, zum Beispiel „Akanthusblatt", dem in Branitz gefundenen ähnlich, „dickblättrige Palmette" verschiedene „Korallenformen" und „Korbkorallen" werden behandelt. An Werkstätten sind genannt: Töpfermeister G. F. Krüger und R. F. Schröder, Ofenfabrikant, aus Potsdam, March & Söhne, Charlottenburg, die österreichische Terracottafabrik V. Brausewetter in Wagram, die rotbraune Einfassungen fertigte.

Lieferanten für Branitz waren u. a. der Töpfermeister C. G. Schoebel aus Muskau und die Töpferei Rost und Koch aus Germersdorf bei Guben[52]. Als Einfassungen fanden auch große Seemuscheln, Strombus gigas, Verwendung, z. B. für das Beet vor dem Eingangsportal auf der Terrasse des Branitzer Schlosses[53].

Im Rasen eingebettete Blumenkörbe, die aus Weidengeflecht, Holzwerk oder Draht gefertigt wurden, waren seit dem Ende des 18. Jahrhunderts beliebt[54]. In den Branitzer Wirtschaftsbüchern fand sich der Hinweis auf zwei bronzierte Gartenkörbe aus Weidengeflecht und auf zwei vergoldete, aus Draht geflochtene Blumenkörbe von etwa 90 cm Durchmesser, die 1846 bzw. 1871 erworben wurden[55]. Der Farb- und Formenreichtum des Gartens erhöhte sich durch die Verwendung von Stäben mit aufgesetzten Glasknöpfen und -spitzen sowie Glaskugeln[56], die meist in

181
1 Gartensitze der Firma J. Lange, Berlin, aus Keramik

2 Gartensitz aus Steinzeug mit blauer Bemalung   3 Chinesischer Gartensitz aus Keramik

Beete gestellt wurden, wobei durch die Spiegeleffekte besondere Wirkungen erzielt werden konnten. Selbst diese kleinen Details verdeutlichen die Absicht, den Garten als separaten, vom Park formal und inhaltlich differenzierten Bereich zu gestalten.

Über die Ausgestaltung des pleasureground an der Südseite des Schlosses ist wenig bekannt. Hier befand sich eine Sonnenuhr. Sie bestand aus einer Marmorplatte auf einem gußeisernen Gestell[57]. 1870 wurde am „Uhrplatz" eine Drahtlaube mit vergoldetem Stern aufgestellt[58].

1850 ließ Pückler an der Ostseite des Schwarzen Sees eine Laube erbauen. 1864 erhielt sie anläßlich eines Besuches der Königin den Namen Augustalaube. In die Laube, die unter der Linde am Teich stand, wurden im gleichen Jahr vier rote Scheiben eingesetzt, 1865 brachte man eine Vergitterung an und vergoldete die zehn Spitzen und den Aufsatz[59]. Das Schwanenhäuschen auf der Fuchsinsel im Schwarzen See entstand 1850 im Stil eines Schweizer Bauernhauses, das Pückler nach einem aus Salzburg mitgebrachten Modellhäuschen nachbauen ließ[60]. Bis heute

183
Muskau. Fuchsienbrücke. 1990

182
Muskau. Einfriedung des Blauen Gartens zur Zeit des Prinzen Friedrich der Niederlande (nach 1846)

blieb der Fischbalkon erhalten, für den 1863 die Eisengießerei Gebr. Bricks in Cottbus das gußeiserne Gitter gefertigt hatte. Das Geländer war bronzegrün, später blau gestrichen und mit vergoldeten Spitzen versehen. Bereits 1848 baute man an diesem Aussichtspunkt[61]. In den Plan von 1853 ist er als kreisförmiger Platz in der Nähe der „Blauen Brücke" eingetragen.

Hinter der Rohrlaube, vermutlich der Augustalaube, befand sich ein Glaszaun, der sowohl die Laube umgeben als auch am Ufer entlanggeführt haben könnte. In den 1858 gefertigten Zaun waren 76 farbige Scheiben in ein Feld eingesetzt[62]. Im gleichen Jahr kaufte Pückler 384 Stück Farbglas für Brückengeländer und 40 Stück Farbglas für eine Brückentür[63]. Um welche Brücke es sich handelte, konnte noch nicht ermittelt werden.

Die Mosaiklaube ist heute unter dem Namen Kiosk bekannt. 1848 erfolgte nach Lieferung der Granitsteine, in die die gußeisernen Säulen eingelassen wurden, die Ausführung der Asphaltmosaikarbeiten durch M. Veysier aus Berlin. Die 15 Pinienzapfen der Thyrsosstäbe und der die Laube bekrönende Stern sowie die Schlange waren vergoldet[64]. Die Säule für die vergoldete Eisengußbüste der Henriette Sontag wurde erst 1861 gesetzt. Das Eisengerüst der Laube war mit Rosen berankt[65].

Westlich des Rosenhügels hatte Pückler den Harden-bergplatz angelegt, wo die Bronzebüste des Staatskanzlers ihren Platz hatte[66]. In unmittelbarer Nähe standen eine runde Bank und eine Estrade, worunter möglicherweise eine in Stufen aufgebaute Blumenstellage zu verstehen ist[67].

Der östlich des Schlosses gelegene „Theegarten" wurde um 1860 in „Bürgergarten" umbenannt[68]. Er hatte den Zweck, die Gäste des Besitzers zur Abendzeit aufzunehmen, worauf bei der Gestaltung besondere Rücksicht genommen wurde. Zahlreiche Tische und Stühle sowie Lauben, ausreichend für kleinere und größere Gesellschaften, waren in dem Terrain aufgestellt, das im Charakter zwischen pleasureground und Park stand[69].

Zwischen 1848 und 1849 hatte Pückler eine ovale und eine runde, „gegatterte" Holzlaube im „Theegarten" bauen lassen, die 1849 mit Stroh gedeckt wurden. Beide waren weiß angestrichen, die eine grün, die andere braun abgesetzt[70]. Von den im pleasureground verwendeten Möbeln sind nur verschiedene Gartensitze aus glasierter und unglasierter Keramik erhalten geblieben. Sie haben die Formen von Birken- und Eichenstämmen mit Efeuranken und blauen Sitzkissen oder zwei übereinandergelegten, troddelbesäumten Sitzkissen. Außerdem sind vier tonnenförmige, graue Gartensitze mit blauer Bemalung sowie zwei seitlichen, herzförmigen Öffnungen noch vorhanden, die erst um 1880 erworben wurden[71]. Pückler bezog außerdem gußeiserne Möbel unter anderem aus dem Gräflich Einsiedelschen Hüttenwerk in Lauchhammer, dem Eisenhüttenwerk Bernsdorf und wahrscheinlich auch aus Wien[72]. In Branitz standen gußeiserne Möbel aus der Königlichen Eisengießerei Berlin. Im Stadtarchiv Cottbus werden Katalogblätter der Eisengießereien in Lauchhammer und Bernsdorf aufbewahrt, deren Eintragungen darauf schließen lassen, daß in Branitz auch einfachere Möbel aus imitiertem Knüppelholzgestell, eichen-, birken-, oder buchenholzfarbig angestrichen, Verwendung fanden[73]. Hölzerne Tische und Bänke waren oft achteckig, rund oder oval und um ein oder zwei Bäume angelegt. Meist waren sie weiß mit farbig abgesetzten Linien, eichenholzfarbig, grün oder rohrartig gestrichen[74].

Innerhalb des „Theegartens" vor dem Kavalierhaus befand sich der sogenannte „Kindergarten", ein langgestrecktes, muldenförmiges und von Weißbuchengehölz umgebenes Rasenstück, das als Spielplatz für Kinder gedacht war[75].

184
Muskau. Portal des kriegszerstörten neuen Schlosses. 1991

Muskau

In unmittelbarer Nähe des Muskauer Schlosses lagen außer dem Schloßgarten zwei weitere Blumengärten: südöstlich der Blaue Garten und nordöstlich der Herrengarten. Die ersten Wege in den Blumengärten ließ Pückler 1826 anlegen. Der Blaue Garten war mit durch Ketten verbundenen, stahlblauen Lanzen eingezäunt. Eiserne Blumenkörbe, Brücken und Bänke hatten einen himmelblauen Anstrich mit weiß abgesetzten Linien[76]. Die Brücke im Blauen Garten wurde 1826 gebaut[77]. Zwischen den gußeisernen Geländerstreben waren beiderseits elf mit Fuchsien dekorierte Eisengußvasen aufgestellt. Die Hermannsneiße durchfließt diesen kleinen Garten, an dessen Ende eine Lindenlaube am Wasser lag. Durch eine buntschimmernde Laterne, die die Mitte einer durchbrochenen, runden Bank bildete, wurde dieser Punkt abends bis in weite Ferne angedeutet[78].

Ein Drahtbogen markierte den Eingang zum Herrengarten, der in nördlicher und östlicher Richtung von der Hermannsneiße begrenzt wurde. Die Idee zu derartigen Drahtgestellen übernahm Pückler aus England, wo sie fabrikmäßig hergestellt wurden. Schirme, Bögen und soge-

185
Branitz. Regenpilz. 1983

nannte „Glorien" aus Drahtgeflecht erfreuten sich großer
Beliebtheit als Klettergerüst für rankende Pflanzen. Sie
waren während des ganzen 19. Jahrhunderts Mode, was
auch die Branitzer Wirtschaftsrechnungen beweisen. Für
Branitz kaufte Pückler 1869 eine Blumenpyramide, zwei
Blumenschirme und ein starkes Blumengitter und ließ
1864 zwei Blumenständer, sogenannte „Parasole", vergol-
den[79]. Im Besitz des Branitzer Museums befindet sich eine
halbrunde kleine Blumenbank aus Eisen für Topfpflanzen
oder Sommerblumen in Töpfen. Am Geländer der
Freitreppe des Branitzer Schlosses standen fünf vergoldete gußeiserne Ständer auf drei Löwenfüßen mit drei über-
einanderliegenden, durchbrochenen Metallreifen für Blu-
menschalen[80].

Im Herrengarten von Muskau befand sich wahrscheinlich auch ein tempelartiger, luftiger Ruhesitz, dessen
schlanke, eiserne Säulen verschiedenen Clematisarten als
Stütze dienten[81]. Als besondere Beetformen sind im Plan C
von Pücklers „Andeutungen ..." ein „gewürfeltes" Vier-

eck, ein Viereck mit konkaven Seiten, zwei Blumen- und
zwei Blütenformen eingezeichnet. Inwieweit in diesem
Plan auf die gänzliche Umgestaltung des Herrengartens
1832 Bezug genommen wurde, ist nicht bekannt[82].

Der pleasureground umschloß die drei Blumengärten –
den Schloßgarten, den Blauen Garten und den Herrengarten. 1825 wurde er bis zum Pavillon an der Wachsbleiche
(wahrscheinlich die Gloriette) ausgedehnt und mit einem
eisernen Zaun umgeben[83]. Nordwestlich des Schlosses
ließ Pückler die Gloriette erbauen, die jedoch nicht in der
in den „Andeutungen ..." beschriebenen Form zur Ausführung kam. Pückler schildert einen zur Stadt Muskau
geschlossenen und sich zum Park mit vier Bogen öffnen-
den Bau, für den Schinkel eine Zeichnung gefertigt haben
soll. Grundmann erwähnt jedoch den zur Ausführung gekommenen Pavillon, zwischen dessen acht Stützen ein
aus dünnen Eisenstäben gefertigter Zaun angebracht war.
Das achteckige Zeltdach überragten lanzenförmige Spitzen[84].

Park

Babelsberg

Westlich des Babelsberger Schlosses steht auf der Lennéhöhe ein zweigeschossiger, quadratischer Backsteinpavillon, die mittelalterliche Berliner Gerichtslaube. Sie besteht aus einer offenen, ebenerdigen Halle mit vier Kreuzgewölben, die sich auf den mit einem Stuckkapitell verzierten Mittelpfeiler stützen. Dieser Teil des Bauwerkes entstand zwischen 1270 und 1290. Darüber liegt das 1485 errichtete Obergeschoß, das 1555 erneuert wurde. Seine vier Sterngewölbe ruhen auf einer Renaissancesäule. Der am südwestlichen Strebepfeiler angebrachte „Kaak", ein grinsender Vogel, diente als Pranger. 1871 erfolgte der Abriß der Gerichtslaube am alten Rathaus in Berlin – Ecke der Königs- und Spandauerstraße. Unter Verwendung einiger alter Bauglieder entstand das Bauwerk neu nach Entwürfen von Blankenstein und Strack unter der Leitung von Persius 1871/72. In der Laube fanden die Zinkgußplastiken des heiligen Georg mit dem Drachen und zweier liegender Löwen von A. Schiffelmann Aufstellung[85].

186
Babelsberg. Große Brücke am Hang
südlich des Flatowturmes. 1985

Südwestlich des Schlosses steht auf einem Aussichtspunkt eine Siegessäule aus Granit mit Nachbildungen der Erinnerungsmedaillen für Teilnehmer an den Kriegen 1864, 1866 und 1870/71. Das Kapitell krönt eine Victoria aus Bronze von C. D. Rauch. Unterhalb der Siegessäule ließ Wilhelm I. eine halbovale Sandsteinbank mit Bronzebüste der Staatsmänner und Feldherren der Kriege Preußens gegen Dänemark, Österreich und Frankreich errichten[86]. Auf dem Weg zwischen Wassertreppe und Kleinem Schloß befand sich der steinerne Bildstock, ein Geschenk des Großherzogs von Baden an Wilhelm I. zur Erinnerung an das Gefecht von Bischweiler am 29. 6. 1849[87]. Die Bronzestatue „Badendes Mädchen" von L. W. Wichmann hatte ihren Standort am Ufer des Kindermannsees[88]. In der Nähe des Flatowturmes befand sich bis 1945 ein Borkenhäuschen, das die Prinzessin Augusta um 1845 erbauen ließ. Der kleine Pavillon, von dem noch Abbildungen existieren, erinnert mit seinem kreisförmigen Grundriß an das Borkenhäuschen im Weimarer Ilmpark. Das überkragende Dach trugen Stützen aus Baumstämmen mit Rinde[89].

Branitz

Aus den Branitzer Wirtschaftsakten lassen sich Schlußfolgerungen über das Vorhandensein und die Standorte mehrerer Lauben im Park ziehen. In dem Plan von 1853 ist ein Platz auf den Mondbergen westlich des Schlosses durch acht Punkte, die einen Kreis bilden, markiert. Der Standort der Mondlaube kann somit genau angegeben werden. Pückler ließ an dieser Stelle im Park 1849 eine strohgedeckte Laube auf acht Säulen erbauen. Die Spitze des Daches schmückte ein Halbmond. 1857/58 wurden 50 Stufen zur Mondlaube verlegt, 1863 Reparaturen an den Rinden vorgenommen. Die Vermutung liegt also nahe, daß der Pavillon den Charakter eines Rindenhäuschens hatte. Nach dem Abbruch der Mondlaube 1864 stellte man 1867 eine achteckige Säule mit Gesims und einem Halbmond als Bekrönung sowie eine Bank auf, die wahrscheinlich rund oder achteckig war. Säule und Bank sind „türkisch abgesetzt" angestrichen gewesen, die Kugeln darauf vergoldet und „gemalt"[90]. Auf dem Schwarzen Hügel – am „vergrabenen Bauern" – stand eine einfache, mit Stroh gedeckte Laube, zu der 1858/59 achtzehn Stufen gelegt wurden[91].

Westlich des Schilfsees liegt der Kugelberg, lange Poetenhügel genannt. Im Plan von 1903 wird der nordöstlich von dieser kleinen Erhebung liegende Lindenhügel als Poetenhügel bezeichnet[92]. Der Kugelberg erhielt seinen Namen nach der dort befindlichen Glaskugel. Die Kugel hatte vermutlich 1862 zunächst einen vom Korbmacher angefertigten „Baum" mit Blumenkörben als Postament. 1863 ist dann der Sockel unter der Glaskugel gearbeitet worden, der wie die runde Bank, in deren Mitte die Glaskugel stand, farbig „abgesetzt" war. Auf den Kugelberg führen Stufen. 1867 ließ Pückler unterhalb dieser Anhöhe, die vorher nach der hier aufgestellten Fahne – Fahnenhügel – hieß, eine Laube erbauen. Die Fahnenstange befand sich wahrscheinlich auf einer Säule, die wie die sie umgebende Bank schwarz, gelb und blau angestrichen war[93].

Die Schilfberge umschließen eine Mulde, die als Wolfsschlucht bezeichnet wird. In ihr befand sich ein Brunnen, über den 1864 ein Häuschen gesetzt wurde, das 1865 eine Bekrönung erhielt. In der „Wussina" (Wildnis) hatte Pückler einer Partie Webers „Freischütz" zu Ehren den Namen „Wolfsschlucht" gegeben. In den „Andeutungen …" be-

187
Branitz. Einfassung eines Blumenbeetes. Um 1985

merkte Pückler, daß er im Muskauer Park zuweilen um Mitternacht Webers Teufelsmusik erschallen ließ. Diesen Gedanken griff Pückler auch in Branitz auf[94].

Auf dem Hügel am südwestlichen Ende der Schilfberge, dem „Heiligen Berg", hatte Pückler ein Kreuz mit einer Christusfigur errichten lassen[95]. Der Regenpilz nordwestlich der Schilfberge auf dem Rennbahnhügel ist mehrmals erneuert worden. 1860 fertigte der Steinmetz eine runde Bank dafür an. Ein erster Hinweis über die Aufstellung des „Parasols"[96] findet sich 1881 im Briefwechsel G. Bleyers mit dem Grafen Pückler.

Unterhalb des Seeberges liegt die Ägyptische Brücke. Sie hatte zwei trapezförmige Durchlässe und ein gußeisernes, bronzefarbiges Geländer. Zwischen den zwölf obeliskartigen Pfeilern, die 1864 erworben wurden, befanden sich zehn Gitter. Drei auf der Spitze stehende, sechseckige, durchbrochene Sterne bildeten das Ornament eines Geländerfeldes. In die Zacken der Sterne waren insgesamt 180 runde, farbige Gläser eingelassen. Die Rechnung für das Geländer und die Gläser beglich Pückler 1868, für den Anstrich des Mauerwerks und des Gitters 1867[97]. Die Erdpyramide und den Tumulus schmückten ein Geländer und eine Fahnenstange[98].

Auf dem Gelände des Parkes existierten drei erhöhte Aussichtspunkte: die Baumtreppe in den Kiefern auf dem Mondberg, 1852 gebaut, die „Vigie" hinter der Schmiede und die „Vigie" nach der Pyramidenebene. Die Standorte dieser Aussichtsplattformen aus Holz, auf denen nur wenige Personen Platz fanden, können noch nicht exakt bestimmt werden[99].

Muskau

Die Fischerhütte am Nordufer des Eichsees, die im Atlas der „Andeutungen über Landschaftsgärtnerei" abgebildet ist, gleicht der im „Ideenmagazin für Liebhaber von Gärten, Englischen Anlagen und für Besitzer von Landgütern" von J. G. Grohmann bis ins Detail. Sie kam vermutlich nicht zur Ausführung, sondern diente nur als Vorlage für den Atlas[100]. Jenseits der Neiße am Englischen Haus befanden sich nach Pücklers Beschreibung drei laubenartige Ruhesitze. In dem mittleren waren Spiegel angebracht, um die Landschaft in die Nähe zu reproduzieren. Einem ähnlichen Effekt diente sicher auch die große Kugel auf dem Kugelberg in Branitz. Der aus „hohen

188
Muskau. Der Eichensteg. Zeichnung von A. W. Schirmer. 1834

Stämmen und Rinde" ausgeführte Pavillon auf einem Hügel am Englischen Haus läßt sich mit einiger Sicherheit anhand alter Fotos nachweisen, während genaue Angaben über die anderen Lauben fehlen[101]. Nicht gebaut wurde der Tempel der Beharrlichkeit, für den Schinkel eine Zeichnung angefertigt hatte und der auf einem Blatt des Atlasbandes der „Andeutungen ..." abgebildet ist. Auch für die Pavillons im „orientalischen Geschmack" in der Nähe des Kurhauses blieb es wahrscheinlich bis auf einen, der seinen Standort auf der „Schüttaufhöhe" hatte, bei der Absicht. Außerdem beschreibt Pückler eine halbrunde „antike" Zeltbank, das Dach von Thyrsosstäben getragen und die Lehne geschmückt mit Hortensien. Es konnte nicht nachgewiesen werden, ob diese Bank wirklich im Garten der Trinkgalerie stand[102].

Von den zahlreichen Brücken sollen nur drei erwähnt werden: der Eichensteg und die Prinzenbrücke östlich der Neiße sowie die Rote Brücke im Bergpark. Der Eichensteg war eine einfache Holzbrücke mit einem Geländer aus rohen Ästen mit Borke[103]. Im Babelsberger Park gibt es ähnliche Brücken am Flatowturm, die Geländer bestehen allerdings aus imitierten Ästen aus Eisen. Die Prinzenbrücke erhielt ihren Namen nach Wilhelm I., der bei einem Besuch Muskaus Empfehlungen für die Gestaltung der Brücke gegeben hatte. Die Seitenansicht der Brücke wurde mit einer Treillage in Bogenform aus rohen Eichenstangen überzogen und mit wildem Wein berankt[104]. Der Bau der Roten Brücke im Bergpark erfolgte 1836; das Motiv des Geländers aus rotem Backstein ähnelte dem der Einfriedung der Römischen Bäder in Potsdam[105].

189
Muskau. Rekonstruierte Eichseebrücke mit Eichseewasserfall. 1986

Erfahrungen bei der Arbeit in Thüringer Landschaftsgärten

Von Jürgen Jäger

Achtung und Anerkennung der Parkanlagen als Kunst- und Kulturdenkmale und Stätten der Bildung und Erholung haben gerade in den letzten Jahren merklich zugenommen. Dennoch schreitet in einer Reihe von Anlagen der Verfall, insbesondere durch das ungezügelte Wachstum und die Überalterung des Baumbestandes, fort. Dieser Prozeß ist nicht allein die Folge fehlender Geldmittel, sondern auch einer falschen Einstellung zur Aufgabe und mangelnder Fachkenntnisse und Fachberatung. So ist selbst in Weimar, wo seit etwa 25 Jahren an der Parkrekonstruktion gearbeitet wird, unter der Bevölkerung noch teilweise die Auffassung verbreitet, der Landschaftspark sei ein Naturgebilde, welches sich zur Vollkommenheit entwickelt und in das der Mensch kaum einzugreifen braucht. Aus dieser Einstellung ergibt sich vielerorts eine Unterschätzung der für die Erhaltung eines Parkes erforderlichen Arbeiten. Der Einblick, der mit diesem Beitrag in die Arbeit des Parkpflegers und Gartenrestaurators gegeben wird, soll die dabei anzuwendenden Methoden vorstellen und verdeutlichen, daß die Arbeiten zur Erhaltung des Kunstwerkes Park, insbesondere des Landschaftsparkes, wie die restauratorischen und denkmalpflegerischen Arbeiten an den Werken anderer Kunstgattungen ein Beitrag zur Bewahrung unserer Kulturlandschaften sind.

Erhaltung und Regenerierung eines Landschaftsparks sind ein Prozeß, an dem Generationen arbeiten und dabei Erkenntnisse sammeln müssen. Besonders in unsere Jahrzehnte fällt die verantwortungsvolle Aufgabe, die durch Kriegs- und Nachkriegszeiten stark vernachlässigten Landschaftsparks vor dem gänzlichen Verfall zu retten. Es gibt bisher, im Verhältnis zur Zahl der vorhandenen Anlagen, nur wenige Beispiele gründlicher denkmalpflegeri-

scher Behandlung derselben. Die pflegerische Behandlung eines Landschaftsparks ist heute meist mit einer Regenerierung verbunden, da der Baumbestand vielfach seine Altersgrenze erreicht hat, die für viele Bäume bei 200 Jahren liegt. Bei den Arbeiten muß für jeden einzelnen Baum, bei jeder Pflanzung unter Nutzung der bereits gewonnenen Erkenntnisse entschieden werden, wie vorgegangen wird.

Das sich heute dem Auge bietende Bild ist in vielen Parks ähnlich: Fehlender Gebrauch der Axt ließ den Wildwuchs unkontrolliert wachsen. Nadelgehölze wurden von Laubgehölzen verdrängt, Einzelbäume und Baumgruppen sind oft wegen Lichtmangels verkahlt und am Zusammenbrechen, Blütengehölze durch starken Schatten verdrängt und Wiesenflächen verbuscht, Wege, Parkarchitekturen oder Wasseranlagen vielfach verwachsen oder zerstört.

Die Parkanlagen Thüringens erfuhren zwar in den 30er und 40er Jahren dieses Jahrhunderts als Denkmäler der Gartenkunst eine wachsende Beachtung, verwiesen sei auf die Arbeiten von Gresky, Huschke, Facius und Vulpius, jedoch beschränkte sich diese Aufwertung auf Erforschung und Bewertung der Geschichte dieser Parkanlagen. Maßnahmen zur Erhaltung im Sinne der Denkmalpflege, wirklich praktische parkgärtnerische Schritte unterblieben. Der Zweite Weltkrieg machte außerdem alle Ansätze einer Parkrekonstruktion zunichte und führte zu weiteren Verlusten an der Substanz. Deshalb war es besonders verdienstvoll, daß nach 1950 durch den Gartenarchitekten Hermann Schüttauf (1890–1967) besonders auch im Thüringer Raum durch Beratungen, Gutachten und Parkseminare die praktische Parkdenkmalpflege in Gang gesetzt wurde. In der Folgezeit entwickelte sich,

191
Park an der Ilm in Weimar mit Borkenhäuschen (1778, jetzige Form etwa seit 1960)
und künstliche Ruine. Baumbestand zwischen 1970 und 1980 stark gelichtet,
weitere Verjüngungen sind erforderlich

◄ 190
Schloßpark Tiefurt bei Weimar.
Lärchengruppe auf der großen Parkwiese
vor verschiedenfarbiger Gehölzkulisse. Zustand 1982.
Lärchengruppe vor 1840 gepflanzt,
Gehölzbepflanzung vor dem Musentempel:
Zukünftiger Standort einer Silberpappel

192
Schloßpark Ettersburg. Partie im westlichen Park mit bewegtem Geländeprofil
und abwechslungsreicher Wipfellinie der Solitärbäume

193
Schloßpark Ettersburg. Parkpartie am Schloß. 1994. Gegenblick
zu Abb. 192. Die Artenzusammensetzung und Gruppierung
der Gehölzpflanzung läßt deutlich den Schöpfer dieses Parkteils,
Eduard Petzold, erkennen. Buchenformen, Ahornarten
und -formen, Magnolien, Rotzeder und andere
Parkbäume und Sträucher ergänzen den Bestand an alten,
aus dem Waldbestand übernommenen Eichen,
Hain- und Rotbuchen.

aufbauend auf vorhandenen und teilweise neu erarbeiteten theoretischen Grundlagen, die Beschäftigung mit der gärtnerisch-praktischen Seite der Parkgestaltung und Parkerhaltung.

Während für die Erarbeitung der denkmalpflegerischen Zielstellung hauptsächlich die vorhandenen Planunterlagen, Bilder, Beschreibungen und Archivquellen herangezogen werden, ist für die darauf aufbauende praktische Ausführung von Pflege- und Rekonstruktionsarbeiten eine intensive Beschäftigung mit der vorhandenen Substanz erforderlich. Es ist dabei erstaunlich, was ein fachkundiges, geschultes Auge alles aus einem Bestand oder Resten desselben herauslesen kann. Alter und Wuchsformen der Bäume, Art ihrer Gruppierung, ihre Artenzusammensetzung, Verlauf der Wege, Anordnung der Sitzplätze, Standorte der Parkarchitekturen oder ihrer Reste geben Aufschluß über viele Details der ursprünglichen Parkgestaltung und bieten Orientierungspunkte für die auszuführenden Arbeiten. Begünstigend für die Behandlung einiger Parks ist, daß es viele auf eine bestimmte Situation bezogene Äußerungen ihrer Schöpfer, wie zum Beispiel Pückler, Petzold, Hartwig und Jäger, gibt, die direkte Anknüpfungspunkte für die heutigen Rekonstruktionsarbeiten bieten. Auch die in deren Veröffentlichungen enthaltenen allgemeinen gestalterischen und praktischen Regeln für die Anlage und Behandlung eines Parks stellen eine Fundgrube für den Parkrestaurator dar. Aus dieser Literatur geht einmal mehr hervor, daß von allen Gestaltungsmitteln eines Landschaftsparks dem Gehölzbestand, dessen Pflanzung, Pflege und Ausformung die größte Bedeutung zukommt.

Bei der Durchführung von Wiederherstellungen großen Umfangs hat sich in landschaftlichen Parkanlagen folgende Reihenfolge als zweckmäßig erwiesen: Nach der Erarbeitung konzeptioneller Unterlagen und Pläne ist ein erster praktischer Schritt die Beseitigung von Unrat, Dürrholz und die Freilegung der Wege. Eine abschnittweise Behandlung des Gehölzbestandes einzelner Parkräume geht der Rekultivierung der Wiesenflächen und dann der Wiederherstellung der Haupt- und der Nebenwege voraus. Die Feinbehandlung verschiedener Gehölzpartien sowie Nachpflanzungen sind weitere restauratorische Schritte. Schließlich schafft die Anlage der Blumenbeete die gestalterische Abrundung.

Von dieser Reihenfolge muß natürlich abgewichen werden, wo besondere Gründe dafür vorliegen. Auch kann es

194
Park an der Ilm in Weimar. Blick vom Standort der Knüppelbank
(heute Schillerbank) über die Ilm zu Goethes Gartenhaus.
Dieser Blick wurde durch Hermann Schüttauf etwa 1960 freigelegt.

erforderlich werden, die Arbeit nur auf Teile des Parks zu beschränken. Der Grad der angestrebten Rekonstruktion muß auch im Einklang mit den Möglichkeiten der sich anschließenden laufenden Pflege stehen. Ohne auf die als selbstverständlich vorauszusetzende theoretische Vorleistung einzugehen, wird nachfolgend die Durchführung der verschiedenen Rekonstruktionsarbeiten in Anlehnung an Beispiele aus der Praxis, insbesondere in den Weimarer Parkanlagen, beschrieben. Obwohl die Situation in jedem Park anders ist, ergeben sich daraus doch verallgemeinerungsfähige Erkenntnisse.

Erfassung und Beurteilung des vorhandenen Bestandes

Die Kenntnis aller Pläne, Bilder und Textquellen zum betreffenden Park macht eine genaue Erfassung des vorhandenen Bestandes nicht überflüssig. Der zweidimensionale Plan kann die drei Dimensionen des Parks nicht wiedergeben. Auch sind in Plänen oft keine Angaben zu Details enthalten. So werden zwar Laub- und Nadelgehölze manchmal unterschiedlich dargestellt, aber die einzelnen Arten oder späteren Nachpflanzungen sind nicht gekennzeichnet. Hauptsichten gibt der Plan zwar zu erkennen, meist jedoch nicht die untergeordneten Blickbeziehungen. Bei der Beurteilung des Gehölzbestandes, besonders gut im Winter, wird man bald herausfinden, welche Bäume ursprünglich sind und welche später hinzukamen. Stellung, Alter und Baumart lassen entsprechende Rückschlüsse zu. Leichter ist diese Sonderung in den jüngeren Parks, wie den zwischen 1840 und 1875 von Eduard Petzold geschaffenen Anlagen in Dürrerhof bei Eisenach, Ettersburg, Tiefurt, in Bereichen des Parks an der Ilm und im Greizer Park. Hier lassen sich die Altbestände auch inmitten fast gleichhohen Wildwuchses noch erkennen. Eine wichtige Orientierungshilfe bei der Erfassung des ursprünglichen Baumbestandes ist auch das Zählen der Jahresringe an etwa vorhandenen Stubben. Vom Bestand an Nadelgehölzen sind wegen dessen relativer Kurzlebigkeit hingegen meist nur noch Reste erhalten. Typisch ist auch die Verwendung bestimmter Pflanzenarten und Pflanzenkombinationen bei einzelnen Gartenkünstlern. So sind Pyramideneichen, Silberahorn, rotblühende Kastanien oder der weißbunte Bergahorn in den Petzoldschen Pflanzungen in Ettersburg, Tiefurt und Weimar an auffälligen

Standorten vertreten, während sie dagegen in dem zur gleichen Zeit von Mitgliedern der Gärtnerfamilie Sckell geschaffenen Belvederer Park fehlen. Typisch für Petzold ist auch die häufige Anwendung des starken Kontrastes zwischen hell- und dunkellaubigen Baumarten: Blutbuche und Silberpappel oder Gleditschie, Linde und Silberahorn, Kastanie und Silberpappel, Ulme und weißbunter Bergahorn, Silberahorn oder Geweihbaum. Das Erkennen der Handschrift des Künstlers schärft den Blick für die Zusammenhänge. Dies wird außerdem gefördert, wenn man bei der Bestandserfassung an Ort und Stelle immer wieder die vorhandenen Pläne und Bilder nach Detailaussagen befragt.

Wichtig ist, daß neben den Gehölzen alle Parkarchitekturen, auch deren oft vorhandene Reste, sowie Wege, Plätze und Wasseranlagen in die Erfassung und Bewertung des Bestandes einbezogen werden. Zwischen Architekturen und Pflanzungen bestehen oft Bezüge, so kommen in den Parks in Tiefurt und Kochberg rahmende Pflanzungen von Nadelgehölzen zur Erzeugung einer ernsten und Pflanzungen von Linden zur Vermittlung einer heiteren Stimmung an Denkmälern vor. Parkarchitekturen wurden mit besonders auffälligen Gehölzen „ausgeziert".

Schwieriger ist es, den ursprünglichen Bestand der frühen Landschaftsparks zu bestimmen. Die Pflanzungen waren damals aus biologischer Sicht noch sehr dilettantisch angelegt, also sehr gemischt und dadurch nicht von Dauer. Man wählte und beherrschte noch nicht den Umgang mit dem freiwachsenden Baum und der Baumgruppe. Für diese Zeit müssen Beschreibungen, Abbildungen und die teilweise sehr wenige Details enthaltenden Pläne herangezogen werden; dies trifft für große Bereiche des Parks an der Ilm in Weimar zu.

Die Erkenntnisse der Bestandserfassung ergänzen die theoretischen Unterlagen und bilden mit diesen zusammen die Grundlage der Maßnahmepläne für die praktische Arbeit.

Die Behandlung des Gehölzbestandes

Für die erste Phase der Behandlung sind noch relativ wenige theoretische Vorarbeiten erforderlich. Um den Altbaumbestand wieder sichtbar zu machen, muß der offensichtliche Wildwuchs dicht über dem Boden entfernt oder soweit erforderlich gerodet werden. In der praktischen

195
Park an der Ilm in Weimar. Schlangenstein (1787). Nach Beseitigung
des Wildwuchses 1973 Pflanzung einer für dort nachgewiesenen Fichtengruppe, Zustand 1986

Arbeit hat es sich gezeigt, daß Wildwuchs nur in wenigen Fällen, ausgenommen in geschlossenen Pflanzungen, zur Nachzucht von Parkbäumen benutzt werden kann. Gleichzeitig sollten überalterte Sträucher zurückgesetzt, Wege und Gebäude von dem sie bedrängenden Gehölzwuchs befreit und Dürrholz entfernt werden. Diese Arbeit läßt sich auch mit Hilfskräften erfolgreich durchführen.

Aus eigener Erfahrung kann bekräftigt werden, daß spätestens mit dem Beginn der ersten Maßnahmen am Gehölzbestand eine Information der Öffentlichkeit über Umfang und Ziel der Arbeiten erfolgen muß. Wird dies versäumt, so kann sich die gute Absicht ins Gegenteil verkehren und der weitere Fortgang der Arbeiten behindert werden. Bekannt sind die Schwierigkeiten, die sich in

Weimar schon seit Jahrzehnten der Parkrekonstruktion entgegenstellten. Erst als der Verfall bedrohliche Ausmaße annahm und – beginnend mit der Arbeit Schüttaufs – eine großangelegte Aufklärung unter der Bevölkerung einsetzte, wurden diese durchaus verständlichen Bedenken abgebaut.

Der Beseitigung des Wildwuchses, der überständigen und abgestorbenen Bäume muß im zeitlichen Abstand von etwa zwei bis vier Jahren eine weitere Ausformung des Baumbestandes folgen. Wie die Schöpfer der Landschaftsgärten selbst forderten, ist alle vier bis acht Jahre eine Durchforstung erforderlich. Dicht gepflanzte Baumgruppen müssen gelichtet werden, damit sich die Einzelbäume gut entwickeln können, an Gehölzrändern sind die ursprünglichen Konturen wieder herauszuarbeiten, als

196
Park an der Ilm in Weimar. Dessauer Stein (1787),
zur Erinnerung an die Freundschaft zwischen den Herzögen
von Dessau und Weimar errichtet.

197
Park an der Ilm in Weimar. „Ansicht der Bogenbrücke auf den Wiesen" von Georg Melchior Kraus. Darstellung von 1793.
Als Ergänzung zu den Plänen sind derartige Darstellungen eine wertvolle Hilfe für Rekonstruktionsarbeiten.

Büsche gedachte Baumarten, die sich inzwischen zu Bäumen entwickelt haben, müssen auf Stock gesetzt und ein geschlossener Bestand muß aufgelichtet werden, damit sich Unterstand, Strauch- und Krautschicht entwickeln können. Im Park an der Ilm in Weimar war im Talbereich der Charakter einer lichten Auenlandschaft wegen sich ausdehnender Gehölzgruppen und dichtem Bewuchs der Ilmufer verlorengegangen. Nur durch starken Einschlag konnte der ursprüngliche Eindruck wiederhergestellt werden. Anders war die Aufgabenstellung am Hang unterhalb des Schlosses Ettersburg. Dieser war zu Pücklers und Petzolds Zeiten mit Blütengehölz und großen Büschen bestanden, der Blick zur Försterei war frei. In der Zwischenzeit war eine geschlossene Baumwand herange-

wachsen, die nun bei der Rekonstruktion stark gelichtet werden mußte.

Sichtbeziehungen

Gestalterisches Gerüst – und damit besonders wichtig für die Rekonstruktionsarbeiten – ist das System der Sichtachsen in einem Landschaftspark und zwischen dem Park und der umgebenden Landschaft. Der Wiederherstellung und Behandlung der Sichten kommt auch deshalb eine besondere Bedeutung zu, weil sie dem Besucher recht augenfällig sind und die Absicht der Rekonstruktionsmaßnahmen deutlich merken lassen. Schüttauf legte deshalb

198
Park an der Ilm in Weimar. Blick vom Borkenhäuschen über die Bogenbrücke
zum Kirchturm in Oberweimar. Von Georg Melchior Kraus.
Seit 1978 wird an der Wiederherstellung dieser für den Park wichtigen
1,5 km langen Sichtverbindung gearbeitet.

bei seinen Vorschlägen zur Parkrekonstruktion besonderen Wert auf die Wiederherstellung von Sichtbeziehungen, und heute bereits gehören die von ihm veranlaßten Aushiebe im Park Tiefurt (Blick zum Musentempel) und im Park an der Ilm in Weimar (Blick von der sogenannten Schillerbank zum Gartenhaus und zwischen Römischem Haus und Gartenhaus) zu bekannten Parkbildern. In neuerer Zeit wurde an der Ausformung weiterer Blickbeziehungen gearbeitet, so im Park an der Ilm an einem Blickfächer in die Ilmaue von der Hangterrasse am Dessauer Stein und am Blick vom Borkenhäuschen zum 1,5 km weit entfernten Kirchturm von Oberweimar. Von letztgenanntem Blick gibt es Darstellungen von 1788 und 1798 von Georg Melchior Kraus und Friedrich Gilly. Seit mindestens Anfang dieses Jahrhunderts ist dieser Blick zugewachsen. Einem genauen Profilaufmaß und einer Absteckung durch den Vermessungsdienst folgte schrittweise der Aushau zunächst einer Schneise, nach und nach müssen die Ränder der Sicht weiter geformt werden.

Eine besondere Stellung unter den Sichten in den Weimarer Gärten hat der sogenannte Pücklerschlag in Ettersburg. Hier wurde nach Angaben von Pückler durch Eduard Petzold 1846 ein ca. 0,8 km langer Aushau zu dem gegenüber dem Schloß gelegenen 45 m höheren „Brunfthof" ausgeführt. Durch die Ausformung seiner Begrenzung, die Bodenmodellierung und die Stellung einiger Einzelbäume bietet der Schlag ein großartiges Landschaftsbild. In umfangreichen Teilen ist der Altbestand

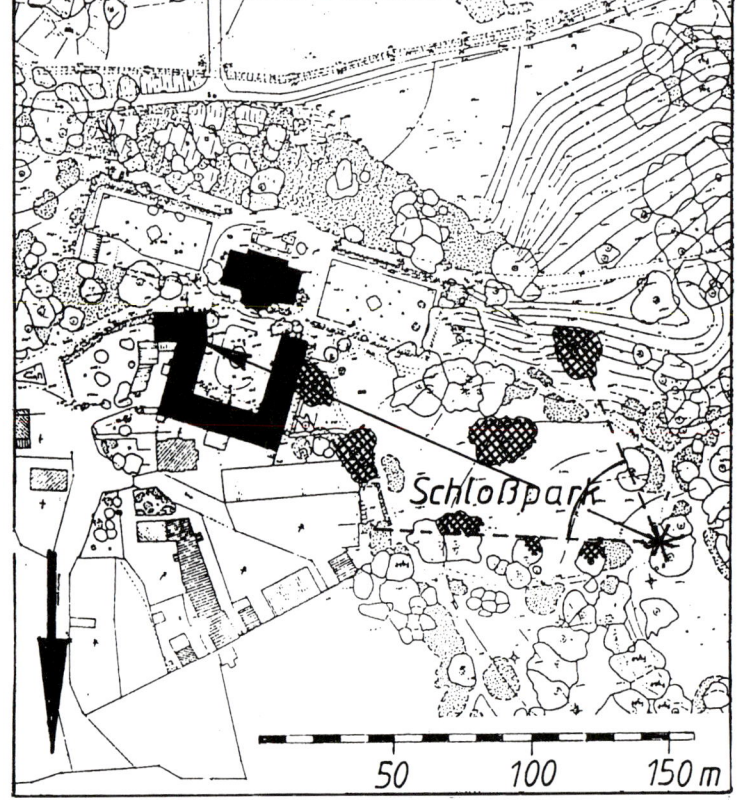

199
Schloßpark Ettersburg. Plateau westlich des Schloßkomplexes.
Gestaltung durch Eduard Petzold. 1994

200
Ettersburg. Bildwinkel zu Abb. 199 mit den
wirksamen Baumgruppen

Schloßpark

50   100   150 m

des den Schlag umgebenden Waldsaumes vor ca. 35 Jahren gefällt worden. Im Bereich der ehemaligen Kronentraufen und von da aus auf die Wiese vordringend, wachsen inzwischen Eschen, Linden, Hainbuchen, Eichen und Rotbuchen heran. Seit dem Jahr 1979 wurde hier pflegend eingegriffen. Unter Orientierung auf die vom Altbestand noch erhaltenen Stubben mußte der Aufwuchs auf die ursprüngliche Begrenzung des Schlages fast durchweg um ca. 10 bis 15 m zurückgedrängt werden. Nach Kräftigung des verbliebenen Bestandes ist eine weitere Formierung und Vereinzelung erforderlich. Ziel der Bearbeitung ist es, durch die entsprechenden Vorsprünge und Einschnitte des Waldsaumes den beabsichtigen Eindruck von Weite und Bewegtheit zu erhalten und wieder zu erreichen. Ebenfalls wieder freigelegt wurde der Blick zwischen dem Park Ettersburg und der Oberförsterei.

Neupflanzungen

Die gestalterisch und biologisch richtige Einordnung, Ausführung und Pflege von Gehölzpflanzungen zur Regeneration eines Landschaftsparkes erfordert gründliche Vorüberlegungen und entsprechende Fachkenntnisse. Nicht nur die Konturen der Sichtachsen und anderer Parkräume müssen beachtet werden, sondern auch die zu wählende Baumart, die speziellen Standortbedingungen, der Nachbarbestand, die zu erwartende Entwicklung und der mögliche Aufwand für laufende Pflege. Als wichtige Erfahrung aus durchgeführten Neupflanzungen hat sich ergeben, daß sie dann erfolgversprechend sind, wenn der Altbestand in einem größeren Bereich flächig stark aufgelichtet ist. Erst dann haben Neupflanzungen die Möglichkeit, sich vollwertig zu entwickeln. Auch ergeben sich in der Regel ausgewogenere Proportionen zwischen Neupflanzung und Altbestand. Oft mußte bei Baumpflanzungen in der Nähe eines Altbestandes – unter Nähe ist dabei noch eine Entfernung von 15 bis 20 m außerhalb der Kronentraufe zu verstehen – festgestellt werden, daß sich dieselben schlecht und einseitig entwickeln und in ihrer ästhetischen Wirkung nicht befriedigen. Etwas anders liegen die Bedingungen bei Unterpflanzung mit schattenverträglichen Gehölzen innerhalb größerer geschlossener Pflanzungen. Hier muß bei einer Erneuerung der Altbestand nach 10 bis 15 Jahren unter Schonung der Unterpflanzung gelichtet und entfernt werden.

In den Parks von Tiefurt und Weimar war es durch das Ulmensterben in den Jahren 1968 bis 1972 erforderlich geworden, den Bestand fast flächenhaft abzuholzen. Hier ergab sich die Notwendigkeit und auch die Möglichkeit umfangreicher Neupflanzungen. Sie wurden planmäßig vorbereitet und durch eine gleichzeitige Korrektur der Bestandsverteilung ergänzt, vor allem zugunsten der Sichtbeziehungen und der Artenzusammensetzung. Wie in den meisten alten Landschaftsparks waren hier die Nadelgehölze von den wüchsigeren und langlebigeren Laubgehölzen verdrängt worden, und kurzlebigere Laubbäume, wie Birken oder Pyramidenpappeln, fehlten. Für die Durchführung der Neupflanzung wurden die Angaben in den alten Lehrbüchern der Landschaftsgärtnerei genutzt, sie erfolgten als Dichtpflanzung in Form sogenannter Klumps. Auf ca. 2 m² wurden jeweils ein Baum und in den Randbereichen der Pflanzung zusätzlich Sträucher gepflanzt. Bei den Gehölzen kamen neben den zum Verbleiben vorgesehenen Standbäumen noch deren Entwicklung fördernden Ammengehölze hinzu. Die Pflanzungen haben sich in den etwa 20 Jahren zu 10–14 m hohen Beständen entwickelt. Dreimal erfolgte bereits eine sondernde Auslichtung, einige Bäume wurden dabei nicht abgesägt, sondern mit Wurzelballen zur Verwendung an anderer Stelle entnommen. An den heranwachsenden Beständen bestätigt sich auch deutlich, daß als Starkbaum gepflanzte Gehölze sich langsamer entwickeln und zeitiger Alterserscheinungen zeigen als normale Baumschul- oder sogar Forstqualität. Nach 8 bis 10 Jahren sind, insbesondere in der Höhe, die Unterschiede verwischt zwischen den verschiedenen Qualitäten der verwendeten Pflanzware. Entscheidend ist jetzt die weitere Behandlung der Pflanzungen, zur rechten Zeit muß eine Vereinzelung und eine Förderung der Standbäume erfolgen. Erfahrungen, wie dieser sich über ca. 30 Jahre hinziehende Prozeß zu Ende zu führen ist, gibt es noch nicht. Um die Kontinuität bei der Behandlung von Pflanzungen zu sichern, ist es erforderlich, die verfolgte Absicht schriftlich niederzulegen. Hier sei noch darauf hingewiesen, daß dem Einschlag von Bäumen dann keine Neupflanzung zu folgen braucht, wenn aus den Stubben durch starken Stockaustrieb ein großer Busch oder ein kleiner Baum erzogen werden soll.

Wenn in der Öffentlichkeit über notwendige Arbeiten in Parks, besonders über Fällarbeiten, berichtet wird, sollte nicht versäumt werden, auch die geplanten Neupflan-

201
Schloßpark Tiefurt. Blick vom Ilmhang auf die Parkpartie am Musentempel (1803).
Die Blumenanlage wurde vermutlich um 1850 im Zuge der Umgestaltung durch
Eduard Petzold geschaffen. Rekonstruktion 1983

zungen zu erwähnen. Es lassen sich meist bereits im Anfangsstadium einer Rekonstruktion Pflanzstandorte finden, etwa im Randbereich oder zur Abschirmung störender Bebauung. In den Parks selbst ist in der Regel in den ersten Jahren viel mehr Arbeit mit der Axt als mit dem Spaten notwendig.

Wege

Wichtig für das Erlebnis und die Nutzung eines Parks sind die Wege. Sie gehören zwar zu den Gestaltungsmitteln des Parks, die unveränderlich sind und damit wichtige Anhaltspunkte für die ursprünglichen gestalterischen

Absichten geben, unterliegen aber einem mehr oder weniger starken Verschleiß. Das Aufspüren und Freilegen verwachsener Wege, Plätze und Sitznischen erfordert meist wenig Mühe und führt oft zu überraschenden Ergebnissen. Bei den Rekonstruktionen in den Weimarer Parks hat sich erwiesen, daß der Verlauf des ursprünglichen Wegenetzes auch für heutige Anforderungen ausreicht. Auch für die Zukunft sind nur einige Abrundungen des Wegesystems im Randbereich der Parks vorgesehen. Dagegen machten sich teilweise Verbreiterungen der Wege wegen der starken Besucherfrequenz und des Befahrens mit Pflegefahrzeugen erforderlich. Für die Wegebefestigung muß neben dem äußeren Bild auch deren Belastbarkeit beachtet werden. Zur Erprobung von Wegebefestigungen und

202
Schloßpark Ettersburg. Pücklerschlag, vom Dachgeschoß des Schlosses
aus gesehen. In der linken Bildhälfte sind die erfolgten Ausformungsarbeiten
am Gehölzrand im Bereich einer Solitärbuche zu erkennen

203
Schloßpark Tiefurt. Partie mit neugepflanzten zehnjährigen Baumgruppen.
Im Verlauf von etwa 20 bis 30 Jahren werden aus diesen Pflanzungen
die späteren Standbäume ausgewählt

Wegedeckenschichten wurde 1994 im Park an der Ilm ein von der Europäischen Union gefördertes Pilotprojekt verwirklicht. Innerhalb desselben wurden inbesondere wasser- und bitumengebundene Deckschickten ausgeführt, die der Belastung und den gestalterischen Anforderungen entsprechen. In Parkanlagen in hängigem Gelände findet man oft ein ausgeklügeltes System von Quer- und Abflußrinnen vor, so in den Parks in Ettersburg und teilweise auch in Belvedere. Es sollte in die Rekonstruktion einbezogen werden. Als Ergebnis der langjährigen umfangreichen Wegebauarbeiten muß festgestellt werden, daß ein Weg mit wassergebundener Deckschicht, in jeder Bauweise, beim Auftauen im Frühjahr oder bei Wechsel zwischen Frost- und Wärmegraden in seiner Benutzbarkeit beeinträchtigt ist. Eine Belastung führt dann zu Schäden. Die laufende Unterhaltung, insbesondere der Deck-

schicht, ist deshalb bei Wegen mit wassergebundener Decke wichtig.

Wiesen und Rasenflächen

Sind alle gröberen Rekonstruktionsarbeiten abgeschlossen, störende Stubben gerodet und die Anschlußhöhen an den Wegen bekannt, kann die Instandsetzung der Wiesen und Rasenflächen erfolgen. Sind ihr Profil und ihre Narbe noch in gutem Zustand, so reicht erfahrungsgemäß die Einführung einer entsprechenden Schnittfolge zur Erzielung des gewünschten Zustandes aus.

Größere und stark verwilderte Flächen wurden in den Weimarer Parks umgebrochen, mit einem Futtergemenge bestellt und nach dessen Aberntung im Spätsommer mit

204
Schloßpark Kochberg. Blumengarten. Rekonstruktion 1973
nach Andeutungen auf einem Katasterplan von 1869

205
Park an der Ilm in Weimar. Römisches Haus (1791–97).
Freilegung des Gebäudes und Neupflanzung des Hanges 1970–75.
Felspartien müssen erneut freigelegt werden.

206 ▶
Schloßpark Kochberg. Badehäuschen mit Badeteich. Auf der Grundlage von Fotos
und den noch vorhanden gewesenen Grundmauern erfolgte 1973 die Rekonstruktion

207 ▶
Schloßpark Belvedere bei Weimar. Partie an der Großen Fontäne,
rekonstruiert 1974, dabei auch Freilegung der Sichtverbindung
zur Großen Grotte (rechts vom Springstrahl schwach erkennbar)

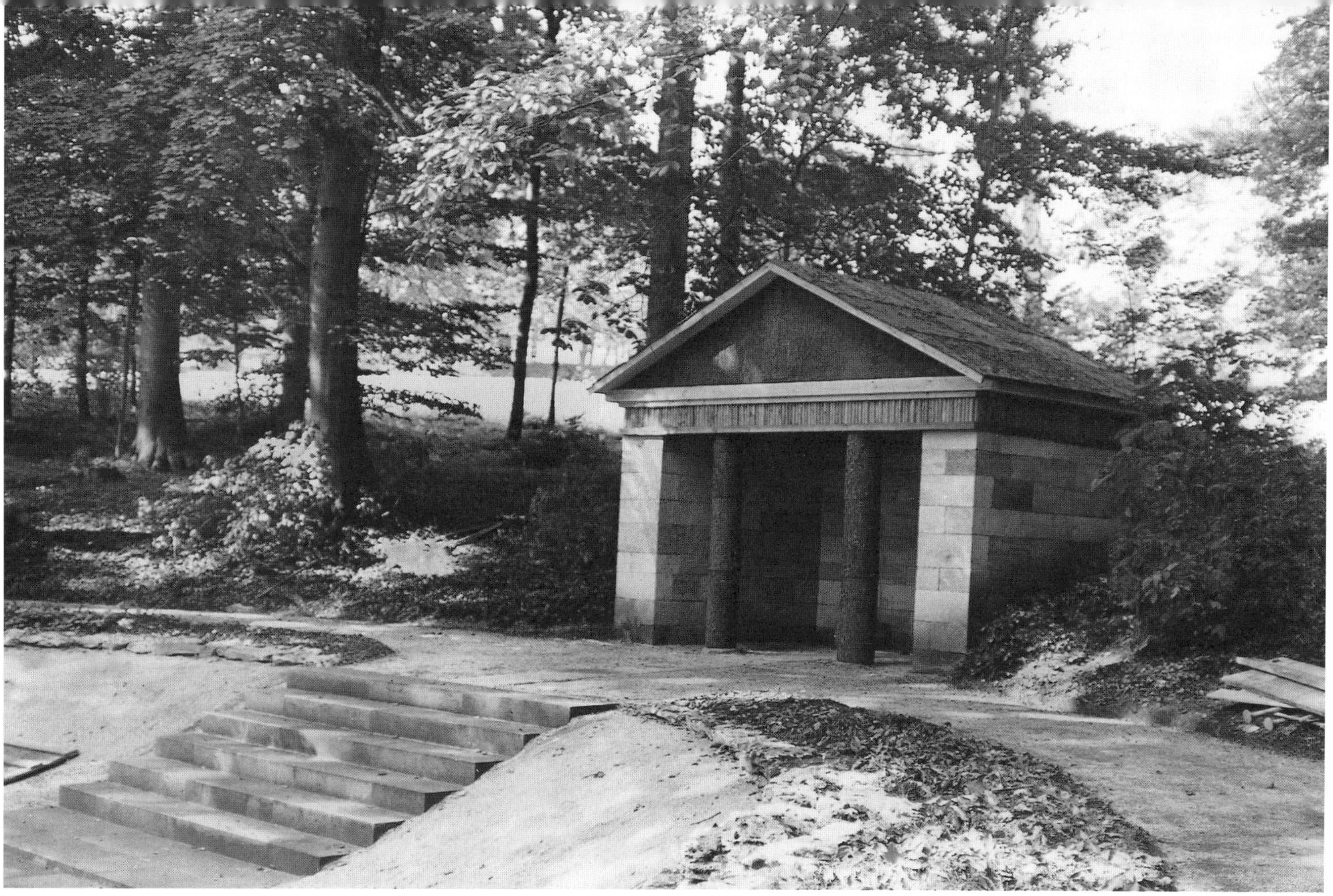

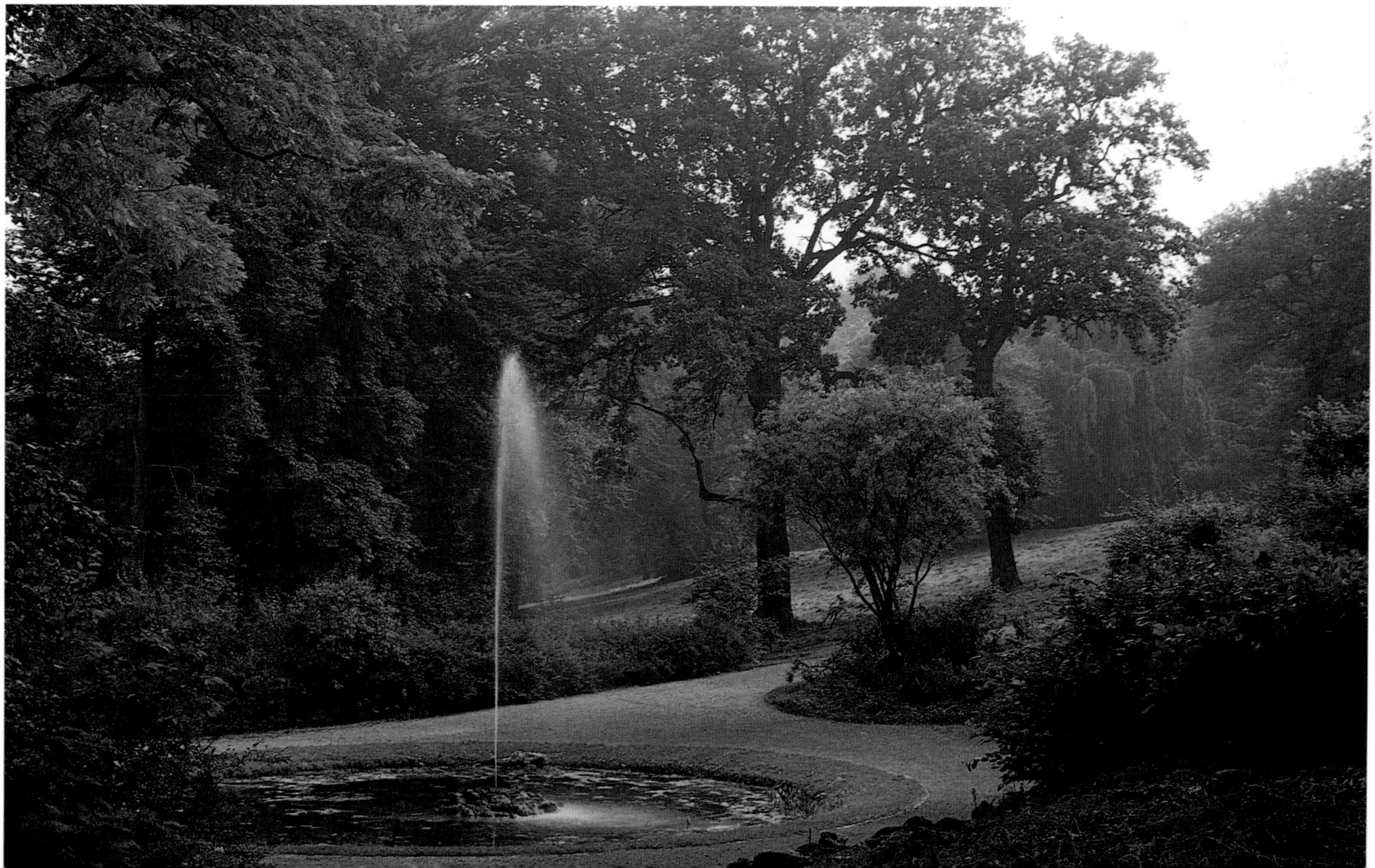

Rasen angesät. Erstrebenswert ist, daß die Wiesenflächen in den Parks mindestens einmal jährlich gemäht werden, um damit auch den Wildaufwuchs von Gehölzen zu verhindern. Seit 27 Jahren weiden auf großen Flächen in den Weimarer Parks ganzjährig Schafherden. Diese Nutzungsform ist zwar nicht ideal, die Wiesenblüte geht verloren, und Gehölze erleiden Verbißschäden, aber der Aufwand für die Pflege der Flächen verringert sich beträchtlich, und die Schafherden beleben die Parkszene. Leider ist diese Nutzungsform wegen der Verringerung der Schafhaltung rückläufig.

Blumenanlagen

In Gebäudenähe oder Sondergärten befinden sich auch im Landschaftspark oft Blumenanlagen. Manchmal erfolgt heute die Erhaltung dieser Anlagen auf Kosten der Pflege des übrigen Parks, oft sind aber auch frühere Blumenanlagen gänzlich verschwunden. Wenn es möglich ist, sollte man auf Blumenpflanzungen nicht ganz verzichten. Bescheidene, gut gepflegte Blumenanlagen stellen oft den gestalterischen Höhepunkt eines Parks dar, allerdings nur, wenn auch die Umgebung entsprechend gepflegt ist.

Den Blumen gilt stets auch das besondere Interesse der Parkbesucher, sie erhöhen also, wenn sie sich im guten Zustand befinden, die Wertschätzung der gesamten Anlage. Die Wirkung von Blumenpflanzungen sollte nicht durch Quantität, sondern durch Qualität und dem historischen Vorbild entsprechende Gestaltung erreicht werden. In den Parks und historischen Gärten möchten die Besucher ungebräuchliche Blumenarten, Zuchtformen und Beetgestaltungen vorfinden. In die Landschaftsgärten gehören so das eingefaßte Rosenbeet, das ornamental gepflanzte Beet mit Mittelbetonung oder die Aufstellung von Kübelpflanzen an den dafür geeigneten, vor allem ursprünglichen Stellen. In den Schloßparks Kochberg und Belvedere wurden in den letzten Jahren solche für die Zeit des Landschaftsgartens typischen Pflanzen, Pflanzenformen und Pflanzungen gezeigt. Hier sei auch noch auf die oft zu den Parks gehörenden Gärtnereien und Orangerien verwiesen. Wo diese zusammen mit den Parkanlagen erhalten und bewirtschaftet werden, wirkt sich das in jeder Weise günstig aus.

Parkarchitekturen

Zu den Gestaltungsmitteln, die keinem biologischen Prozeß unterliegen, gehören die Parkarchitekturen einschließlich beweglicher Ausstattungsgegenstände. Vielfach sind diese durch natürlichen Verfall oder durch mutwillige Zerstörung nur noch in Resten vorhanden. Um ein möglichst genaues Bild von der ursprünglichen architektonischen Ausgestaltung des Parks zu erhalten, sollte man allen Spuren nachgehen; denn Art und Stellung der Architekturen geben wichtige Anhaltspunkte für die meist verwischte frühere pflanzliche und räumliche Gestaltung. Sie bilden oft das Ziel einer Blickbeziehung oder bestimmen ganz entscheidend den Charakter eines Parkraumes. Würde im Schloßpark Kochberg die nach 1800 entstandene romantische Gestaltung ohne die aus Resten oder nach Abbildungen rekonstruierten vielen kleinen Parkarchitekturen lebendig? Rindengedecktes Badehäuschen, künstliche Ruine, Leinwandhäuschen, Blumentheater, Grotte und Grabstelle sowie steinerne Wasserrinne, Plattenpfad, Treppenläufe, Brücken und Teiche gehören zum historischen Parkbild. Teiche und überhaupt Wasseranlagen kann man wegen ihrer relativen Unveränderlichkeit zu den architektonischen Elementen eines Parks rechnen. Sowohl im Park Kochberg als auch im Park Belvedere hat es sich gelohnt, dem teilweise nur noch in Andeutungen vorhanden gewesenen Wassersystem nachzuspüren und es wieder gangbar zu machen. Dabei stellte sich heraus, daß diese Anlagen sehr durchdacht waren, denn ein Wasserspiel wurde durch das andere gespeist, und alles funktionierte ohne Pumpenkraft. Aber auch historische Bankformen, Gitter und Zäune, Geländer, Brücken, Beeteinfassungen, Keramikgefäße, Besonderheiten wie spiegelnde farbige Glaskugeln oder Windharfen gehören zum architektonischen Beiwerk eines Landschaftsparks. Durch all das erst wird oft der Gesamtcharakter des Parks deutlich und verständlich. Was an derartigen Details noch vorhanden ist oder aus Abbildungen ersichtlich wird, sollte deshalb bei Parkrekonstruktionen verwendet, zumindest sollten die Reste bewahrt und dokumentiert werden. Die Erfahrung zeigt, daß die Bevölkerung zu den baulichen Bestandteilen eines Parks eine besonders gute Beziehung hat. Bei Parkarchitekturen sind die mutwillig herbeigeführten Schäden besonders auffällig und schmerzlich. Als bester Schutz gegen Zerstörungen und Verschmutzungen, dies trifft auch für einen Park insgesamt zu, haben

208
Schloßpark Belvedere bei Weimar. Mooshütte und Moosbecken.
1978 nach einem Grundriß und einer Zeichnung rekonstruiert

sich ein guter Pflegezustand, die ständige und sofortige Beseitigung von Schäden und eben die Einbeziehung der Bevölkerung in die Bemühungen um den Schutz bewährt.

Aus diesem Bericht über die vielfältigen Fragen, die bei der Erhaltung und Wiederherstellung eines alten Parks zu beachten und zu lösen sind, mag der Eindruck entstehen, daß diese Arbeit mit einem hohen Kostenaufwand verbunden ist. Dies ist jedoch nicht immer der Fall. So sind die Arbeiten am Gehölzbestand, an den Wiesenflächen, auch an den Wegen und Wasserflächen nur mit einem geringen Materialaufwand verbunden. Für Steinarbeiten oder Wegebefestigung sollte aus denkmalpflegerischen Gründen ortsübliches Material verwendet werden. Viele der erforderlichen Arbeiten können von kleineren Hand-

werksbetrieben ausgeführt werden. Gute Erfahrungen brachte bis 1989 im Schloßpark Kochberg, im Schloßpark Belvedere oder im Park an der Ilm die Beschäftigung von sog. „Feierabendbrigaden". Wichtig ist bei allen Arbeiten in den Parks, daß eine gute, kontinuierliche Anleitung gegeben wird und die Arbeit für Mitarbeiter und Helfer zu einem Erfolgserlebnis führt. In jedem Fall werden die in einen alten Park für Wiederherstellung und daran anschließende laufende Pflege sachgemäß investierten Gelder und gesellschaftlichen Kräfte durch die bereits vorhandene Substanz schneller wirksam als bei einer Neuanlage, denn es werden mit wenig Aufwand rasch nutzbare Anlagen für die Bürger erschlossen und gleichzeitig Kultur- und Kunstdenkmale erhalten.

209
Schloßpark Ettersburg. Blick aus dem Park auf Neues Schloß und Kirche

Chronologische Fakten

Zum Muskauer Park

Von Helmut Rippl

1811/12

Bepflanzung der öden Sandflächen der Berglehne vom Englischen Haus bis zur Prinzenbrücke durch Forstangestellte.

Erstes Eintauschen von zum Park bestimmten Ländereien.

Fasanerie und alte Orangerie an der Tränenwiese beseitigt, letztere auf Schloßwiese wiedererrichtet.

1812/14

Pückler nimmt an den Freiheitskriegen teil.

1814/15

1. Englandreise; Pückler läßt Leopold Schefer (Schulfreund und Poet) nachkommen; Ideensammlung für den Muskauer Park.

1.5.1815

Brief Pücklers an die Muskauer Bürgerschaft, der er das Ausmaß der Parkpläne kundtat und die er zur Einwilligung in Landtausch und -kauf/verkauf aufforderte.

Zuerst arbeitete man nur in der näheren Umgebung des Schlosses und pflanzte die Hintergebäude der Stadt ab.

1816

1. Krisis in Pücklers Schaffen.

1817

J. H. Rehder als leitender Gärtner eingestellt.

120–200 Arbeiter mit Abrißarbeiten der Gebäude am Mühlenweg beschäftigt. Be-seitigung der festungsartigen Mauern des Schloßgrabens nördlich des Amtshauses und um das Schloß. Verschönerungsarbeiten um das Schloß, Ausgraben des Oberlaufes der Hermannsneiße und des nördlichen Schloßteiches; Schloßrampen zur Stadt schwingend. Pleasureground an der Südostseite des Schlosses bepflanzt.

1818

Nur geringe Arbeiten am Park, Teilnahme Pücklers am Aachener Kongreß.

1819

Fertigstellung des Zuflusses der Hermannsneiße, Flutung des Schloßteiches. Planaden der Kanalwiese und Abpflanzungen zur Stadt dort; 1. Schloßentwurf Schinkels vermutet.

1820

Pflanzung großer Bäume auf der Tränen- und Bergwiese.

Veränderungen an der Grenzpflanzung zur Stadt im Bereich der Tränenwiese.

Einrichtung des Englischen Hauses (eine Schankwirtschaft).

2. Schloßentwurf Schinkels. Künstlerische Krise Pücklers.

1821

Großes Schaffensjahr.

ab 1821

Mehrere Jahre an der Umgebung des Englischen Hauses gearbeitet.

28.1.1821

Brief an Humphrey Repton mit Bitte um Unterstützung beim Entwurf eines Generalplanes für den Muskauer Park.

April 1822

A. Repton, Humphrey Reptons Sohn, mit dem engl. Landschaftsgärtner Vernal in Muskau 4–5 Wochen tätig.

50 Linden der großen Alleen auf der Schloß- und Lindenwiese gefällt.

Fr. Schinkel erneut in Muskau, um sich ein Bild vom Zustand und von den neuen Intentionen des Fürsten zu machen. Auftrag zum 3. Schloßentwurf, zum Umbau des Orangeriegebäudes und verschiedener weiterer Bauten.

Arbeiten an vielen Stellen im Park.

Bepflanzung der unteren Partien der Berglehne jenseits der Neiße vom Englischen Haus bis zur Doppelbrücke. Pflanzungen auf der Schilfwiese, hinter dem Wirtschaftshof und der Lindenallee.

Tod des Staatskanzlers Hardenberg.

1823

Finanzielles Krisenjahr, schlechte Wirtschaftslage in der Standesherrschaft.

Pflanzungen: am Eichbusch, auf der Bergwiese, unterhalb des Englischen Hauses, vor dem Schloß, hinter dem Theater, an der Wachsbleiche, an der Parkgrenze nach Köbeln (die später nach Norden geschoben wurde), am Badedamm. Pflanzungen von Pappeln außerhalb des Parkes auf den Köbelner Feldern.

Wegebau: um den Eichbusch, von der Gitterbrücke zum Englischen Haus, von der Postbrücke zur Doppelbrücke, auf der Tränenwiese.

Eröffnung des Bades.

1824

Bauten im Hermannsbad unter Verwendung bestehender Bauten.

Verkaufsabsichten.

Fortsetzung des Schlagens und Rodens in

der Lindenallee, Fundamente für neue Schloßrampe.

Im Pleasureground des Schlosses gearbeitet. Neue Baumschule am Oberberg eingerichtet.

Bau von Entwässerunsgräben auf der Schilfwiese mit Hohl- und Rinnenziegeln. Gepflanzt wurde am Eichbusch, an der Wachsbleiche, auf der Schilfwiese, an den Braundorfer und Köbelner Parkgrenzen und an anderen Stellen.

Ankauf von Bäumen aller Art.

1825

Ausdehnung des Pleasuregrounds bis zur Wachsbleiche (Gloriette) und einen eisernen Zaun zur Abgrenzung dort gesetzt. Fertigstellung des neuen Weges und Eingangs von Muskau über den Eichberg.

Pflanzung großer Bäume in den Anlagen des Badeparkes. Große Linden auf dem Oberberg gesetzt.

Chaussierung der Schloßrampe.

Am Jagdhaus gearbeitet.

Stallbau und Moorbadbau.

März 1826

Pflanzung einer 40jährigen Blutbuche aus Tschacksdorf bei Priebus am südlichen Ende der Schloßrampe.

»Große Pflanzung, welche von den Bergen auf die Schilfwiese vortritt« (Petzold).

Bilder vom Hermannsbad an Goethe geschickt.

Herbst 1826/Jan. 1829

2. Englandreise Pücklers; Rehder im Winter 1826/27 daselbst.

1827

Treppe der Schloßrampe fertiggestellt, die Wangen der Schloßrampe mit Granitplatten belegt; Chaussee am Englischen Haus fertiggestellt, dort die große Berglehne angesät und große Bäume aus eigener Baumschule verpflanzt.

1828

Bau des großen Weges über die Braunsdorfer Berge und in der Fortsetzung Weg über die erste Berglehne (Terrassenabsatz) zum Pücklerstein und zur Doppelbrücke gebaut.

Rigolarbeiten jenseits der Postbrücke und am Weinberg. Abriß des Orangeriegebäudes auf der Schloßwiese, Planaden und Neupflanzung dort.

1829

Pflanzungen auf dem Kapellenberg. Große Pflanzungen im Bergpark. Befestigung der sandigen Berglehne am Bad mit Faschinen. Wegebau von der Postbrücke zur Fasanerie östlich der Neiße sowie die Fasaneriewiese angesät. Entwässerung der Tränenwiese mittels Drainage. Rothwiese und Quellwiese angelegt. Erste Durchforstung der größeren Pflanzungen.

17. 4. 1830

3 große Pappeln vor der Schloßrampe gepflanzt, die mit eigens dafür gebauten Karren und einer provisorischen Brücke von einer Neißeinsel transportiert wurden.

Erneuerung einiger Holzbrücken.

Terrainveränderungen am Standort der ehem. Orangerie, Arbeiten neben der großen Lindenallee. Pflanzung großer Bäume auf der Gornika und Granitza und im Bergpark. Rigolarbeiten am Herren- und Kapellenberg.

1831

Vorwiegend Arbeiten jenseits der Neiße, an der Schilfwiese, Kesselwiese und unterhalb des Grabmals des Unbekannten.

Okt. 1831

1 Blutbuche vom Dichter Ernst Houwald aus Neuhaus/NL gekauft; Herrengarten umgestaltet.

1832

Die Partie von der Wachsbleiche flußabwärts bearbeitet und einen Promenadenweg zur Neiße am Wilden Ufer angelegt.

Bau der Erdterrasse für das Mausoleum. Umgestaltung des Herrengartens; im Winter der Eichsee ausgegraben.

Schinkel und A. W. Schirmer in Muskau: Anfertigung der Zeichnungen für das Gartenwerk Pücklers »Andeutungen über Landschaftsgärtnerei«.

1832/33

Arbeiten um die Familienhäuser im Bergpark, auf den Badebergen und im Weinbergbezirk.

1833/34

Bau von Grenzgräben und Grenzzäunen im Weinbergbezirk. Formierung der Uferböschungen des Eichsees. Offene Gräben anstelle der Drainagen auf der Schilfwiese.

1834/40

Afrika/Orient-Reise Pücklers

1834

»Andeutungen über Landschaftsgärtnerei« erschienen.

1835

Vertiefung der Hermannsneiße und des Eichsees vom Steinwehr im Herrengarten bis zur Mündung. Eichseewasserfall gebaut.

1835/39

Bau des neuen Fahrweges von der Stadt Muskau zum Dorf, Berg und Badepark.

Sehr viel im Bergpark gearbeitet, Waldwiesen nach Rigolen angelegt (Rehder).

1838

Aufrecht stehender Stein im Eichseewasserfall eingebaut.

1839

Fahrweg vom Bad zum Kapellenberg fertiggestellt.

1840

Anpflanzungen auf den Lucknitzer und Krauschwitzer Bergen. Erneute Verkaufsabsichten. Pückler wieder in Muskau.

1841

Wesentliche Parkerweiterung nach Norden und Osten. Einbeziehung der Köbelner und Braunsdorfer Feldfluren in den Park, Ausdehnung bis Lucknitz. Das Dorf Köbeln wird stark reduziert (nur Parkarbeiterhäuser bleiben) und westlich der Neiße neu aufgebaut.

1841

Parkgrenze ca. 200 m nördlich Altköbeln bis zum „Tor terrible" verlegt. Bau von 15 km Grenzgräben um die Parkerweiterung von ca. 500 ha auf 770 ha. Vergrößerung der Baumschule.

1842/45

Bepflanzung der Wege über die Braunsdorfer Felder, Umpflanzung der Teiche. Nach Entwässerung Anlage von Wiesen um Gobelin. Vorbereitung von Pflanzungen oberhalb der Thoreiche am Vogelherd, am „Tor terrible", an der Freischützwiese und im Heidental.

1844

Pflanzungen am Keulaer Hammerwerk.

Mitte 1845

Verkauf der Standesherrschaft Muskau

210
Muskau. Bildkollektion des Parks und der Umgebung
aus der Mitte des 19. Jahrhunderts

mit dem Park an die Grafen Nostitz und Hatzfeld für 1,7 Mio Taler.

1846

Weiterverkauf mit Gewinn an Prinz Friedrich der Niederlande.

1847

Bau der Orangerie nach Plänen von Strasser an dem jetzigen Standort.

Karte vom Park angefertigt (kolorierter Vermessungsplan).

9. 2. 1852

Tod J. H. Rehders.

30. 7. 1852

Amtsantritt E. Petzolds als Park- und Garteninspektor.

1852/60

Verjüngung der zu Stangenholz herangewachsenen 20–30jährigen Pflanzungen, Auswahl der am besten entwickelten Solitärbäume.

1853

Beseitigung der Überfüllung in den Blumengärten, auf der Schloß- und Tränenwiese.

Schaffung des Verbindungsstückes von der Gloriette zum Bergschen Hang (Oberweg).

Anlage von Promenadenwegen zwischen Kirchruine und dem Badepark.

1854

Erneuerung der Prinzenbrücke in Stein; Umgestaltung des dortigen Terrains.

1855

Bau des Fußweges an der Neiße von Doppelbrücke bis zum Herrengarten.

1856

Pflanzungen und Anlagen im Heidental, unterhalb des Englischen Hauses und oberhalb desselben bis zur Hermannseiche.

1857

Erweiterung der 1856er Arbeiten bis zum »Tor terrible«.

Arbeiten unterhalb des Herren- und Galgenberges sowie am Jagdschloß; ingesamt 2,5 km Wegebau in Muskau, 1,5 km am Jagdschloß sowie 5,15 ha Pflanzungen.

Bau des Fahrweges vom Herrenberg nach Lucknitz (Belvedere) innerhalb des 60–100 m breiten Verbindungsstreifens. Aufstellung der beiden vergoldeten Löwen auf den Podesten der Schloßrampentreppe.

1858

Neubau der vom Hochwasser zerstörten Gitterbrücke, dort danach umfangreiche Veränderungen an Wegen und Pflanzungen.

1858/66

Anlage des Arboretums zwischen Herrenberg und Observatorium von ca. 50 ha Größe.

1862

Wieder große Hauungen im Park.

1863

Bau des Viadukts am Burgberg.

1864/66

Umbau des Schlosses, Rentamtes und Kavalierhauses im Neorenaissance-Stil.

1864

Unterhalb des Weinberges der Luciola-Weg bis Krauschwitz gebaut.

1865

Schluchtbrücke im Krautgarten kassiert, dafür neuer Weg gebaut.

Stillegung des Alaunbergwerkes.

um 1865/70

Stereo-Foto-Serie vom Park entstanden.

1866

Auffahrt zum Bergpark, durch Ankauf des Leopold Schefer gehörenden Grundstückes, verlegt.

1867

Die Doppelbrücke wird massiv gebaut.

1868

Nach E. Petzold ist das von Pückler zum Park bestimmte Areal von Braunsdorf bis Lucknitz mit dem Arboretum und den Grenzpflanzungen fertiggestellt.

Danach Ausbau des Areals des ehem. Alaunbergwerkes einschl. Kippenurbarmachung bis Krauschwitz.

Große Stürme verwüsten Pflanzungen an der Berglehne von der Gitterbrücke bis zum Englischen Haus.

1878

Petzold sucht um seine Entlassung nach; bis 1881 nur noch mit der Oberleitung betraut.

1881

Tod des Prinzen Friedrich der Niederlande.

1883

Traugott Graf v. Arnim erwirbt für 20 Mio Reichsmark die Standesherrschaft Muskau.

1888

Bau des Mausoleums.

1889

Große Stürme mit Schäden, vor allem an der Berglehne zum Englischen Haus.

1891

Rudolf Lauche als Gartendirektor eingestellt.

1897

Verheerendes Hochwasser der Neiße, das bis zum Markt reichte.

um 1900

Neubau eines Wirtschaftsgebäudes in Neobarock sowie zweier weiterer Gebäude des Ökonomiehofes.

1910

Neubau der Postbrücke.

Bau eines neuen Wehres mit Umfluter um die neue Wehrkaupe.

1918

Badehäuser werden Wohnhäuser.

1920/28

Säuberung des Vogelherds (Pflanzung von Rhododendren an der Hermannsneiße, Tannenreich gerodet). Öffnung eines Blickes vom Burgberg zum Arboretum.

1921

Erneute Schloßveränderungen.

Platane am Schloß beseitigt (Westfront).

1931

240 ha Park unter Naturschutz gestellt.

1931/44

Große Holzungen im gesamten Park unter Leitung Georg Potentes.

1933

Im Arboretum Golfplatz angelegt, auch

Neupflanzungen vorgenommen (Potente).

1943

Dissertation über den Muskauer Park von L. Stoitscheff.

1945

Zerstörung aller Bauten des Muskauer Parkes.

1948

Ratsbeschluß zur Pflege des Muskauer Parkes und zum Ausbau von Muskau zu einem Kurort.

1950

Eröffnung des Moorbades im ehem. Theater (Kavalierhaus).

1953

Einrichtung einer Parkverwaltung des Rates der Stadt Bad Muskau, Fachbetreuung durch Hermann Schüttauf von 1948 bis 1967.

1. 2. 1955/30. 4. 1957

K. Kurland Leiter der Muskauer Parkverwaltung.

1955

Muskauer Park (westl. der Neiße) unter Denkmalschutz gestellt.

1954/56

Bau einer Freilichtbühne in einer Schlucht unmittelbar nördlich des Badeparkes nach Entwürfen von H. Schüttauf im »Nationalen Aufbauwerk«.

1956

Wildwuchsbeseitigungen am Eichberg. Verlängerung des Uferweges am Eichsee. Erste Durchforstungsarbeiten nach dem zweiten Weltkrieg im Bergpark. Pfeiler und Gitter des Kirchtores erneuert. Neugestaltung der Flächen beiderseits der Zufahrt zum Moorbad.

30./31. 10. 1956

Neißehochwasser überflutet Talpark.

1957/60

Gestaltung des rückwärtigen Teiles des Badeparks vom Badehaus bis zur Eisenvitriol-Quelle

1958

Großes Hochwasser.

1958/71

Leiter der Parkverwaltung Tycho Stracke, Fachbetreuer: Hermann Schüttauf.

ab 1960

Beseitigung von Wildwuchs, Plenterarbeiten im Schloßpark.

a Schloß von Osten

b Schloß von Süden

c das am Reitweg zum Jagdschloß südlich Weißwasser
gelegene Eisenhüttenwerk in Keula

d Englisches Haus im Muskauer Park

e Moorbad und Trinkbrunnen im Muskauer Park

f Badesalon im Muskauer Park

211
Muskau

212
Muskau. Blick aus dem Badepark über die Neiße zum Burgberg. 1979

1962

Entschlammung des Oberlaufs der Hermannsneiße und Neugestaltung des Teils zwischen Eisenvitriol-Quelle und Badehaus.

1964/65

Neubau der Roten Brücke am Bergschen Hang.

2. Aufastung der Solitär-Schleppeneiche am Beginn des Eichberges.

1964/77

Wiederaufbau des Rentamtes.

1965/66

Durchblick durch den Eichbusch vom Eichsee zum »Bösen Ufer« und der Gitterbrücke geschlagen.

1965

150jähriges Parkjubiläum feierlich begangen.

Große Roßkastanien auf dem Ökonomiehof wegen Überalterung gefällt.

1965

Enthüllung einer Gedenktafel am Rentamt mit den Namen von J. Heinrich Rehder und Eduard Petzold; später ergänzt mit Hermann v. Pückler.

1965

Nach H. Schüttaufs Entwurf wird vor der Schloßtreppe eine freikompositionelle Sommerblumenbepflanzung angelegt, die eine Vorläuferpflanzung mit störenden hohen Dahlien u. a. ablöste.

1966

Villa Bellevue renoviert.

Kuppelbau des Badehauses mit einem Dach versehen. Wegebau im Erweiterungsteil westlich das Badegartens.

14 Stück 15jährige Linden an verschiede-

nen Stellen im Park gepflanzt (kaum erhalten geblieben).

Vier 300jährige Eichen am »Bösen Ufer« beseitigt, um Reparatur der Ausuferungsschäden vorzunehmen.

Säuberung des Eichseeufers von der Schäferbrücke bis zum Eichberg.

Deckpflanzung südlich der Moorbadstraße zum Markt hin etwas geöffnet.

Große Windbruchschäden.

1967

Am 21. Februar katastrophale Windbruchschäden im Schloßpark, u. a. brach eine auf die Solitär-Platane am Ökonomiehof stürzende Ulme 1 Drittel von deren Krone weg; insgesamt 40 große Bäume entwurzelt.

Zur Vorbeugung weiterer Schäden an dieser Platane wurde eine 85jährige, insgesamt 42 m hohe Pappel in deren Nähe gefällt. Die Pappel war bis zur Basis kerngesund; ihre Wegnahme klärte das Baumgefügebild (1971).

1967

Einweihung der »Schüttaufhöhe« in den Badebergen, der höchsten vorspringenden Geländenase oberhalb der Badeparkbauten, mit einem Gedenkstein für den 1967 verunglückten denkmalpflegerischen Betreuer von 1948 bis 1967.

Am Petzold-Damm Wildwuchs beseitigt und Böschung neu geformt.

Der 1930 beseitigte Verbindungsweg von der Rehderbrücke zum Rhododendrontal neu gebaut.

1968

Durchforstungsarbeiten unterhalb und östlich des Weinberges.

seit 1971

Leiter der Parkverwaltung Ekkehard Bruksch, Fachbetreuung: Helmut Rippl und seit 1985 als Mitarbeiter des Instituts für Denkmalpflege der DDR.

1970–75

Vermessung der zur Restaurierung vorgesehenen Teile des Talparkes und des Bergparkes (Haag) durch Karl Knoll.

1971

Beginn planerisch dokumentierter Parkpflege, erster Baumbestandsplan.

Erste umfassende Neupflanzungen auf der Schloßwiese in Form von kleinen clumps.

1972

Analoge Pflanzungen auf der Tränenwiese.

1974/76

Ausformung der Altgruppen der Schloß- und Tränenwiese.

1976/78

Dürrejahre, keine Einbußen an Buchen und anderen Bäumen

1977/78

Erneuerung der Fenster der Orangerie, Einzug der Parkverwaltung dort.

1980

Erste Plenterung in den neu gepflanzten Gruppen; Pappeln auf den ehemaligen Blumenflächen vor dem Schloß bildeten schlechte Verankerung und wurden öfters schief gedrückt, dann beseitigt.

1980-82

Herstellung einer Luftbildauswertung des Gesamtparkes auf deutscher Seite, darauf aufbauend Erarbeitung eines Baumbestandsplanes, sowie großmaßstäblicher Detailpläne mit exakt dargestellten Baumkronen.

Umfangreiche Durchforstungsarbeiten in der Neißeniederung von der Englischen Brücke bis zur Doppelbrücke.

1981

Holzungen im Bergpark südlich des Buchenweges vom Streuweg über den Bergwerksweg nach Westen.

22.7.1981

Großes, aber nur eintägiges Hochwasser, das den Park überschwemmte, bis zum Markt reichte und die Wohnungen in den Ökonomiegebäuden 15 cm überflutete. Zerstörung der Schäferbrücke, große Ausspülungen an vielen Wegen und der Eichseebrücke; der Eichsee wurde dabei entschlammt..

1981/82

Holzungen um den Eichsee sowie vom Eichberg bis zum »Weltende« mit Freilegung nicht mehr bekannter Sichten.

1983

Neuguß der Fuchsienbrücke durch die Keulahütte und Entstaubungstechnik (Gebr. Kreisel) in Krauschwitz. Kosten: 275.000,- Mark.

1984

Nach Räumung der Platanengruppe Neupflanzung der Dreier-Pappelgruppe vor der Schloßtreppe, aus Setzstangen von Altpappeln gezogen.

1985

Fertigstellung der völlig neu errichteten Eichseebrücke. Fällung der überalterten, sturmgeschädigten »Georgseiche« am Eichsee und Pflanzung einer neuen inmitten des vermoderten Stubbens, dabei Durchbrechung des Stubbenfußes mit der Motorsäge.

Ersatzpflanzung von 5 Linden auf der »Liebeshöhe« anstelle der abgestorbenen Ulmen.

Baumfällungen und Neupflanzungen im Eichbusch, dabei wurden die zu Lauches Zeit erst gepflanzten Roteichen wieder durch Stieleichen ersetzt.

1987

Restliche Beseitigung störender Bäume am Rande des »Haag«. Rekonstruktion des Weges von der Eichseebrücke zum Weltende nach D. Karg.

Öffnung des Neißeblicks von »Weltende« flußabwärts, wie schon zur Zeit E. Petzolds.

Wiederherstellung der Sicht von der Georgseiche zum Weltende, durch den Eichbusch; dadurch kam eine sehr große Eßkastanie wieder zur Geltung, wie auch die sehr interessante Baumgruppierung.

1988

Fällung der Linden und Hainbuchen am Südufer des Eichsees nach Vorlage einer alten Fotografie.

1990 u. danach

Erste Baumsanierung im Schloßpark durch polnische Spezialfirma.

Melioration von Teilen der Tränenwiese.

Systematische Freistellung von parkwürdigen Bäumen von der westlichen Grenze des Bergparkes bis zum Badepark.

Durchforstung und Bereinigung des Steilhanges zur Neiße am Uferweg bis Wasserwerk.

Umfangreiche Wegeinstandsetzung im Bergpark mit Ausbau des unteren Haldenweges.

1990

Wiederaufstellung des Pücklersteines an seinem alten Standort nach vorheriger Beseitigung 40jährigen Wildwuchses in Gemeinschaft deutscher und polnischer Denkmalpfleger.

1991

Feierliche Einweihung des Pücklersteines nach Anbringung einer von Rainer Mersiowski nachgestalteten, in Lauchhammer gegossenen Plakette mit dem Bildnis des Parkschöpfers am 30. 10. 1991, dem 216. Geburtstag und der Wiederkehr des Todesjahres Pücklers zum 120. Mal.

Ausscheiden von H. Rippl als zuständiger Parkdenkmalpfleger, altershalber.

1993/94

Fällung über 100 Gefahren- und Schadbäume im Ober- und Bergpark. Abriß von Teilen der Badehausruine im Hermannsbad. Abriß von Stallungen, Schuppen und Gärten im Bauhofbereich (Ökonomie).

Gestaltungs- und Durchforstungsarbeiten am Weinberg.

Wiederherstellung der Strecke der ehemaligen Waldeisenbahn durch den Bergpark nach Beseitigung von Wildwuchs.

213
Muskauer Park. Monument der ausgebrannten Hermannseiche. 1988

Rodungs- und Gestaltungsarbeiten im Bockkellergelände.

1994

Bisher umfangreichste Baumsanierung im Talpark mit anschließender Stubbenfräsung und Pflanzung von 27 Großbäumen an alten Baumstandorten (Finanzierung mit Mitteln der Bundesumweltstiftung).

1994

Einzug der Parkverwaltung und der Geschäftsführung der Stiftung Fürst Pückler Park Bad Muskau in die Orangerie nach deren Restaurierung.

Hinweis auf die polnische Seite des Parkes:

Oktober 93

Pflanzung einer neuen Eiche in den alten Stubben der ausgebrannten »Hermannseiche«.

1993/94

Umfangreiche Holzungs- und Gestaltungsarbeiten von der Clementinen-Eiche bis Prinzenbrücke.

Errichtung eines Informationspavillons im Bereich der ehemaligen Fasanerie oberhalb des Neißegartens.

Zum Branitzer Park

Von Helmut Rippl

1696

Reichsgraf August Sylvius v. Pückler erwirbt den Besitz Branitz auf einer Versteigerung[1].

1772

Bau des Schlosses; unbekannter Architekt. Es befand sich eine ganz kleine Parkanlage in unmittelbarer Umgebung des Schlosses. Schloß und Gutshof eine Einheit als Geviert. Etwa 200 Linden nach Angabe Pücklers im Park!

1819/20

Betreiben des Verkaufs des Majorats Branitz; scheiterte an den Verpflichtungen Pücklers gegenüber der Verwandschaft. Das Mobiliar wurde verkauft.

1824

Plan des gesamten Terrains (des Gutsbesitzes).

23. 5. 1830

Aufführung Carl M. v. Webers »Preciosa« in der Naturbühne des Parkes.

1843

Plan der Situation vor Beginn der Parkarbeiten sog. Urpark, mit No I von Sr. Durchlaucht bezeichnet[2].

1845

Lucie v. Pückler nach Branitz übergesiedelt.

6. 5. 1846

Pückler erstmals in Branitz nach dem Verkauf Muskaus; findet auch wieder einiges Selbstinteresse an den dortigen Anlagen. Alte Linden vor dem Schloß geschlagen, bis auf einzelne (H. Jäger).

1845/46, Winter

Bestellung eines Postens Pleasureground-Gehölze bei. J. H. Rehder in Muskau[3].

1846

Gehölzangebot von der Gräflich Lynarischen Baumschule in Lübbenau.

Nov. 1846–1847

Im Garten von Branitz tätig. Muskauer Parkarbeiter anfangs in Branitz beschäftigt.

1. 4. 1847

Gottfried Semper in Branitz.

Herbst 1847 bis Frühjahr 1848

Mit großer Energie für die Anlagen in Branitz gearbeitet.

1847/49

Vom Marstall und Kavalierhaus je 1 Drittel abgebrochen und gotische Giebel angebaut, beide Gebäude mit einer Mauer verbunden (italienische Mauer), mit gotischen Verzierungen, davor eine zum Stil passende Veranda, welche Mauern verdeckt (Pergola).

Das Schloß wurde durch Schütten einer Terrasse auf eine größere Basis gehoben und dadurch lagerhafter wirkend.

1847

Bau des neuen Ökonomiehofes. Angestellte Gartenmeister: Walek, Petschk, Leidow. Es wurden Honorare gezahlt an die Architekten: Semper, Baurath Knoblauch, Bau-Inspektor Fritsch, Hohlfeld.

1848

Plan No. II, so von Sr. Durchlaucht bezeichnet, angefertigt (Plan im Archiv des Museums Schloß Branitz).

Pergola eingetragen. Teiche in ihrer heutigen Form.

5. 11. 1849

Es wird zur Geburtstagsnachfeier (31. Okt.) ein Fest für die Parkarbeiter gegeben, und Bauernmädchen werden eingeladen.

1849

Bei Freiherr Carl v. Hügel in Wien umfangreiches Pflanzensortiment bestellt! Pückler in Salzburg. Dort Auftragserteilung zu einer Kopie der gotischen »Großen Goldenen Stube« auf der Feste Hohensalzburg. Pergola hergestellt, Torhausgitter aufgestellt, Parkgrenzgräben ausgeworfen, Terrassenmauer gebaut.

Große Bäume außerhalb des Parkes gewässert! Steine und Schutt weggefahren (vermutlich Abriß der Häuser südlich des Schlosses). Gärtnerei und Gewächshaus an neuer Stelle angelegt, Baumschule und Kompostlager geschaffen.

2 Löwen vor der Gärtnerei aufgestellt[4].

Ausschachtungen: Berg-, Weiden-, Schloß-, Park-, Oberer Schloßsee.

1850

»Den zu kleinen Park seitdem noch einmal so groß gemacht«, vermutlich zwischen 1848 und 1849 die Idee gefaßt. Bis 1850 wurden 400 große Bäume gepflanzt, 20 % davon eingegangen, mußten ersetzt werden.

Wegebau an der Schmiede, Gebäude mit Turmspitzen versehen.

Fortsetzung der Ausschachtungen: See am Küchengarten (Blumensee), Mondsee (oberer Schloßsee, auch Schwarzer See genannt), Schloßsee, Schilfsee.

Architekt Tilz aus Berlin und Bildhauer Kunat für Branitz tätig.

Birken am Cottbuser Weg gepflanzt, Parkwiese umgegraben.

Karte von Branitz angefertigt, Nivellement des Parkes.

Sehr viele Zaunfelder umgesetzt (Parkerweiterung).

Alleebäume gekauft.

Hochwasserflut durch die Grenzgräben vom Park abgehalten.

1851

3. Englandreise Pücklers nach London zur ersten Weltausstellung.

1852

Schloßumbau abgeschlossen, Pückler

und seine Frau nehmen ihren ständigen Wohnsitz in Branitz.

1853

Plan vom allem Anschein nach fertiggestellten Park mit einer Größe von 38 ha, das Schloß mittig gelegen, lith. von W. Reich.

1854

Plan vom Erweiterungsteil (ohne Verfasser, in minutiöser Darstellung); Erweiterung des Parkes um 50 ha; Pücklers Frau gestorben, beigesetzt auf dem Branitzer Dorffriedhof.

1854/55

2 Jahre auf Reisen, u. a. in Koblenz und Paris.

1855/56

Bau des Tumulus inmitten eines Sees. Dieser war damals über die Kronen der Bäume hinweg vom Schloß aus zu sehen. Nach H. Jäger nur 12 Wochen Bauzeit, mit Gefangenen der Cottbuser Haftanstalt errichtet.

1855

Schankbetrieb der alten Schenke eingestellt, 1857 abgerissen.

1856

Arbeiten am Fahnensee (sicherlich Pyramidensee), dort Rasen gestochen. Größere Arbeiten am Kavalierhaus.

1857

Große Dürre.

1857/58

Weiden- und Entensee sowie der Kanal vom Schwarzen See vertieft. Bauer Reinschke verkauft sein Grundstück am südlichen Parkeingang.

1858

Plan von 1858, gez. von Kuhlmann.

1859

H. Jäger: Park noch recht klein, unfertiger Anblick, aber sehr gutes Baumwachstum, Bäume wirken älter als 50 Jahre. Nach L. Löffler[5]: Arbeiten am Pyramidensee.

1860

Bibliothek im Schloß fertig ausgestattet. Von einem Berliner Glasmaler Müller farbige Fenster nach alten Mustern anfertigen lassen, Hofbaurat v. Arnim beauftragt mit dem Umbau eines Wohnzimmers in einen Frühstückssalon, dekoriert als Pendant des Speisesaals; Farbangaben gemacht. Große Baupläne: 2 neue Flügel, Gewächshaus, Turm und Verbindung

über eine offene Galerie am Schloß; Kleiner ägyptischer Tempel am Pyramidensee; Veränderung des Gärtnerhauses; Umwandlung des Jägerhofes; Abriß der alten Gebäude (an der ital. Mauer ehem. Scheunen).

1861

Insel im Schilfsee mit Pappel erhielt eine Rundbank (Bideault, ein Sekretär Pücklers).

Ab August wieder im Park tätig. Obergärtner H. W. Freschke, Untergärtner Teltzrow.

1862

Baubeginn an der Landpyramide, nach Pückler 1862 fertiggestellt. (Quellen: Trinius 1887, Potente 1906).

1863

Bau der Landpyramide (Stufenpyramide).

Der mühsam herangebildete Obergärtner verläßt Branitz.

Anlagen im Park mit Vehemenz betrieben, um sie noch zu beenden.

1864

Eisenbahnbauprojekt gefährdet den Park. Ein Machtspruch König Wilhelms I. v. Preußen führt zu veränderter Trassierung.

Königin Augusta v. Preußen besucht Branitz. Nach ihr wird ein Pavillon am Schwarzen See »Augusta-Laube« genannt und die Schmiedewiesen »Augusta-Wiesen«.

Mit 70 Gefangenen im August, mit 130 im November im Park gearbeitet (Erdarbeiten).

1866

Unwetterjahr, 500 Bäume entwurzelt oder gebrochen, die Hälfte der fertigen Anlagen vernichtet.

1867

Mit 60 Arbeitern im Park tätig. Erneuerung mehrerer Wiesen.

1868/69

Viele Vermessungsarbeiten von Bruno Teichler (Gartenkünstler Schloß Zbiron) ausgeführt, darunter Vermessung des Gutes Branitz und Anfertigung dreier Pläne in verschiedenen Maßstäben.

1868

Die große Seepartie und den Hermannsberg begonnen, Georg Bleyer als Obergärtner eingestellt.

1869/70

Nur wenige Angaben im Park durch Pückler wegen Krankheit möglich.

1871

4. Februar Tod Pücklers, beerdigt im Tumulus, Graf Heinrich v. Pückler wird Erbe des Dominiums Branitz.

1871/76

Ausholzungsarbeiten in allen Pflanzungen und Öffnung geschaffen zwischen Hainteil und Mittelwiese (zur Vereinigung des Erweiterungsteiles mit dem Hauptpark).

1872

Dürrejahr, Spree stellenweise beinahe ausgetrocknet, Kanäle und Seen leer.

»Am Cottbuser Auffahrtsweg gearbeitet mit parallel geführtem Fußweg, wie vom Grafen befohlen.«

Fußwegeführung durch Bleyer abgesteckt, »so wie er am besten aussieht«.

1873

Dürrejahr, Erdarbeiten im Park.

1874

Wieder Trockenjahr, 6. Sept. schon braunes Laub, Pflanzarbeiten am Gewächshaus.

1875

Pflanzungen an dem Fasaneriegebäude, hinter dem Cottbuser Torhaus und auf dem Hainteil. Morsche Holzbrücke über den Schwarzen See abgerissen (nicht wieder aufgebaut).

1876

Durchhaue am Kugelberg und Poetenhügel.

»Hier muß noch mehr geschlagen werden, um Durchblick auf das Feld beim Tumulus zu bekommen.« (Bleyer)

Die Ökonomie verpachtet.

»Partie am Mittelweg zum Hainteil gut gelungen«.

Pflanzungen am Töpferberg (außerhalb des Parkes), Verleumdung des Branitzer Parkes in mehreren deutschen Zeitungen. Es wurde Wald an der Chaussee geschlagen, große Pflanzungen am Tumulussee fertiggestellt, Pflanzungen südlich des Hermannsberges vollendet.

Aug. 1876

Wieder verbrannte Wiesenflächen auf den höher gelegenen Teilen und dürre Ahorn, Birken, Linden, Ebereschen, Pappeln (Neupflz. Bleyer's). Tannen am Her-

214
Branitz. Die Zwillingsblutbuchen an der Schlangenseebrücke. 1993

mannsberg gepflanzt. Die abgetriebenen Flächen, vor allem an der Vorparkseite, haben gut durchgetrieben!

Lupinen-Ansaat auf dem Hermannsberg. Rodearbeiten an der Durchschlagfläche beendet, dort 2 neue Bäume gepflanzt.

Auf Mond- und Mittelwiese Eichen gerodet, um die Durchsicht zu gewähren.

1877

Große Linde vom Uhrenplatz an die Aushauung am Hainteil gepflanzt (150 Zentner). Es wurde eine große Brücke geplant, ohne Angabe des Standortes.

»Die Kugelbrücke mit Eisengeländer fertiggestellt.« (heute Grüne Brücke?)

»Der Durchhau hinter dem heiligen Berg ist voll gelungen und Große Linde, amerikanische Eiche (Querus rubra) und sich anlehnende kleine Pflanzung am Hügel sind richtig am Platze.« (Bleyer)

Der Hainteil wurde 15 cm mit Lehm und Kompost zur Bodenverbesserung überzogen, um den Rasen gut werden zu lassen.

1879

Kiefern auf der Kuppe des Hermannsberges gepflanzt. An verschiedenen Stellen des Parkes Weymouthskiefern und Fichten gepflanzt, z. B. auf Mittelwiese 4, Weymouthskiefern vor die Pflanzung beim Tumulussee, Fichtenpflanzung am Steinbankhügel.

1880

In den neuen Anlagen (Westpark) sowie im Blumengarten viel gepflanzt.

3. 8. 1880

Großer Festaufzug im Park mit 3000 Menschen.

Büste Hardenbergs per Fracht abgesandt (vermutlich zur Restaurierung).

Abriß der morschen Mauer (italienische Mauer).

Wegebauarbeiten mit Gefangenen.

Chaussierung des Weges vom Schießstand bis um Hermannsberg.

Pergola-Verlängerung am 11. 10. 1880 fertig, eisernes Gitter als Abschluß zur Schmiedewiese aufgestellt.

8. 8. 1881

Großer Hagelschaden.

1884

In der neuen Anlage am Berge (?) gepflanzt und diese mit Eichen, Buchen besetzt, ferner Schwarzdorn und Rosen gepflanzt.

Amerikanische Eichen auf dem Buchenhügel aus der Baumuniversität gepflanzt (große Bäume).

Gebeine von Pücklers Frau vom Dorffriedhof in den Tumulus umgebettet.

1885

Dürrejahr.

1887

Die Linden vor der Pergola abgestorben.

215
Branitz. Schloßwiesendetail mit Pokaleichengruppe
im Hintergrund und Nachpflanzung der Pokallinde links,
einer Blutbuche rechts davon und einer Linde noch weiter rechts. 1994

An allen Parkgebäuden Reparaturen durchgeführt, u. a. Renovierung des Giebels am Kavalierhaus (Uhrengiebel?).

1888

Torhaus am Dorf Branitz gebaut.
Vermessung des Parkes durch den Geometer Büttner.
»Parkplan 1888« (dies ist vermutlich der Plan Nr. 6 der Parkplanaufstellung M. Hofmanns aus Berlin; betr. Druck eines Kartenwerkes über die Entstehungsgeschichte des Parkes, 1892). Mit diesem Plan wird allem Anschein nach der Abschluß der Ausbauarbeiten im Park fixiert.
Der Auffahrtsweg in der neuen Anlage (Bleyerparkteil) wird gebaut.
Fußweg im ehem. Hardenberggarten zur Brücke gebaut.
Fahrweg über die Schloßwiese gebaut.
Hoffotograf Metzner im Park.
Hofgärtner Hoffmann besucht Branitz.

1888/89

Arbeiten am See (?), Abgrabungen und Weg am Wasser (vermutlich gegenüber den Inseln am Pyramidensee).
Strenger Winter.
Markgrafen-Insel von Graf H. v. Pückler erworben.

1890

Sturmschäden; alte kanadische Pappel am Uhrenplatz (Kavalierhaus-Westgiebel) war völlig morsch. Dadurch wurde Blick frei zu dem Erlenwald am Dorf Branitz.
Akazie am Ökonomietor umgebrochen.
Erneuerung der Terrassenmauern.

1892

Geplanter Druck eines Planwerkes über die Entstehungsgeschichte des Parkes.

1893

Preußischer Staat schaltet sich in denkmalpflegerischer Hinsicht ein.

13. 7. 1896

Besuch deutscher Gartenkünstler im Park (Deutsche Dendrologische Gesellschaft).

1897

Gefangene für Uferschutzbauten (Spree) eingesetzt.

1915

Georg Bleyer scheidet als Gartendirektor in Branitz aus.

1915 bis etwa 1934

Gräflicher Förster Diedler für den Park zuständig.

1934

Einsetzung eines staatl. Verwalters für die Herrschaft Branitz. Der Park wird in ca. 60 ha Cottbuser und 30 ha Branitzer Territorium geteilt.
Für den Cottbuser Teil zahlt die Stadt 10 TM/Jahr Pflegekosten.

1945

Enteignung des Feudalbesitzes.

1948

Die 30 ha Pücklerschen Familienbesitzes werden als Bodenreformland parzelliert und dem Landkreis übergeben; Landrat Saischowa.

1946/52

Gustav Hermann Leiter von Schloßmuseum und Park.

26. 6. 1952

Park unter Denkmalschutz gestellt, Schloßteich entschlammt.

1946/54

Mehrere Bäume der Schmiedewiesen (Bodenreformland) und an der Parkschmiede zur Holzgewinnung gefällt.

1954–1967

Fachbetreuer: Hermann Schüttauf.

1956

Gartenmeister Richard Schinn Leiter der neuen Parkverwaltung.

1956/70

Beseitigung jahrzehntelang aufgekommenen Wildwuchses und Erneuerung der Holzbrücken, der Pergola, Plenterungen zwischen Pyramidensee und Straße am Tierpark.

1964

Ansaat der Ackerflächen im Bleyerparkteil zur Wiesennutzung.

1966

Vermessung des Parkes.

1970

Siegfried Heymann Leiter der Parkverwaltung;
Fachbetreuer: Helmut Rippl bis 1991. Publikation „Der Branitzer Park – Ein Meisterwerk deutscher Gartenkunst".

1971

Festakt zum 125jährigen Bestehen des Branitzer Parkes im Schloßmuseum.

1971/73

Rodung des Wildwuchses östlich der Pergola und Neupflanzung von Blütengehölzen sowie Linden und Silberahorn.

1972/73

Plenterungen am Rosenhügel, Koniferenpflanzung am Mittelweg (Hainteil), an Schlangenseebrücke, am Gärtnerhaus.

1973/74

Plenterung im Hainteil als Vorbereitung für die Rekonstruktion im Sinne des letzten Pückler-Planes 1868.
Strauchpflanzungen westlich der Schloßbrücke und am Blumensee zur Gärtnerei zu.

1974

Herstellung des Baumartenplanes.

1974

Durch eine Stadtgrenzen-Veränderung wird der Schmiedewiesenteil einschl. Gärtnerei zur Stadt Cottbus geschlagen. Der notwendige Rechtsträgerwechsel unterbleibt.

1975

150 fm Holz in den Randbereichen des Parkes eingeschlagen durch Fremdbetrieb.
12 Parkleuchten vom Cottbuser Torhaus zum Schloß und zum Dorf Branitz gesetzt.
Durchführung einer forstlichen Standortkartierung.

1975/76

120 fm Holz eingeschlagen.

1978

Erneuerung der Fahrbrücke über den Schloßteich-Auslauf zum Dissenchener Landgraben im Rohzustand.
Einbau eines Staues.

1979

ca. 90 fm Holz durch Fremdbetrieb eingeschlagen.

1979/80

Entschlammung aller Teiche und Fließe außer dem bereits 1976 geräumten Schlangensee-Ostteil.

1978/82

Rekonstruktion des Schlosses, Neubau der Terrasse von Grund auf mit neuen Mauern und Verfüllung. Anlage eines Luftschlitzes am Kellermauerwerk.

Ab *1980*

Anne Schäfer wird als Landschaftsarchitektin für den Park tätig. Beginn der Rekonstruktion des Pleasureground.

1980/81

Plenterungen nordwestlich des Schloßsees.

1981/82

Ausformung der Randpflanzungen um den Schilfsee.
Befliegung des Parkes zur Gewinnung von Infrarotfalschfarbenfotografien des Baumbestandes als Vorbereitung zur Einleitung von Schutz- und Pflegemaßnahmen mit Beginn der Grundwasserabsenkung durch den Braunkohlenbergbau, die 1987 die Schmiedewiesen erreichte.

1983/84

320 fm Holzeinschlag im westlichen Parkteil durch Fremdbetrieb.

1985

Fertigstellung der rekonstruierten Rosenlaube mit der Büste Henriette Sontag im Pleasureground.

1984/85

Ausbau und Erweiterung des Grabensystems zur Einspeisung von Spreewasser in die Parkgewässer.

1985

Neubau der Blauen Brücke.
Restaurierung der Parkschmiede abgeschlossen, Schauschmiede eingerichtet.
Neubau Kläranlage am Standort des Reitplatzes.

1984–86

Totalrestaurierung des Kavalierhauses.

1986

Einbau von Drainageschläuchen im östlichen Teil der Schmiedewiesen zur Anreicherung des Grundwassers. Einbau von Bewässerungsrohren mit Pumpenschacht am südlichen Arm des aus dem Dorf Branitz kommenden Entwässerungsgrabens zum westlichen Schmiedewiesenteil zur Berieselung der Baumgruppen im Südwesten.

1989

Neuguß der 2 Greifen für die Treppenwangen der parkseitigen Schloßterrasse sowie von 4 goldverzierten Vasen für die Treppenwangen der giebelseitigen Terrassenabschnitte. Erneuerung aller Pflanzschalen der Terrasse.
Erneuerung des Baumbestandes im Pflanzdreieck zwischen Cottbuser- und Pleasuregroundweg.
Aufstellung der restaurierten farbigen Plastik der Venus von Capua auf neu errichteter Insel im Schloßteich.

1989–91

Verlegung eines unterirdischen Brauchwassernetzes mit Versenkregnern in weiten Parkteilen. Das Wasser wird mittels einer Pumpstation am nordwestlichen Rand von Branitz-Dorf aus dem mit Spreewasser gespeisten, neugebauten Graben entnommen. Finanzierung durch das Bergbauunternehmen LAUBAG.

1991

Fällung einer Linde; letzter von vier vor der Gartenfront des Schlosses ehemals gepflanzten Bäumen.

1992

Nachpflanzung einer Pyramidenpappel an der Blauen Brücke.

216
Branitz. Partie südwestlich des Schilfsees
mit einer den Raum beherrschenden Graupappel

Publikation: „Branitzer Parkerkundungen".
1993
Neuguß fehlender Teile des blauen Gitters im Pergola-Garten.
Neubau der Schlangenseebrücke.
1993–94
Nachpflanzung überalterter oder fehlender Bäume im gesamten Park, vor allem auf der Schmiedewiese; unter anderem auch die „Pokallinde" in der Mittelsicht des Sichtfächers im Hauptpark.

Neubau des „Fischbalkons" im Schwarzen See.
1994
Neubau der Schloßbrücke mit rekonstruiertem Holzgeländer.
1994–95
Neubau der Ägyptischen Brücke.
1992–95
Restaurierung und Teilrekonstruktion des Marstalles, des Pergolahofes samt Pergola und der in die Wände eingelassenen Terracotta-Reliefs sowie der Adler,

Vasen und Kugeln auf den verlängerten Pfeilern, alle vergoldet, Neueindeckung des Schlosses anthrazitfarbig getönt.
Putzerneuerung der Schloßfassade und einheitliche Abfärbung in Rosétönung einschließlich des Pergolenhofes. Neuerliche Totalerneuerung der Terrassenmauern samt Haupteingangstreppen. Finanzierung größtenteils durch das Land Brandenburg.

Zum Park und zu den Bauten im Babelsberger Park

Von Heinrich Hamann

Zum Park

Zur Zeit des Kurfürsten Friedrich Wilhelm (1620–1688) befindet sich auf dem Gelände des Babelsberges der „Klein Thiergarten auf dem Baberow" – Entstehung in Verbindung mit der Errichtung des Lustschlosses Glienicke.

Unter König Friedrich I. (1657–1713) Auflösung des Tiergartens und Umwandlung des Geländes in einen reinen Forstbestand.

Unter König Friedrich II. (1712–1786) befinden sich die Randgebiete in Privatbesitz. Der Babelsberg ist im Besitz des Staates. Die Gemeinde Neuendorf hat Hutungsrechte auf dem Gelände. Eine Trift führt über den Babelsberg zur Viehtränke an der Havel.

1753

Der Hofrat Rehnitz erhält die Erlaubnis zur Errichtung einer holländischen Wind- und Schneidemühle an der Stelle des heutigen Flatowturmes mit Anschluß einer Bäckerei und Brennerei.

um 1756

Anpflanzung von 800 Maulbeerbäumen.

1806

Nach der Besetzung Potsdams durch französische Truppen Fällung zahlreicher Eichen auf dem Babelsberg, spätere Aufforstung mit Kiefern.

1811

Erstes Kennenlernen des Geländes durch den Prinzen Wilhelm (1797–1888) während eines Manövers der Potsdamer Garnison beim Bau einer Schanze.

1821

Anläßlich einer Truppenübung am Ufer der Havel unterhalb des Babelsberges äußert sich Prinz Wilhelm über die vorzügliche Aussicht von der Höhe.

1826

Erster Antrag des Prinzen Wilhelm auf ein Besitztum auf dem Babelsberg, der jedoch wegen zu hoher Kosten vom König abgelehnt wird. Verschiedene Entwürfe für ein Schloß auf dem Babelsberg von dem künstlerisch sehr begabten Kronprinzen, dem späteren König Friedrich Wilhelm IV. (1795–1861) in Zusammenarbeit mit Karl Friedrich Schinkel (1781–1841).

1828

Prinz Wilhelm inspiziert gemeinsam mit Peter Joseph Lenné (1789–1866) das Gelände des Babelsberges (Ausspruch des Prinzen: „Hier oder nirgends".)

1829

Heirat des Prinzen Wilhelm mit Augusta von Sachsen-Weimar (1811–1890). Seit dieser Zeit ständige Beschäftigung des Ehepaares mit dem Projekt auf dem Babelsberg.

1833

Erster Entwurf Lennés für die Gestaltung des Babelsberges mit einem Schloß als Mittelpunkt, von dem aus Wege radial auf einen im äußeren Randbereich verlaufenden, ringförmigen Weg gehen. Noch nicht vorhandene Grundstücke sind bereits mit einbezogen. Kennzeichnend sind stark abschließende Baumpflanzungen, wenig freie Flächen, auf den Freiflächen eine Fülle von Einzelbäumen (Plan nicht ausgeführt).

Frühjahr 1833

Lenné erhält die Erlaubnis durch den Oberpräsidenten von Bassewitz, auf dem Babelsberg Wege anzulegen. Aus der Privatschatulle des Prinzen werden erste Pflanzarbeiten finanziert, die am 10. Mai 1833 abgeschlossen werden.

30. 7. 1833

Antrag des Prinzen Wilhelm auf ein eigenes Besitztum auf dem Babelsberg an den König Friedrich Wilhelm III. (1770–1840).

16. 8. 1833

Erster offizieller Kostenanschlag für gärtnerische Arbeiten im Herbst 1833 und Frühjahr 1834 (Bewilligung von 2000 Talern aus der Privatschatulle).

16. 9. 1833

Kabinetts-Ordre zur Übergabe des Babelsberges an den Prinzen Wilhelm in Erbpacht.

Herbst 1833

Schinkel erhält den Auftrag für den Entwurf eines Schloßbaues im Stil der englischen Neogotik.

1834

Anlage eines Verbindungsweges von Babelsberg nach Glienicke unter Benutzung der vorhandenen alten Lindenallee. Einzäunung des Geländes

Oktober 1834

Lenné korrespondiert mit dem Prinzen Wilhelm über die Anlage einer Landestelle und die Ausgrabung eines Bootshafens an der Havel.

1835

Plan Lennés vom Blumengarten, dem sog. Pleasureground, westlich vom Schloß.

um 1835

Plan Lennés vom Babelsberg entsprechend der Ausführung.

1836

Anstellung des zuvor im Königlichen Botanischen Garten in Berlin tätig gewesenen Christoph Ferdinand Kindermann (1805–1865) als Hofgärtner.

Kostenanschlag für 1836 von fast 2000 Talern zur Pflege und für Neuanlagen. Bewilligt werden nur 1500 Taler.

1837

Der bewilligte Etat für Gartenarbeit von 1000 Talern wird fast ausschließlich für die Pflege ausgegeben, daher kaum Neuanlagen. Ergänzung der in den vergangenen vier Jahren gepflanzten, aber eingegangenen Gehölze durch Neupflanzung von Spitzahorn, Birken, Rotbuchen, verschiedenen Pappel- und Robinienarten sowie vielen einheimischen Ziersträucharten.

1839

Zurücknahme der für dieses Jahr bereits bewilligten Summe von 788,22 Talern für Wegebau und Neupflanzungen.

1840/41

Erwerb der sog. Reichertschen Grundstücke mit der holländischen Windmühle und des Eichbaumschen Grundstücks an der Havel. – Übernahme einer 37 Morgen großen Forstparzelle an der Allee nach Glienicke durch Schenkung des Königs.

Winter 1841/42

Pflanzung von 120 großen Bäumen. – Letzte Tätigkeit Lennés auf dem Babelsberg.

6. 3. 1842

Nach einer gründlichen Besichtigung, gemeinsam mit seinem Garteninspektor

Rehder aus Muskau, verfaßt Fürst Hermann von Pückler-Muskau (1785–1871) ein Promemoria, worin er sich sehr kritisch mit den Arbeiten Peter Joseph Lennés auseinandersetzt, seine Richtlinien für die Behandlung des Babelsberges festlegt und die Voraussetzungen für die Aufnahme seiner Tätigkeit formuliert. (Das Promemoria vollständig wiedergegeben als Beitrag von Helmut Rippl, S. 283).

1843

Vor Aufnahme seiner Tätigkeit fordert Pückler in einem Brief an den Hofmarschall: „... Für den Prinzen und seinen Babelsberg halte ich es aber wahrhaft wesentlich, daß er Muskaus Park und Gärten gründlich sieht..."

Juli 1843

Hofgärtner Ch. F. Kindermann in Muskau. Pückler selbst will ihm alles zeigen, was ihm nützlich ist.

Errichtung eines neuen Umfassungstraktes mit drei Eingangstoren.

Herbst 1843

Pückler hält sich mehrere Tage in Babelsberg auf „... sowohl für meine eigene als anderer Leute Instruktion". Er verpflichtet sich, daß der Babelsberg „... etwas Gediegenes und in künstlerischer Hinsicht alle anderen Anlagen seiner Art in der Potsdamer Gegend übertreffendes werden wird." Für sein Arbeiten fordert er „völlig freie Hand".

1843/44

Der von Pückler geforderte Geländezukauf von sechs Privatgrundstücken an der Glienicker Lake zur weiteren Abrundung des Terrains wird getätigt.

Frühjahr 1844

Anlage des Sees mit vier Inseln, dem sog. „Schwarzen Meer" auf der Höhe des Babelsberges nach Pücklers Vorstellungen.

Festlegung der im Frühjahr durchzuführenden Pflanzarbeiten an Ort und Stelle durch Pückler.

1845

Durch den Hofmarschall läßt die Prinzessin Augusta Pückler danken für all die Herrlichkeiten, die er auf Schloß Babelsberg geschaffen hat und die die Erwartungen weit übertroffen hätten. Pückler äußert sich, daß er dem Babelsberg mehr Sorgfalt widmen wolle, als wenn es sein Eigentum wäre.

Pückler versucht Eduard Petzold (1815–1891) als Garteninspektor für den Prinzen von Preußen zu gewinnen, da er mit dem Hofgärtner Ch. F. Kindermann „nicht fertig werden konnte".

Frühjahr 1846

Längere intensive Schaffensperiode Pücklers auf dem Babelsberg während der Pflanzzeit.

1847

Auf Bestellung Pücklers wurden durch die Firma Booth & Co. in Hamburg „recht schöne Exemplare pleasureground Sträucher und Bäume" nach Babelsberg geschickt.

Von dem Friedhof vor dem Nauener Tor in Potsdam werden Bäume erworben, um im Park sofort große Exemplare zu haben.

April 1847

Nach eingehender Inspektion des Geländes gemeinsam mit dem Baumeister Martin Gottgetreu (1813–1885) fordert Pückler eine zweckmäßige Einrichtung der Bewässerung, „... so ist es unmöglich aus einem Sandberg frische Wiesen und üppigen Wald hervor zu zaubern". – Desgleichen fordert er die Vergrößerung des Wasserbassins bzw. den Bau eines zweiten Beckens.

Da Pückler im Herbst nicht mehr anwesend ist, werden alle neuen Arbeiten eingestellt und nur die alten Pflanzungen „rekrutiert".

1848

Pückler bittet Rehder in Muskau um die Lieferung von größeren Pleasureground-Bäumen und Sträuchern zum Frühjahr.

Im Juni hält sich Pückler auf Schloß Babelsberg auf.

1849

Pückler wird gebeten, die Anlage unterhalb der Voltaireterrasse zu vollenden und „wenn Du etwas gotisches findest was in den Garten paßt an Babelsberg zu denken".

1850

Auf Grund hoher Bauschulden sind für 1850 keine neuen Gartenarbeiten vorgesehen. Pückler ist ab jetzt nur noch unregelmäßig in Potsdam.

um 1850

Parkplan von G. Meyer vom oberen Parkteil, Zustand um 1850, später Veränderungen und Erweiterungen eingezeichnet.

1853

Beginn der Gestaltung der südlichen Randpartien des Babelsberges.

1861

Zur endlichen Vollendung des Babelsberges empfiehlt Pückler dem König Wilhelm I. den Hofgärtner Gustav Meyer von Sanssouci.

1862

Durch Vertrag vom 4./28. 11. 1862 werden die vorher in Erbpacht befindlichen Forstparzellen durch den König für 959 Taler und 6 Pfennige käuflich erworben. Ernennung des Babelsberges zum Schatullgut.

1865

Umfangreicher Geländeerwerb südlich des Babelsberges zur Vergrößerung des Parkes.

Tod des Hofgärtners Christoph F. Kindermann. Die Nachfolge wird durch seinen Sohn Otto Ferdinand Kindermann (1843–unbekannt) angetreten. O. F. Kindermann erhält 1868 den Titel des königlichen Hofgärtners.

1865–1868

Ausführung der Neuanlagen unterhalb des Babelsberges durch Otto F. Kindermann nach einem von ihm gefertigten Plan. Dazu wird eine stattliche Anzahl großer Bäume und Sträucher im Havelland aufgekauft und teilweise von weither nach Babelsberg transportiert. Meisterhafte Anlage eines 5 1/2 Morgen großen künstlichen Sees mit buchtenreichem Ufer und drei künstlichen Inseln. Die malerische Szenerie wird durch von weit her, z. T. aus Schlesien, nach Babelsberg geholte große Findlinge unterstützt.

1866

Errichtung einer Parkeinfriedung in den neuen Grenzen.

um 1868

Bei einem Besuch des Babelsberges findet Pückler seine Gedanken bei der Weiterführung der Gestaltung des Parkes durch Otto F. Kindermann bestätigt. Er bittet den König, ihm den Babelsberg „auf eine Woche" zu überlassen, um mit Axt und Beil Durchblicke von malerischem Wert zu erhalten. Antwort des Königs: „Der gute Fürst hat wohl recht von seinem Standpunkte aus, ich aber möchte meine Bäume, die mir eine ganze Geschichte sind, um keinen Preis missen".

1870

Neue Anlagen an der Siegessäule.

1872

Der Kaiser erteilt den Auftrag, die in unmittelbarer Umgebung des Parkes befindlichen Grundstücke aufzukaufen, um störende Anlagen in der Nähe des Babelsberges zu verhindern.

1875

Arondierung von 12,2 ha Forstgelände aus dem Staatsbesitz jenseits der Allee nach Glienicke. Die Fläche wird 1911 zum Bau einer Sternwarte wieder abgetreten.

1876/77

Ausgabe von jährlich 2000 Talern für Nachpflanzungen in den neuen Anlagen des alten Parkes.

Januar bis März 1879

Otto F. Kindermann befindet sich auf einer Reise nach Italien.

1880

Plan des Babelsberges in den bestehenden Grenzen, gezeichnet von dem Königlichen Gartengehilfen F. Hoppe.

1883

Nach der Herauslösung der Ländereien, die zu den Gemeindebezirken Neuendorf und Klein-Glienicke gehören, wird am 9. Mai 1883 aus Schloß und Park Babelsberg ein selbständiger Gutsbezirk gebildet.

1884

Erklärungen des Gutsbezirkes zu einem selbständigen Amtsbezirk.

1888

Tod des Kaisers Wilhelm I.

1895

Überführung des größten Teils der Orangerie nach Sanssouci. Starke Verminderung der Arbeitskräfte. Nur die notwendigsten Arbeiten zur Instandhaltung der Wege und Promenaden werden noch unterhalten.

1898

Hofgärtner Otto F. Kindermann ersucht vorzeitig um seinen Abschied, der ihm auch gewährt wird. Das Amt des Hofgärtners wird von Kurt Nietner (1859–1929) übernommen.

1926

Im Rahmen der Vermögensauseinandersetzung zwischen dem Preußischen Staat und dem vormals regierenden Preußischen Königshaus wird Schloß und Park Babelsberg Staatseigentum.

1925–1931

Verstärkte Durchführung von Ausholzungen.

1931–1938

Gehölz- und Strauchpflanzungen im ganzen Parkbereich, besonders in der Umgebung des Flatowturmes.

1937/38

Auf Grund einer „Verfügung zur Anpflanzung von Frühjahrsblühern" des Direktors der Staatlichen Schlösser und Gärten werden 1937 und 1938 tausende Zwiebelgewächse (Schneeglöckchen, Winterlinge, Märzbecher, Scilla, Krokus, Narzissen und Traubenhyazinthen) gepflanzt. Dazu Pflanzung verschiedener frühjahrsblühender Stauden (Corydalis, Hepatica, Primula officinalis, Helleborus).

1938

Endgültige Auflösung der Orangerie durch Umsetzung der noch vorhandenen Lorbeeren nach Schloß Monbijou in Berlin und Verkauf der restlichen Palmen.

1939

Letztmalige Nennung von Beeteinfassungen: 400 Stück rote Porzellansteine, 700 Stck. weiße Porzellansteine, 250 Stck. fächerförmige Beeteinfassungen aus gebranntem Ton.

1950

Errichtung von zunächst vier Internatsgebäuden im nordöstlichen Parkbereich in Verbindung mit der Nutzung des Schlosses durch die Zentrale Richterschule. In den folgenden Jahren entstehen auf einem vom Park abgegrenzten Gelände weitere Bauten dieser Einrichtung.

1952

Plan, den Park Babelsberg als Jugend-, Sport- und Erholungspark einzurichten. Dieser Gedanke wird in den folgenden Jahren ständig wieder aufgegriffen.

Errichtung von sechs Dozentenhäusern im südlichen Parkgelände für Mitarbeiter der späteren Akademie für Staats- und Rechtswissenschaft der DDR.

1953/54

Bau eines Seestützpunktes für die Ge-

sellschaft für Sport und Technik an der Havel im Südwesten des Parkes.

1960

Beginn der Rekonstruktionsarbeiten, die ab 1970 in verstärktem Maße durchgeführt werden. Sie bestehen bis heute in wiederholten Plenterungen und umfangreichen Rodungen von Wildwuchs im gesamten Parkgelände sowie der Freilegung und Instandsetzung zahlreicher Wege.

1961

Durch die Sicherung der Staatsgrenze sind die nördlichen Parkpartien nicht mehr zugänglich.

1971

Beginn der Rekonstruktion des Pleasureground am Schloß.

1977

Aufstellung eines Gedenksteines für Fürst Hermann von Pückler-Muskau in der Nähe des Schlosses.

1978

Vergrößerung des Grenzgebietes durch die Abgrenzung von bereits vollständig wiederhergestellten Flächen am Kleinen Schloß, mit nunmehr 13,9 ha.

1979/81

Wiederherstellung des Blumengartens um die Gotische Fontäne, nachdem durch das Abtragen der Rasennarbe die originalen Formen wiedergefunden werden konnten.

1981/82

Freilegung der Sichtachse Schloß-Flatowturm-Telegrafenberg

1984

Wiederanlage der 16 Blumenbeete im zuvor wiederhergestellten und neu vergoldeten »Goldenen Rosengarten« und Bepflanzung mit Rosen.

1984/85

Freilegen der Sichtachse von der Siegessäule zum Pfingstberg.

1987

Freilegung des völlig zugewachsenen »Schwarzen Meeres« und Wiedersichtbarmachung der vier Inseln und der bemerkenswerten Uferlinie.

ab 1990

Beginn der bis heute noch nicht abgeschlossenen Wiederherstellung des fast völlig zerstörten Grenzgebietes entlang des Havelufers.

Entfernung der umfangreichen Grenzsicherungsanlagen, Beseitigung des Kolonnenweges, Ausräumung des Wildwuchses, Neuprofilierung umfangreicher Flächen und zerstörter Hänge, Freilegung und Neubau zahlreicher Wege, 1994 Pflanzung von Pleasureground-Sträuchern, Aushebung der zugeschütteten Lennéschen Bucht.

Zu den Bauten

Schloß

1826
Erste Entwürfe für einen Landsitz auf dem Babelsberg von Kronprinz Friedrich Wilhelm in Zusammenarbeit mit C. F. Schinkel.

1831
Entwurf eines Schlößchens auf dem Babelsberg in der Form eines normannischen Kastells von dem Architekten Friedrich Ludwig Persius (1803–1845).

1833
Entwurf für ein kleines Besitztum auf dem Babelsberg in der Form eines gotischen Cottage durch F. L. Persius in Anlehnung an einen Entwurf aus R. Luger, Archtecturae Sketches for Cottages . . ., London 1815. Projekt C. F. Schinkels für ein Schloß auf dem Babelsberg im Stile englischer Neugotik.

1. 6. 1834
Grundsteinlegung für das Schloß.

18. 10. 1835
Einweihung des ersten Bauteiles.

1844–1849
Erweiterung des Schloßbaues durch die Architekten F. L. Persius, Johann Heinrich Strack (1806–1880) und Martin Gottgetreu (1813–1885).

1908
Nicht ausgeführtes Vergrößerungsprojekt von dem Architekten Albert Geyer (1846–1938) für die Erweiterung des Schlosses zu einem Sommersitz für den Kronprinzen Friedrich Wilhelm.

nach 1945–1954
Einrichtung der Zentralen Richterschule im Schloß und in der Schloßküche, aus der die spätere Akademie für Staats- und Rechtswissenschaft der DDR hervorging.

1954–1963
Überlassung des Schlosses an die Filmhochschule zur Einrichtung eines Internates.

ab 1963
Nutzung durch das Museum für Ur- und Frühgeschichte Potsdam.

Schloßküche

1859–1860
Nach Entwürfen von M. Gottgetreu an der früher durch Pückler bezeichneten Stelle errichtet.

Kleines Schloß

1833/34
Ehemaliges Gartenhaus mit dem Blumeschen Grundstück. – Umbau durch den Architekten Eduard Gebhardt, vermutlich nach Skizzen von F. L. Persius.

1841/42
Erneuter Umbau zur Wohnung für den Prinzen Friedrich Wilhelm, den späteren Kaiser Friedrich III.

1892
Nach Abriß des Kavalierhauses Herrichtung als Gästehaus.

1926–1958
Wohn- und Erholungsheim.

1959–1970
Nutzung als Gaststätte.

1980–1981
Umfassende Instandsetzung.

1981
Erneute Eröffnung einer Gaststätte.

Marstall

1834–1839
von E. Gebhardt erbaut.

um 1861
Umbau und Vergrößerung des Gebäudes in der heute noch bestehenden Form.

Matrosenhaus

1842
Nach Entwürfen von H. Strack als Wohnung für den Matrosen errichtet, der die zum Schloß gehörenden Boote bediente.

Maschinenhaus

1843–1845
durch M. Gottgetreu errichtet nach Entwürfen von F. L. Persius. Unterbringung der 40 PS starken Dampfmaschine zum Antrieb der Wasserpumpe. Von einem runden Wasserbecken auf der höchsten Erhebung des Babelsberges erfolgte die Versorgung der Flächen, Fontänen und künstlich angelegten Seen.
Am 25. Mai 1845 erstmaliges Anstellen der Fontänen mit der besonderen Sehenswürdigkeit eines sich bis 40 m aus der Havel erhebenden Springstrahls.

um 1865
Erweiterung des Maschinenhauses durch den Bau einer zusätzlichen Maschinenhalle und Anlage eines zweiten gleich großen Wasserbassins – Entstehung des Achterbeckens; durchschnittlicher Wasserbedarf pro Jahr 450 000 m³.

Kutscherhaus

Ältestes Gebäude im Park, 1771 bereits vorhanden.

um 1850
bauliche Veränderung des Hauses mit Schrägstellung des Westgiebels und Verzierung mit hölzernem Schmuckwerk.

Pförtnerhaus

1843
Errichtung des Pförtnerhauses am Haupteingang zum Schloß nach Plänen von F. L. Persius in der Form eines normannischen Kastells.

1866
Bau der Pförtnerhäuser an den Eingängen Alt Nowawes und Mühlentor. Das Haus am Mühlentor durch Kriegsbeschädigung nach 1945 abgetragen.

1880
Aufbau des Hauses jenseits der Allee nach Glienicke am Eingang „Sternwarte".

Hofgärtnerei

1861
Grundsteinlegung für ein stattliches Hofgärtnerhaus.

1865

Abschluß der Baumaßnahmen an der Hofgärtnerei. Danach umschloß eine Mauer ein Gelände von 2,2 ha, auf dem sich das Hofgärtnerhaus, der Wirtschaftshof mit Ställen und Scheune, das Gärtnerhaus, acht Treibhäuser und die Lepèreschen Obsttreibmauern befanden.

1879–1881

Bau der beiden Lorbeerhäuser.

Kavalierhaus

Ehemaliges Wohnhaus in der Nähe der Havel auf dem 1840 erworbenen Reichertschen Grundstück. Diente zunächst als Wohnhaus für den Hofgärtner. Um 1860 Umbau als Kavalierhaus. 1892 abgerissen.

Havelhaus

Ursprünglich Wohnhaus für den Fährmann, der die Fähre zwischen Potsdam und Nowawes bediente.

1893

Zerstörung durch einen Brand und im gleichen Jahr Neuaufbau in der heutigen Form nach einem Entwurf des Architekten Reinhold Persius (1835–1912).

Flatowturm

1853–1856

Anstelle einer 1848 abgebrannten Holländischen Windmühle nach Entwürfen von H. Strack errichtet. Als Vorbild diente das Eschenheimer Tor in Frankfurt/Main. Die Zimmer der sechs Stock-

werke waren mit Kunstgegenständen verschiedener Epochen ausgestattet.

1993

Abschluß der Wiederherstellung des nach 1945 bis zur Ruine verfallenen Turms.

Gerichtslaube

Offene gotische Halle aus Backstein. Nach Entwürfen von H. Strack 1871/72 auf der Lenné-Höhe errichtet unter Verwendung von Teilen der ehemaligen Gerichtslaube aus dem 13. und 15. Jahrhundert am alten Berliner Rathaus.

1993

Abschluß der Wiederherstellung des nach 1945 stark in Mitleidenschaft gezogenen Gebäudes.

Borkenhäuschen

um 1856

aus Holz, Borke und Birkenzweigen als Teehäuschen auf einer kleinen Anhöhe am Rande des Babelsberges errichtet, bis 1945 noch vorhanden.

Denkmalbauten

Erinnerungsdenkmal an den Badischen Feldzug 1849

Das Denkmal, errichtet auf einer Anhöhe hinter dem Schloß, erinnert an die Hilfe preußischer Truppen unter dem Befehl des Prinzen Wilhelm bei der Niederschlagung der Freiheitsbewegung 1849 in

Baden. Die neogotische Architektur aus rotem Sandstein enthält eine Plastik des Bildhauers August Kiß (1802–1865), den drachentötenden Erzengel Michael darstellend.

Bildstöckel

Bildstock aus Sandstein, oben mit Laterne. Ursprünglicher Standort bei Bischweiler. Nach Beendigung des badischen Feldzuges unterhalb des Schlosses an der Havel errichtet, heute nicht mehr vorhanden.

Siegessäule

Auf einem Aussichtspunkt am Rande des Babelsberges 1866 errichtet. Granitsäule, Kapitell und Siegesgöttin von Christian Daniel Rauch (1777–1857). Am Granitsockel ursprünglich Nachbildungen der Kriegsgedenkmünzen aus den »Einigungskriegen« 1864, 1866 und 1870/71.

Gefertigt aus einem Teilstück, das bei der Sprengung des großen Markgrafensteines in den Rauener Bergen bei Fürstenwalde zur Anfertigung der großen Granitschale im Lustgarten in Berlin entstand.

Feldherrenbank

1882 aufgestellte halbrunde Steinbank unterhalb der Siegessäule. Auf dem Postament der Rückwand befanden sich die Bronzebüsten der Heerführer aus dem Kriege 1870/71.

Gärtnerpersönlichkeiten

Kunstgärtner in Muskau

Von Werner Manno

Im folgenden wird ein Verzeichnis der Kunstgärtner zusammengestellt, die am Park von Muskau und später an anderen Garten- und Parkanlagen mitwirkten.

Genannt werden die Familiennamen mit der Berufsbezeichnung Kunstgärtner, Obergärtner, Hofgärtner, wie auch Park- bzw. Garteninspektor oder Direktor. Auf der Suche nach weiteren Namen konnten als beste Quelle die Kirchenbücher des evangelischen Pfarramtes Bad Muskau benutzt werden, die uneingeschränkt zur Verfügung standen; die meisten Namen fanden sich in den Taufregistern; die Berufsbezeichnungen der Väter, aber auch Namen von Paten, Ehefrauen und Kindern stellen wichtige Ergänzungen zu den Personen dar. Nicht immer sind die Vornamen identisch, auch die Schreibweisen variieren. Die Patenangaben beziehen sich auf alle Familienangehörigen, bei beruflichen Beziehungen in den Familien konnte die Aussage erweitert werden. Einige Namen wurden dem Muskauer Anzeiger entnommen, in dem auch Kurgästelisten veröffentlicht sind. Bei den Angaben „Paten" bzw. „Heirat" konnte nur die Berufsbezeichnung und Jahreszahl ermittelt werden.

Bei der Bezeichnung Kunstgärtner, auch Hofgärtner, gibt es hinsichtlich einer Beschäftigung im Muskauer Park keine Zweifel; kritischer muß hingegen die Bezeichnung Gärtner angesehen werden. Zu damaliger Zeit war Muskau eine Ackerbürgerstadt, es läßt sich also nicht ohne weiteres folgern, daß der jeweils Genannte ausschließlich im Park arbeitete. Denn bei den Eintragungen im Register Muskau-Land, wozu die Vor- bzw. Neustadt Muskaus und die Dörfer der Standesherrschaft gehörten, kommen auch Bezeichnungen wie Halb- und Viertelgärtner vor. Diese Namen wurden nicht berücksichtigt. In den Orten Berg und Köbeln, die unmittelbar an die Stadt grenzen, wurde bisweilen aus einem Gärtner ein Parkarbeiter, oder ein Aufseher. Deren Einordnung in die Reihe der Kunstgärtner erscheint nur dann berechtigt, wenn sich das Anstellungsverhältnis sowie die Namen der Angehörigen erfassen lassen.

In einigen Familien waren zwei oder drei Generationen im gleichen Beruf tätig, eingeschlossen die Schwiegerkinder. Hierfür gibt die Familie Rehder ein gutes Beispiel, deren Name neben dem der Familie Petzold in der Geschichte des Muskauer Parks mehrfach auftaucht.

Arlt, Benno; Kunstgärtner aus Görlitz, 1900 als Pate.

Baumann; Garteninspektor in Jena, 1860 bei Generaldirektor Rieloff als Pate.

Berndt, Johann Hermann Louis; Kunst- und Handelsgärtner, 1870 mit 34 Jahren unverheiratet gestorben.

Bertram, Gustav; Kunstgärtner in Schadendorf, 1861 und 1872 als Pate.

Beutner; Kunstgärtner in Görlitz, 1887 als Pate.

Brode, Johannes; Obergärtner, 1905 als Pate.

Brucksch, Ekkehard; seit 16. 1. 1967 im Park, bis 1970 Meister, ab 1970 Leiter der Parkverwaltung.

Brucksch, Gottfried (1899–1979); ab 1954 als Gärtner bzw. Obergärtner im Park bzw. im Tropenhaus.

Brückner, Georg August Fedor; Kunstgärtner, 1845 als Pate.

Bruhm, Walter; Oberforstmeister, Leiter der Parkverwaltung von 1929–1939, 1906 als Pate.

Dammann, H.; Kunst- und Handelsgärtner in Görlitz, 1867 als Pate bei Schrefeld.

Doell, Johann Wilhelm Carl; Hofgärtner zu Eisenberg / Altenburg, 1853 als Pate bei Petzold.

Döring, Wilhelm Adolf Theophilus; Sohn des Gärtners D. in Kreba, 1834 Gärtnerlehrling als Pate. 1835 schreibt Rehder auf Anfrage der Herrschaft Püchau bei Wurzen, daß er Döring als geeignet empfehle und sein frühester Antritt im Februar 1836 möglich sei. 1841 Heirat.

Engberg, Richard; Kunstgärtner in Weißenfels, 1880 als Pate bei seinem Bruder, Lehrer.

Fritsch, Carl Christian; Parkinspektor, 1818 als Pate.

Gellert, Johann Friedrich Wilhelm; Sohn des Kirchvaters G. 1821 der Gartenkunst-Beflissener als Pate.

Gireaut, herzogl. Gartendirektor in Sagan, feiert am 1.10.1886 sein 50. Gärtnerjubiläum (MA).

Groß, Johann Christian August; Kunstgärtner, 1847 Heirat.

Hannemann; Hofgärtner, erwähnt in MA „Pückler in seiner Parkschöpfung": alter Hofgärtner Pücklers, hat noch unter Friedrich dem Großen in Sanssouci gearbeitet.

Hannemann, Christian Tugendreich; Kunstgärtner, 1802 als Pate, 1807 als Pate bei Kunstgärtner Schöllermann.

Hanneman, Carl August; ältester Sohn des invaliden Gärtners, 1805 als Pate, 1815 als Pate, 1817 Hofgärtner, als Pate zusammen mit Gärtner Rehder, 1821 Gärtner in Friedersdorf bei Liegnitz, als Pate, 1825 Hofgärtner in Neu-Hardenberg (Oderbruch), als Pate.

Hannemann, Christoph; Kunst- und Ziergärtner, 1801 und 1813 als Pate, 1819 heiratet er die Tochter des Schloßverwalters Neumann, 1827 pensionierter Hofgärtner, 1831 gestorben im Alter von 75 Jahren.

Heine, Johann Traugott; Sohn des pensionierten Mundkochs, 1835 Kunstgärtner in herrschaftlichen Diensten, heiratet mit 27 Jahren, 1836 ist E. Petzold, Kunstgärtner in Malzdorf bei Löwenberg, Pate bei der Tochter, 1838 fürstlicher Hofgärtner, 1839 gestorben mit 31 Jahren, 1860 ist seine Tochter bei Schrefeld.

Hirsch, Johann Gottfried; Kunstgärtner, 1813 Geburt einer Tochter, 1832 ehemaliger Gärtnergehilfe als Pate, 1844 bereits verstorben.

Hoffmann, Carl Friedrich; Kunstgärtner zu Schönberg, Heirat 1846.

Kahl, Gotthelf; Kunstgärtner auf der hiesigen Tuchfabrik, 1874 als Pate.

Kahrens; Kunstgärtner in Sorau, 1855 als Kurgast.

Kern, Gottfried Johann; Kunstgärtner, geboren 1793 in Wadlitz bei Löwenberg, 1886 mit 93 Jahren gestorben, erlernt nach Militärentlassung 1815 den Gärtnerberuf, lebt die letzten Jahre bei der Tochter (MA).

Kindermann, Christoph Ferdinand; Hofgärtner, in Babelsberg gestorben 1865.

Kindermann, Otto Ferdinand; Sohn des C. F. Kindermann, Nachfolger seines Vaters, geboren 1843, bis etwa 1898 dort tätig, seine Tochter heiratet Dr. Eugen Schwetschke.

Kirchner, Georg Wilhelm; prinzl. Arboret- und Kunstgärtner, geboren 1837 in

Halle, ab 1852 in Muskau, 1860 als Pate bei Liebusch (Fam. Petzold), 1862 als Pate bei Obergärtner Schrefeld, auch als Landschaftsgärtner genannt, 1864 erscheint mit Petzold das „Arboretum Muscaviense", heiratet 1864 die Tochter des Fasanenjägers Blüthgen, ab 1872 als Stadtgärtner in Erfurt, 1875 und 1879 als Pate, 1885 dort gestorben.

Kirchner, Richard Heinrich Theodor; Sohn des G. W. Kirchner, geboren 1866, Gärtner in Plessa O.S., jung verstorben.

Kireck, Johann Friedrich August; Kunstgärtner in der hiesigen Tuchfabrik, heiratet 1863 mit 28 Jahren eine Frau aus Sagan, 1868 als Pate, 1879 in Tschernitz.

Kruschwitz, Carl Ludwig; Kunst- und Handelsgärtner, 1829 als Pate, 1839 gestorben mit 50 Jahren.

Kubisch, Ernst; Kunstgärtner in Tschernitz, 1868 als Pate.

Kurland, Kurt; 1955–1957 Leiter der Parkverwaltung.

Kyburg, Friedrich Wilhelm; aus Klein Glienicke, Fürstl.-Pücklerscher Untergärtner, heiratet 1823.

Lauche, Rudolf; Sohn des Garteninspektors W. Lauche, in Wildpark geboren 1859, 1891 in Muskau Baumschuleninspektor; als Pate genannt: Rudolf (?) Lauche, Gartendirektor in Leipzig-Altmannsdorf, bis 1929 Parkdirektor, seit 1923 Vizepräsident der Dendrologischen Gesellschaft.

Licht, Hermann; Kunstgärtnerlehrling, 1863 als Pate.

Liebisch, Emil; Kunstgärtner, 1886.

Maiwald, Robert; Kunstgärtner in Teiche (Krs. Rothenburg), 1861 als Pate.

Marko, Gotthelf; Sohn des herrschaftl. Verwalters in Zilmsdorf, heiratet 1800 die Tochter des gräfl. Revierjägers Schmidt in Mulkwitz, 1804 Kunstgärtner in Branitz, 1814 Gärtner in Branitz, als Pate, 1846 Kunstgärtner, mit 69 Jahren gestorben.

Netag; fürstl. Blumengärtner, 1844 als Pate.

Neßler, Moritz; Sohn des Maurermeisters Neßler in Görlitz, Gartengehilfe, 1830 als Pate bei Vater Schrefeld.

Nitschke, August Julius Hermann; Kunstgärtner und Parkaufseher, im Ruhestand, stirbt mit 84 Jahren 1933.

Noack, Christian; Kunstgärtner im

Dienst des Kammerherrn von Stammer in Görlsdorf bei Luckau, heiratet 1843 mit 26 Jahren die Köchin vom Schloß.

Noack, Johann Christoph; ehemaliger Kunstgärtner in Weißkeißel, 1835 und 1848.

Petzold, Carl Eduard Adolf; Sohn des späteren Superintendenten in Muskau, geboren 1815 in Königswalde (Neumarkt), seine Mutter ist die Schwester der Großmutter väterlicherseits von Georg Kirchner, 1831 Lehrbeginn bei Rehder, 1831 Gärtnerlehrling, als Pate bei Rehder, 1836 Kunstgärtner in Malzdorf bei Löwenberg, Herbst 1852 in Muskau, 1857 Park- und Garteninspektor, 1860 als Pate bei Liebusch (Fam. Petzold), bei Strasser (Schwiegersohn von Rehder), 1884 wohnhaft in Dresden-Blasewitz neben Kunstmaler Preller, 1885 bei der Feier zum 100. Geburtstag von Pückler in Branitz, 1891 gestorben.

Petzold, Max; Sohn des E. Petzold, Baumschulengärtner, geht später nach Südamerika.

Pichert, Julius Johann; Gartengehilfe, 1838 als Pate, 1840 Kunstgärtner als Pate.

Rehder, Jacob Heinrich; geboren 1790 in Eutin, 1806 Lehrbeginn in Ludwigslust (dort keine Unterlagen mehr vorhanden), Gehilfenjahre in Pförten (Fürst Brühl), ab 1817 in Muskau, 1818 Hochgräfl.-Pücklerscher Gärtner, als Pate, 1820 Hofgärtner als Pate, heiratet 1820 die Tochter des Hofgärtners Schmidt in Pförten; 1822 ist Pückler beim 1. Kind Pate, wobei der Name noch Röhder geschrieben ist.

Rehder, Paul Julius; Sohn des J. H. Rehder, geboren 1833, 1849 Beginn der Lehrzeit, bis 1859 in Muskau, er übernimmt die Leitung der Parkanlagen in Waldenburg bei Glauchau bis 1894, gestorben 1917 in Glauchau, Waldenburg. In Dresden keine Unterlagen.

Rehder, Alfred; Sohn des P. J. Rehder, geboren 1863, 1887 arbeitet er ein Jahr an der Baumschule unter Schrefeld; 1903 heiratet er eine Tochter von Schrefeld, Prof. für Dendrologie und Leiter des Arnold Arboretum in Boston (USA), gestorben 1949.

Richter, Johann Gottlieb; Kunstgärtner in Brunschwig bei Cottbus, Sohn des J. M. Richter in der Neustadt, heiratet 1823 die Tochter eines Nitschke in Vetschau.

Roese; Obergärtner-Gehilfe, 1854 als Pate.

Roth, Carl Wilhelm; Garten- und Parkinspektor, geboren 1843 in Niedergrädiitz bei Breslau, 1859 Lehrbeginn in Kanth, Gehilfenjahre in Sagan unter Gartendirektor Gireaud und in Berlin an den Borsigschen Gärten, seit 1871 in Muskau, leitet Gärtnerei, Bergpark und Teile des Talparkes, während Schrefeld die Baumschule und andere Teile übernimmt, 1878 Garten- und Parkinspektor, 1886 Pate bei Kammerrat Rücker, 1893 als Pate bei Parkdirektor Lauche, gest. 1916 in Muskau.

Bei seinem 70. Geburtstag sind als Gratulanten genannt: Köhler, Städt. Gartendirektor, Beuthen O.S.; Skell, Oberhofgärtner, Weimar; von Busdorf, früherer Gärtnereibesitzer, Köstritz/Thür.; Büttber, Garteninspektor, Tharandt; Bergfeld, Garteninspektor, Erfurt; Eichler, Baumschulenbesitzer, Grünberg; Rettig, Großherzogl. Garteninspektor, Jena; Wocke, Hofgärtner, Heiligenberg (Wiesbaden); Schulze, Oekonomierat, Neubrandenburg; Berthold, Stadtgartendirektor, Wiesbaden; Gené, Kgl. Tiergartenobergärtner, Berlin.

Schmidt, Friedrich August; Hof- und Kunstgärtner in Pförten (Schwiegervater von J. H. Rehder).

Schmidt, August Daniel Moritz; Hofgärnter in Pförten, 1822 als Pate bei Rehder.

Schöllermann, Johann Gottlieb; Kunstgärtner, 1802 als Pate bei Hannemann, 1804 als Kunst- und Ziergärtner mit 57 Jahren gestorben.

Schrefeld, Gustav Heinrich; Sohn des Stellmachermeisters, geboren 1831 in Muskau, Beginn der Lehrzeit 1846 unter Rehder, 1850 für 1½ Jahre in Weimar unter Petzold, 1854 Ausführung von Plänen nach Petzold bei Striegau, 1858 nach Muskau zurück, eingesetzt in Baumschule und Arboretum, 1872 Leiter, 1891 gestorben, seine Tochter heiratet 1903 Alfred Rehder.

Schrefeld, Ulrich; Sohn des G. H. Schrefeld, Kunstgärtner, mit 26 Jahren in Muskau gestorben.

Schubert, Franz Theodor; Kunst- und Handelsgärtner in Weimar, heiratet mit 24 Jahren eine Tochter des prinzl. Hofsattlers Vogel 1859.

Schulz, Adolf; Kunstgärtner in Görlitz, 1879 als Pate.

Schulz, Friedrich Wilhelm; fürstl. Gärtner, 1834 ist Rehder Pate.

Sergen, Wilhelm; Stadtgärtner in Görlitz, 1886 als Pate.

Siebe, Karl; Garteningenieur Berlin, 1908 als Pate.

Stracke, Tycho, 1958–1970 Leiter der Parkverwaltung

Teichert, Friedrich Gottlieb Ernst; herzogl. Garteninspektor zu Sagan.

Teichert, Friedrich Wilhelm Paul Oscar; Sohn des F. G. E. Teichert, Obergärtner in Walkowitz (Krs. Marienwerder), heiratet 1862 mit 26 Jahren eine Tochter des prinzlichen Sattlermeisters Vogel, gestorben 1870, das 1. Kind in Walkowitz geboren, das 3. Kind in Potsdam.

Teuber; Kunst- und Handelsgärtner, 1899 stirbt die Frau.

Todenhagen, Christian Friedrich Eduard; Obergartengehilfe aus Putbus, 1857 als Pate.

Waler; fürstl. Blumengärtner, 1844 als Pate.

Walleck, Wenzel; herrschaftl. Kunstgärtner, 1845 als Pate.

Walther, Carl; Kunstgärtner, 1861 als Pate.

Wauer, Carl; Kunstgärtner in Burghammer bei Niesky, heiratet mit 21 Jahren die Tochter des Revierförsters Leinert in Weißkeißel 1865.

Weiß, Adolf; gräfl. Solmsscher Hofgärtner in Klitschdorf, 1870 und 1878 als Pate.

Weydig, Albert Gottlieb; Kunstgärtner in der prinzl. Park- und Gartenanlage, aus Cölln gebürtig, stirbt mit 35 Jahren 1868.

Wilde, Wilhelm Arthur; Kunstgärtner, 1905.

Wulle, Johann Heinrich; Kunstgärtner des Barons von Ziegler zu Dambrau bei Oppeln, heiratet mit 27 Jahren 1858.

Hofgärtner in Babelsberg

Von Heinrich Hamann

Als Peter Joseph Lenné (1789–1866) im Frühjahr 1833 damit begann, den Babelsberg nach seinen Plänen zu gestalten, standen ihm noch keine Gärtner zur Seite, die sich das ganze Jahr über mit den Arbeiten in dieser neuen Parkanlage beschäftigen konnten. Die Verwirklichung seiner Absicht, für den Prinzen Wilhelm (1797–1888) einen Park anzulegen, in dem die Möglichkeiten der Gartenkunst voll ausgeschöpft werden sollten, und den Park als eines der wichtigsten Glieder in die Verschönerung der Insel Potsdam einzubeziehen, mußte er zunächst ohne einen Hofgärtner durchführen.

Erst 1836 erfolgte die Anstellung von *Christoph Ferdinand Kindermann* als ersten Hofgärtner für den Park Babelsberg. Als Sohn eines Kaufmanns wurde er am 6. 9. 1805 in Berlin geboren[1]. Über seine berufliche Entwicklung ist wenig bekannt geworden. Wir wissen nur, daß er vor seiner Berufung nach Babelsberg mehrere Jahre als Gehilfe am Königlichen Botanischen Garten in Berlin tätig gewesen ist[2]. Eine spezielle Ausbildung als Landschaftsgärtner war scheinbar nicht erfolgt.

Zur Zeit seiner Einstellung waren die Mittel aus der Privatschatulle des Prinzen für den Park Babelsberg schon recht rar geworden. Der von Lenné geplante Pleasureground in einem Teil seitlich des Schlosses konnte deshalb nicht mehr angelegt werden. Außer ein paar Neupflanzungen von Gehölzen bzw. der Ergänzung eingegangener Bäume und Sträucher wurden in den folgenden Jahren Neuanlagen kaum durchgeführt. Bei diesen Arbeiten war der Hofgärtner nicht besonders gefordert. Erst als Fürst Hermann von Pückler-Muskau (1785–1871) ab 1843 die Gestaltung des Babelsberges übernommen hatte und die Mittel nach der Thronbesteigung Friedrich Wilhelms IV. (1795–1861) durch die Ernennung des Prinzen Wilhelm zum Prinzen von Preußen reichlicher flossen, vervielfältigten sich seine bisher nur sparsamen Aufgaben.

Wie wichtig für Fürst Pückler die Zusammenarbeit mit einem Hofgärtner war, der seine Gestaltungsabsichten kannte, zeigt die Entsendung Kindermanns nach Muskau noch im Jahr 1843, um die Garten- und Landschaftsgestaltung in dem damals weit über die Grenzen Deutsch-

217
Hermann Ludwig Heinrich Fürst von Pückler-Muskau, um 1837/38
während der Reise in Nordafrika

lands berühmt gewordenen Park zu studieren. Pückler hatte es dabei selbst übernommen, dem Gast aus Babelsberg alles zu zeigen, was für seine Arbeit von Nutzen sein konnte[3].

Der Aufenthalt reichte jedoch nicht aus, Kindermann in die Lage zu versetzen, Pücklers Ideen bei dessen Abwesenheit selbständig in die Wirklichkeit umzuwandeln. Dies kommt auch in einem Brief des Hofmarschalls, ein Vetter von Pückler, aus dem Jahre 1845 zum Ausdruck, worin es heißt: „Deine Bestimmungen sind übrigens außerordentlich nötig, wenn aus der Anlage etwas schönes werden soll, denn schon in diesem Augenblick wissen wir nicht aus noch ein."[4]

Auch Pückler, der sich das hohe Ziel gesetzt hatte, eine Anlage zu schaffen, die alle anderen in Potsdam übertreffen sollte[5], befürchtete, diese große Verpflichtung mit dem Hofgärtner Kindermann nicht einhalten zu können und versuchte 1845, den am Hofe in Weimar beschäftigten Eduard Petzold (1815–1891) für den Babelsberg zu gewinnen. Dieser schreibt in seinen „Erinnerungen aus meinem Leben": „Fürst Pückler hatte damals die Anlagen des Prinzen von Preußen bei Schloß Babelsberg angefangen. Er trug mir an, als Garten-Inspector in die Dienste des Prinzen zu treten, da er glaubte, daß ich auf seine Intentionen geschickter eingehen würde als der Hofgärtner des Prinzen, Kindermann, mit dem er nicht fertig werden konnte; der Letztere sollte unter mir stehen, ich sollte meine Bedingungen stellen, der Fürst wollte alles vermitteln. Hätte ich mich für diesen Wechsel entschließen können, so stand mir eine so glänzende Zukunft bevor, wie ich sie in Weimar niemals erlangen konnte ..."[6] – Petzold blieb aber in Weimar und wurde ab 1852 in Muskau tätig.

In seiner intensivsten Schaffensperiode auf dem Babelsberg von 1844 bis 1849, in der die Anlage der Terrassen am Schloß und des Pleasureground sowie die Gestaltung der Flächen in der näheren Schloßumgebung die Schwerpunkte bildeten, war Pückler weiter auf die Mitarbeit Kindermanns angewiesen. Dieser gab sich alle Mühe, um die an ihn gestellten Forderungen zu erfüllen, so daß Pückler an den Hofmarschall berichten konnte: „Mit Kindermann kann ich nur sehr zufrieden sein. Er ist voll Eifer und Geschick und nimmt Lehre an, wo er einsieht, daß sie frommt, was bei Groß und Klein eine höchst schätzenswerte Eigenschaft ist ... Kindermann hat während der paar Jahre der Anlage sich sehr vervollkommnet und seine Lokalitätskenntnis hinzugerechnet, möchte es jetzt sehr schwer werden, einen Besseren zu finden. Ich rate Dir daher, da er nur 350 Thaler hat, wovon er mit seiner starken Familie unmöglich leben kann, ihm 150 Thaler jährlich zuzulegen, damit er guten Muts bleibt"[7].

Diese Zulage war auch bitter notwendig, denn nach seiner Hochzeit im Jahre 1837 mit der Potsdamer Kaufmannstochter Juliane Luise Adolfine Zill[8] waren in der Hofgärtnerfamilie sechs Kinder geboren worden, drei Jungen und drei Mädchen[9].

Trotz dieses Lobes aus solch berufenem Munde kam es bei längerer Abwesenheit Pücklers immer wieder zu Schwierigkeiten, da Kindermann die genauen Anleitungen für eine kontinuierliche Weiterarbeit fehlten[10].

Seit etwa 1855 war Pückler auf dem Babelsberg kaum noch anwesend. Dennoch lag ihm die Vollendung der Anlage, die ihm mit Kindermann bisher nicht gelungen war, sehr am Herzen. Aus diesem Grunde erlaubte er sich 1861, dem im gleichen Jahr zum König gekrönten Prinzen Wilhelm den Hofgärtner Gustav Meyer (1816–1877) für seine Lieblingsschöpfung zu empfehlen[11]. Dieser hatte im Park von Sanssouci bereits Bedeutendes geleistet und war mit allen Fähigkeiten, die einen tüchtigen Hofgärtner auszeichnen, ausgerüstet.

Die Ausführungsarbeiten durch Kindermann wurden vom König anders eingeschätzt als durch Pückler, denn die Empfehlung blieb unbeachtet, und schon im folgenden Jahr erhielt der Hofgärtner für seine Verdienste während seiner fünfundzwanzigjährigen Tätigkeit den Roten Adlerorden vierter Klasse vom König verliehen[12].

Viele Jahre waren Christoph Ferdinand Kindermann auf dem Babelsberg nicht mehr beschieden. Als er am 15. 9. 1865 starb[13], war in seiner Familie schon der Grundstein für die Fortsetzung der Arbeit gelegt. Das viertjüngste Kind, der Sohn *Otto Ferdinand Kindermann*, geboren am 31. Januar 1843 auf Schloß Babelsberg, hatte sich, als der Vater starb, beruflich soweit gebildet, daß er in der Lage war, die Arbeiten auf dem Babelsberg nahtlos weiterzuführen. Aufgewachsen in der ehemals nur bescheidenen Gärtnerei im Park unterhalb des Flatowturmes – die großzügig angelegte und leistungsfähige Hofgärtnerei war erst ab 1861 errichtet worden – absolvierte er seine Lehrzeit von 1859 bis 1860 bei der Firma Friedrich Adolph Haage jun. in Erfurt. Im Anschluß daran erfolgte der Besuch der Gärtnerlehranstalt am Wildpark bei Potsdam, wo er sich umfangreiche Kenntnisse über Gartenbau und Landschaftsgärtnerei aneignen konnte. Eine sich daran anschließende Reise, die ihn ein halbes Jahr durch Frankreich und Belgien führte, diente der Vertiefung seines gärtnerischen Wissens[14]. Nach der Rückkehr bereitete ein Aufenthalt in Branitz von April 1864 bis Januar 1865 Otto Ferdinand Kindermann darauf vor, die Gestaltung des Parkes Babelsberg im Sinne Pücklers fortsetzen zu können.

Gleich zu Beginn seiner Tätigkeit – von 1865 bis 1867 zunächst als königlicher Obergärtner und ab 1868 als Hofgärtner – mußte er sein ganzes Können unter Beweis stellen. Dabei ist zu berücksichtigen, daß der Babelsberg als Schatullgut nicht zur königlichen Gartenintendantur gehörte und von hier kaum eine Anleitung zu erwarten war. Da aber auch Pückler nicht mehr half, mußte Kindermann, teilweise in Abstimmung mit Wilhelm I., selbständig über die auszuführenden Arbeiten entscheiden.

Durch Zukauf verschiedener Flächen im Süden war das Gelände 1865 erheblich erweitert worden. Unter Kindermanns Leitung wurde die Ausführung der hier entstehenden neuen Anlagen nach eigenen Plänen gelöst. Auch Pückler konnte bei einem gelegentlichen Besuch seine volle Zustimmung zu diesen Arbeiten geben[15]. Durch das richtige Pflanzen und die sorgfältige Behandlung der vielen weithergebrachten großen Bäume und Sträucher entstand in kürzester Zeit ein Park, der nicht vermuten ließ, daß die Gehölze erst vor wenigen Jahren gepflanzt worden waren. Mit der Ausführung eines großen künstlichen Sees in diesem Parkteil war Kindermann ein Meisterwerk der Landschaftsgärtnerei gelungen.

1875 und 1881 waren erneut im Osten hinzugekaufte und gepachtete Flächen zu gestalten und an den Park anzugliedern. Außer mit der Neuanlage beschäftigte sich der Hofgärtner mit der Überarbeitung der alten Parteile. Jedoch waren seine Befugnisse bezüglich der Wegnahme von Bäumen eingeschränkt. Anstatt durch Fällungen die malerischen Sichten auf Potsdam und in die Umgebung zu erhalten oder eine vielfältige Gruppierung der Baumgruppen zu erreichen, wurden aufwendige Schnittarbeiten an den Bäumen durchgeführt. Diese waren nur möglich, da Kindermann etwa fünfzig Gärtner, Gartenarbeiter, Handwerker und Tagelöhner zur Seite standen.

Außer den Arbeiten im Park mußte Kindermann auch andere Aufgaben erfüllen. So hatte er den noch immer nicht abgeschlossenen Zukauf von Grundstücken in der Umgebung zu tätigen, um störende Anlagen in der Nähe des Parkes zu vermeiden.

Schon 1868 begannen die Bemühungen, Schloß und Park Babelsberg in einen selbständigen Gutsbezirk umzuwandeln. Erst 1883, nach langen Auseinandersetzungen mit den Gemeinden Neuendorf und Klein Glienicke, erfolgte die Bestätigung durch den Kaiser. 1884 wurde das Gut zum Amtsbezirk erhoben. Kindermann mußte neben seiner Anstellung als Hofgärtner nun auch die Funktion des Guts- und Amtsvorstehers wahrnehmen. Damit galt er gleichzeitig für die im Schloß und Park Wohnenden als oberster Standesbeamter, hatte die Polizeigewalt auszuüben, die Steuern einzuziehen, die lokale Statistik aufzustellen und sich bei der Aushebung von Soldaten zu beteiligen[16].

Als Unverheirateter konnte sich Kindermann mit ganzer Kraft seinem Beruf widmen. Verschiedene Auszeichnungen, so unter anderem die Verleihung des Kro-

nenordens dritter Klasse, des Ritterkreuzes erster Klasse vom Badischen Orden des Zähringer Löwen, des Ritterkreuzes des Österreichischen Franz-Joseph-Ordens und des Roten Adlerordens anläßlich seines fünfundzwanzigjährigen Hofgärtnerjubiläums 1893 waren Zeichen der Anerkennung seiner Leistung[17].

Die Würdigung seiner Arbeit spiegelte sich auch in mehrfachen Gehaltszulagen wider. 1872 erfolgte die Festsetzung der Hofgärtnerbesoldung auf jährlich maximal 1000 Taler, wobei für Kindermann zunächst 900 Taler bewilligt wurden, die sich aber bald auf 1000 Taler erhöhten. Eine weitere Geldaufbesserung von 200 Talern im Jahre 1880, mit der die unterschiedliche Bezahlung gegenüber den anderen Hofgärtnern in Potsdam ausgeglichen werden sollte, begründete der Hofmarschall mit folgenden Worten: „Seinem Eifer, Fleiß und Geschick in seinem Amte kann ich nur ein unbedingtes Lob erteilen und sein großes Revier fordert eine ausdauernd angestrengte Tätigkeit." Mit der Bildung des Gutsbezirkes 1883 war nochmals eine Zulage von 500 Mark für die Vergütung des Mehraufwandes verbunden. Im Rahmen der Anerkennung seines Schaffens und gleichzeitig zur Vervollständigung seiner Bildung ist eine Reise zu werten, die ihn von Januar bis März 1879 nach Italien führte[18].

Nach dem Tode des Kaisers 1888 hielt es Kindermann nur noch zehn Jahre auf dem Babelsberg. Sehr schmerzlich mußte es für ihn gewesen sein zu erfahren, wie schnell die Lieblingsschöpfung in Vergessenheit geriet. Um den Etat für den Gutsbezirk trotz erheblich gestiegener Preise zu halten, war die Baumpflege und Parkunterhaltung ganz besonders von den Einschränkungen betroffen. Als 1895 sogar der größte Teil der Orangerie nach Sanssouci kam und das Personal für die Pflege des Parkes um mehr als zwanzig Personen vermindert werden mußte[19], konnte er den langsamen Untergang seines Lebenswerkes nicht mehr länger ertragen. 1898 wurde seinem Gesuch auf vorzeitige Pensionierung stattgegeben. 20 Jahre vergingen ohne weitere Kunde von O. F. Kindermann, bis sein Tod am 24.11.1918 in Potsdam angezeigt wurde.

Schon vor dem Weggang Kindermanns hatte Kaiser Wilhelm II. in Erwägung gezogen, dem Gärtner Max Hoppe (1853–1906) den Park Babelsberg zu übertragen. Auf Empfehlung der Kaiserin Victoria, für die Hoppe und H. Walter (1837–1898) in Kronberg den Park angelegt hatten, war er 1894 nach Potsdam berufen worden. Da er jedoch stark an Bronchialasthma litt, erhielt er nach einer Audienz bei der Kaiserin Auguste-Victoria die Stellung des Hofgärtners im Neuen Garten, wo er bis zu seinem Tode 1906 wirkte[20].

Als neuer Hofgärtner und Amtsvorsteher für Babelsberg zog am 1.10.1898 *Kurt Nietner* in das große, geräumige Hofgärtnerhaus im Park. Geboren am 26. 5. 1859 zu Wildpark bei Potsdam als Sohn des berühmten Hofgärtners vom Neuen Garten Theodor Nietner (1823–1854) setzte er die Tradition der bereits seit 1740 als Gärtner im Dienst des preußischen Königs stehenden Familie fort, indem jeweils ein Sohn verpflichtet war, den Gärtnerberuf zu erlernen. So war auch Theodor Nietner bestrebt, seinem Sohn Kurt eine gediegene Gärtnerausbildung zu ermöglichen.

Seine Lehrzeit von 1878 bis 1879 absolvierte er im Parkrevier Charlottenhof von Sanssouci und war anschließend von 1879 bis 1881 Schüler der Gärtnerlehranstalt am Wildpark bei Potsdam. Mit dem Wissen dieser bedeutenden Schule ausgerüstet, ging Kurt Nietner für ein Jahr in Stellung an den Berggarten in Hannover. Von hier aus fand er für ein weiteres Jahr Anstellung in Gent als Gehilfe bei August van Geert. Ein Aufenthalt im Königlichen Botanischen Garten von Kew und anschließende Reisen durch England, Schottland und Süddeutschland beendeten seine Ausbildung.

Als Obergehilfe im Schloßpark Bellevue in Berlin übernahm Kurt Nietner 1884 seine erste offizielle Anstellung. Sicher auf Betreiben des Vaters kam er 1886 als königlicher Obergärtner in den Neuen Garten. Nach dem Ableben Theodor Nietners 1894 erhielt jedoch nicht der Sohn, sondern Max Hoppe die frei gewordene Hofgärtnerstelle. Erst durch den Weggang Otto Ferdinand Kindermanns erfolgte für Kurt Nietner 1898 die Ernennung zum Hofgärtner für den Babels-berg.

Er übernahm die Anlage zu einer Zeit, als jegliches Interesse für diesen großartigen Landschaftspark verloren gegangen war. Mit den noch verbliebenen Arbeitskräften und den beschränkten Mitteln versuchte er, durch Fällungsarbeiten im Winter das Bild des Parkes zu erhalten. Vor allem ließ Nietner die sogenannten Perückenbäume entfernen, die im Laufe der Zeit durch den mehrfachen Rückschnitt entstanden waren, um ein Zuwachsen der Sichten zu verhindern[21].

Die große Hofgärtnerei – und hier besonders die Rosen- und Pfirsichkultur – wurde sorgfältig betrieben, so daß regelmäßig Obst, Gemüse und Blumen in das Quartier des Kaisers geliefert werden konnten.

1908 waren für einen Erweiterungsbau am Schloß für den Kronprinzen bereits umfangreiche Planierungsarbeiten durchgeführt worden. Die Hoffnung, daß der Babelsberg dadurch wieder zu neuem Leben erweckt werden würde, erfüllte sich jedoch nicht, da der Bau nicht zur Ausführung gelangte.

Als sich 1918 die Situation durch die Abdankung des Kaisers geändert hatte – aus dem Hofgärtner war ein Garteninspektor geworden – und der Park als Volkspark jährlich mit Maifeiern, Jahrmärkten und anderen Veranstaltungen auf der großen Wiese in der Nähe des Eingangs von Nowawes genutzt wurde, konnte der sehr konservativ eingestellte Hofgärtner für diese neue Nutzung kein Verständnis aufbringen. Mit dem Eintritt in den Ruhestand am 1.5.1924 ist die Tätigkeit Kurt Nietners auf dem Babelsberg zu Ende. Nur noch wenige Jahre verblieben ihm bis zu seinem Tode 1929.

Aus der Ehe Kurt Nietners mit Katharina Fintelmann (1879–1973), einer Tochter des Hofgärtners Gustaf Adolf Fintelmann (1846–1918) gingen ein Sohn und zwei Töchter hervor, von denen der Sohn Theodor die alte Tradition in der Familie Nietner fortsetzte und Gärtner wurde.

Nur eine kurze Zeit – von 1924 bis 1925 – verwaltete *Rudolph Timm* (1881–1957) – ebenfalls ein Schüler der Gärtnerlehranstalt am Wildpark und verdienstvoller Mitarbeiter bei Georg Potente in Sanssouci – das Amt des Garteninspektors in Babelsberg, bevor 1925 die Berufung zum Direktor des Berliner Tiergartens erfolgte.

Nach Rudolph Timm übernahm *Carl Friedrich Gerischer* 1925 als Gartenoberinspektor die Leitung des Parkes. Von dem Gute Augustwalde in der Neumark stammend, wo er am 22.10.1873 geboren wurde, absolvierte er 1892 bis 1894 seine Lehre als Gärtner im Schloßpark zu Charlottenburg. Nach seinem Dienst als Einjähriger Freiwilliger folgte von 1896 bis 1898 der Besuch der Gärtnerlehranstalt am Wildpark. Erste Anstellungen als Gartentechniker bei der städtischen Gartenverwaltung Berlin und im Königlichen Botanischen Garten in Berlin-Dahlem dienten der Festigung seiner Ausbildung. Hieran schloß sich 1903 eine dreimonatige Studienreise nach England an. Nach seiner Rückkehr entstanden in einer kurzen Zeit, in der er als selbständiger Landschaftsarchitekt tätig war, der Entwurf und die Anlage eines Stadtgartens in Luckenwalde. Danach betraute ihn die königliche Gartenintendantur mit der Anlage des Schloßhofes in Schwedt und mit Veränderungen im dortigen Schloßpark.

Gerischers eigentliche Laufbahn begann jedoch erst 1904 mit der Einstellung als Obergärtner im Neuen Garten. Mit der sich bald daran anschließenden Beförderung zum königlichen Obergärtner folgte seine Versetzung nach Sanssouci, wo er Leiter des Parkreviers außerhalb von Sanssouci und des Chausseebaureviers wurde. Nebenamtlich hatte er noch die gartentechnische Oberaufsicht über die zum königlichen Wasserbauamt Potsdam gehörenden Gartenanlagen und Baumpflanzungen. Weiterhin gehörten auch die Umgestaltung und Erweiterung des Gartens der Villa Ingenheim in Potsdam für den Prinzen Eitel Friedrich zu seiner Aufgabe.

Noch während des ersten Weltkrieges erhielt Gerischer 1916 seine Beförderung zum Hofgärtner. Nach dem Krieg wurde ihm 1919 der Park Bellevue in Berlin übertragen, den er noch zwei Jahre nach seiner Versetzung nach Babelsberg 1925 weiter betreute.

Geschult durch den um die Rekonstruktion im Park Sanssouci so verdienten Georg Potente und ausgerüstet mit einer umfangreichen Berufserfahrung brachte Gerischer die besten Voraussetzungen mit, um durch die Auflockerung der Gehölzmassen, Freistellung von Einzelbäumen und die Öffnung von zugewachsenen Sichtbeziehungen den bereits in vielen Teilen verlorengegangenen Parkcharakter des Babelsberges wieder herzustellen.

Die unter seiner Leitung vorgenommene, abschnittsweise Durcharbeitung des Parkes bezog sich vor allem auf solche Schwerpunkte wie die Gegend um den Flatowturm mit den davor liegenden Flächen und die Ufer- und Hangpartien entlang der Havel mit Matrosenhaus, Gerichtslaube und Kleinem Schloß bis hin zum Schloß selbst. Gerischer kommt auch das Verdienst zu, die berühmte Rasenfläche vor dem Schloß, auf der die von Pückler gepflanzten Solitärbäume die Hauptakzente bildeten, wieder zur vollen Wirkung gebracht zu haben[22].

Anläßlich seines hundertjährigen Bestehens 1933 hatte der Park Babelsberg eine gewisse Aufwertung erfahren. Die Zahl der Beschäftigten war 1927 auf 28 Personen angestiegen[23]. In der Gärtnerei erfolgte die Anzucht der Blumen für eine teilweise dreimalige Bepflanzung der zahlreichen Beete, im Frühjahr mit Stiefmütterchen, im Sommer mit zahlreichen Sommerblumen und im Herbst mit Chrysanthemen.

Nach dreizehn Jahren rastlosen Schaffens trat Gerischer am 1. November 1938 in den Ruhestand. Am 27.7.1943 fand sein Leben in Potsdam ein Ende. Erst mit zweiundfünfzig Jahren den Babelsberg übernehmend, hatte seine Zeit nicht ausgereicht, das ganze Parkgelände durchzuarbeiten, so daß verschiedene Teile sich weiter selbst überlassen blieben.

Zur Fortsetzung der Arbeit von Carl Friedrich Gerischer wurde 1938 unter Beförderung zum Gartenoberinspektor der mit vielseitigen beruflichen Fähigkeiten und praktischen Kenntnissen ausgerüstete *Josef Seidelmann* berufen.

Als Sohn eines Landwirts wurde er am 28.4.1890 in Rengersdorf/Schlesien gebo-

18
Hermann Ludwig Heinrich Fürst von Pückler-Muskau, um 1840.
Zeichnung von Wilhelm Hensel

ren. Nach der Gärtnerlehre kam er von 1907 bis 1908 als Volontär in die Gartenintendantur von Potsdam-Sanssouci. Von hier aus erfolgte der Besuch der Gärtnerlehranstalt in Proskau. Während des sich anschließenden Militärdienstes war Seidelmann als Gartentechniker bei der deutschen Gesandtschaft in Konstantinopel eingesetzt.

Seine erste offizielle Anstellung danach erfolgte in der Hofgärtnerei von Wilhelmshöhe als erster Gehilfe. Nach der Teilnahme am ersten Weltkrieg nahm er seine Tätigkeit in Wilhelmshöhe wieder auf, zunächst als Obergärtner und ab 1922 als Obergartenmeister und technischer Leiter der gesamten Parkanlagen.

Eine große Umstellung für Seidelmann muß 1938 die Versetzung nach Potsdam bedeutet haben, wo er neben dem Babelsberg auch die Leitung der Pfaueninsel und die Anlagen am Jagdschloß Stern übertragen bekam. Ihm war die kaum lösbare Aufgabe zugefallen, in den Jahren des zweiten Weltkrieges diese Kleinode der Gartenkunst zu bewahren.

1945 war der Leiter des Terrassenreviers von Sanssouci Paul Kache (1882–1945) freiwillig aus dem Leben geschieden. Damit waren die umfangreichen und wertvollen Pflanzenbestände in der zu diesem Revier gehörenden großen Parkgärtnerei unterhalb der Jubiläumsterrasse herrenlos geworden. Da Josef Seidelmann die beste fachliche Voraussetzung für die Leitung dieses Reviers besaß, erfolgte im Frühjahr 1945 seine Umsetzung von Babelsberg nach Sanssouci.

Nach Beendigung des Krieges erhielt Seidelmann den Auftrag, für die Akademie der Wissenschaften der UdSSR eine Botanische Abteilung einzurichten, der er bis zu ihrer Auflösung 1950 als Betriebsleiter angehörte.

Nach dieser Zeit begann für Seidelmann eine neue erfolgreiche Tätigkeit als technischer Leiter beim Aufbau des Botanischen Gartens der Pädagogischen Hochschule „Karl Liebknecht" in der ehemaligen Parkgärtnerei. Durch seinen Tod am 25.9.1956 konnte er jedoch die Vollendung seines letzten Werkes nicht mehr erleben[24].

Nach 1945 hatte der Park Babelsberg einen Zustand erreicht, der fast zur Auf-

gabe dieses Kunstwerkes geführt hätte. Die Nutzung verschiedener Parkflächen durch fremde Einrichtungen, die Durchführung von Massenveranstaltungen und die Lage des Parkes direkt an der Staatsgrenze verschlechterten zusätzlich die Situation. Auch der Entwurf zu einem Kulturpark Babelsberg aus dem Jahre 1957, der Einbauten verschiedener Art, unter anderem eine Feststraße mit Großplastiken und eine Freilichtbühne vorsah, hätte in der Ausführung eine Zerstörung des Parkes bedeutet.

Hochqualifizierte Leiter für den Park wie bis 1945 standen nicht mehr zur Verfügung. So lagen die Aufgaben von 1946 bis 1947 in den Händen des von der Pfaueninsel gekommenen Gärtners *Walter Rohde* (1893–1947). In der Fortsetzung übernahm der Gärtner *Hermann Schwanitz* (1892–1958), der bereits seit 1913 in Sanssouci tätig war, von 1947 bis 1958 die Leitung des Bereiches[25].

Um die staatlichen Auflagen zur Bereitstellung von Obst- und Gemüse für die Bevölkerung erfüllen zu können, war der größte Teil der Arbeitskräfte in der Gärtnerei eingesetzt. Am Baumbestand im Park wurden durch eine fehlende fachliche Anleitung kaum Pflegemaßnahmen durchgeführt. Baumfällungen erfolgten nur zur Deckung des eigenen Bedarfes an Brennholz.

Auch nachdem 1958 der Gartenmeister *Herbert Illmer* (1906–1980) den Babelsberg übernommen hatte, war der Schwerpunkt der Arbeiten zunächst noch auf die Betreibung der Gärtnerei gerichtet. Erst durch die Ernennung von Dr. Harri Günther zum Gartendirektor der Staatlichen Schlösser und Gärten Potsdam-Sanssouci 1959 (von 1945 bis 1959 war diese Stelle unbesetzt) wurde die Bedeutung des Babelsberger Parkes wieder erkannt und erste Schritte zur Erhaltung der Anlage unter seiner Anleitung durch den Gartenmeister Illmer eingeleitet.

Begonnen wurden diese Arbeiten 1960 mit der Wiederherstellung des berühmten Bowlinggreens vor dem Schloß und der Pflanzung einer Plantane aus dem Parterre des Neuen Palais anstelle der bereits um 1955 gefällten, riesigen Pappel in der Nähe des Schlosses.

Beispielgebende Rekonstruktionsarbeiten in größerem Umfang begannen 1966 mit der Aufnahme der Arbeit des Gartenbauingenieurs *Jürgen Tolks* und in der Weiterführung dieser Tätigkeit durch den Gartenbauingenieur *Karl Eisbein* ab 1970. Er übernahm auch nach dem Wechsel von Herbert Illmer in den Ruhestand ab 1972 die Leitung des Bereiches Babelsberg.

Ohne daß aussagekräftige Parkpläne für die Wiederherstellung vorhanden waren, erfolgte ein vorsichtiges Herantasten bei der Beseitigung des nicht in jedem Fall leicht zu erkennenden Wildwuchses im Rahmen mehrfacher, umfangreicher Plenterungsarbeiten in den einzelnen Parkteilen. Damit war es auch möglich, den Baumbestand, der den einstigen Park bildete, teilweise wieder zur Wirkung zu bringen und vollständig zugewachsene Sichten, wie zum Beispiel zwischen dem Schloß und dem Flatowturm sowie von der Siegessäule zum Belvedere auf dem Pfingstberg zu öffnen. Ein reicher Schatz an Erkenntnissen über die Art der Gestaltung durch Pückler konnte im Verlauf der Zeit gesammelt werden. Der Blumengarten am Schloß erfuhr seine Wiederherstellung. Der erneute Einzug der Blumen in den Park 1972, angezogen in der Gärtnerei von Sanssouci, steigert seit dieser Zeit wieder den Reiz mancher Parkpartie.

Trotz der umfangreichen Arbeiten in den vergangenen Jahren sind auch in Zukunft alle Anstrengungen der verantwortlichen Gärtner erforderlich, um den eingeschlagenen Weg mit dem Ziel der Wiederherstellung des Parkes Babelsberg bis zu Ende gehen zu können.

Branitzer Gärtner

Von Anne Schäfer

Wenzeslaus Walek war vom 1.3.1841 bis 1.3.1850 Gärtner bei Pückler-Muskau. Zunächst in Muskau tätig, wirkte er ab März 1846 bis zu seinem Weggang 1850 beim Aufbau des Branitzer Parkes mit. Er erhielt ein monatliches Gehalt von 20 Reichstalern. Geburts- und Sterbedaten konnten nicht ermittelt werden.

219
Branitz. Die Parkschmiede von Süden am östlichen
Parkzugang. 1983

220
Branitz. Detail der Dachverzierung

Otto Terscheck war von April 1850 bis November 1851 als Obergärtner mit einem Gehalt von 20 Reichstalern eingestellt. Er stammte wahrscheinlich aus der Dresdner Hofgärtnerfamilie Terscheck und war z. Zt. seiner Tätigkeit in Branitz etwa 45 Jahre alt. Genauere Angaben zur Person sind nicht bekannt.

Erdmann Heinrich Wilhelm Freschke wurde am 29.11.1826 in Lübbenau geboren. Sein Vater war der Hochgräflich zu Lynarsche Zier- und Kunstgärtner Johann Erdmann Freschke. Wilhelm Freschke besuchte von 1842 bis 1846 die Gärtnerlehranstalt Wildpark. Am 1.4.1847 trat er als einjähriger Freiwilliger beim Königlichen 2. Garderegiment ein. Von Juli 1852 bis Oktober 1863 war er Obergärtner in Branitz mit einem Monatsgehalt von 18 Reichstalern, 22 Silbergroschen und sechs Pfennigen. Außerdem erhielt er Kost in Höhe von 6,20 Reichstalern monatlich. Ab November 1863 nahm er die Stelle des Oberschloßgärtners beim Grafen Lynar in Lübbenau ein. Dort starb er am 25.4.1896.

Karl Teltzrow wurde etwa 1837 geboren. Er kam 1860 von Berlin nach Branitz auf die Stelle des Blumengärtners mit einem Gehalt von 15 Reichstalern im Monat. Im Oktober 1863 wurde er zum Obergärtner ernannt. Anfangs erhielt er monatlich 15 Reichstaler und Kostgeld, später 21,20

Reichstaler. Teltzrow verstarb im Alter von etwa 31 Jahren am 26.5.1868 und wurde in Sandow beerdigt.

Georg Christoph Bleyer wurde am 9.6.1837 als Sohn des Hof-Bohners Wilhelm Ludwig Bleyer in Hannover geboren. Von 29.4.1851 bis 1.4.1854 war er Gärtnerlehrling in den Königlich Hannoverschen Gärten zu Linden und Herrenhausen unter Wendlandsen. Ab 1.4.1854 bis 10.2.1855 arbeitete er in Herrenhausen bei Hannover als Gärtner. Vom 15.2.1855 bis 15.10.1856 war Bleyer beim Ökonomierat Reichenheim, Berlin, ab 15.10.1856 bis 1.2.1859 in Berlin-Moabit beim Kommerzienrat Borsig, vom 1.3. bis Oktober 1859 bei Bouché im Botanischen Garten Berlin angestellt. Von 1860 bis 1863 leitete er die Neuanlagen des Großindustriellen Georg Egersdorf in Linden und Hannover. Von 1863 bis 1868 arbeitete Bleyer in Dolzig bei Sommerfels unter Friedrich Herzog von Schleswig-Holstein. In Branitz war er ab 1868. Hier erhielt er als Obergärtner anfangs 15 Reichstaler und Kostgeld monatlich in Höhe von 6,20 Reichstaler. Im März 1869 wurde das Kostgeld auf 10 Reichstaler erhöht. Ab 1870 betrug Bleyers Monatsgehalt 25 Reichstaler.

Nach Pücklers Tod wirkte Bleyer unter dem Reichsgrafen H. v. Pückler, der 1897

starb, sowie unter Landrat Reichsgrafen v. Pückler an der Vollendung der Branitzer Anlage mit. In Anerkennung seiner Verdienste wurde er von der Deutschen Gesellschaft für Gartenkunst und dem Verein Deutscher Gartenkünstler zu ihrem Ehrenmitglied ernannt. Er starb am 2.2.1915 in Cottbus.

Richard Schinn, geb. 17.4.1902, gest. 31.1.1981 in Cottbus, Gartenmeister in Branitzer Park und Leiter der Parkverwaltung 1957–69.

Siegfried Heymann, geb. 2.6.1935 in Kleinmehsow. Feldbaumeister. Leiter der Parkpflegeeinrichtung von 1972–92.

Jürgen Hirte, geb. 21.5.1939, Gärtnerlehre 1953–56. Ab 1961 im Branitzer Park tätig.

Anne Schäfer, geb. 27.10.1952 in Merseburg, Gärtnerlehre 1971–76, Studium Landschaftsarchitektur in Dresden 1972–76. Seit 1976 in Branitz als wissenschaftliche Mitarbeiterin tätig.

Die vorstehenden Angaben sind zum überwiegenden Teil dem Brandenburgischen Landeshauptarchiv Pr. Br. Rep. 37 Branitz, entnommen. Lediglich der Hinweis auf Johann Erdmann Freschke geht auf das Taufregister des Evangelischen Pfarramtes Lübbenau zurück und auf das dortige Sterberegister das Todesdatum von Freschkes Sohn Wilhelm.

Katalog der Pläne und Risse zu den Parken in Muskau, Babelsberg und Branitz

Von Reinhard Grau

Plandarstellungen auf dem Gebiet der Gartendenkmalpflege sind für die analytischen Untersuchungen der Gartengrundrisse und der daraus resultierenden Raumstrukturen von besonderer Wichtigkeit. Sie ermöglichen den direkten Vergleich zwischen dem heute Bestehenden und dem ehemals Entworfenen oder Vorhandenen. Die den Denkmalen der Landschafts- und Gartengestaltung innewohnende natürliche Veränderlichkeit und leichte Veränderbarkeit gegenüber dem Zeitgeschmack erschwert meist ein sofortiges Erkennen früherer Gestaltungsideen am Objekt. Bei der denkmalpflegerischen Tätigkeit kommt es aber gerade darauf an, die für den jeweiligen Garten oder Park bedeutungsvolle gartenkünstlerische Entwicklung oder Entwicklungsetappe zu dokumentieren und durch Pflege und Restaurierung zu erhalten oder wiederherzustellen.

Die Gestaltwerdung der drei bedeutendsten Pücklerschen Parkschöpfungen galt es deshalb durch die Aufstellung eines Kataloges der vorhandenen Pläne und Risse zu belegen. Dies schien auch von besonderer Bedeutung, weil die bisherigen Pückler-Publikationen diesem Aspekt kaum Beachtung schenkten.

Die Zusammenstellung eines Kataloges zu den Anlagen von Muskau, Babelsberg und Branitz soll einen ersten Versuch darstellen, das in unterschiedlichem Besitz befindliche Material zu erfassen und damit auch weiterführenden wissenschaftlichen Bearbeitungen zu erschließen.

Aufgenommen wurden in chronologischer Folge und nach den Objekten sowohl Entwurfszeichnungen, Bestands- und Arbeitspläne als auch Detailblätter, Risse und Grundstückssachen, die Informationen zur Entwicklung und Gestaltung von der Entstehung der Parks bis in unsere Zeit geben.

Während für den Park von Babelsberg die Kartei und Plansammlung der Plankammer der Staatlichen Schlösser und Gärten, Potsdam-Sanssouci, die Erfassung wesentlich erleichterte, konnten für Muskau und Branitz keine zusammenhängenden Archivmaterialien genutzt werden. Hier liegen die Pläne in unterschiedlichen Händen.

Der Umfang des aufgefundenen und erfaßten Materials der drei Gärten zeigt wesentliche Unterschiede, die wohl vor allem aus der uneinheitlichen Entwicklung resultieren. Für Muskau und Branitz muß angenommen werden, daß der dokumentierte Bestand nur ein kleiner Teil eines ehemals vorhandenen gewesen sein kann.

Waren Pläne aus der Literatur ohne Kenntnis des Originalstandortes bekannt, so wurde auf die entsprechende Quelle verwiesen.

Die inhaltliche und zeichnerische Qualität der Darstellungen ist sehr verschieden und abhängig vom Verwendungszweck. Während z. B. Muskauer Pläne für den Atlas zu Pücklers „Andeutungen ..." 1834 als Schaupläne gedruckt wurden, blieb die Mehrzahl aller weiteren Darstellungen der unmittelbaren Arbeit am Objekt vorbehalten. Die Zeichnungen wurden in den meisten Fällen mit der Feder in Tusche, in Bleistift oder auch kombiniert und farbig laviert ausgeführt. Obwohl oftmals zwischen Entwurfs- und Bestandsplänen nicht eindeutig unterschieden werden kann, sind die unter Pückler angefertigten in der Regel Bestandspläne, in die weiterführende oder verändernde Gestaltungen zum Teil nur skizzenhaft eingetragen wurden.

Eine teilweise Interpretation der Pläne und Risse war nur in bestimmten Fällen möglich, ist entweder im monographischen Teil dieser Veröffentlichung enthalten oder bedarf zukünftiger Bearbeitung. Die begonnene Erfassung bleibt durch Ergänzung noch unbekannt gebliebenen Materials zu vervollständigen.

Besonderer Dank für hilfreiche und freundliche Unterstützung gilt allen Damen und Herren der in Anspruch genommenen Plansammlungen und Archive.

Park Muskau

1

1766

„Plan der am 2-ten April 1766 abge-
brañdten Graeflich Callenbergischen in
der Ober Lausitz gelegenen Stadt Mus-
kau/Explicatio: Die mit Nuᵐern beschriebenen grauen Plaetze sind die abge-
brañdten Gebaeude oder Brandstel-
len…"
Bez.: „Samuel Locke Accis- Baudirektor"
bezifferter Maßstab in Dresdner Ellen
Fotoreproduktion
18 × 24 cm
Berlin, UB: Dissertation Stoischeff, L. I.,
Berlin, Landw. Hochschule 1943, Bd. I,
Plan Nr. 1
Der Plan zeigt l.o. die Situation westlich
des Schlosses mit dem alten regelmäßigen
Garten und einem Teil der späteren Tränenwiese. Nach Stoischeff befand sich das
Original 1942 im Archiv des Forstamtes
der Standesherrschaft Muskau.

2

1823

Meßtischblatt vom Königreich Preußen
(Urmeßtischblatt), Blatt Muskau
Bez.: „Aufgenoᵐen und gezeichnet im
Jahre 1823 vom Lieut. von Thielau im
7-ten Jnf.Regt."
bezifferter Maßstab in Ruten
M 1:25 000
Feder in Schwarz und Grau, laviert in Rot,
Grün, Blau und Braun

47,4 × 48,9 cm
Berlin, Stabi, Kartensammlung
Sign. NS 729 Blatt 2549 Muskau
Das Blatt ist unvollständig geblieben. Im
oberen Drittel fehlt die Zeichnung. Der
Muskauer Park ist mit Gebäuden, Was-
serläufen und erster Wegeführung besonders hervorgehoben, aber noch ohne be-
wußte Raumgliederung dargestellt. Die
Hermannsneiße ist noch nicht zum Eichsee erweitert und die Lindenallee führt
noch quer über die Schloßwiese. Die Doppelbrücke ist als „Neue Brücke" bezeichnet, das Bad ohne Badepark und das Englische Haus sind dargestellt. Auf dem
Ober-Berg befindet sich ein „Zapfenhäu-
schen", auf das eine aus nordöstlicher
Richtung kommende Waldschneise zu-
führt.

3

1825

„Schloß/ 1. Verbindung desselben mit
Amthaus und Canzlei Haus. Innere Ein-
richtung des letzteren. Stall, Reitbahn,
Wagenschuppen 2. eisernes Geländer u.
Bögen am Wasser um den Turm 3. eiserne
Gitter in den Fenstern 4. der Pilaster zum
Schluß des Stakets Pleasure ground/ 1.
kleine Hängebrücke nach der Insel 2.
Postament für die Marmorbüsten 3. Wür-
fel für die Candelaberes und Geländer 4.
eiserne Lanzen mit Verbindung um den
Blumengarten 5. die kleine Laube am
Schlosse von Holz"
bezifferter Maßstab in Fuß
Fotoreproduktion

veröffentlicht bei Grundmann, Günther:
Schlesien (Schinkelwerk) Berlin, 1941, S.
26, Abb. 17
Nach Grundmann stammt diese Planskizze aus einem Brief Schinkels an Pückler und stellt einen 3. Umbauvorschlag
für das Schloß dar.

4

1825

„Schloßhof Muskau"
Fotoreproduktion
veröffentlicht bei Grundmann, Günther:
Schlesien (Schinkelwerk) Berlin, 1941, S.
32, Abb. 24
Nach Grundmann „Entwurf zur
Schloßrampe des 3. Umbauvorschlages
(Grundriß u. Aufriß) 1825."

5

1825

„Schloßhof in Muskau"/erläuternder
Text
Bez.: „Schinkel" unter dem oberen Text
bezifferter Maßstab in Rheinl. Ruten u.
Fuß
Fotoreproduktion
veröffentlicht bei Grundmann, Günther:
Schlesien (Schinkel-Werk) Berlin, 1941, S.
33, Abb. 25
Nach Grundmann „Entwurf zur
Schloßrampe des 3. Umbauvorschlages
(Grundriß u. Aufriß) mit Verbesserungen
Schinkels."

Abkürzungen

Berlin, Stabi	Berlin, Staatsbibliothek
Berlin, UB	Berlin, Universitätsbibliothek
Bautzen, StA	Staatsarchiv Dresden, Außenstelle Bautzen
Dresden, IfD, Plslg.	Institut für Denkmalpflege, Arbeitsstelle Dresden, Plansammlung
Cottbus, SA	Cottbus, Stadtarchiv
Cottbus, BM	Cottbus, Bezirksmuseum, Fürst Pückler Museum, Schloß und Park Branitz
Muskau, PV	Muskau, Parkverwaltung
Muskau, SM	Muskau, Stadtmuseum
Potsdam, Plslg.	Potsdam-Sanssouci, Staatliche Schlösser und Gärten, Plankammer

Der Katalog enthält zu den einzelnen Plänen,
soweit das möglich war, folgende Angaben:
Beschriftung/Autor, Jahr, Ort/Maßstab/Art
der Darstellung, Material/Format/Stan-
dort/und evtl. ergänzende Bemerkungen.

6

1833
Zustand 1811 Gesamtplan
„Karte des Terrains, auf dem der Park zu
Muskau angelegt worden ist, wie es vor
dieser Anlage beschaffen war/Alles was
blassroth colorirt ist, zeigt Grundstücke
an, die fremdes Eigenthum waren"
Bez.: „Gestochen von Wilh. Voss/Baum-
parthien von E. Wibel/Gezeichnet von
Kalwitz in Berlin 1833, gedruckt von
Hampe"
bezifferter Maßstab in Rheinl. Ruten
Stich auf Leinen aufgezogen, coloriert in
Blau und Rot
75,0 x 94,4 cm
IfD Dresden, Bibliothek, Inv.Nr. E
4622/62
aus: Pückler-Muskau, H. v.: Andeutungen über Landschaftsgärtnerei, Stuttgart
1834, Atlas Karte „A"

7

1830
Gesamtplan   *Abb. 221*
„Karte vom Fürstlich Muskauischen Park
1830"
Bez. „gezeichnet von E. Kalbitz/Raspe,
Regierungs Conducteur."
bezifferter Maßstab in Preußischen Ruten
Feder in Schwarz und Grau, Bleistift laviert in Grün, Blau, Braun, Rot, auf Leinen
aufgezogen
IfD Dresden, Plslg., aus der ehem. Sammlung f. Baukunst a. d. Sächs. Techn. Hochschule zu Dresden, Abt. P. Nr. 7614/30a
Der Plan gibt den Bestand an Wegen,
Wasserflächen, Gebäuden und Gehölz-
neupflanzungen wieder. Auf der Südseite der Schloßwiese befindet sich die Orangerie. Der Eichsee besitzt an seinem östlichen Ende noch einen zweiten Abfluß zur
Neiße.

8

1830/31
Standesherrschaft
„Generalkarte der Standesherrschaft
Muskau"
Legende: u. a. Bruch/Nadel- und Laub-
holz/Eichen/Wiese/Birken/Fenne/Dör-
fer/Feld/Huthung/Flüsse/Landscholle/
Wege/Landstraße/Fremde Grenze/Rev.
Grenze
r. u. in Blei: 8 Quadrat Meilen/in Tusche:
„Urkundenliste Tit I A N: 9" Rücks.: Mus-
kau 15b „Generalkarte 205", Stempel
Sächs. Landesarchiv Bautzen 205
Bez.: „aufgenommen im Jahr 1822, 23, 24,
25, 26, 27, 28 und gezeichnet im Jahr 1830
und 31 unter der Direction des Fürstli-
chen Forstmeisters Dittig/Für die Rich-
tigkeit der Karte W. Rasspe Regierungs
Kondukteur"
bezifferter Maßstab: Maßstab von 2000
Rheinl. Ruten – 250 Ruten auf einem Deci-
mal Zoll
(2000 Rheinl. R. = 29 cm)
Feder in Grau und Rot, laviert in Grau,
Schwarz, Grün, Braun, Blau und Gelb, auf
Leinen aufgezogen
116 x 159 cm
Bautzen StA Nr. 205
Stadt Muskau mit Park dargestellt. Auf
der Schloßwiese befindet sich die Orangerie. Die Hermannsneiße ist bis zum Be-
ginn des Eichsees bereits gegraben. Der
Abfluß erfolgt östlich nach der Neiße. Der
Eichsee wohl noch während der Aus-
schachtung. Die Karte umfaßt die Reviere
Muskau (A), Keule (B), Luchnitz (C),
Sckerbersdorff (D), Podresche (E), Weis-
keissel (F), Moehholz (G), Eselsberg (H),
Nochten (I), Boxberg (K), Tzschelln (L),
Jagdhaus (M), Weiswasser (N), Treben-
dorff (O), Mulkwitz (P), Rosnitz (Q). Im
Osten bildet etwa die Linie Koebeln Ober-
berg die Grenze des Parkes.
Siehe auch Akte „Standesherrschaft Mus-
kau" Nr. 1185, Staatsarchiv Bautzen.

9

1834
„Karte von dem fürstlichen Park zu Muskau wie er jetzt theils ist, theils werden
soll/Flächeninhalt 5508 Magd. Mor-
gen/Erklärung a – x, aa – ww"
Bez.: „gez. Kalwitz, rad. E. Wibel, gest. v.
Wilh. Voß"
bezifferter Maßstab in Rheinl. Ruten
Stich auf Leinen aufgezogen, coloriert in
Blau, Rot und Gelb
74,7 x 94,3 cm
IfD Dresden, Bibliothek, Inv. Nr. E
4621/62
aus: Pückler-Muskau, H. v.: Andeutungen über Landschaftsgärtnerei, Stuttgart
1834, Atlas Karte „B"

10

1834
Blumengärten
„Karte der drey Blumengärten in der
Nähe des Schlosses/Erklärung a.-o."
Bez. „gez. Kalwitz/rad. E. I. Wibel/
Schrift gest. W. Voß/gedr. v. Hampe"
bezifferter Maßstab in Ruten
Stich coloriert in Rot und Blau
50 x 36,8 cm
IfD Dresden, Bibliothek, Inv. Nr. E
4641/62
Die Karte stammt aus: Pückler-Muskau,
H. v.: Andeutungen über Landschafts-
gärtnerei, Stuttgart 1834, Atlas Tafel „C".

11

1834
Orangerie
„Karte der Orangerie Häuser und des
ganzen Etablissements zum Betriebe der
Gärtnerey"
Bez.: „gez. Kalwitz, rad. E. Wibel, Schrift
gest. W. Voß, gedr. v. Hampe"
bezifferter Maßstab in Ruten
Stich coloriert in Rot und Blau
46,3 x 34,5 cm
IfD Dresden, Bibliothek, Inv. Nr. E
4642/62
Die Karte stammt aus: Pückler-Muskau,
H. v.: Andeutungen über Landschafts-
gärtnerei, Stuttgart 1834, Atlas Tafel „D".

12

vor 1847
Teil östl. d. Neiße   *Abb. 222*
ohne Beschriftung, nachträglich auf der
Rückseite „Park"
ohne Maßstab
Feder in Schwarz und Rot, Bleistift, laviert in Grün und Gelb, auf Leinen aufgezogen
101 x 178 cm

IfD Dresden, Plslg., aus der ehem. Sammlung f. Baukunst a. d. Sächs. Techn. Hochschule zu Dresden, Abt. P, Nr. 7614/c
Darstellung des größten Teiles des östlich der Neiße gelegenen Parkteiles mit exakter Bestandskartierung, geplante Veränderungen in Blei eingetragen. Dieses Aufmaß liegt wahrscheinlich dem Gesamtplan von 1847 zugrunde.

13

1845
Meßtischblatt vom Königreich Preußen (Urmeßtischblatt), Blatt Muskau
Bez.: „Aufgenomen und gezeichnet im Jahre 1845 von v. Hanenfeldt, Lieut. im 1-ten Inf.Regmt."
bezifferter Maßstab in Ruten
M 1:25000
Feder in Schwarz und Grau, Bleistift, laviert in Rot, Grün, Blau und Braun, auf Leinen aufgezogen
48 x 50,3 cm
Berlin, Stabi, Kartensammlung Sign. NS 729 Blatt 2549 Muskau
Wie im Blatt von 1823 ist der Park besonders hervorgehoben. Innerhalb des Parkbereiches befindet sich folgende Beschriftung: Schloßpark/Badepark/Bad/Weinberg/Fasanerie/Grab des Unbekannten/Engl. Haus/Koebeler Häuser.
Nachträgliche Bleistifteintragungen sind auf dem Rand u. l. erläutert: „Die Chausee von Muskau nach Bautzen nach den Original Bauplänen eingetragen. W./Die Bleistiftlinie von Muskau über Braunsdorf, Tschöpeln, Gr. Särchen mit B beziffert ist eine 1852 neu project. Chausee nach Triebel" …

14

1847
Gesamtplan   Abb. 54, 55
„Karte vom Park zu Muskau"
Bez.: „gezeichnet im Jahre 1847 durch Brotke"
Maßstab 50° = 0,01
Feder in Grau, laviert in Rot, Hellgrün, Blaugrau und Blau, auf Leinwand aufgezogen
85 x 112 cm

IfD Dresden, Plslg., aus der ehem. Sammlung f. Baukunst a. d. Sächs. Techn. Hochschule zu Dresden, Abt. P, Nr. 7614/b
Gesamtplan mit sehr exakter Darstellung der Einzelbäume und Baumgruppen. Laub- und Nadelhölzer unterschieden. Der Plan scheint die Situation des Muskauer Parkes bei seiner Übergabe an Prinz Friedrich der Niederlande wiederzugeben.

15

1854
Baumschule
„Plan der Baumschule zu Muskau 1854"
bezifferter Maßstab in Ruten (60 R. = 426 mm)
Feder in Grau, laviert in Grün, Blau, Rot und Braun, auf Leinen aufgezogen
82,5 x 97 cm
IfD Dresden, Plslg., aus d. ehem. Sammlung f. Baukunst a. d. Sächs. Techn. Hochschule zu Dresden, Abt. P Nr. 7614/d.

16

1855
„Muskau"
Bez.: „Nach der Original-Aufnahme des Königl. Generalstabes vom Jahre 1845 gez: von A. Burchard Königl: Feldmesser" / Die Blätter 1, 3 u. 4 „Gez: v. A. Burchard Königl. Feldmesser 1855"
bezifferter Maßstab in Ruten M 1:25000 (500 R. = 76 mm)
Feder in Schwarz, laviert in Rot, Grün, Blau, Braun und Violett, auf Leinen aufgezogen
75 x 76 cm
Berlin, Stabi, Kartensammlung Sign. N 4° 18300 Bl. 2
Die aus 4 je 12-teiligen Blättern bestehende Gesamtkarte der Standesherrschaft Muskau stellt die Stadt und den Park auf Blatt 2 dar. Gebäude, Wasserläufe, Wegeführung und grobe Raumgliederung sind enthalten.

17

1856
Gesamtplan   Abb. 56
„Plan vom Königlich Prinzlichen Park zu Muskau"
„Erklärung Nr. 1–51"
Bez.: „gezeichnet im Jahre 1856 von A. Redlich & B. Brotke / Lith. Anst. von W. Loeillot in Berlin"
bezifferter Maßstab in Ruten 1:1000
farbige Lithographie
41 x 52 cm
Der Plan stammt aus: Petzold, E.: Der Park von Muskau. Für Freunde der Landschaftsgärtnerei und den Fremden zum Wegweiser, Hoyerswerda 1856.

18

1863
Arboretum
„Das Arboretum zu Muskau 1863" mit Erläuterungen
Bez.: „nach den Plänen des Park-Inspector Petzold gezeichnet von G. Kirchner"
bezifferter Maßstab
Der Plan stammt aus: Kirchner, Petzold, Arboretum Muskaviense, Gotha 1864;
Lit.: Kurland, K.H.A.: Der Muskauer Park, seine Geschichte und künstlerische Bedeutung, Muskau 1975; Kurland, K.H.A: Der Muskauer Park – Erfahrungen mit Gehölzen. In: 100 Jahre Arboretum (1879–1979), Berlin 1980.

19

1865
Gesamtplan
„Plan vom Königlich Prinzlichen Park und Arboretum zu Muskau" Erklärung Nr. 1–40
Bez. „gezeichnet im Jahre 1865 durch L. B. Brotke"
bezifferter Maßstab in Ruten / „Maaßstab, 120° = 0,01"
Lithographie
Muskau, SM
Lit: Kurland, K.H.A: Der Muskauer Park, seine Geschichte und künstlerische Bedeutung, Muskau 1975, zwischen Abb. 32 und 33.

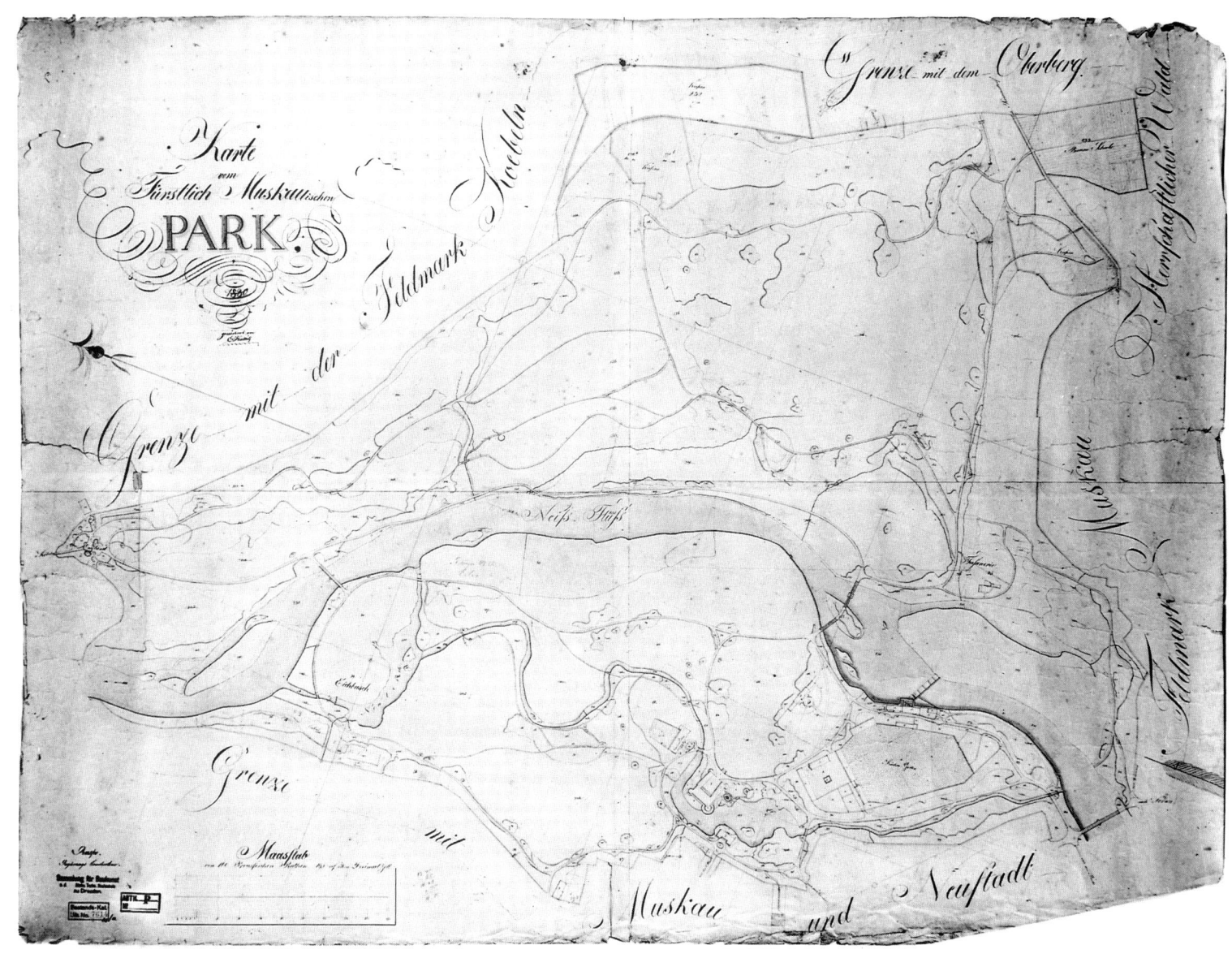

221
Muskau. „Karte vom Fürstlich Muskauischen Park",
gezeichnet von E. Kalbitz. 1830

20

1865
Baumschule
„Plan der Standesherrl: Baumschulen zu Muskau 1865"
bezifferter Maßstab in Ruten (426 R. = 60 mm)
Feder in Grau, Rot und Grün, laviert in Blau, Rot und Braun, auf Leinen aufgezogen
116 × 100 cm
IfD Dresden, Plslg., aus d. ehem. Sammlung f. Baukunst a. d. Sächs. Techn. Hochschule zu Dresden, Abt. P Nr 7614 / e.

21

1867
Standesherrschaft
„General:Karte von der freien Standesherrschaft Muskau Behufs der landschaftlichen Taxe angefertigt." l. u.: „Tit. A. N 169 der Urkundenliste", Rückseite: Muskau 15a Stempel Sächs. Landesarchiv Bautzen 169
Bez. „im Jahre 1867 durch den Feldmesser Gästel"
bezifferter Maßstab 250° = 1 Dec. Zoll (1600 Rheinl. R. = 25,5 cm)
Feder in Grau, Schwarz und Rot, laviert in Blau, Grün, Rot und Braun, auf Leinen aufgezogen
113 × 168 cm
Bautzen StA Nr. 169
Der Park „H" ist in seinem gesamten Umfang mit Wegesystem und Gebäuden dargestellt und gehört ausdrücklich zu den „nicht zur Forst geschlagenen Grundstücken". – Die Karte umfaßt die Reviere Muskau, Lucknitz, Neudorf, Podrosche, Keula, Weißkeisel, Eselsberg, Waldschloss, Tzschelln, Boxberg und Mulkwitz.

22

1869
Zustand 1860/61
„Central Karte von der freien Standesherrschaft Muskau"
Bez.: „Nach der Neumessung der Forsten in den Jahren 1860/61 reducirt und ge-

zeichnet im Jahre 1869 durch L. B. Brotke"
bezifferter Maßstab in Ruten M 1:25000
Feder in Schwarz, Grau und Rot laviert in 12 Farbtönen, auf Leinen aufgezogen
118 × 177,5 cm
Berlin, Stabi, Kartensammlung Sign. NS 18 303
Die Karte enthält die Reviere Muskau / Lucknitz / Neudorf / Podrosche / Mochholz / Weißkeisel / Keula / Eselsberg / Weißwasser / Trebendorf / Mulkwitz / Tzschelln / Boxberg /. Der Park von Muskau ist mit Wegeführung und Raumbildung dargestellt.

23

1870
„Plan vom Königlich Prinzlichen Park und Arboretum zu Muskau / Erklärung Nr. 1–50"
Bez.: „gezeichnet im Jahre 1870 durch L. B. Brotke"
bezifferter Maßstab in Ruten
Fotoreproduktion
18 × 24 cm
Berlin UB: Dissertation Stoitscheff, L. I., Berlin, Landw. Hochschule 1943, Bd. I, Plan Nr. 12.

24

1887 (1883) oder später
Gesamtplan
ohne Beschriftung
Erklärungen Nr. 1–39 / Beschriftung in der Zeichnung u. a. „Gräflich Arnimsche Forsten"
bezifferter Maßstab in Meilen M 1:1000
Feder in Grau, farbig laviert in Grün, Rot, Blau, auf Leinen aufgezogen
52,5 × 55,5 cm
Muskau, Rat der Stadt, Parkverwaltung. Der Plan stellt die Situation des Muskauer Parkes nach der Übernahme durch Arnim dar. Auf der Rückseite in Blauschrift „Park 122".

25

1888
Gesamtplan
„Plan vom Muskauer Park und der Stadt Muskau; nebst drei Seiten-Plänen: Jagdschloß mit Umgebung, – Wussina, – Braunsteich mit Keulaer Thiergarten" / „Namen-Verzeichnis Park und Umgebung: 1. Gebäude Nr. 1–14 / 2. Gärten und Baumschulen Nr. 15–22 / 3. Brücken Nr. 23–38 / 4. Höhenzüge Nr. 39–48 / 5. Schluchten Nr. 49–53 / 6. Gewässer Nr. 54–63 / 7. Wege Nr. 64–75 / 8. Wiesen und Pflanzungen Nr. 76–115 / 9. Eichen etc. Nr. 116–127 / 10. Diverse Punkte Nr. 128–133 / Stadt Nr. 134–163 / Zeichenerklärung: Parkgrenze/Umzäunung/Fahrweg/Fußweg, (Steig)/Brücken"
Bez.: „Muskau 1888 Verlag von Edwin Donath Lith. v. I. D. Ressert, Sorau N.L."
ohne Maßstab
Lithographie
39,6 × 70,3 cm
IfD Dresden, Bibliothek, Inv. Nr. 430/64
Der Plan enthält ein Grundraster A–U, Aussichtspunkte sind in der Legende durch „Sternchen" besonders markiert; als Faltplan Muskau, 1890 herausgegeben.

26

um 1902
„Der Park zu Muskau nach einem von B. Hoffmann 1890 gezeichneten Plane"
Bez.: E. Baensch jun., Magdeburg
bezifferter Maßstab 1:2000
Lithographie, farbig
71,2 × 87,8 cm
Vereinsgabe der Vereinigung ehem. Schüler der Potsdamer Königl. Gärtnerlehranstalt 1902, Erläuterungen der Zahlen 1–27; veröffentlicht in: Gartenkunst, Berlin, H. 6, 49 Jg., 1936, S. 88.

27

um 1910
„Plan vom Muskauer Park und der Stadt Muskau; nebst drei Seitenplänen: Jagdschloß mit Umgebung, Wussina, Brauns-

teich mit Keulaer Thiergarten"
Bez.: „Verlag von Edwin Donath in Muskau"
ohne bezifferten Maßstab
gedruckter und gebundener Faltplan mit einem Blatt „Namens-Verzeichnis"
32,4 x 49,9 cm
Berlin, Stabi, Kartensammlung Sign. X 30 985
Der Plan stellt eine Aktualisierung des 1888 bei E. Donath gedruckten Planes dar. – Namens-Verzeichnis: 1. Gebäude Nr. 1–14 / 2. Gärten u. Baumschulen Nr. 15–20 / 3. Brücken Nr. 21–35 / 4. Höhenzüge Nr. 37–47 / 5. Schluchten Nr. 49–53 / 6. Gewässer Nr. 54–61 / 7. Wege, soweit sie benannt sind Nr. 62–75 / 8. Wiesen u. Pflanzungen, soweit sie benannt sind Nr. 76–113 / 9. Eichen, soweit sie benannt sind Nr. 114–126 / Stadt Nr. 134–164 / Aussichtspunkte sind besonders gekennzeichnet.

28
―――――
1926
„Fremdenführer durch Stadt und Park Muskau O./L. Kreis Rothenburg / Zeichenerklärungen: Park / Wasser / Gebäude / Chaussee / Haupt- u. Nebenwege / Eisenbahn u. Gräfl. Kleinbahn / Brücken / Kirchen / Parkgrenze / Grenze gegen Forstreviere / Felder resp. Gemeinde Fluren / Aussichtspunkte u. Lauben."
Bez.: „Herausgegeben 1926 im Selbstverlag von Carl Straßburg, Muskau O/L. 1. Auflage / Lith. und Druck v. C. C. Meinhold & Söhne, G.m.b.H. Dresden"
„ungefährer Maßstab 1:10000"
farbiger Druck in Schwarz, Rot, Grün und Blau, auf Leinen aufgezogen
47 x 51,3 cm
Berlin, Stabi, Kartensammlung Sign. X 30 985 / 10.

29
―――――
um 1940
Dendrologische Erfassungsskizzen
unmaßstäblich
„Bl. 1 Karpfen bis Schloßbrücke / Bl. 3

Gloriettenweg / Bl. 5 Herrengarten / Bl. 7 Tannenreich / Bl. 9 Blauer Garten / Bl. 11 Marstall-Schloß / Bl. 13, 15, 17 Arboretum Muskaoiense / Bl. 19 An der Reichsbank, Verbindungsweg, Am Eichsee / Bl. 23 Badepark / Bl. 25 Badedamm / Bl. 26 Orangerie-Schloßrampe"
alle Blätter 21 x 30 cm außer Bl. 23 41 x 30 cm
Muskau, PV
In die von Bruno Gerlach stammenden Handskizzen sind numerierte Baumstandorte eingetragen, die jeweils in dazugehörigen gesonderten Listen aufgeführt sind. Siehe Seite 74.

30
―――――
1942
„Park zu Muskau, Zustand 1942 Kreisel"
Bez.: „Angefertigt Dipl. Landschaftsgestalter Lüben Stoitscheff Muskau, den 20. November 1942"
bezifferter Maßstab in Metern
M 1:5000
Fotoreproduktion
18 x 24 cm
Berlin, UB, Dissertation Stoitscheff, L. I., Berlin, Landw. Hochschule 1943 Bd. I, Plan Nr. 17
Im Plan sind die Blickpunkte des von Stoitscheff 1942 gesammelten Fotomaterials enthalten.

31
―――――
1942
„Park zu Muskau Zustand 1942 Kreisel"
Bez.: „Angefertigt Dipl. Landschaftsgestalter Lüben Stoitscheff Muskau, den 20. November 1942"
bezifferter Maßstab in Metern
M 1:5000
Fotoreproduktion
18 x 24 cm
Berlin, UB: Dissertation Stoitscheff, L.I., Berlin, Landw. Hochschule 1943, Bd. I, Plan Nr. 15
Der Plan stellt den Zustand unter der Verwaltung durch Kreisel und Gartendirektor Potente dar.

32
―――――
1942
„Park zu Muskau Zustand 1942" / Zeichenerklärung u. a.: „Grenze des Naturschutzgebietes / Bänke der Pückler-Zeit / geplante Freiflächenerweiterung / Falsche Freiflächenerweiterung im Jahre 1940"
Bez.: „Angefertigt Dipl. Landschaftsgestalter Lüben Stoitscheff Muskau, den 20. November 1942"
bezifferter Maßstab in Metern M 1:5000
Berlin, UB: Dissertation Stoitscheff, L. I., Berlin Landw. Hochschule 1943, Bd. I, Plan Nr. 16
„Der Plan zeigt die Blickverbindungen und Bänke aus Pücklers Zeit, die jetzt noch (1942) erhalten sind. Ausholzungen, Herstellung alter Blickverbindungen sowie Auslichtungen im Bergpark sind durch schwarz schraffierte Flächen gekennzeichnet."

33
―――――
1942
Zustand 1840
„Park zu Muskau Zustand 1840 Pückler-Rehder nach der durch Kalbitz gefertigten Generalkarte / Zeichenerklärung: Laubholz-Bestand / Nadelholz-Bestand / Wiesen-Flächen / Seen / von Pückler geplante Parkgrenze"
Bez.: „gef. durch Straßburg"
Maßstab 1:10000
Fotoreproduktion
18 x 24 cm
Berlin, UB: Dissertation Stoitscheff, L. I., Berlin Landw. Hochschule 1943, Bd. I, Plan Nr. 6

34
―――――
1942
Veränderungen 1892–1928
„Park zu Muskau, Veränderungen von 1892–1928 Lauche, Zeichenerklärungen: Stadtkern / Stadt / Stadterweiterung Zustand 1942 / Laubholz-Bestand / Nadelholz-Bestand / In den Jahren 1925 bis 1928 auf Anregung von Graf Adolf von

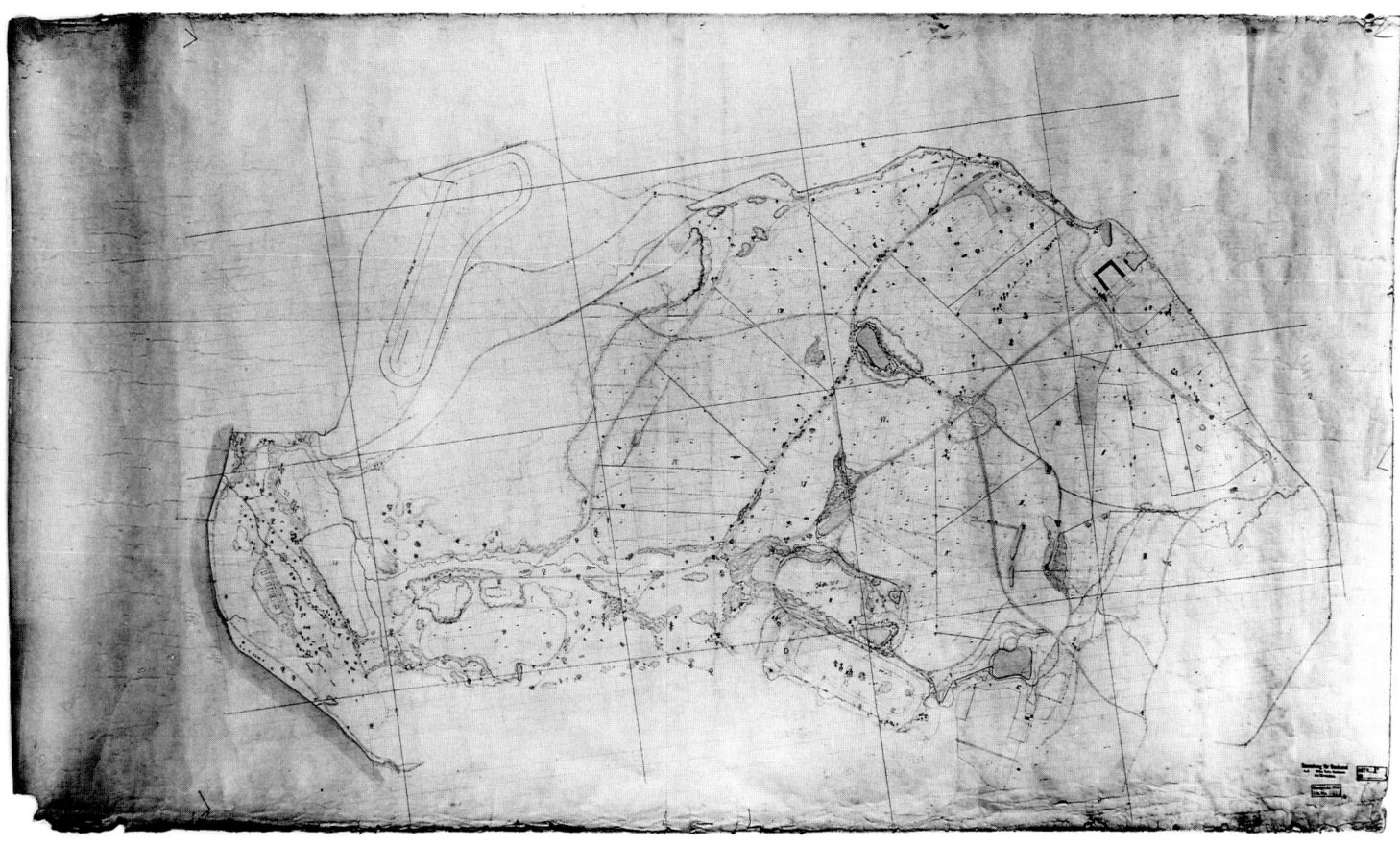

222
Muskau. Situationsplan eines Teiles des östlich der Neiße
befindlichen Parkareals (vor 1847)

Arnim durch Parkdirektor Lauche freigestellte und ausgestaltete Flächen, durch Lauche geplante Fichtenhecke (Angaben Kreisel) / Eisenbahnen / Verkehrsstraßen / Parkwege / Gebäude im Park / 1 = Steinbrücke / 2 = Schafbrücke / 3 = Rote Brücke / 4 = Schloß Brücke / 5 = Karpfen Brücke / 6 = Fuchsien Brücke"
Bez.: „Angefertigt Dipl. Landschaftsgestalter Lübben Stoitscheff Muskau, den 24. November 1942"
Maßstab 1:5000
Fotoreproduktion
18 x 24 cm
Berlin, UB: Dissertation Stoitscheff, L. I., Berlin Landw. Hochschule 1943, Bd. I, Plan Nr. 13
Nach Stoitscheff stellt der Plan die Entwicklung des Parkes 1892–1928 durch Lauche dar. In dieser Zeit wurde das Arboretum ausgeholzt und der Vogelherd sowie der Herrengarten neu ausgestaltet.

35

1942
Veränderungen 1929–41
„Park zu Muskau, Veränderungen von 1929–1941 Bruhm-Kreisel" / Zeichenerklärung u. a.: „Freiflächenerweiterung nach Angabe des Revierförsters Kreisel"
Bez.: „Angefertigt Dipl. Landschaftsgestalter Lüben Stoitscheff Muskau, den 22. November 1942"
bezifferter Maßstab in Metern M 1:5000
Fotoreproduktion
18 x 24 cm
Berlin, UB: Dissertation Stoitscheff, L. I., Berlin Landw. Hochschule 1943, Bd. I, Plan Nr. 14
Nach Stoitscheff sind in diesem Plan die Veränderungen von 1929–1941 wiedergegeben. Die Ausholzungen des Parkes für die Herstellung der Vedouten durch Bruhm-Kreisel und Potente sind durch schwarz schraffierte Flächen gekennzeichnet.

Park Babelsberg

1

Frühes 19. Jahrhundert
Grundstückssachen
„Plan von der Gegend um den Babelsberg bey Potsdam / Berlin Vorstadt / die Havel / Babelsberg / Mienenberg / Glienicke / die Driebnitz / Nova Wies / nach Berlin"
Bez. „aufgenommen und gezeichnet von H. Bock"
bezifferter Maßstab in Schritt (1000 Schritt = 51 mm)
Feder in Schwarz, laviert in Blau, Grün, Rot, Braun
22 x 23,1 cm
P.S. Plslg. Nr. 6978
Rückseite mit Papiermarke „Hohenzollern-Museum 4207". Die Geländesituation wird durch eingezeichnete Schummerung und Wegeführung anschaulich dargestellt.

2

1833
ohne Beschriftung
bezifferter Maßstab
Lit.: Hinz, G.: Peter Josef Lenné und seine bedeutendsten Schöpfungen in Berlin und Potsdam, in: „Kunstwissenschaftliche Studien", Berlin 1937, Bd. XXII, S. 88, Abb. 26. – Das Original befand sich nach Hinz in der Plankammer des Berliner Schlosses.
„Der Plan zeigt die Aufschließung des verhältnismäßig großen Geländes durch ein einfaches zweckmäßiges Wegenetz, besonderen Wert hat Lenné auf diejenigen Punkte gelegt, die eine schöne Aussicht bilden und alle Ausblicke in die Landschaft von einengender Bepflanzung freigehalten." (Hinz, Berlin 1937)
Das Original des Planes ist nach Günther/Harksen Potsdam 1978, Katalog Nr. 121, verlorengegangen.

3

1835
„Durchschnitts-Profil von der Havel aus über den Baberts-Berg bei Potsdam"
Bez.: „aufgenommen im September 1835"
bezifferter Maßstab in Dezimalruten
Feder in Schwarz und Rot, laviert in Grün, Bräunlich und Rosa, auf Leinen aufgezogen
33,8 x 62,4 cm
P.S.Plslg. Nr. 3748
Nach Günther/Harksen, Potsdam 1978, Katalog Nr. 120, wird die Zeichnung Koeber zugeordnet.

4

1835
„Babelsberg"
Bez.: „Herbst 1835"
Maßstab ohne Angabe der Maßeinheit
Bleistift
44 x 53 cm
P.S.Plslg. Nr. 3747
Dargestellt ist die Umgebung des Schlosses mit dem Blumengarten. Von Günther/Harksen, Potsdam 1978, Katalog Nr. 119, wird der Plan P. J. Lenné zugeordnet und als Zeichner Koeber angegeben.

5

um 1835
Gesamtplan
ohne Beschriftung
bezifferter Maßstab ohne Angabe der Maßeinheit
Bleistift, Feder in Grau, Schwarz und Rot, auf Karton aufgezogen
66,6 x 92 cm
P.S.Plslg. Nr. 5297
Nach Günther/Harksen, Potsdam 1978, Katalog Nr. 121, weist dieser Plan im Gegensatz zu dem verlorengegangenen Plan von 1833 das in die Gestaltung einbezogene Gelände in völlig anderer, jedoch der Ausführung entsprechender Form aus. Als Zeichner wird Koeber angegeben. Die Blickbeziehungen der Sichten sind genau bezeichnet.

6

1840/50
Grundstückssachen
ohne Beschriftung
bezifferter Maßstab in Ruten (100 R =
126 mm)
Feder in Grau und Schwarz, Bleistift, laviert in Blackocker, Rosa, Grün, Blau, auf
Leinen aufgezogen
82,5 x 114,8 cm
P.S.Plslg. Nr. 3770
Dargestellt ist das Gelände von Novawes
mit seinen Feldern und den Grundstücken des später in Richtung Nuthe zugeführten Parkteiles Babelsberg mit namentlicher Eintragung der Flurstückseigentümer und z. T. der Grundstücksgrößen.

7

1840/50
Grundstückssachen
ohne Beschriftung
Bezifferter Maßstab ohne Angabe der
Maßeinheit (100 Teile = 125 mm)
Feder in Braun, Bleistift, laviert in Grün
und Gelb, auf Karton aufgezogen
40,5 x 51 cm
P.S.Plslg. Nr. 6980
Der Plan umfaßt das Gelände zwischen
Havel, Nuthe und Straße nach Novawes.

8

1841
„Situations Plan eines Teiles des Prinzlichen Parks auf dem Babelsberge (der ehemaligen Blumschen, Eichbaumschen und
Reichertschen Grundstücke)"
Bez.: „E. Gebhardt 1841"
bezifferter Maßstab in Rhein. Fuß (50
Rh.F. = 150 mm)
Feder in Grau, Bleistift, laviert in Grün,
Gelb und Rosa
50,5 x 64,4 cm
P.S.Plslg. Nr. 3749
Nach Günther/Harksen, Potsdam 1978,
Katalog Nr. 122 (mit Abb.) stammen die
Bleistifteinbesserungen wohl von Lenné.

9

1843
Grundstückssachen
„Situations=Plan von dem Müllerschen
u. d. Zieglerschen Weinberge auf den Babelsbergen sowie von einem Theile des
zum Lehnschulzengute in Neuendorf
gehörigen Grundstückes auf dem
Roschow bei Potsdam"
Bez.: „gemessen und theilweise nach der
Bollmannschen Karte de 1842 copirt im
März 1843 durch Th. Kozlowski"
bezifferter Maßstab in Ruten (50 R. = 125
mm)
Feder in Schwarz, laviert in Hellgrün,
Hellbraun, Rosa, Blau
45,5 x 66 cm
P.S.Plslg. Nr. 6979
Der Plan umfaßt die Grundstücke südwestlich des prinzlichen Parkes. (Papiermarke „Plankammer d. k. Hofmarschall-Amtes Babelsberg Nr: 35", Stempel des
Oberhofmarschallamtes).

10

1843
„Special-Karte von dem Plateau auf den
Babelsbergen bei Potsdam Behufs Anlage
eines Blumengartens", als Legende: „projecierte Grenze des neuen Blumengartens"
Bez.: „im März 1843 speciell vermessen
durchTh. Kozlowski"
bezifferter Maßstab in Ruten (20 R. = 150
mm)
P.S.Plslg. Nr. 7002

11

um 1845
Nivellements
„Nivellements-Profil an den Babertsbergen", „Fußweg / Weg / Teich / das Pflaster am Maschinenhaus / jetziger Wasserstand"
bezifferter Maßstab in Fuß (100 F. = 152
mm)
Feder in Braun, laviert in Braun und Blau
34,9 x 43,5 cm
P.S.Plslg. Nr. 6986.

12

um 1845
Nivellements
„Nivellements an den Babertsbergen bey
Potsdam" / „Profil von der Wohnstube
der Prinzessin bis zum kleinsten Wasserspiegel"
bezifferter Maßstab in Fuß (300 F. = 225
mm)
Feder in Grau und Rot, Bleistift
62,9 x 81,4 cm
P.S.Plslg. Nr. 6987
Auf der Rückseite sind in Blei zwei Terrassenskizzen gezeichnet.

13

um 1845
Nivellements
„Nivellement an den Babertsbergen bey
Potsdam"
bezifferter Maßstab in Fuß
Feder in Grau und Rot, Bleistift
P.S.Plslg. Nr. 6988
Die Profile betreffen die Verlegung von
Rohrleitungen. Auf bereits erfolgte Arbeiten von 1843 und 1844 wird hingewiesen.

14

um 1845
Nivellements
ohne Beschriftung
ohne bezifferten Maßstab
Feder in Grau und Rot, Bleistift laviert in
Grau
64,7 x 100 cm
P.S.Plslg. Nr. 6989
Dargestellt sind drei Profile. Links unten
eine Lageskizze der Leitungen und der
von ihnen geschnittenen Wege. Im untersten Profil ist angemerkt: „Unteres Bassin" und „Hauptfontaine vor dem Schlosse".

15

um 1845
Nivellements
ohne Beschriftung

Bez. „d. 23. Juli veranschlagt u. Hofmarschall übersandt Gottgetreu"
bezifferter Maßstab in Fuß (50 F. = 144 mm)
Feder in Grau, laviert in Grau, Grün und Blau
31,5 x 50,4 cm
P.S.Plslg. Nr. 6990.

16

um 1847
Schloßumgebung
ohne Beschriftung
bezifferter Maßstab in Ruten (10 R. = 49 mm)
Feder in Grau, laviert in Blau, Dunkelblau, Bleistift
64 x 46,4 cm
P.S.Plslg. Nr. 7006
Schloßumgebung zur Havel, Blumengarten, Wegeführung und Wasserleitungen. Schloß mit Erweiterungsbau dargestellt.

17

um 1847
Schloßumgebung
ohne Beschriftung
ohne Maßstab
Bleistift
55 x 75,6 cm
P.S.Plslg. Nr. 7003
Wegeaufmaß am Schloß mit Blumengarten.

18

1847
Schloßumgebung
ohne Beschriftung
bezifferter Maßstab in Ruten (50 R. = 124 mm)
Feder in Grau und Rot, Bleistift, laviert in Grau und Blau
49 x 37,2 cm
P.S.Plslg. Nr. 7004
Umgebung des Schlosses bis zum Wasserbassin, Wasserwerk-Hauptfontaine, mit Eintragung des neuen Abzugs-Kanals, Wegeführung, 2 Standorte für Ma-

schinenhaus und von Schinkel geplanter neuer Schloßflügel eingetragen. Wohl Vorzeichnung für 19 (P.S.Plslg. Nr. 7005).

19

1847
Schloßumgebung
ohne Beschriftung
bezifferter Maßstab in Ruten (50 R. = 123 mm)
Feder in Grau, Bleistift, laviert in Grau, Rosa, Grün
P.S.Plslg. Nr. 7005
Wie 7004, Baumbestand angedeutet, Durchzeichnung von Nr. 7004 mit Ergänzungen.

20

1849
Nivellements
„Nivellement zur Anlage des neuen Kanals vom Schlosse auf dem Babelsberg bis zur Havel" / „1. Linie des Kanals zwischen der Wasserbank und der Hauptfontaine 1145 1/2 Fuss lang / 2. Linie des Kanals nach der Hauptfontaine 892 1/2 Fuss lang / 3. Linie des Kanals nach dem Wasserfall 836 1/2 Fuss lang"
Bez. „P.d. 1/1249 FA..."
bezifferter Maßstab in Fuß (200 F. = 175 mm)
P.S.Plslg. Nr. 6991.

21

1849
Nivellements
„Linie des Kanals nach dem Wasserfall"
bezifferter Maßstab in Fuß (190 F. = 149 mm)
Feder in Grau und Rot
25,4 x 100,5 cm
P.S.Plslg. Nr. 6992.

22

um 1850
ohne Beschriftung
bezifferter Maßstab in Ruten (90 R. = 168 mm) 1:2000
Feder in Grau und Schwarz, Blau, Rosa, Bleistift laviert in Grün, Blau und Rosa, auf Leinen aufgezogen
66,5 x 99,5 cm
P.S.Plslg. Nr. 5298
Nach Günther/Harksen, Potsdam 1978, Katalog Nr. 123, zeigt der Plan ursprünglich einen Zustand um 1850, in den dann spätere Veränderungen und Erweiterungen hineingezeichnet wurden. Als Zeichner wird G. Meyer angegeben. Das Wegesystem vom Plan 1835 ist beibehalten, und die Sichten in die Umgebung sind genau bezeichnet.

23

um 1857
Großer See
„Flaecheninhalts-Berechnung" (Tabelle)
bezifferter Maßstab in Rhl. Fuß (200 F. = 221 mm)
Feder in Schwarz und Braun, Bleistift, laviert in Blau
67 x 85,3 cm
P.S.Plslg. Nr. 7041
Flächenberechnung für den Großen See oberhalb des Schlosses.

24

1859
Grundstückssachen
„Situations-Plan von dem Havel-Ufer und den angrenzenden Wiesen vom Bahnhofe in der Teltower Vorstadt Potsdam bis zum Parke Babelsberg"
Zusatz nachträglich: „Zu dem Kosten-Anschlage Behufs einer Chaussee-Anlage vom Eisenbahn-Hofe am Teltower Thore Potsdam bis zum Park Babelsberg dd. Potsdam d. 9.ten Maerz 1859 der Bau- Inspector Jacobi"
Bez.: „Vermessen und gezeichnet im Januar 1859 durch Weile Regierungs-Feldmesser und Hauptmann a.D."

bezifferter Maßstab in Ruten (150 R. = 224,5 mm)
Feder in Schwarz und Rot, laviert in Rot, Braun und Blau; Grundstücksgrenzen umrandet in Grün, Gelb und Rot, auf Leinen aufgezogen
64,8 x 138,8 cm
P.S.Plslg. Nr. 6981

25

Zwischen 1859 und 1863
„Generalsituationsplan von dem Schatullgut Babelsberg bei Potsdam"
Bez.: „copiert, rectificiert die alten Grenzen eingetragen und gerechnet gez. Ossent vereidigter Feldmesser und Bauführer"
bezifferter Maßstab in Ruten
Feder in Grau, laviert in Grün, Rotbraun, Blau und Braun, auf Leinen aufgezogen. Vorgängerplan für 27 (P.S.Plslg. Nr. 7011)
67,2 x 99 cm
P.S.Plslg. Nr. 7010

26

zwischen 1862 und 1865
Gesamtplan
ohne Beschriftung
bezifferter Maßstab in Ruten (80 R. = 154,5 mm)
Feder in Grau, nachträglich Bleistift, laviert in Grün und Rosa, Seidenpapier auf Papier und Leinwand aufgezogen
67,4 x 102 cm
P.S.Plslg. Nr. 7008
Der nach 1860 neu zum Park dazugekommene Teil zwischen Kavalierhaus, Flatowturm und Nuthe als Deckblatt aufgeklebt. Markant hippodromartiger Grundriß einer Gartenanlage südöstlich der Gärtnerei.

27

1863
„Generalsituationsplan von dem Schatullgut Babelsberg bei Potsdam"
Bez.: „copiert, rectificiert die alten Grenzen eingetragen und berechnet gez. Os-

sent vereidigter Feldmesser und Bauführer, copiert im September 1863 durch Bauer vereidigter Feldmesser und Bauführer"
bezifferter Maßstab in Ruten (100 R. = 184 mm)
Feder in Grau, laviert in Grün, Rotbraun, Blau, Braun; auf Leinen aufgezogen
66,5 x 98,2 cm
P.S.Plslg. Nr. 7011

28

1863
Gesamtplan   *Abb. 94*
„Plan vom Königlichen Parke Babelsberg"
als Legende: „Röhrenzüge/Bewässerungshähne/Röhrenanschlüsse"
Bez.: „Aufgenommen 1845, ergänzt 1854 und 1863 gezeichnet von Franz Haeberlin"
bezifferter Maßstab in Ruten (100 R. = 85 mm)
Feder in Grau, Braun, laviert Rosa, Blau
67 x 100 cm
P.S.Plslg. Nr. 7012
Gesamtplan mit Bezeichnung aller Gebäude und Einrichtungen. Die Hauptwasserleitungen sind alle dargestellt. Zwei Stempel: K. Nietner, Babelsberg.

29

1865
„Allerhöchst genehmigte Skizze zu den neuen Park-(anlag)-en bei Babelsberg"
Bez.: „entw. v. Kindermann 1865"
bezifferter Maßstab in Ruten (20 R. = 58 mm)
Feder in Grau, Bleistift, gelbes Seidenpapier auf weißem Karton aufgezogen
100 x 67,8 cm
P.S.Plslg. Nr. 7014
Das Blatt stellt eine Planskizze des südwestlichen Parkteiles, nördlich von Nowawes um die Gärtnerei dar. Wesentliche Sichtbeziehungen sind eingezeichnet und die Baumgruppen mit römischen Ziffern bezeichnet.

30

1869
Grundstückssachen
„Karte von den zum Schloß und Park Babelsberg gehörigen Grundstücken"
Bez.: „Angefertigt nach den Grundsteuer-Gemarkungs-Karten von Babelsberg und Neuendorfs im Maßstabe 1:4000 in October 1869 durch: gez. Böhme Zeichner, Revidirt Potsdam den 18.ten October 1869/Der Steuer-Rath gez. Gehrmann/Copiert Berlin d. 20ten Novbr. 1869 W. Friedrich". Zusatz unten links: „Zum Bericht d. K. Regierung in Potsdam vom 22. October 1869 – In 2319"
bezifferter Maßstab 1:4000 in Ruten (190 R. = 177,5 mm)
Feder in Grau, laviert in Braun, Gelb, Blau, Grün und Grau, auf Karton aufgezogen
52 x 66,1 cm
P.S.Plslg. Nr. 6982.

31

1869
„Plan vom Königlichen Parke Babelsberg"
Bez.: „gezeichnet von Otto Kindermann 1864, copirt Berlin den 16ten Febr. 1869 W. Friedrich"
bezifferter Maßstab in Ruten (70 R. = 129 mm)
Feder in Grau, Blau und Rot, Bleistift, laviert in Braun, Rosa und Blau
61,6 x 91,8 cm
P.S.Plslg. Nr. 7013
Gerichtslaube in Blei nachträglich eingetragen.

32

1869
Gesamtplan
„General-Situationsplan von dem Schatullgut Babelsberg bei Potsdam" / als Legende: „Bewässerungs-Hahn / Schieber / kl. Bassin / Wind-Kessel / Einsteigöffnung u. Schieber / Abflußröhre"
Bez.: „durch Messung und Antragung vervollständigt im Nov. 1869 von gez. A. Fischer Regierungs-Geometer"

bezifferter Maßstab in Ruten (100 R. = 185 mm)
Feder in Schwarz, Blau und Rot, französisches Transparentpapier
66,8 x 132,1 cm, P.S.Plslg. Nr. 7015

33
———

1869
Nivellements
„Nivellements-Profil zur Anlage eines Abflußkanals vom Küchengebäude auf Babelsberg nach der Havel"
Bez.: „aufgenommen d. 21. Februar 1869"
bezifferter Maßstab in Ruten (10 R. = 207 mm)
Feder in Schwarz und Rot, laviert in Braun und Rot
40,2 x 90,5 cm
P.S.Plslg. Nr. 6993
Dargestellt sind 3 Profile mit Angabe von Seitenkanälen, u. a. vom Bassin im Blumengarten.

34
———

1872
Villen-Anlage Neu-Babelsberg
„Villen-Anlage Neu-Babelsberg / Situation der Villen-Anlage / Ansicht des Terrains vom Babelsberge aus / Parzellierungs-Plan
Bez.: „Entworfen von Ende & Boeckmann", nachträglich mit Tinte „1872"
bezifferter Maßstab in Ruten und Metern (90 R. = 135,5 mm / 300 m = 120 mm)
Lithographie des Lith. Inst. von Wilhelm Greve in Berlin, laviert in Rot, Braun und Violett, auf Leinen aufgezogen
66 x 102 cm
P.S.Plslg. Nr. 6984
P.S.Plslg. Nr. 6985
Nr. 6985 wie Nr. 6984, jedoch mit Einbesserungen in Blei, Rot- und Blaustift: „Alter u. Neuer Wendeplatz" / „Schirmer".

35
———

um 1875
Grundstückssachen
ohne Beschriftung
Legende: „gepachtetes Fiskal-Forstland /

kommunalfreies, vormals forstfiskal. Terrain / Eigentum des Kronfideikommiss / zum Gemeindebezirk „Neuendorf" gehöriges Terrain / von Klein Glienicke abgezweigt / Eigenthum Sr. Majestät des Kaisers und Königs"
bezifferter Maßstab in Ruten und Metern (60 R. = 110 mm / 250 m = 120,5 mm)
Feder in Grau, Bleistift, laviert; auf Leinen aufgezogen
66,3 x 99,3 cm
P.S.Plslg. Nr. 6983
Darstellung der ehemaligen Grundstücksverhältnisse, Eigentümer (Nr. 1–38) mit Angabe der Flächengrößen. Gebäude des Parkes dargestellt, mit Bleistift bezeichnet.

36
———

1880
ohne Beschriftung
bezifferter Maßstab in Metern (200 m = 96 mm)
Feder in Grau, laviert in Grün, Rot; gelbes Seidenpapier, das auf Papier und Leinen aufgezogen ist
73,6 x 100 cm
P.S.Plslg. Nr. 7017
nachträglich eingetragen „Mädlers Villa" am südwestlichen Parkeingang (Nowawes).

37
———

1880
„Babelsberg"
Bez.: „gez. von dem Königl. Gartengehülfen F. Hoppe 1880 / copiert Gebbe"
bezifferter Maßstab in Metern (200 m = 96 mm)
Feder in Grau, laviert in Rosa, Blau, Bleistift; gelbes Seidenpapier, auf weißem Papier und Leinwand aufgezogen
66,4 x 98 cm, P.S.Plslg. Nr. 7016
Gesamtpark mit Gebäuden, Wasserleitungen und Baumpflanzungen.

38
———

1880
Gesamtplan
„Babelsberg"
bezifferter Maßstab in Metern
P.S.Plslg. Nr. 7018
Konzept für 39 (P.S.Plslg. Nr. 7019)

39
———

1880
Gesamtplan
„Babelsberg"
bezifferter Maßstab in Metern (200 m = 97 mm)
Feder in Schwarz, Rot und Blau, Bleistift auf französischem Transparentpapier
94,5 x 71 cm
P.S.Plslg. Nr. 7019
siehe P.S.Plslg. Nr. 7018 Konzept.

40
———

1880
Entwässerungsplan
„Entwässerungs-Plan vom Schloss Babelsberg" / „Schlosshöhe-Bassin"
bezifferter Maßstab in Metern und Fuß
Feder in Schwarz, Rot, Blau und Grau, Bleistift laviert
90,3 x 67,7 cm
P.S.Plslg. Nr. 7113
Schloß mit seinen Terrassen und den Leitungen bis zum Schloßhöhen-Bassin.

41
———

1900
Brücke über den Teltowkanal
„Fussgängersteg in Stat.: 0 + 75 / Blatt 2 / Teltowkanal / Ansicht u. Aufsicht / Schnitt und Ansicht vom Schloßpark aus"
Bez.: Havestadt & Contag / Königl. Bauräthe Berlin-Wilmersdorf 21.VI.00
Feder in Schwarz und Rot, laviert in Grau, Blau, Braun, Grün (aquarelliert); Karton auf Leinen aufgezogen
49,6 x 65,6 cm
P.S.Plslg. Nr. 7044
Brücke über den Teltowkanal zwischen

Klein-Glienicke und Schloßpark Babelsberg.

42

1901
Gesamtplan
„Lageplan des Königlichen Parkes zu Babelsberg" / nachträglich „Entwurf einer Trinkwasserleitung"
Bez.: „Copie nach der durch den Königlichen Gartengehülfen F. Hoppe im Jahre 1880 gefertigten Originalzeichnung"
bezifferter Maßstab in Metern 1:2000 (300 m = 149 mm)
Feder in Schwarz und Blau, Bleistift und Gelbstift, laviert in Blau, Lichtpause auf Leinwand aufgezogen
65,5 x 99 cm
P.S.Plslg. Nr. 6994.

43

1901
Nivellements Trinkwasserleitung
„Nivellements-Plan zum Entwurf einer Trinkwasserleitung im Königlichen Park zu Babelsberg"
Bez.: „Angefertigt auf Grund besonderer örtlicher Aufnahme: Potsdam im Herbst 1901 Sossna vereidigter Landmeßer"
bezifferter Maßstab ohne Maßeinheit, Längen 1:2000, Höhen 1:100
Feder in Schwarz und Blau, laviert in Braun, Rot und Blau; auf Leinen aufgezogen
65,7 x 99,7 cm
P.S.Plslg. Nr. 6995.

44

1901
Schloßumgebung
„Lageplan der Anschüttung im Schlosspark Babelsberg Blatt 1"
Bez.: „Berlin im Januar 1901 für Philipp Holzmann u. Cie, G.m.b.H. Baubureau Kl. Glienicke b. Potsdam Victor Prohl"
bezifferter Maßstab 1:1000 in Metern
Feder in Schwarz und Rot, laviert in Grün, Blau und Hellocker; auf Leinen aufgezogen, 63,7 x 66 cm

P.S.Plslg. Nr. 6997 dazu Querprofile
P.S.Plslg. Nr. 6998 (Profile I–VI)
P.S.Plslg. Nr. 6999 (Profile VII–IX)
P.S.Plslg. Nr. 7000 (Profile X–XII)
P.S.Plslg. Nr. 7001 (Profile XIII–XV).

45

1901
Wasserleitungen
„Babelsberg"
bezifferter Maßstab in Metern (200 m = 95,5 mm)
Lichtpause mit Eintragungen in blauer Tinte und Rotstift und Bleistift
64,5 x 91,4 cm
P.S.Plslg. Nr. 6996
Grundplan wie 42 (P.S.Plslg. Nr. 6994) mit in die Lichtpause eingetragenen alten Wasserleitungen.

46

1905
Schloßerweiterung
„Schloß Babelsberg Entwurf zum Erweiterungsbau für S.K.H. den Kronprinzen / Lageplan Bl. 1"
Bez.: „Berlin im März 1905 Geyer"
bezifferter Maßstab in Metern (300 m = 143 mm)
Feder in Schwarz, Bleistift, laviert in Grün, Rot und Blau; auf Karton aufgezogen, 46,5 x 55,4 cm
P.S.Plslg. Nr. 7032
Parkwegesystem zwischen Wasserwerk und Damenhaus enthaltend.

47

1907
Schloßerweiterung
„Babelsberg"
Legende: „vorhandene Leitungen / vorh. Leitg. zu beseitigen / Neue Leitungen"
„Blatt 2"
Bez.: nachträglich „zum Anschlag vom 21.8.07 / Zeichnung mit der Offerte zurück B.d. 6. Sept. 07"
bezifferter Maßstab in Metern (200 m = 196 mm)
Feder in Blau und Rot, Bleistift, Rot- und Blaustift auf Lichtpause

47 x 51,6 cm
P.S.Plslg. Nr. 7035.

48

1907
Schloßerweiterung
„Schloss Babelsberg Entwurf zum Erweiterungsplan für S.K.K.H. d. Kronprinzen" / „Lageplan"
Bez.: „Berlin, den 3.ten Juni 1907 Geyer"
bezifferter Maßstab in Metern (150 m = 144 mm)
Feder in Schwarz, Bleistift, Rotstift, laviert in Blau, Grau und Rot
53,5 x 65,7 cm
P.S.Plslg. Nr. 7033
Vorhandene Gebäude, beabsichtigter Anbau und später mögliche Erweiterungen eingetragen; Parkteil zwischen Wasserwerk und Schloß mit Wegeführung und schematisch angedeuteten Gehölzen.

49

1907/08
Schloßerweiterung
ohne Beschriftung
bezifferter Maßstab in Metern (200 m = 190 mm)
Feder in Schwarz, Bleistift und Rotstift; auf Lichtpause eingetragen
39,9 x 51,3 cm
P.S.Plslg. Nr. 7034
Schloßerweiterungsbau mit Angleichung des südöstlich anschließenden Geländes.

50

1908
Schloßerweiterung
„Schloß / Küchengebäude / Maschinenhaus"
Bez.: „Geyer 1908"
Feder in Schwarz und Rot, Bleistift; gelbes Transparentpapier
38,7 x 52,2 cm
P.S.Plslg. Nr. 7037
Der Plan stammt aus der Bild- und Plansammlung der Deutschen Bauakademie, Institut f. Theorie u. Geschichte.

51

1908
Schloßerweiterung
„Schloss Babelsberg / Entwurf zum Erweiterungsbau für S.K.H. den Kronprinzen / Lageplan"
Bez.: „Berlin im Juli 1908 Geyer"
bezifferter Maßstab in Metern (300 m = 147 mm) „M 1:2100"
Bleistift, laviert in Grau, Rot, Braun, Blau, Grün; Seidenpapier auf Karton aufgezogen
53,7 x 62,7 cm
P.S.Plslg. Nr. 7039.

52

1910
Schloßerweiterung
ohne Beschriftung
Bez.: auf nachträglich aufgeklebtem Zettel „zur Verfügung vom 16. Juni 1910 Bohne Königl. Hofbaurath"
ohne Maßstab
Feder in Rot und Grau auf Lichtpause
38,9 x 71,8 cm
P.S.Plslg. Nr. 7022.

53

1929
Gesamtplan
„Park Babelsberg"
Bez. „GB 1929"
bezifferter Maßstab in Metern (200 m = 47 mm) auf Nr. 7031 mit Blei ergänzt „etwa 1:4000"
Lichtpause
61,6 x 45 cm
P.S.Plslg. Nr. 7030 und P.S.Plslg. Nr. 7031
Bepflanzung angedeutet; Aussichtspunkte, Wege und Gebäude beschriftet.

54

1936
Schloßumgebung
„Schloßpark Babelsberg / Treppe mit Laubengang / Grundriß / Schnitt"
Bez. „Potsdam, den Dezember 1936"

Maßstab 1:100
Bleistift auf Transparentpapier
21,2 x 30 cm
P.S.Plslg. Nr. 7046
ohne Darstellung des Laubenganges, Detailmaße enthaltend.

Park Branitz

1

1846
Gesamtplan
„Plan von der Garten Anlage beim Schlosse zu Branitz 1846 / Küchengarten / Erdmagazin / in Blei: Schloß / Stall / Hof / Veranda / Wohnung / Fohlen / Wagenschuppen / Baumschule und … / Kartoffelfeld / Restauration / Schenke".
l. o.: „Vorlage zu K III"
bezifferter Maßstab in Ruten (40 R. = 150 mm)
Feder in Grau, laviert in Grün, Blau und Rot, Ergänzungen in Blei- und Rötelstift; umrandeter Hauptplan mit zwei angeleimten Ergänzungsblättern nach oben und links
54,5 x 74 cm
Cottbus, SA, Inv. Branitz Nr. 1
Vorgängerplan der weiteren Pläne von 1846. Markant die parallele Uferführung des Oberen Schloßsees. Mit Blei bereits die Konturen der „italienischen Mauer" eingetragen. Terrasse mit abgerundeten Ecken und Betonung des Südgiebels durch Terrassenausrundung. Nur der Bereich um das Schloß z. T. bereits mit Feder dargestellt. Der Parkteil westlich des Schloßsees wird durch ein Gebäude (Stall mit Wohnung) abgeschlossen.

2

1846
Gesamtplan   *Abb. 105*
„Plan von der Garten-Anlage beim Schlosse zu Branitz 1846" / weiterhin oben: „Stall / Wagenschuppen / Wohnhaus / Veranda / Fohlenwiese, rechts Baumschule und Küchengarten / Moostempel / Kartoffelfeld"

bezifferter Maßstab in Ruten (40 R. = 188 mm)
Feder in Grau, laviert in Grün
42 x 51,1 cm
Cottbus, BM, Schloß Branitz, Inv. Nr. VIII 479 / P
Etwa wie Plan Nr. 1, jedoch ohne italienische Mauer. Vor der Westseite der Schloßterrasse im Rasen Monogramm mit Krone dargestellt.
veröffentl. bei Rippl, H.: Der Branitzer Park, Cottbus 1977, Abb. 7.

3

1846
Gesamtplan
„Plan von der Garten Anlage beim Schlosse zu Branitz 1846" / „Schloß / Schenke / Restauration / Baumschule und Küchengarten / Fohlen / Moostempel"
bezifferter Maßstab in Ruten (40 R. = 150 mm)
Feder in Sepia und Blei, laviert in Grün, Blau und Braun
45 x 54 cm
Cottbus, SA, Inv. Branitz Nr. 2
Parkerweiterungen südöstlich und südwestlich des Oberen Schloßsees sowie westlich der Baumschule. Der Schloßsee besitzt eine Einschnürung mit Brücke. Die Schloßwiese wird durch einen Diagonalweg gequert und an ihrer Nordseite durch einen Wasserlauf entwässert. Im Westen und Norden des Schlosses ist eine Abgrenzung des Pleasureground dargestellt. Die „italienische Mauer" bildet den östlichen Abschluß des Schloßplatzes.

4

1853   *Abb. 106*
„Plan des Fürstlich Pückler-Muskauschen Parks zu Branitz im Jahre 1853" zusätzlich Darstellung des Pücklerschen Wappens „Amor et virtus" / Die italienische Mauer / Schloß Branitz / Schwanenhäuschen
Bez.: „Lith. v. W. Reich / n. d. Natur gez. v. W. Reich"

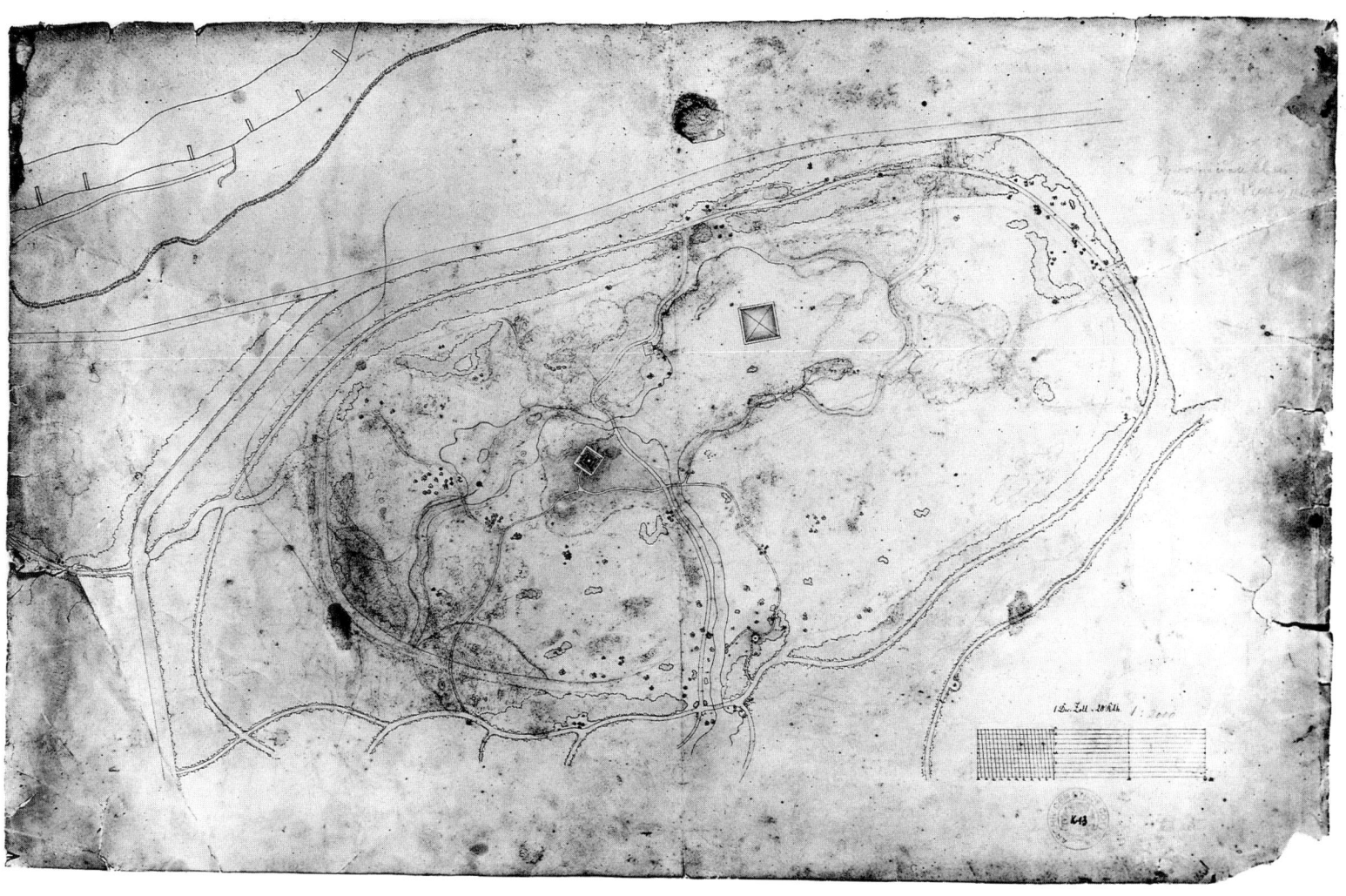

223
Branitz. „Pyramidenflur mit nächster Umgebung vom Park",
um 1866

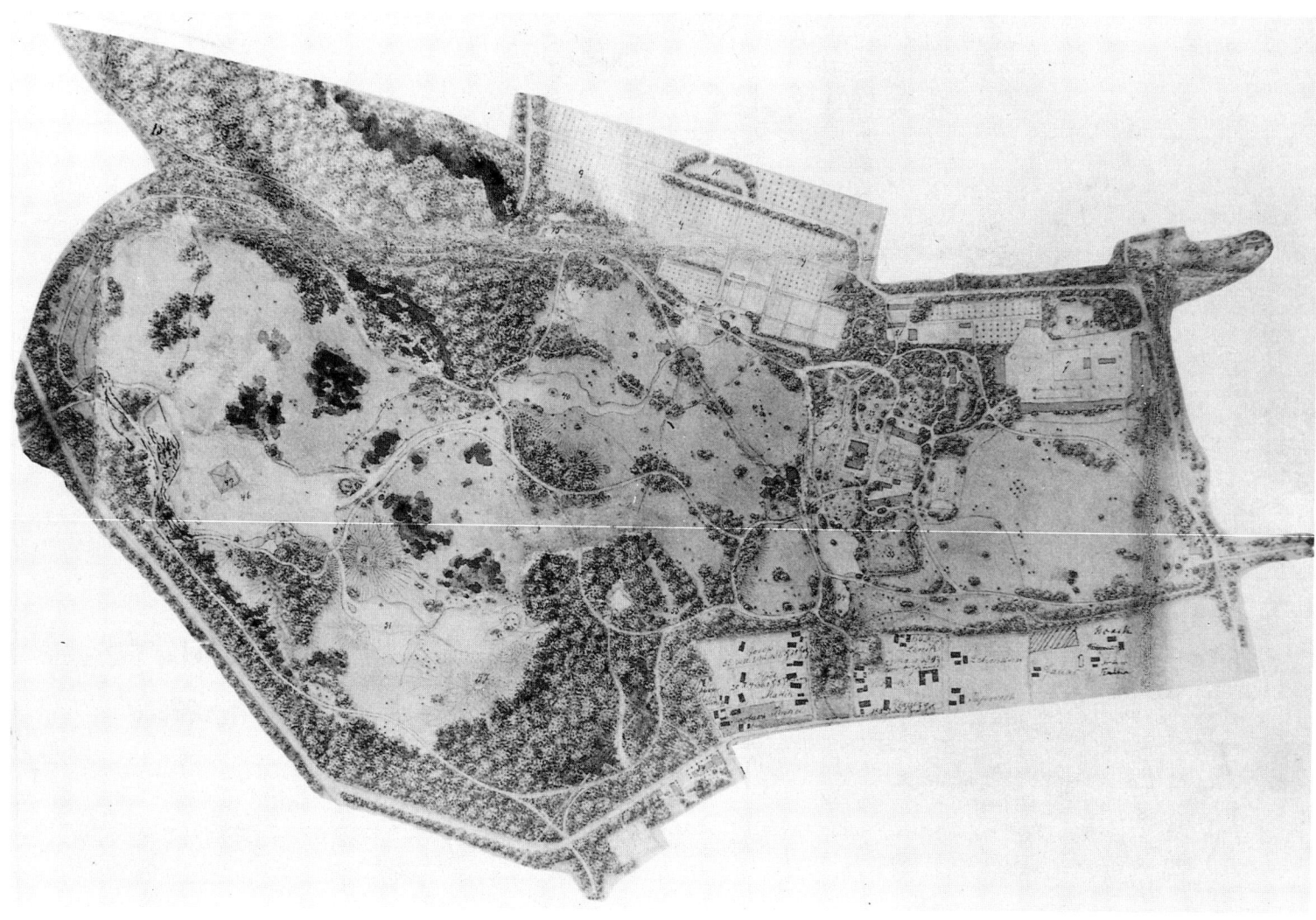

224
Branitz. „Der innere Park Branitz 1875"

bezifferter Maßstab in Ruten/30 R. = 1 Dec. Zoll (100 R. = 125 mm)
Lithographie
31 x 40 cm
Cottbus, BM, Schloß Branitz, Inv.-Nr. VIII 480/P
Darstellung des Hauptparkes mit Pleasureground und Theegarten.
Veröffentlicht bei Rippl, H.: Der Branitzer Park, Cottbus 1977, Abb. 8.

5
___

um 1866/67
Pyramidenflur   *Abb. 223*
in Blei „Pyramidenflur mit nächster Umgebung vom Park"
bezifferter Maßstab in Ruten/20 R. = 1 Dec. Zoll / 1:2000 (40 R. = 115 mm)
Feder in Schwarz, Bleistift
42,5 x 67 cm
Cottbus, SA, Branitz Nr. 4
Die östliche Schlangensee-Erweiterung mit dem Hermannsberg ist noch nicht eingetragen. Eine markante Umgrenzung des Parkteiles bildet die ovale Reitbahn. Bestand und Planungsabsichten scheinen ineinander überzugehen.

6
___

um 1867
Gesamtpar als Bildunterschrift: „Der Park zu Branitz – Gesamtplan um 1870"
Teilreproduktion
12 x 30 cm
veröffentlicht bei Gresky, W.: Branitz, der Park des Fürsten Pückler, in: Brandenburgische Jahrbücher „Die alten Gärten und ländlichen Parke der Mark Brandenburg", bearb. v. Rave, O., Potsdam und Berlin 1939, H. 14/15, S. 102/103 ohne Angabe des Originalstandortes.

7
___

1875   *Abb. 224*
Rückseite nachträglich in Blei: „Der innere Park Branitz 1875" und in Tinte Unterschrift Bleyers „Branitz. Der innere Park Branitz im Jahre 1875"
Fotoreproduktion auf Karton aufgezogen
23,5 x 27 cm
Cottbus, SA, Inv. Branitz Nr. 3

Der Plan stellt ursprünglich eine frühere Situation dar, in die die aktuelle Gestaltung ergänzt wurde. Die Rennbahn ist nur noch nördlich des Tumulus angedeutet. Der Durchbruch zwischen den „neuen Anlagen" und dem Hauptpark südlich des Mittelweges ist durchgeführt. Eingetragene Zahlen wie im Plan 1903 jedoch ohne Legende.

8
___

1889
Rittergutsflur
„Karte vom Rittergute Branitz Kreis Cottbus", auf Einband „Specialkarte Branitz"
Bez.: „angefertigt im Frühjahr 1889 durch Büttner, Geometer"
bezifferter Maßstab in Metern M 1:10 000
Feder in Grau, Schwarz und Rot, farbig laviert in Grün, Gelb, Rot, Blau und Grau, auf Leinwand aufgezogen
47 x 43,5 cm
Cottbus, SA, Inv.-Nr. Branitz Nr. 6
Die gebundene achtteilige Karte stellt die exakte Flureinteilung des Rittergutes dar. Die forstlich genutzten Flächen sind mit Zahlen 1–53 versehen. Eingetragen sind alle Gebäude: Schloß, Cavalierhaus, Marstall, Glashäuser, Parkhof, Wirtschaftshof, Oeconomie Park, 3 Torhäuser, Försterei (Parkschmiede), Chausseehaus.

9
___

1902
„Karte von der Dorflage zu Branitz, Cottbuser Kreises"
Bez.: „Nach der Separationskarte copiert unter Nachtragung der Veränderungen im August 1902 durch Büttner, Geometer"
Maßstab 1:4000
Feder in Grau und Schwarz, laviert
32,5 x 49 cm
Cottbus, SA, Inv. Branitz Nr. 7.

10
___

1903   *Abb. 107*
Gesamtplan
„Fuerstlicher Park zu Branitz" „Flächeninhalt 2547 Morgen / Erläuterung Nr. 1–57 / Waldung / Ökonomie-Äcker"

Bez.: „Vereinsgabe der Vereinigung ehem. Schüler der Potsdamer Königl. Gärtnerlehranstalt 1903 / Kunst-Anst. v. E. Baensch jun. Magdeburg"
bezifferter Maßstab in Metern 1 Dec. Zoll. = 50.0 R / 1 Dec. Zoll = 194,375
500 m = 77 mm
Farbiger Druck in Schwarz und Grün
58 x 87,5 cm
Cottbus, BM, Schloß Branitz, Inv.-Nr. VIII 481/P.

11
___

1964
„Branitzer Park 1964"
Bez. „Karte wurde nach einem bestehenden Aufmaß der Parkverwaltung Branitz 1956 neu bearbeitet u. korrigiert. Der Baumbestand wurde meistensteils eingeschritten. Rippl"
bezifferter Maßstab in Metern
Tusche auf Transparent
Veröffentlicht bei Rippl, H.: Der Branitzer Park – ein Meisterwerk der deutschen Gartenkunst, in: Niederlausitzer Studien – Sonderheft, Cottbus 1971.

12
___

1970
Branitzer Park 1970   *Abb. 117*
Eine Zustandskarte, die nach einer Vermessung aus dem Jahre 1966 von H. Rippl erarbeitet und gezeichnet wurde
bezifferter Maßstab in Metern
Tusche auf Kartostat-Dia-Filmmaterial
Veröffentlicht bei Rippl, H.: Der Branitzer Park – ein Meisterwerk der deutschen Gartenkunst, in: Niederlausitzer Studien – Sonderheft, Cottbus 1977, 3. Aufl.

13
___

1978   *Abb. 138*
Farbiger Baumbestandsplan
Achtfarbendruck. Verfertigt durch H. Rippl
Veröffentlicht in: Natur und Landschaft im Bezirk Cottbus, Biologischer Führer durch den Branitzer Park, Sonderheft 1984, als Kartenbeilage

Anhang

Anmerkungen

Park-Werk und Persönlichkeit
(Helmut Rippl)

1 Siehe Seite 280, Anm. 66.
2 *S. D. Stirk*, Heinrich Laube und Fürst Pückler, in: Neues Lausitzsches Magazin, Görlitz 1937, S. 67.
3 a.a.O., S. 70 u. 71.
4 *H. Scurla*, Begegnungen mit Rahel, Berlin 1963, S. 463.
5 Aus: *A. Trinius*, Märkische Streifzüge, Band 3, München 1887.
6 *O. Flake*, Pückler-Muskau, ein biographischer Essay, in: „Karussell", Literarische Monatsschrift, 1. Jg. Nov. 1946, Folge 5.
7 Akte 1069 im Brandenburgischen Landeshauptarchiv, Pr. Br. Rep. 37 Branitz (Fragment).
8 *Hermann v. Pückler*, Tutti frutti, Bd. 5, 1833.
9 Lutetia, Berichte über Kunst, Politik und Volksleben, 1854, Leipzig (Reclam) 1963.
10 Pr. Br. Rep. Branitz Nr. 949.

Die im Park Branitz verborgene Weltsicht Pücklers – ein dynamisches Gesellschaftsmodell
(Helmut Rippl)

1 *Pückler-Muskau*, Andeutungen über Landschaftsgärtnerei, Stuttgart 1834.
2 Neuausgabe v. *Th. Lange*, Leipzig 1911, S. 112.
3 Zitate aus: *Johann Daniel Ferdinand Neigebauer*, Der Cavalier auf Reisen im Jahre 1837. Vom Verfasser der „Ansichten aus der Cavalierperspektive i. J. 1835 – Politisches Glaubensbekenntnis des Verstorbenen –", Leipzig 1838, S. 28–42.
4 ebd.

Pücklers Parkschöpfungen in Muskau, Babelsberg, Branitz und Ettersburg
(Helmut Rippl)

Muskau

1 Die beiden späteren Zeichnungen sind leider nur in einer Reproduktion vorhanden und für den erneuten Druck ungeeignet.
2 *Hermann Fürst v. Pückler-Muskau*, Andeutungen über Landschaftsgärtnerei, Leipzig o. J., Nachdruck von Th. Lange, S. 129.
3 Eduard Petzold schreibt, daß bereits 1811 das alte Orangerie-Gebäude, welches am Beginn der Hirschwiese stand, niedergerissen und an einem anderen Ort wieder aufgebaut wurde, um freundlichere Aussicht vom Schloß zu bekommen. (Der Park von Muskau, Hoyerswerda, 1856, S. 11)
4 Siehe Ausschnitt des Planes A aus dem Pücklerschen Gartenwerk „Andeutungen über Landschaftsgärtnerei" Abb. 2 und vergleiche mit Abb. 1. Pückler genierte sich demnach, seinen Mißgriff zu dokumentieren.
5 *E. Petzold*, Der Park von Muskau, 1856, S. 22.
6 ebd.
7 Nicht 1816, wie E. Petzold meint.
8 Der Wortlaut des Briefes an die Muskauer Bürgerschaft in: *E. Petzold*, Fürst Hermann v. Pückler-Muskau in seinem Wirken in Muskau und Branitz, Leipzig 1874, S. 10–12.
9 *E. Petzold*, Der Park von Muskau, 1856, S. 12.
10 Morgen = Alte Maßeinheit, die zwischen genau 25 a (Hamburg) und 30,073 a (in Bayern) schwankt; in Preußen 25,53 a. Die Größen-Angabe von 5000 Morgen = 1250 ha Parkgröße konnte nicht geklärt werden. Diese Größenangabe ist um 500 ha größer als die von uns ermittelte mit ca. 750 ha.
11 Arnim/Boelcke, Muskau, Standesherrschaft zwischen Spree und Neiße, Berlin 1979, S. 157.
12 *E. Petzold*, Fürst Hermann v. Pückler-Muskau, 1874, S. 12/13.
13 *L. Assing*, Briefwechsel des Fürsten H. v. P.-M., 1874, Bd. 4, S. 266.
14 ebd. Bd. 4, S. 272.
15 ebd. Bd. 5, S. 262.
16 ebd. Bd. 5, S. 92.
17 Siehe Anm. 16.
18 *H. Repton*, Observations on the Theorie and Practice of Landscape Gardening, 1803, und Fragments on the Theorie and Practice of Landscape Gardening, 1816.
19 *Assing*, Briefwechsel, Bd. 6, S. 457.
20 ebd. Bd. 5, S. 309.
21 ebd. Bd. 5, S. 313.
22 Die Länge der Querallee insgesamt betrug 550 m, das Teilstück der Schloßwiese 200 m. Da die Linden schon fast 200 Jahre alt waren und die Allee schön und weit war (*Pückler-Muskau*, Andeutungen, S. 131), wird man einen Baumabstand innerhalb der Reihe von 10 bis 12 m annehmen können. Somit standen auf der Schloßwiese 40 bzw. 33 Stück und insgesamt im Park 110 bzw. 92 Stück. Die 50 Linden, um 1822 gefällt, konnten also nicht nur aus dem Schloßwiesenabschnitt der Allee ausgesucht worden sein, sondern aus der gesamten Allee. Der einzig verläßliche Parkplan vom Jahre 1847 läßt nur noch 25 Stück sicher erkennen.
23 *Günther Grundmann*, Karl Friedrich Schinkel, Band Schlesien, Berlin 1941.
24 *Pückler-Muskau*, Andeutungen, S. 25.
25 Pückler sagt in seinen „Andeutungen …" im Kapitel „Gruppierung im großen, und Gebäude": „In hohem Grade wichtig ist es, daß Gebäude immer im Charakter der Landschaft erscheinen, mit der sie verwebt sind."

26 *Pückler-Muskau*, Andeutungen, S. 145.

27 ebd. S. 88.

28 Briefe eines Verstorbenen, 1831, Bd. 3, S. 53.

29 *E. Petzold*, Erinnerungen aus meinem Leben, 1890.

30 *Arnim/Boelcke*, Muskau, Standesherrschaft zwischen Spree und Neiße, S. 204.

31 *E. Petzold*, Erinnerungen, S. 142.

32 ebd. S. 142 ff.

33 Die Angaben über das Arboretum sind dem von E. Petzold und G. Kirchner herausgegebenen Werk „Arboretum muskaviense", 1864, zu entnehmen. Obwohl der Bericht der Deutschen Dendrologischen Gesellschaft 1909 über deren Besuch in Muskau ein überschwengliches Lob dem Park, dem Arboretum, der Baumschule und dem Besitzer mit dem Parkdirektor Lauche zollte, ist der Artenreichtum mit 120 Gehölzen, die notierenswert erschienen, gegenüber der Ausgangsanzahl von über 1000 schon sehr geschrumpft.

34 *E. Petzold*, Der Muskauer Park 1856.

35 *Hermann Graf v. Arnim*, Ein Fürst unter den Gärtnern, Berlin 1981, S. 173. Siehe auch das Urteil von Camillo Schneider, in: Gartenschönheit, Heft 10/1922. – v. Arnim gibt ferner an, daß seit 1883 das Arboretum nicht mehr gepflegt wurde.

36 So fehlen Aufnahmen von der Schloßrampe nach Osten wie umgekehrt vom Mausoleum zum Schloß fast völlig.

37 *Lüben Stoitscheff*, Der Muskauer Park, Diss. 1942, in: Universitätsbibliothek Berlin.

38 *Hermann Graf v. Arnim*, Ein Fürst unter den Gärtnern, S. 169.

39 Die Angabe über die Herkunft dieser Aufzeichnungen verdanke ich Herrn Pharmazieingenieur E. Dahlke, Bad Muskau.

40 Zahlenangaben in: *Arnim*, Ein Fürst unter den Gärtnern, S. 173.

41 Der Stoitscheffsche Grundplan wurde allem Anschein nach aus einem sehr detailliert aufgenommenen Meßtischblatt entlehnt, entsprechend ergänzt und auf den Zustand von etwa 1940 gebracht. Angaben über die Herkunft der Planunterlage sind nicht gemacht. Einige nachweisliche Gehölzbestandsreduzierungen, so die Bereinigung am Ostufer der Gitterbrücke, sind nicht enthalten. Die Darstellung der Arbeit Potentes ist somit z. Z. nicht detaillierter möglich.

42 Nach Angaben von K. Kurland, Bad Muskau. Große Verdienste erwarb sich um die Parkerhaltung in den ersten Nachkriegsjahren der Muskauer Bürgermeister Max Ambrosius.

Babelsberg

43 *G. Poensgen*, Schloß Babelsberg, Berlin 1929.

44 *G. Hinz*, Peter Josef Lenné und seine bedeutendsten Schöpfungen in Berlin und Potsdam, Berlin 1937.

45 *H. Günther / S. Harksen*, Bestandskatalog der Lennépläne Teil I, Potsdam-Sanssouci 1978, Kat. Nr. 121.

46 Nach persönlicher Mitteilung von H. Hamann. Lenné war demnach auch nach 1839 beratend für den Babelsberg tätig.

47 Unterthänigstes Promemoria, in: Staatsarchiv Potsdam, Pr. Br. Rep. 37, Branitz 1070.

48 Angaben aus: Cottbuser Anzeiger, Beilage „Aus der Heimat" o. J., sign. b. d., Archiv der Stadt Cottbus, Akte Pückler.

49 Staatsarchiv Potsdam, Pr. Br. Rep. 37, Branitz Nr. 815.

50 Siehe Ansicht des fertigen Ostteiles des Schlosses als Aquarell von Carl Graeb, um 1840, in: Ausstellungskatalog Schinkel in Potsdam, Potsdam-Sanssouci 1981, S. 118.

51 In: *H.-J. Giersberg, A. Schendel*, Potsdamer Veduten, Potsdam-Sanssouci 1981, Abb. 185, Bild von Xaver Sandmann um 1855.

52 *Assing*, Briefwechsel, a. a. O., Bd. 9, S. 189.

53 Staatsarchiv Merseburg, H. A. Rep. 51 T, Lit. P Nr. 13, Brief v. 1. Okt. 1847 aus Belvedere (Weimar vermutlich).

54 *Assing*, Briefwechsel, a. a. O., Bd. 9, S. 75.

55 Staatsarchiv Potsdam, Pr. Br. Rep. 37, Branitz Nr. 815, Brief des Hofmarschalls vom 6. Jan. 1847.

56 Diese Notiz rechtfertigt so auch aus Pücklers Sicht die Herausnahme überfüllt wirkender Pflanzungen durch Petzold ab 1852 in den Muskauer Blumengärten und dem Pleasureground.

57 *Günther / Harksen*, Lennépläne I, 1978, Kat. Nr. 123. Die Wegeführung zeigt viele Anklänge an die im Plan von 1845, Teil Glienicker Park.

58 Siehe Anm. 53.

59 Siehe Anm. 53.

60 Der immer auch städtebaulich denkende Lenné hatte die Flächen am Fuße des Babelsberges beiderseits des mit einer Allee bepflanzten Weges vom Mühlentor Richtung Kutscherhaus als Bauland vorgesehen.

61 Nach *A. Bethge*, Die Hohenzollern-Anlagen Potsdam, Berlin 1888: ... durch „Aufstellung von Einzelstämmen von Roßkastanien, Ahorn, Linden, Rüstern u. a. m. auf den weiten Rasenflächen anziehende Durchsichten nach dem Griebnitzsee und nach Nowawes mit Umgebung geschaffen."

62 Parkpläne in der Plankammer der Staatlichen Schlösser und Gärten Potsdam-Sanssouci.

63 Nach H. Hamann, aus: Die Gartenkunst 2/1900.

64 Siehe Postkarten-Serie historischer Aufnahmen in Leporelloform „Gruß aus Potsdam" der Staatl. Schlösser und Gärten Potsdam-Sanssouci.

65 Angaben ab 1925 verdanke ich Herrn H. Hamann, Potsdam-Sanssouci.

Branitz

66 *L. Assing*, Fürst Hermann v. Pückler-Muskau, Biografie Band 2. Diese sehr bemerkenswerte Briefstelle erhellt schlaglichtartig das eigentümliche Verhältnis der beiden Eheleute in künstlerischen Angelegenheiten. Einerseits freute sich Pückler über das Engagement seiner Frau in Muskau, wo er ihr freie Hand bei der Gestaltung bzw. Veränderung der Muskauer Schloßräume läßt, ist aber allergisch bei Eingriffen Lucies im Park. Dies bezeugt Petzold in seiner Pückler-Würdigung. – Beide Eheleute waren sehr engagiert am Parkgeschehen, und Lucie scheint wohl auch der treibende Teil gewesen zu sein, die Querallee in Muskau zu öffnen, denn wie sonst ist Pücklers Unruhe und verschämtes Eingeständnis in Briefen vom 11. und 12. Mai 1824 an seine Frau zu verstehen: „Du schreibst mir noch nicht einmal, ob der Frühling schön ist. Nimmt sich denn das Ganze nicht gut aus, sind vielleicht die letzten Veränderungen doch nicht gelungen, und der Park durch das viele Hinwegnehmen von Bäumen zu kahl geworden?".
(*Assing*, Briefwechsel, Bd. 6, S. 243) Und nach Erhalt der Antwort heißt es, am 12. Mai: „Es freut mich herzlich, daß der Garten Dir gefällt und ich bin sehr begierig auf Deine Ideen, die, ich sage es mit einiger Beschämung, eigentlich grade in der großen landschaftlichen Ansicht die meinigen übertreffen, und vereinigt mit Repton mich erst auf den rechten Weg geleitet haben, und mich darin erhalten".

67 Branitz, Pläne 1846:

Plan 1

Schloßpark in Minimal-Ausdehnung zwischen heutigem Mittelweg und Cottbuser Weg, Querweg und Ostrand alter Gutshof. 1 Wirtschaftsgebäude unmittelbar vor dem Südgiebel des Schlosses, Dorf Branitz nicht einbezogen. 3-Gliederung schon hergestellt: Pleasureground rings um das Schloß. Restauration mit Garten im Osten, Park nach Nordwesten. Einfacher Parkumfahrungsweg; an diesem ein Schweizerhaus und ein kombiniertes Stall-, Wohn-, Wagenschuppengebäude mit Veranda nach Osten zum Parkraum sowie ein Gärtnerhaus mit Funktion als Torhaus nach Cottbus. Im Pleasureground Standorte für Kiosk, Moostempel, Rosenhügel (letzterer zum Schloß abgepflanzt könnte darauf schließen, daß dieser schon im alten Schloßpark vorhanden war). Wenige Solitärgruppen auf der Schloßwiese, Schloß mit Terrasse versehen, Südgiebel mit halbkreisförmigem Anbau. Gutshof durch schmale Pflanzung verdeckt. Schloßteich hat ähnliche Form wie später ausgeführt.

Plan 1 a

Nach Öffnen einer Deckklappe des Planes 1 ist eine Erweiterung des Parkes in der Achse des Schloßsüdgiebels dargestellt mit einem fast rechteckigen Teich, dessen Ufer nur an den Längsseiten dicht zugepflanzt sind. Beide Pläne weisen sauber ausgeführte Baumzeichnungen auf, in Tusche beim östlichen mit Bleistift im westlichen Teil sowie auch Gebäude und Wege in Bleistiftskizzen. Am südlichen Parkausgang zum Dorf eine Schenke außerhalb des Parkes.

Plan 2

Exakte Tuschzeichnung koloriert im Planumfang 1a und in fast gleichem Inhalt. Rosenhügel jetzt mit Pflanzung, die Beziehung zum Schloß aufnimmt. Planbeschriftung zeigt andere Rechtschreibung im Titel. Einige neu hineinskizzierte Wege und erste Andeutungen für die Hinzunahme der Mondwiesenpartie. Beide Pläne zeigen schon den Standort der Pokallinde in der Achse Schloß-West-Front zum Park.

Plan 3

Weiterentwicklung auf der Grundlage des Planes 2. Mischung aus Tusche- u. Bleistiftzeichnung. Hinzunahme der Mondwiese und eines Streifens östlich des Schwarzen Sees. Südlicher Teich (Schwarzer See) erfährt Form, die der heutigen entspricht, mit einer Brücke, die eine größere von einer kleinen Wasserfläche teilt. Stallgebäude detaillierter dargestellt, Pergola jetzt als Abschirmung des Gutshofes. Schloßsüdgiebel erfährt einen Anbau in 1/3 der Schloßgrundfläche (vermutlich Wintergarten oder erhöhte Terrasse). Über die Schloßwiese führt diagonal ein Fahrweg zum Gärtner-Torhaus Richtung Cottbus.

68 Urmeßtischblatt von 1845 als Druck einer Kartensammlung des Cottbuser Landkrei-

ses von 1856, gewidmet dem Fürsten Pückler vom Prediger an der Oberkirche in Cottbus, Dr. Emanuel Berger. Weitere noch vorhandene Parkpläne sind neben den schon unter Anm. 67 beschriebenen 1, 1a, 2 u. 3:
4. Plan von 1853, Druck als Beilage in der Sammlung des Jahres 1856
5. Plan o. J. vom Pyramiden-Erweiterungsteil des Parkes, Teilkonzeption für den Plan 1868 mit abweichender Seeform
6. Plan von 1868, geschaffen von Bruno Teichler, vergrößerte Reproduktion eines Druckes
7. Plan 1875, der Veränderungen des Wegenetzes und neue Pflanzungen, die nach 1871 eintraten, verzeichnet mit vielen Radierstellen, Stadtarchiv Cottbus
8. Plan von 1889, geschaffen wahrscheinlich von Büttner, Reproduktion
9. Plan von 1903, Vereinsgabe Vereinigung ehem. Schüler der Gärtnerlehranstalt Potsdam, farbiger Druck von Park und ornamental farm
10. Kartografische Zeichnung von 1970, Autor H. Rippl, mit Zustand des eingezäunten Parkteils, nach einer 1966 erfolgten Neuvermessung, 1974 ergänzt durch Baumartenkennzeichnung.
Im Staatsarchiv Potsdam, Pr. Br. Rep. 37 Branitz Akt. 196 Bl. 51/52 findet sich eine Aufstellung von Plänen in einem Brief eines M. Hoffmann, Berlin, an den Grafen Heinrich von Pückler betr. ein Kartenwerk über die Entstehungsgeschichte des Branitzer Parks:
1. Plan des gesamten Terrains
2. Zwei kleinere von 1843 und 1848, von Sr. Durchlaucht mit Nr. I und II bezeichnet
3. Plan von 1858, gez. von Kuhlmann
4. Plan der Pyramidenebene, ohne Jahresangabe
5. Terrainplan von 1868, gez. n. Teichler
6. Der Plan mit der jetzigen Einteilung
Die Pläne 1 und 3 sind bisher nicht auffindbar. Anstelle der unter 2 genannten beiden Blätter sind die Pläne unter 1., 2., 3., s.o., vorhanden. Der Plan unter 6. ist vermutlich identisch mit dem Büttner-Plan 1889.
69 Aus dem Privatarchiv Walter Drangosch, Cottbus.
70 *Johannes Graf v. Moy*, Fürst Pückler in Salzburg, in: Mitteilungen der Gesellschaft für Salzburger Landeskunde, Bd. 120/12, 1980 und 1981.
71 *W. Kühnau*, in: 49. Jahresbericht der Schlesischen Gesellschaft für vaterländische Kultur, 1871. W. Kühnau war von 1856–1858 in Branitz als Blumengärtner tätig.
72 Oskar Teichert, Reiseskizzen, in: Hamburger Gartenzeitung, 15. Jahrgang, Hamburg

1859. Teichert ist der damalige leitende Gärtner im Park zu Sagan (Polen).
73 *Luise Henriette Gräfin von Pückler*, Der Park von Branitz, in: Der Landkreis Cottbus mit dem Spreewald, Magdeburg 1933. Merkwürdigerweise fehlt diese aus Hainbuchen gebildete Laube in den Plänen von 1846. Heute stehen nur mehr die Steinbänke.
74 Dieser Bauer weigerte sich, sein Grundstück zu veräußern. 1857 kam es dann aber doch zum Verkauf.
75 *Hermann Jäger*, Der Park zu Branitz, in: „Gartenflora" 1859, S. 154.
76 Mitteilung von H. Hamann, Potsdam-Sanssouci 1982; vgl. Staatsarchiv Potsdam, Pr. Br. Rep. 37, Branitz. Teichler führte gemäß seiner Generalquittung in der Zeit vom 12. 1. 1868 bis 4. 6. 1869 die folgenden Arbeiten aus:
– Vermessung des Gutes Branitz
– Anfertigung dreier Pläne in unterschiedlichen Maßstäben
– Vermessung auf dem Gut Groß-Döbbern
– Anfertigung einer neuen Flurkarte nach der bereits vorhandenen mit den stattgefundenen Veränderungen
– Aufnahme zweier Nivellements vom Schloßsee nach Kiekebusch mit Anfertigung der Pläne dazu
– Mehrere Nivellements für und von dem aufzuschüttenden … (unleserlich)
– Anfertigung eines Planes in großem Maßstab von der alten Ziegelei
– Ein Plan in größerem Maßstab vom Schloß mit der Veranda und Reitbahn
– Absticken des Weges vom Chausseehaus nach Dissenchen, Aufnahme und Nachtragen desselben auf der Flurkarte von Branitz
– Ausstecken der Fortsetzung des Parkumfahrweges, Aufnahme und Eintragung desselben in den Plan und die Gutskarten
– Die Hälfte der Flurkarte behelfs Amelioration der Wiese kopiert
– Rosarium und einzelne kleine Sachen gezeichnet
– Die Linie der Berlin-Görlitzer- und Cottbus-Sorauer-Eisenbahn in die Karten des Cottbuser Kreises und Generalstabskarte, Sektion Cottbus, eingetragen und die Grenze des Gutes Branitz eingezeichnet
– Mehrere Nivellements entlang der Spree mit den Plänen dafür behufs Anlegung eines Schüttdammes
– Verschiedene andere Nivellements außerhalb des Parkes.
77 Unter Baumuniversität verstand Pückler eine Baumschule, in der besonders große Bäume angezogen und zum Verpflanzen präpariert wurden.

78 *E. Petzold*, Fürst H. v. P.-M. in seinem Wirken in Muskau und Branitz, Leipzig 1874, S. 59.

79 Nach Mitteilung von A. Schäfer, Cottbus.

80 Skizze und Text im Stadtarchiv Cottbus 1982 aufgefunden.

81 Der Brief vom 1. Januar 1860 lautet u. a. „Überhaupt aber sind nur noch zu völliger Vollendung des Ganzen nötig:
    1. Die Ansätze am Schloß, nach der Ihnen von mir schon mitgeteilten Idee, salvo meliori, und der von Ihnen hiernach zu entwerfenden Zeichnung
    a. zwei Flügel gleich denen an der anderen Seite mit Bögen unten zum Durchgehen auf der Terrasse
    b. der große Thurm und mit offenen Bögen über den Fahrweg
    c. die Gallerie ebenfalls unten offen mit Pylastern
    d. das Gewächshaus dito mit Durchgang, so daß der Spaziergang und Aussicht auf der Terrasse ganz frei bleibt.
    Außerdem wird ein Stock mehr dem Corps de logis aufgesetzt oder vorgeblendet.
    2. Beendigung der Gewächshäuser im Park
    3. das ägyptische kleine (unleserlich) am großen Pyramidensee
    4. das Gärtnerhaus zu verändern
    5. Umwandlung des Jägerhofes
    6. Abreißung der Hälfte der alten Gebäude, noch ein kleines Torhaus.
    Alles Übrige ist vollständig fertig. Ebenso Park und Gärten bis auf den großen See der Pyramide, wo noch 8000 Schachtruthen Erde auszugraben bleiben."

82 *A. Schäfer*, Der Branitzer Park, in: Beiträge zur Gartendenkmalpflege. Kulturbund der DDR, Berlin 1984.

83 *L. Assing*, Briefwechsel, Bd. 4, S. 134.

84 Hinweis in Anm. 73. – Laut den Ausführungen eines anonymen Berichterstatters wollte Pückler damit bestimmte landschaftliche Gegebenheiten der Umgebung erlebbar machen, wie die Stadt Cottbus im Norden, den Spreelauf in Höhe des Tierparkes und mit der 1867 entstandenen Eisenbahnbrücke sowie die alte Madlower Kirche.

85 Siehe Anm. 80 und 81. Pückler hatte schon 1860 noch weitere 36000 Kubikmeter Erdreich für Seeflächen auszuschachten geplant – bei einer Schachttiefe von 120 bis 150 cm wären dort damit nahezu 3 ha weitere Wasserfläche entstanden. Im Plan von 1868 sind der Pyramidensee 3,2 ha und der westliche Teil des Schlangensees 0,5 ha groß, zusammen 3,7 ha. Heute umfassen der Pyramidensee 2,1 ha und beide Schlangenseen zusammen 1 ha, insgesamt in diesem Parkteil also nur 3,1 ha.

86 Die Steinbrücke zwischen Pyramiden- und Schlangensee, auch ägyptische Brücke genannt, entstand 1876 und war mit einem gußeisernen Geländer versehen; sie wurde später verändert. 1995 wurde die baufällige Brücke abgetragen und durch einen Neubau im Sinne der ersten ersetzt. 1877 wurde der Plan zum Bau einer großen Brücke erwähnt, vermutlich sollte sie über die Doppelarme des östlichen Pyramidenseeausflusses führen, gleichzeitig wurde die Kugelbrücke, die heutige Grüne Brücke, mit eisernem Geländer fertiggestellt.

87 Die nicht verwirklichte Vergrößerung beider Seen schmälert die künstlerische Wirkung beider Pyramiden stark und am Schlangensee auch die der markanten Brückenkopfbetonungen durch Blutbuche und Sumpfeiche. Stufenpyramide und Blutbuche/Sumpfeiche können sich nicht im Schlangensee spiegeln, und der Tumulus erscheint vom großen Umfahrungsweg im Nordwesten nicht im Wasser stehend, sondern auf der Wiese.

88 Im zweiten Weltkrieg wurde auch der diesen Weg begleitende Baumbestand durch landwirtschaftliche Nutzung vernichtet.

89 *Hermann Jäger*, Gartenkunst und Gärten sonst und jetzt, Berlin 1888.

90 Die grafisch gut wirkende Karte ist wegen mehrerer fehlender oder falscher Angaben nur bedingt für Rekonstruktionsentscheidungen brauchbar.

91 *Fritz Zahn* und *Robert Kalwa*, Fürst Pückler als Gartenkünstler und Mensch, Cottbus 1928.

Ettersburg

92 *W. Gresky*, Eduard Petzold als Hofgärtner in Ettersburg und Weimar. 1940

93 In: *W. Gresky*, a. a. O., S. 29.

94 „Das Schloß Ettersburg", in: *E. Petzold*, Erinnerungen aus meinem Leben, 1890.

95 Brief Pücklers vom 26. Mai 1846 aus Berlin an E. Petzold.

96 Aus *W. Gresky*, a. a. O. S. 34.

Wesentliche Dokumente zum Parkgeschehen
Zu Muskau

In einem Schreiben an die Bürgerschaft von Muskau kündigt Pückler seinen Plan an, einen Park anlegen zu wollen:

„An die Bewohner Muskaus.

Da Ich von nun an entschlossen bin, für Mein ganzes zukünftiges Leben, Meinen festen Wohnsitz in Muskau zu nehmen, um Selbst für die Wohlfahrt Meiner guten Bürger und Untertanen mit väterlicher Obhut wachen zu können, und Meine Einkünfte lieber ihnen als fremden Menschen zufließen zu lassen, so zweifle Ich nicht, daß jeder Einwohner dieser Stadt es Mir gern gönnen wird, bei ernster Beschäftigung, auch eine Lieblingsneigung zu befriedigen, deren Ausführung jedem von ihnen gleichfalls zum Vergnügen, und itzt sowohl, als noch mehr in der Folge, zum wahren Nutzen gereichen muß. Ich meine die Anlegung Meines Parks zu dem Ich notwendig, wenn etwas Ganzes daraus entstehen soll, den ganzen Distrikt zwischen der Straße nach Sorau und dem Dorfe Koebeln, der Neiße auf der einen und den Braunsdorfer Feldern auf der andern Seite, eigentümlich besitzen muß.

Ich bitte daher hiermit sämtliche Bürger und Bewohner der Stadt und Schmelze, welche einzelne Felder, oder Wiesen, oder Holz in dem genannten Bezirke haben, Mir dieselben gegen vernünftige Bedingungen abzulassen. Um hierbei so billig als möglich zu verfahren, schlage Ich der Bürgerschaft vor, in Fällen wo Ich Mich mit Einzelnen nicht vergleichen sollte können, zwei Mitglieder aus sich selbst zu erwählen, welche in Verbindung mit zwei Andern, die Ich ernennen werde, besagte Grundstücke nach Recht und Gewissen taxieren sollen. Nach dieser Taxation erbiete Ich Mich, jedem, nach seinem Belieben, den Wert auf Meine Herrschaft einschreiben und bis zur etwanigen Kündigung des Kapitals mit 5 Prozent verzinsen zu lassen, oder das Grundstück zu vertauschen, und dies zwar auf den Ruten gegen gleichen Wert, auf den entfernteren Braunsdorfer oder Bergschen Feldern aber gegen halbfach größeren, auch wohl, nach Befinden der Umstände, doppelten Wert.

Erfüllt die Bürgerschaft hierin Meine Wünsche, so mache Ich Mich noch außerdem anheischig, von dem Augenblick an gerechnet, so Ich Mich im völligen Besitz sämtlicher Grundstücke befinde, binnen sechs Jahren das Rathaus, das Koebler Tor und das Schießhaus auf Meine Kosten für die Stadt zu bauen. Im Fall aber binnen einem Jahr von dato der Ankauf dieser Grundstücke nicht zu Stande gekommen ist, gebe Ich auch hiermit den Einwohnern Muskaus Mein Wort, daß Ich unabänderlich entschlossen bin, dann Muskau, weil es Meinen guten Willen nicht hat annehmen noch erkennen wollen, auf immer zu verlassen, und Alles und Jedes daselbst Mir Zugehörige, bis auf Mein Schloß selbst zu verpachten.

Ich überlasse es nun Muskaus Bewohnern selbst zu ermessen, ob es wünschenswerter für sie sei, ihre öffentlichen Gebäude, die so lange in Ruinen liegen, wieder aufgebaut, ihre Stadt durch einen herrlichen und großen Garten verschönert, und Meine sämtlichen Einkünfte ihr wieder zufließen zu sehen, oder auf der andern Seite jeden dieser Vorteile zu entbehren, und Mich und Mein Vermögen für immer aus den Augen zu verlieren.

Da Ich keine Opfer von der Stadt verlange, sondern im Gegenteil Alles gern für den höchsten Wert bezahlen will, und also höchstens nur um eine Gefälligkeit bitte, so hoffe ich mit Zuversicht, daß Meine guten Muskauer Bürger, schon aus der alten Mir stets gezeigten Liebe und treuen Anhänglichkeit, Meinen Wunsch und Meine Bitte ohne Anstand erfüllen und Mich nicht zwingen werden, sie, deren Liebe Ich so herzlich erwidere, auf immer zu verlassen.

Schloß Muskau, den 1. Mai 1815
Hermann Graf von Pückler-Muskau."

Zu Babelsberg

„Unterthänigstes Promemoria

Euer Königlichen Hoheit gnädigem Befehle gemäß habe ich mich schon mehrere Tage hindurch bemüht Höchstdero Besitzung des Babelsberges mit meinem Garten-Inspector, soviel es in der kurzen Zeit, und leider bey einer sehr ungünstigen Witterung thunlich war, wenigstens in soweit kennen zu lernen, um mir im Allgemeinen eine feste Ansicht darüber bilden zu können. Hinsichtlich der Vorschläge zur Fortsetzung und möglichst zweckmäßigen Verschönerung dieser Anlagen jedoch, welche Ew. Königliche Hoheit mir die hohe Ehre erzeigen von mir zu verlangen, muß ich zuvörderst, ohne alle übertriebene Bescheidenheit, doch pflichtschuldigst bemerken, daß ich nur meine wenige, gewiß in vieler Hinsicht sehr mangelhafte, eigene Erfahrung dazu mitbringe, und am Ende vielleicht der gute Wille das Sicherste sein wird, was ich Ew. Königlichen Hoheit darzubieten im Stande bin. Doch kann mich dies nicht abhalten, meiner Schuldigkeit Ew. Königlichen Hoheit meine individuelle Ansicht, wie sie einmal ist, ohne deshalb deren Werth im geringsten verbürgen zu wollen, doch ebenso offen und unumwunden auszusprechen, als ob es für mich selbst thun müßte, wenn der Babelsberg mein Eigentum wäre.

Ew. Königlichen Hoheit steht ja immer allein die Entscheidung zu und sollte ich mich meiner sehr aufrichtigen Natur nach in irgend etwas unwillkührlich zu frey äußern, so bitte ich Ew. Königliche Hoheit es einem schlichten Landmann gnädigst zu verzeihen, wenn er voll Eifer Ew. Königlichen Hoheit zu genügen, und mit allen hiesigen Beziehungen unbekannt, irgendwo in Irrthum verfiele, oder sich einer zu gewagten Berührung bestehender Verhältnisse schuldig machte.

Es versteht sich übrigens, wie schon gesagt, von selbst, daß ich in diesem Augenblicke, wo ich noch nicht einmal einen genauen Situationsplan des Ganzen besitze, nur im Allgemeinsten eine Ansicht aufstellen kann, und mir alle specielleren Details auf spätere Zeit vorbehalten muß. Geduld werden Ew. Königliche Hoheit überhaupt dabei geben müssen, da der Babelsberg zwar hinsichtlich der Lage und der ausgezeichnet schönen Prospekte, die er sowohl von den Höhepunkten, als an den niedrigen Ufern der Havel liefert, vortrefflich ausgewählt ist, die Qualität und Natur des Bodens aber die größten Schwierigkeiten darbietet, welche schnell zu überwinden nur mit unverhältnismäßigen Kosten möglich sein würde, während durch Zeit und eine veränderte Behandlung, mit mäßigen Ausgaben, meiner Meinung nach, auch schon in wenigen Jahren ein günstiges Resultat erzielt werden mag.

Das Prinzip, welches in der Hauptanordnung der dortigen Anlagen bisher befolgt worden ist, finde ich der Localität nicht angemessen. Man hat die ganze Besitzung wie einen großen pleasureground behandelt, was in dieser Ausdehnung, selbst bei dem besten Boden und der üppigsten Fruchtbarkeit, mir schon nicht passend scheinen würde, weil es eine viel zu große Monotonie hervorbringt, die man da am wenigsten verzeiht, wo dieselbe ohne Noth künstlich geschaffen ist – welche aber, wenn sie, wie hier, in bis jetzt noch unfruchtbarsten Sande neben dürftigen Kiefern und verkrüppelten Birken blühenden Gebüsche und Zierpflanzen sich in einem Zustande hinquälen läßt, der an unglückliche Kinder erinnert, die mit der englischen Krankheit behaftet sind, oder eine Masse unnötig frey gelassener Flächen als Rasen darstellen will, der doch nur ausgestreuter Asche gleicht, da wird eine Anlage dieser künstlichen Gattung, für welche Üppigkeit und reichster Schmuck die Hauptbedingung ist, zum wahren Unding, dessen Beschauung bei dem Besitzer wie dem Besucher, statt ihnen Vergnügen und Erholung zu gewähren, nur die unbehaglichsten Gefühle erwecken muß. Noch mehr als dies jedoch, hat mich die Methode befremdet, die bei den Pflanzungen angewendet worden ist, und welche, sowohl durch unpassende Wahl der Exemplare nebst geschmackloser Verteilung der Sorten, als ungefällig steife Stellung der Gruppen, wie der widersinnigsten Verstümmelung der großen und mittleren Bäume höchstens einem Forstmanne des vorigen Jahrhunderts zu verzeihen wäre, da aber wo die obere Leitung vom Gartendepartement ausgehen soll gewiß nicht geduldet werden kann. Sehr übel ist es dabei, daß in der großen Königlichen Landes Baumschule, wo nach so vielen Jahren ihrer

Gründung jetzt Bäume der verschiedensten Größe zum Verkauf stehen müßten, nichts als das kleinste Zeug zu haben ist, mit dem vor 20 bis 25 Jahren etwas nur entfernt Waldähnliches nicht hergestellt werden kann.

Der Nachteil einer Pflanzungsart, wie sie hier, namentlich mit großen Bäumen, dem Anschein nach fast allgemein statt findet, ist in der That betrübend. Im Grunde ist alles halb weggeworfenes Geld, verlorene Zeit und verlorene schöne Exemplare die garnicht mehr zu ersetzen sind, denn wo sollten sie in dieser armen und schon so stark ausgebeuteten Gegend hergenommen werden in Zukunft? Auf dem Babelsberg sind bloß in diesem Winter circa 120 Stück große Bäume ersetzt worden, die Ew. Königliche Hoheit 1450 Taler, im voraus veranschlagt, gekostet haben, also ohngefähr 10 bis 11 Taler jeder Baum. Dafür haben Ew. Königliche Hoheit keine Bäume, sondern nur 120 colossale belaubte Stangen erhalten, die nie malerisch werden können, und nur im günstigsten Fall, wenn sie jetzt wieder zum Dritttheil geköpft und von unten noch etwas weiter hinauf glatt aufgeputzt werden, in mehreren Jahren vielleicht wieder eine leidliche Gestalt erlangen können, aber unter keiner Bedingung mehr den Effekt der eigentlich bezweckt wurde, nämlich eine weit gebreitete starke Laubmasse in der Höhe zu bilden, erreichen werden. Wären nun dieselben Exemplare, so wie es sich gehört gepflanzt worden, so hätten statt 120 (wie sich Ew. Königliche Hoheit bald selbst überzeugen werden) 30 bis 40 zu einer unendlich grandioseren Wirkung genügt, denen man in drei spätestens vier Jahren die Verpflanzung kaum mehr angesehen haben würde. Ew. Königliche Hoheit hätten also mit 3 bis 400 Talern vollkommen das erreicht, wofür jetzt 1450 größtentheils unnütz weggeworfen sind.

Geringer ist der Schaden bei den, an sich auch unzweckmäßig behandelten, Pflanzungen junger Exemplare, dieselben sind z. B. mit unverzeihlicher Nachlässigkeit gar nicht behandelt worden, was doch zwey Jahre hindurch zu ihrem Gedeihen unerläßlich ist, die nur anders vertheilt zu werden brauchen (wo sie nicht schon verkümmert sind) da dergleichen überhaupt, wenn man nicht 25 Jahre warten kann, blos zur Ausfüllung und zum Dichtmachen der mit größeren Exemplaren bewerkstelligten Pflanzungen taugen. Ich wünschte nichts mehr, als daß auf dem Babelsberge, von dem Momente an wo Ew. Königliche Hoheit Besitzer davon wurden, nur allein gebaut worden wäre, und ihn in anderer Hinsicht ganz unberührt gelassen hätte. Dann wäre die Aufgabe unendlich leichter und dankbarer, und man hätte mehrere hundert herrliche Bäume, die unnütz verdorben wurden, zur Disposition vorräthig, ohne deren jetzt mühsam mehrere aufsuchen zu müssen, da die Hälfte der Gepflanzten schon für die Beendigung der ganzen Anlagen hinlänglich gewesen wäre, abgerechnet, daß man überdies noch eine Unzahl des schon vorhandenen, meist an 15 bis 20 Fuß hohen, Eichenausschlages gerade an solchen Stellen vertilgt hat, wo man ihn mit aller der Pietät, die Ew. Königliche Hoheit für schon vorhandene Bäume an den Tag legen, sorgsam hätte conserviren müssen.

Nach allem, was ich demnach hier in der Art und Weise gefunden habe, wie ich es, um nicht zu ermüden, nur teilweise im Obigen auseinandergesetzt, halte ich, um mit der Zeit zu einem ersprießlicheren Resultate zu gelangen, Folgendes für unumgänglich nöthig:

1., Zur Arrondirung des Ganzen, und um der Anlage die Mannigfaltigkeit zu geben, deren sie fähig ist, das von mir bereits dem Hofgärtner Ew. Königlichen Hoheit speziell angezeigte Terrain zu erkaufen.

2., gleichfalls eine Fläche Feld von 20 bis 25 Morgen Mittelboden, das eben verkäuflich ist, zum Behuf einer Baumschule anzukaufen, welche letztere unerläßlich für die tüchtige Herstellung der Anlage selbst ist, zugleich aber auch, wenn sie rationell behandelt wird (wofür mein Garteninspektor, wenn es Ew. Königliche Hoheit befehlen, Sorge tragen wird.) in Zukunft bei der hiesigen großen Nachfrage eine bedeutende Revenue gewähren kann.

3., gleichfalls irgendwo, wäre es auch in größerer Entfernung, nur nahe am Wasser um einen leichten wohlfeilen Transport zu gewinnen, eine Bauernahrung oder anderes Grundstück guten Ackerbodens, wo möglich mit Huhtung oder Wiesen vereint, zu acquiriren, um es nach und nach zur Verbesserung der sterilsten Stellen des Babelsberges zu verwenden.

4., Dem Hofgärtner sobald als möglich ganz einfache schmucklose Häuser, die durch Pflanzung gänzlich versteckt werden können, erbauen zu lassen, und auch das unbeträchtliche nöthige Terrain dazuzuschlagen, um Alles, was zur Ausschmückung des anzulegenden Blumengartens und pleasure grounds nöthig werden wird, in gehöriger Qualität und Quantität anziehen zu können.

5., Das Pflanzungssystem gänzlich umzuändern, zu welchem Behuf durch meinen Garten Inspector mit Zuziehung Ew. Königlichen Hoheit Hofgärtners (der mir bei gehöriger Instruction sehr brauchbar, bescheiden und willig scheint) einige Proben, sowohl für große einzelne Bäume als zusammenhängende Pflanzungen, jetzt (oder wenn der Frost dazwischen träte, im späteren Frühjahr) hergestellt werden sollen, die ohne Zweifel für sich selbst sprechen werden, und wenn sie auch im ersten Jahre nur wenig Blätter zeigen, im zweiten schon auffallend zunehmen, und in der Regel im dritten, spätestens vierten ihre ganze Kraft wieder erhalten, im fünften und sechsten aber von Jedermann für 20 bis 30jährige, nach dem gewöhnlichen Schlendrian hergestellte, Pflanzungen angesprochen werden müssen. Da es zum Verpflanzen großer Bäume leider an einer zweckmäßigen Maschine fehlt, und dieselbe vier Stunden weit auf ordinären Wegen hergefahren werden müssen, wodurch viele Aeste abbrechen, zu den andern Pflanzungen aber nur höchst mangelhafte Exemplare mühsam zu erlangen sind, so können diese Proben freilich nicht so vollkommen ausfallen, als ich sie z. b. in Muskau täglich herstellen kann.

6., Die emsigsten Forschungen anstellen zu lassen, wo, wäre es auch mehrere Meilen weit, brauchbare Baumexemplare von 15 zu 20 Fuß Höhe zu den so nöthigen vielfachen Pflanzungen, entweder aus Privatgütern oder in Staatswaldungen zu erlangen „seyn" möchten. Dies muß doch irgendwo möglich seyn, unmöglich ist es aber die Anlagen mit irgend einer Hoffnung sie noch in diesem Leben zu genießen, fortzusetzen, wenn man sich dabei mit den Produkten der Landesbaumschule begnügt hat.

Dies wären die unumgänglichsten Hauptpunkte. Hinsichtlich der Behandlung des Rasens (der da, wo er schön und gut werden soll, d. h. nicht nur „grass" sondern „turf" hervorbringen, schön zur Ansicht und ein Teppich zum gehen, in unserem Klima immer gelegt und dann erst locker mit Erde bedeckt und übersäet werden muß,) soll dem Hofgärtner, im Fall es Erw. Königliche Hoheit befehlen, nach unserer langen Erfahrung genauer Unterricht ertheilen, sowie überhaupt die spezielleren Details über alles Nöthige später und successiv, nach Maaßgabe der wirklichen Ausführung, und natürlich nie anders als nach vorhergegangener Rücksprache mit Ew. Königlicher Hoheit selbst und demgemäß von Höchstderselben eingeholter Genehmigung, nachgeliefert werden.

Die Veränderungen, welche ich am Schloßbau für wünschenswert erachte (da bei einer landschaftlichen Anlage Architekt und Gärtner stets Hand in Hand gehen müssen) sowie die Nothwendigkeit der Beseitigung des unförmigen Kiesplatzes, der so ungrazieus immediat vor den Gemächern Ihrer Königlichen Hoheit der Prinzessin liegt, überdies, als dermalige Hauptcommunication für Küche und Wirtschaft, allzuhäufig mit Kohlen und Holzwagen, Fleisch- und Gemüsetransporten und dergleichen bevölkert sein würde, und trotz dieses Übelstandes dennoch von Ew. Königlichen Hoheit jedesmal überschritten werden müßte um in den Blumengarten zu gelangen – habe ich Höchstdenselben bereits vorgetragen und Ihre gnädige Zustimmung dazu erhalten, indem ich dabey nur von dem Grundsatz ausging, daß das erste Bedürfnis bei einer Wohnung Bequemlichkeit und was die Engländer „privacy" nennen sey, hier aber auch Schmuck und Eleganz unendlich dadurch gewinnen müssen, wenn dies Projekt nach der von mir angedeuteten, vom Herrn Baurath Persius aber sogleich mit künstlerischer Genialität erfaßten und demnach entworfenen, Skizze ausgeführt wird.

Ebenso scheinen Ew. Königliche Hoheit damit einverstanden, daß von der Idee, das Ganze wie einen pleasure-ground zu behandeln, als dem Local ganz unangemessen, abgegangen werde, im Gegenteil das Gros der Anlage nur als eine natürliche „forestscenerie" sich darstellen solle, mit abwechselnden Effecten und möglichst üppigen Baumwuchs, wozu das beste Mittel sein würde, jetzt vorläufig den größten Teil des Terrains dicht zuzupflanzen, wodurch der Boden in wenigen Jahren am sichersten verbessert wird (besonders wenn man das Laub nicht herausharkt) so daß man nachher in späterer Zeit mit Leichtigkeit und in wenigen Wochen durch bloßes Wegnehmen, Abhauen oder Aufputzen der unterdeß erwachsenen Bäume die verschiedensten Bilder hervorbringen, und auch Rasenplätze viel leichter herstellen kann als dies jetzt, selbst mit unverhältnismäßig hohen Kosten, möglich ist. Und hierbey ist noch der große Vortheil nicht in Anschlag gebracht, daß man alle später überflüssig werdenden Bäume, gleich der ergiebigsten Baumschule, oder vielmehr Baumuniversität, benutzen kann, da solche Bäume dann schon Jünglinge geworden, und keine kaum bemerkbaren Kinderzwerge mehr sind, wie die bisher hier angewendeten. Blumengärten und pleasureground sollten nach diesem Plane auf einen verhältnismäßig nur kleineren Raum beschränkt, dafür aber desto reicher geschmückt und in unmittelbarer Verbindung mit den Wohnzimmern, gleich sorgfältig mit diesen gehalten, und täglich aufgeräumt und gereinigt, gleichsam nur eine Fortsetzung derselben unter freiem Himmel bilden, wodurch sie überdies, im absichtlich markirten Contrast mit der umgebenden freien Landschaft, nur desto reicher und anmuthiger auf den Beschauer wirken werden. Es ist dies um so wünschenswerter, da gerade für einen solchen Zweck die vorhandene Localität auf dem Babelsberg, bey der überaus glücklich gewählten Lage des Schlosses, so günstig ist, als man sie nur immer wünschen kann, und gut benutzt, gewiß ein Resultat geben muß, was, wie ich hoffe, Euer Königlichen Hoheiten selbst beiderseits überraschen wird, wenn es einmal ausgeführt da steht.

Vor der Hand bleibt mir nichts weiter hinzuzusetzen übrig, und ich kann dieses an Ew. Königliche Hoheit selbst gerichtete Promemoria nur schließen, wie ich es begann, nämlich mit der unterthänigsten Bitte mit meinem besten Willen gnädig fürlieb zu nehmen, meine Freimüthigkeit nicht übel zu deuten und jedem etwaigen Mißgriff huldvolle Nachsicht zu schenken.

(Einschiebsel in der Handschrift Pücklers, vor dem letzten Absatz)
nur die zwey beygelegten Zeichnungen betreffend, so habe ich der ersten schon erwähnt, die zweyte ist die von mir vorgeschlagene Abänderung des Haupteingangs, da das jetzt projektierte Thor da selbst wie ein Tabernakel aussieht und in dieser schmalen Construction, nach gothischem Style, eigentlich gar kein Thor, sondern nur die Silhouette eines solchen bildet. Bei dem hier vorgelegten Plan ist zugleich darauf Rücksicht genommen, daß alles bereits ausgeführte bestehen bleiben kann. Zugleich ist eine Verlängerung der Mauern angegeben, deren Ende durch Pflanzung verborgen wird, und die mir zum guten Effekt des Ganzen unerläßlich scheinen.

Babelsberg
den 6ten März
1842
H. Fürst von Pückler-Muskau"

Grundzüge der Pücklerschen Gestaltungsart ...
(Helmut Rippl)

1 Dabei fehlt es meist noch an einem exakten Aufmaß. Dennoch ließ das Ergebnis bereits Rückschlüsse über Standortwahl und Mengenverhältnis der Baumart zu.
2 Danach waren Proportionsvergleiche jeglicher Art möglich.
3 *E. Petzold*, Fürst Herrmann v. Pückler-Muskau in seinem Wirken in Muskau und Branitz, sowie in seiner Bedeutung für die bildende Gartenkunst Deutschlands, Leipzig 1874, S. 38.
4 H. Fürst von Pückler-Muskau, Andeutungen ...
5 H. Fürst von Pückler-Muskau, Andeutungen ...
6 E. Petzold, siehe Anm. 3, S. 42.
7 Die in die Mittelsicht des Sichtfächers von Pückler gepflanzte „Pokallinde", die in Abb. 137 fehlt, ändert nichts an der symmetrischen Anordnung. Durch die Linde wurde nur die breite Mittelsicht in 2 schmale unter-

teilt, bewußt so und nicht der sonstigen Regel folgend: symmetrisch in die Öffnung gestellt.
8 Ein Begriff, den *Rauda*, Lebendige städtebauliche Raumbildung, Berlin 1957, verwendet.

Zur Ausstattung von Landschaftsgärten im 19. Jahrhundert ...
(Anne Schäfer)

1 *F. E. Carl*, Kleinarchitekturen in der deutschen Gartenkunst, Berlin 1956, S. 7–8.
2 *H. Fürst von Pückler-Muskau*, Andeutungen über Landschaftsgärtnerei, Stuttgart 1977, S. 30–34.
3 *G. Poensgen*, Schloß Babelsberg, Berlin 1929, S. 62.
4 Die Kunstdenkmäler der Provinz Mark Brandenburg, Berlin 1941, Bd. IV/1, Kreis Teltow, S. 56.
5 *H. Kania*, Voltaireterrasse und Erzengel Michael, in: Potsdamer Tageszeitung vom 23./24. 3. 1935.
6 Staatliche Schlösser und Gärten Potsdam-Sanssouci – Garteninventar von Babelsberg 1939: aufgeführt sind 10 Vasen aus Zement und 9 aus Zinkguß.
7 Ebd.
8 *R. Bergau*, Inventar der Bau- und Kunstdenkmäler der Provinz Brandenburg, Berlin 1885, S. 144.
9 Siehe Anm. 5.
10 Der Babelsberg bei Potsdam. Berliner Kalender 1847, S. 11.
11 *A. Bethge*, Die Hohenzollern – Anlagen Potsdams, Berlin 1888, S. 188.
12 Ebd.
13 Im Bestand des Bezirksmuseums Cottbus befinden sich ein achteckiger Gartensitz aus grünglasierter Keramik, Bruchstücke eines weiteren der gleichen Art sowie Porzellanscherben eines runden Gartensitzes mit weißen, reliefartigen Blumenornamenten auf seladonähnlicher Glasur. Weitere solcher Chinaimporte aus der 1. Hälfte des 19. Jahrhunderts sind aus dem Besitz der Stiftung Schlösser und Gärten Potsdam-Sanssouci und dem Feudalmuseum Wernigerode bekannt.
14 *H. Kania*, Der Bullenbeißer von Babelsberg, in: Potsdamer Tageszeitung vom 3. oder 4. 3. 1938. – Auf der Terrasse standen ein Molosser und ein Pseudomolosser, zwei aus der Antike bekannte Hunderasse. „Die berühmteste Figur eines eigentlichen Molossers findet sich an einem altgriechischen

Sitzbild der Olympias ... Pseudomolosser besitzen der Vatikan und Ufficien von Florenz..."
15 Potsdam – Staatsarchiv, Pr. Br. Rep. 37 Branitz, Manual 1847, S. 254, Manual 1849, S. 174; Fürst Pückler Museum – Park und Schloß Branitz, Manual 1848, S. 245.
16 Potsdam – Staatsarchiv, Pr. Br. Rep. 37 Branitz, Manual 1854, S. 86 Bronzieren von 6 Vasen bei Fa. Geiß.
17 Siehe Anm. 15, Manual 1849, S. 177.
18 Ausstellungskatalog anläßlich der Schinkelehrung in der DDR, Berlin 1980, S. 285–286.
19 Potsdam – Staatsarchiv, Pr. Br. Rep. 37 Branitz, Manual 1861, S. 171, Manual 1868, S. 219.
20 Fürst Pückler Museum – Park und Schloß Branitz, Manual 1850, S. 157.
21 Potsdam – Staatsarchiv, Pr. Br. Rep. 37 Branitz, Bel. 932, S. 20.
22 *W. Kühnau*, Fürst Pückler-Muskau auf dem Gebiet der Blumengärtnerei mit besonderer Berücksichtigung von Schloß Branitz, in: Jahresbericht der Schlesischen Gesellschaft für vaterländische Kultur 1872, S. 259ff.
23 Ebd. S. 258.
24 *E. Petzold*, Der Park von Muskau, Hoyerswerda 1856, S. 29–30.
25 Siehe Anm. 2, S. 90. Dresden – Staatsarchiv, Außenstelle Bautzen: Standesherrschaft Muskau Nr. 634, XII Inventarium über sämtliches Gartenmobiliar, aufgeführt: ein hoher eiserner Korb mit vergoldeten Spitzen.
26 Siehe Anm. 2, S. 93–94. Siehe Anm. 25: Inventarium über sämtliches Gartenmobilar 6 Körbe von Gußeisen, 1 hoher ovaler Korb von Eisen, 6 Blumenkörbe von verschiedener Form, 310 Blumeneinfassungen von Gußeisen, 180 Blumeneinfassungen von Thon, 3 von Weiden geflochtene Blumenkörbe.
27 *H. Kania*, Fürst Pückler-Muskau zum 150. Geburtstag, in: Potsdamer Tageszeitung vom 30. 10. 1935.
28 Ebd.
29 *H. Repton*, Fragments on the theory and practice of landscape gardening, London 1816, S. 140.
30 Brandenburgisches Landesamt für Denkmal, Meßbildarchiv 90 N 38/19096 Foto eines Aquarells von C. Graeb.
31 *H. Kania*, Die Kaiser-Wilhelms-Vase im Park Babelsberg, in: Potsdamer Tageszeitung vom 26. 8. 1936.
32 Siehe Anm. 11, S. 192.
33 Siehe Anm. 3, S. 26 u. Anm. 4, S. 52.
34 Siehe Anm. 22, S. 259.
Fürst Pückler Museum – Park und Schloß Branitz, Inv. Nr. VIII 214 P, Foto um 1890

von C. Metzner. Darauf ist ein Drahtzaun mit Thyrsosstäben und ein zierliches Doppeltor, durch das man vom Schloßgarten in den Bürgergarten gelangte, erkennbar. – Siehe Abb. 7: Die westliche Begrenzung des pleasureground, die hinter dem Kiosk entlangführte, scheint ein aus dünnen Eisenstäben geschmiedeter Zaun gebildet zu haben. Reste eines solchen sind z. B. an der Brücke in der Nähe der Gutsökonomie noch vorhanden.

35 Siehe Anm. 22. Kühnau fertigte 1856/57 einen leicht ausführbaren Bepflanzungsplan für den ganzen pleasureground an, nach dem Pückler nach dem Weggang Kühnaus wahrscheinlich nicht arbeiten ließ.

36 Siehe Anm. 15, Manual 1848, S. 235, 237, 245, Manual 1847, S. 254, 287, 291.

37 Siehe Anm. 15, Manual 1848, S. 169. Potsdam – Staatsarchiv, Pr. Br. Rep. 37 Branitz Manual 1869, S. 128, 201.

38 Siehe Anm. 15, Manual 1847, S. 254, Manual 1849, S. 173.

39 Potsdam – Staatsarchiv, Pr. Br. Rep. 37 Branitz, Manual 1849, S. 173, Manual 1870, S. 131, 201.

40 G. A. Fintelmann, und K. Koch, Der Park von Branitz, in: Wochenschrift für Gärtnerei und Pflanzenkunde vom 13. 10. 1859. Potsdam – Staatsarchiv, Pr. Br. Rep. 37 Branitz, Beleg 331, S. 365.

41 Die Auskunft erteilte H. Günther, Potsdam-Sanssouci, Gartendirektion.

42 Siehe Anm. 40, Fintelmann, siehe Anm. 22. Fürst Pückler Museum – Park und Schloß Branitz, Manual 1860, S. 83.

43 Siehe Anm. 20, Manual 1850, S. 197; Kopie der Venus Italica. Die Zeichnungen zu den Zinkgußeinfassungen stammen von Stühler.

44 Siehe Anm. 40, Fintelmann.

45 Potsdam – Staatsarchiv, Pr. Br. Rep. 37 Branitz, Manual 1861, S. 149, 159 u. Manual 1862, S. 79, Manual 1870, S. 111.

46 Siehe Anm. 22.

47 Siehe Anm. 21, S. 63 u. Anm. 22.
    M. Seiler, Forschungsergebnisse zur Rekonstruktionsplanung des Landschaftsgartens Klein-Glienicke: „Zwischen den zur Großen Neugierde führenden Treppen ist ein gepflanztes und mit einer Krone versehenes ,M' zu erkennen; die Gemahlin des Prinzen war die weimarische Prinzessin Marie. Die Beziehung zum gepflanzten ,H' im Muskauer Park ist offensichtlich."

48 Siehe Anm. 22. Fürst Pückler Museum – Park und Schloß Branitz, Inv. Nr. VIII 244 P, Foto um 1890 von Metzner. Siehe Anm. 15, Manual 1848, S. 245; Warwickvase: siehe Anm. 18, S. 250

„Verkleinerte Nachbildung der antiken Marmorvase, die 1771 in den Trümmern des Hadrian bei Tivoli gefunden wurde und später in den Besitz des Grafen von Warwick gelangte. Von Schinkel in die ‚Vorbilder' (II Abt. Bl. 11) aufgenommen, geht ihr Nachguß sicher auf seine Anregung nach der Englandreise von 1826 zurück."

49 Siehe Anm. 48, Inv. Nr. VIII 244 P.

50 M. Seiler, Neue Untersuchungen zur ursprünglichen Gestaltung und zur Wiederherstellung des Pleasuregrounds von Klein-Glienicke. Festschrift für M. Sperlich; Tübingen 1979, S. 121 ff.
    Katalog der Branitzer Beeteinfassungen:
    Bei Angabe der Formsteingrößen werden der ins Erdreich eingelassene Teil als Spaten (Sp), der sichtbare als Ornament (O) bezeichnet. Die Ornamentbasis (Ob), in der Regel die breiteste Stelle des Ornaments, und die Abweichung bzw. Ausbiegung (A) werden ebenfalls aufgeführt. Die folgenden Angaben in cm und mit den hier in Klammern gesetzten Abkürzungen:

    1. Gußeiserne Einfassungen
    1. „Eichenblatt": O 24,5; Sp 7; Ob 18; A 8,8 nach außen. Anstriche: weiß, ocker, rot, blau. 59 vorhandene Exemplare.
    2. „Lindenblatt": O 17; Sp 12; Ob 16,5; A 4 nach innen. Anstriche: gelb und ocker mit schwarzer oder blauer Ader. 43 vorhandene Exemplare.
    3. „Korbkorallen": O 18,5; Sp 7; Ob 21,8; A 3. Anstriche: rot weiß. 9 Exemplare.
    4. „Geflochtener Korbrand": O 12; Sp 15,2; Ob 13,9; A 1,8 nach außen. Anstriche: nicht mehr vorhanden. 1 gut erhaltenes, 1 beschädigtes Exemplar.
    5. „Zwei Engel": H 12; Sp 15; Ob 26; A 2,5 nach außen. Anstriche: gelb, grün. 1 gut erhaltenes, 1 beschädigtes Exemplar.
    Die gußeisernen Exemplare wurden vorrangig vom Standesherrschaftlichen Hüttenamt zu Keula und bei A. W. Harnisch in Cottbus gekauft.

    2. Beeteinfassungen aus Ton
    6. „Kleines Akanthusblatt": O 18,9; Sp 8,6; Ob 14,5; A 7,4 nach außen. Material: heller, gelber Ton. Anstrich: Erstanstrich bei einigen Exemplaren grün, blau. 40 vorhandene Exemplare.
    7. „Großes Akanthusblatt": O 22,5; Sp 8,5; Ob 15,5; A 5,5 nach außen. Material: heller, gelber Ton. Anstrich: blau, Erstanstrich bei einigen Exemplaren grün. 32 vorhandene Exemplare.
    8. „Herzförmiges Blatt": O 14; Sp 9,7; Ob 20,2; A 6,7 nach innen. Material: feiner, roter Ton. Anstrich: Ziegelfarbig. 30 vorhandene Exemplare.

    9. „Muschel": O 14,5; Sp 9,2; Ob 17,8; A 8,5 nach innen. Material: feiner, roter Ton. Anstrich: blaugrüne Farbspuren, ziegelfabrig. 17 vorhandene Exemplare.
    10. „Kleeblatt": O 17,8; Sp 11; Ob 27,2; A 7,7 nach außen. Material: gelber Ton. Anstrich: blauer Erstanstrich, später blaugrün. 8 vorhandene Exemplare.
    11. „Weidenblattornament": O 14,3; Sp 8,2; Ob 14,5; A 5,2 nach außen. Material: gelber Ton. Anstrich: weiße Farbspuren, darüber blauer Anstrich mit roten Linien. 6 vorhandene Exemplare.
    12. „Muschelform": O 18,3; Sp 7,5; Ob 19,1; A 11,5 nach außen. Material: Heller, gelber Ton. Anstrich: Erstanstrich blaugrün, später blau. 23 vorhandene Exemplare.
    13. „Durchbrochene Palmette": O 21,5; Sp 8,5; Ob 27; A 5,7 nach außen. Material: heller, gelber Ton. Anstrich: blaugrün. 1 gut erhaltenes, 4 beschädigte Exemplare.
    14. „Lilie": O 17,5; Sp 7,5; Ob 19,3; A 6 nach außen. Material: heller gelber Ton. Anstrich: Erstanstrich blaugrün, später blau. 8 Exemplare.
    15. „Adler": O 27,5; Sp 13,4; Ob 25; A 6 nach außen. Material: heller, gelber Ton. Anstrich: drei übereinanderliegende Schichten – 1. rot, 2. grau, 3. weiß. 31 vorhandene Exemplare.
    16. „Palmette mit Voluten": O 24,2; Sp 11,3; Ob 23,5; A 10,3 nach außen. Material: heller, gelber Ton. Anstrich: drei übereinanderliegende Anstriche – 1. blau, 2. grün, 3. silber mit blau abgesetzten Linien. 2 leicht beschädigte Exemplare.
    17. „Glattrandige Muschel": O 20; Sp 8,5; Ob 20,7; A 7,2 mit der konvexen Seite nach außen. Material: heller, gelber Ton. Anstrich: Erstanstrich blau, später silber mit roten Linien abgesetzt. 18 vorhandene Exemplare.

51 Siehe Anm. 50 Seiler.

52 Siehe Anm. 20, Manual 1850, S. 37; Potsdam – Staatsarchiv, Pr. Br. Rep. 37 Branitz, Manual 1853, S. 115 und Manual 1854, S. 71 – Gußeiserne Einfassungen vom Hüttenwerk in Keula; Manual 1868, S. 125, Manual 1863, S. 107; Manual 1864, S. 105: 100 Beeteinfassungen bronziert; Potsdam – Staatsarchiv, Pr. Br. Rep. 37 Branitz Bel. 334, S. 1216 von Töpfer C. G. Schoebel aus Muskau: 50 Stck. Adler, 50 Stck. antique Muscheln, 50 Stck. Scholengewächse, 50 Stck. kleine Muscheln, 50 Stck. Kleeblätter 50 Stck. Roiale, 50 Stck. französische Lilien, 50 Stck. Miandusblätter, 50 Stck. Weidenblätter.

53 Siehe Anm. 37, Manual 1869, S. 81; Potsdam – Staatsarchiv, Pr. Br. Rep. 37 Branitz, Bel. 331, S. 134, 1856 wurden 100 Strombus gigas gekauft.

54 Siehe Anm. 50 Seiler
55 Potsdam – Staatsarchiv, Pr. Br. Rep. 37 Branitz, Manual 1846, S. 71 und Manual 1871, S. 141.
56 Potsdam – Staatsarchiv, Pr. Br. Rep. 37 Branitz, Manual 1865, S. 99, Manual 1849, S. 30 – 25 kleine, 4 größere Glaskugeln; Manual 1852, S. 37 u. a. 6 goldgelbe, 6 violette Glaskugeln.
57 Siehe Anm. 53, Bel. 331, S. 149.
58 Siehe Anm. 45, Manual 1870, S. 111.
59 Potsdam – Staatsarchiv, Pr. Br. Rep. 37 Branitz, Bel. 984, S. 53, Manual 1864, S. 191, Manual 1865, S. 69, 99, 100.
60 Potsdam – Staatsarchiv, Pr. Br. Rep. 37 Branitz, Bel. 931, S. 5.
61 Siehe Anm. 15, Manual 1848, S. 18.
62 Potsdam – Staatsarchiv, Pr. Br. Rep. 37 Branitz, Manual 1857/58, Manual 1863, S. 135.
63 Ebd. Manual 1857/58.
64 Siehe Anm. 15, Manual 1848, S. 193, Manual 1849, S. 185; Potsdam – Staatsarchiv, Pr. Br. Rep. 37 Branitz, Manual 1853, S. 205.
65 Siehe Anm. 19, Manual 1861, S. 77. Die Büste der Henriette Sontag (Gräfin Rossi), von L. W. Wichmann 1827 modelliert und in der Königlichen Eisengießerei Berlin 1833 gegossen, stand neben der Büste der Gräfin Alopäus im Muskauer Schloßgarten. *L. Assing*, Fürst Hermann von Pückler-Muskau. Biografie. Berlin 1874, Bd. 2, S. 238.
66 Siehe Anm. 20, S. 63. Die Büste ist von K. F. Wichmann (1775–1836) modelliert und in der Königlichen Eisengießerei Berlin gegossen.
67 Siehe Anm. 45, Manual 1862, S. 79.
68 Siehe Anm. 45, Manual 1861, S. 77.
69 Siehe Anm. 40, Fintelmann.
70 Siehe Anm. 15, Manual 1848, S. 197, Manual 1849, S. 34, 119, 207 u. Anm. 59, Bel. 984, S. 107, 21.
71 Siehe Anm. 40, Bel. 331, S. 117 April 1856 von Julius Lange in Berlin, zwei Eichenstämme mit blauen Kissen u. Efeuranken à 10 Rt; siehe Anm. 39, Manual 1870, S. 111 4 Gartensitze mit Blauen Kissen; *F. Jühlke*, Gartenbuch für Damen, Berlin 1874, S. 436; „… Ein Gartensitz in Form eines Eichenstammes mit Epheu Ranken kostet 8 Thlr., ein ähnlicher mit grünen oder blauen Kissen und goldenen Troddeln 10 Thlr. und ein Gartensitz in Form zweier aufeinanderliegender Kissen mit Goldschnur 12 Thlr."
72 Siehe Anm. 15, Manual 1848, S. 71, 75; siehe Anm. 52, Manual 1868, S. 145; siehe Anm. 62, Manual 1863, S. 105. Im Bestand der Staatlichen Schlösser und Gärten Potsdam-Sanssouci – Park Babelsberg: Eisengußmöbel – 3 neugotische Bänke mit giebelförmigen Aufsätzen auf der Rücklehne, 1 neogotische Bank, 1 Bank, 1 Tisch, 1 Stuhl aus imitierten Eichenholzästen, 2 Wangen eines Sitzmöbels mit Weinlaub und Hundeköpfen.
73 Cottbus – Stadtarchiv, Katalogblatt Eisengußmöbel vom Eisenwerk Lauchhammer, Nachtrag Taf. 44, Katalogblatt, Eisengußmöbel vom Eisenhüttenwerk Bernsdorf, Taf. 7. Siehe Anm. 52, Manual 1863, S. 105; siehe Anm. 25, Garteninventarium von Muskau – zwölf Stühle von Haselnußästen.
74 Siehe Anm. 45, Manual 1862, S. 79, Anm. 52, Manual 1863, S. 105, Anm. 56, Manual 1865, S. 99, Anm. 15, Manual 1848, S. 197; siehe Anm. 25, Garteninventarium – 7 halbrunde Bänke
75 Siehe Anm. 40.
76 Siehe Anm. 24, S. 30 u. Anm. 2, S. 98.
77 Siehe Anm. 24, S. 30.
78 Siehe Anm. 2, S. 98.
79 Siehe Anm. 2, S. 94; siehe Anm. 37, Manual 1869, S. 107, 127, Anm. 52, Manual 1864, S. 105.
80 Fürst Pückler Museum – Park und Schloß Branitz, Schloßterrasse – Foto um 1930.
81 Siehe Anm. 2, S. 98.
82 Siehe Anm. 24, S. 33.
83 Ebd. S. 29.
84 *G. Grundmann*, Karl Friedrich Schinkel, Berlin 1838, S. 44.
    Die Gloriette wurde im April 1945 zerstört. Die Pavillons im Badepark, die erst unter dem Prinzen der Niederlande nach Umbau des Kurhauses errichtet wurden, wiesen große Ähnlichkeit mit der Gloriette auf.
85 Siehe Anm. 8, S. 145–146; *H. Drescher, J. Fait, I. Kompa, H. Spielmann*, Die Bau- und Kunstdenkmale in der DDR – Bezirk Potsdam, Berlin 1978, S. 384.
86 Siehe Anm. 8, S. 145–146, Anm. 85, Anm. 11, S. 195.
87 Siehe Anm. 8, S. 192.
88 Siehe Anm. 3, S. 68.
89 Stiftung Schlösser und Gärten Potsdam – Plankammer Sanssouci, Borkenhäuschen: Aufriß mit Pergola, Grundriß und Schnitt, Details Gesims und Spitze, Bleistift, grau, grün, braun laviert, Wasserz. um 1845, Inv. Nr. 6930, Borkenhäuschen: Grundriß und Aufriß mit Pergola, Bleistift Inv. Nr. 6931.
90 Siehe Anm. 15, Manual 1849, S. 122, 207, Anm. 62, Manual 1857/58, S. 67, Anm. 52, Manual 1863, S. 169, Manual 1864, S. 134, Potsdam – Staatsarchiv, Pr. Br. Rep. 37 Branitz, Manual 1867, S. 196.
91 Bezirksmuseum Cottbus, Manual 1858/59, S. 165, 214; Anm. 19, Manual 1861, S. 77.
92 Siehe auch Plan 1853.
93 Siehe Anm. 45, Manual 1862, S. 79, Anm. 52, Manual 1863, S. 107, 111, Manual 1853, S. 155.
94 Siehe Anm. 91, Manual 1858/59, S. 107, Anm. 2, S. 145.
95 Siehe Anm. 40, S. 75, Anm. 19, Manual 1868, S. 75.
96 Siehe Anm. 442, Manual 1860, S. 169; *J. G. Grohmann*, Ideenmagazin für Liebhaber von Gärten, Englischen Anlagen und Besitzer von Landgütern, Leipzig 1803, Heft 37 und 8 – Abbildungen von Parasolen.
97 Siehe Anm. 52, Manual 1864, S. 134, Anm. 90, Manual 1867, S. 172, Anm. 19, Manual 1868, S. 125.
98 Siehe Anm. 52, Manual 1864, S. 85 Fahnenstange 24 Fuß lang; Potsdam – Staatsarchiv, Pr. Br. Rep. 37 Branitz, Manual 1856, S. 125.
99 Siehe Anm. 42, Manual 1860, S. 165, Anm. 52, Manual 1863, S. 107.
100 Siehe Anm. 2, Taf. XVII, Anm. 96 Grohmann, Heft VI Nr. 7.
101 Siehe Anm. 2, S. 109, Foto: Manno, Bad Muskau.
102 Siehe Anm. 2, S. 106, 132, 133 und Taf. XXIII, XXXVI.
103 Siehe Anm. 2, S. 109.
104 Ebd. Taf. XXIV und XXV.
105 Siehe Anm. 24, S. 35.

Chronologische Fakten zum Branitzer Park
(Helmut Rippl)

1 Nach G. Potente, in „Gartenflora" 1906, S. 427, das Jahr 1686 genannt.
2 Angabe in Akte 196, Blatt 51 u. 52 des Pr. Br. Rep. 37 Branitz im Staatsarchiv Potsdam. Datierung eines Parkplanes vor Einsetzen der Umgestaltung durch Pückler im Stadtarchiv Cottbus mit der Jahreszahl 1846.
3 Im Datum ein vermutlicher Schreibfehler des Monats.
4 Vom Berliner Metallgießer S. P. Devaranne.
5 Im Spreewald, Branitz und Muskau, in: „Gartenlaube", 1859 Nr. 41.
6 Die folgenden Angaben größtenteils den Briefen G. Bleyers an H. Graf v. Pückler entnommen. 1872–1915, in: Staatsarchiv Potsdam, Pr. Br. Rep. 37, Branitz, 881–888.

Hofgärtner in Babelsberg
(Heinrich Hamann)

1 *Otto Hüttig*, Der Park Babelsberg und seine Geschichte, in: Der Bär 14 (1888), S. 586–588.
2 Staatsarchiv Potsdam, Br. Pr. Rep. 37 – Branitz Nr. 938; Briefe an den Fürsten Pückler, Januar bis August 1850.

3 Staatsarchiv Potsdam, Br. Pr. Rep. 37 – Branitz, Nr. 815; S. 6. Korrespondenz des Fürsten Hermann von Pückler mit dem Hofmarschall Grafen von Pückler zu Berlin (1843–1860) (Darin Angelegenheiten der Gestaltung der königlichen Parke in Berlin und Babelsberg und Berichte über die Revolution von 1848 in Berlin). – Am 16. Juli 1843 schreibt Pückler an seinen Vetter, den Hofmarschall des Prinzen Wilhelm: „Ich war eben im Begriff Dich schriftlich zu bitten, Herrn Kindermann hierher zu senden, als er selbst mit Deinem Brief ankam. Wir werden schon gut für ihn sorgen und ich selbst ihm alles zeigen, was ihm nützlich sein kann ... "

4 Siehe Anm. Nr. 3, S. 11.

5 Siehe Anm. Nr. 3, S. 4.

6 C. *Eduard Petzold*, Erinnerungen aus meinem Leben. Für die Familie als Handschrift gedruckt. 1890, S. 107–110.

7 Siehe Anm. Nr. 3, S. 38/39.

8 Eintragung im Heiratsregister der Gemeinde Neuendorf unter dem Jahr 1837. Aufgebot des Hofgärtners Christoph Ferdinand Kindermann 1837. Bräutigam: Hofgärtner bei Sr. Königl. Hoheit des Prinzen Wilhelm zum Babelsberge Herr Christoph Ferdinand Kindermann. Vater Christoph Friedrich Kindermann, verstorbener Kaufmann in Berlin. Consens des prinzlichen Hofmarschallamtes. Braut: Jungfer Juliane Luise Adalfine Zill. Vater der Braut: Christian Heinrich Zill, Kaufmann hier.

9 Eintragungen in das Geburtenregister der Gemeinde Neuendorf: – Julius Rudolph Ferdinand Kindermann, geb. 2.10.1838; – Sophie Friederike Kindermann, geb. 2. 7. 1840; – Johannes Otto Ferdinand August Kindermann, geb. 20. 12. 1841; – Otto Ferdinand Kindermann, geb. 31.1.1843; – Marie Amalie Caroline Emilie Kindermann, geb. 12. 2. 1845; – Auguste Henriette Julie Kindermann, geb. 31.3.1846 (gest. 8. 4. 1848).

10 Siehe Anm. Nr. 3, S. 70. Brief des Hofmarschalls an den Fürsten Pückler vom 31.3.1854: „... Auf dem Babelsberg sind die von Dir angeordneten Anregungen zwar ausgeführt, allein Deine Bestimmungen fehlen überall, und ein Teil des inneren Gartens ruft Deine Hilfe an ... "

11 *Harri Günther*, Gustav Meyers Stellung in der Gartenkunst des 19. Jahrhunderts, in: Entwicklung der Volksparke. Referate der 7. Tagung des Zentralen Parkarchivs ... des Kulturbundes der DDR am 27. 5. 1977 in Berlin aus Anlaß des 100. Todestages von Gustav Meyer. 1979, S. 15. In einem Brief an Wilhelm I. schrieb Pückler 1861: „... Schließlich wage ich nochmals nur im Interesse Eurer beiden Majestäten, für alle Verschönerungen in Coblenz, wie für die endliche Vollendung des Babelsberges – wenn dies nicht immer dem unvollendbaren Thurm zu Babel gleichen soll – Allerhöchst demselben den Hofgärtner Meier ... auf das angelegentlichste zu empfehlen, weil er, meiner Überzeugung nach, der einzige unter den Dienern Eurer Majestät in seinem Fach ist, der vollkommen zu genügen vermag ... "

12 Hamburger Garten- und Blumenzeitung. Zeitschrift für Garten- und Blumenfreunde, Kunst- und Handelsgärtner. 18. Jahrgang, Hamburg 1862, S. 287.

13 Eintragung im Sterberegister der Gemeinde Neuendorf. Christoph Ferdinand Kindermann – Königlicher Hofgärtner auf Babelsberg. Alter 60 Jahre 9 Tage, gestorben am 15.9.1865 morgens $4^3/4$ Uhr, Tag des Begräbnisses 18. September Kirchhof Potsdam, gestorben an Gehirnerweichung.

14 Die Königliche Gärtnerlehranstalt Dahlem. Denkschrift zur Erinnerung an das zehnjährige Bestehen der Anstalt Dahlem 1903–1913. Hrsg. von Th. Echtermeyer, Berlin 1913.

15 Der Schloßpark des hochseligen Kaisers Wilhelm I. in Babelsberg bei Potsdam, in: Jahrbuch für Gartenkunde und Botanik, 6 (1888/89), S. 41–45.

16 Zentrales Staatsarchiv Merseburg, Geheimes Zivilkabinett, 2.2.1. Nr. 3447; Die Angelegenheiten des Schlosses und Parkes Babelsberg (1881–1919).

17 Siehe Anm. Nr. 14.

Quellen und Literatur

Kunstgärtner in Muskau
(Werner Manno)

Kirchenbücher des Pfarramtes Bad Muskau, Tauf-, Trau- und Sterberegister der ehemaligen Kirchengemeinden Muskau-Stadt und Muskau-Land ab 1810

Muskauer Anzeiger (MA), verschiedene Jahrgänge, sowie eine Sammlung von Zeitungsausschnitten heimatkundlicher Art von Forstmeister Damerow (Da II)

Rehder Gerhard (Urenkel von J. H. Rehder): Schriftwechsel mit ihm; The Arnold Arboretum, Vol. 32 Nr. 4. Juli 1972, The Making of a Botanist; Clarence E. Kobuski: Alfred Rehder 1863–1939, Journal of the Arnold Arboretum Vol. XXXI/1950

Arnim, Hermann Graf v.: Ein Fürst unter den Gärtnern, Berlin (West) 1981

Gresky, Walter: Eduard Petzold als Hofgärtner in Ettersberg und Weimar, Erfurt 1940

Mitteilungen der Pückler Gesellschaft

Petzold, Eduard: Erinnerungen aus meinem Leben, Privatdruck

Dendrologisches Jahrbuch 1941 (Lauche)

Gartenwelt, Illustrierte Wochenschrift für den gesamten Gartenbau, XVII. Jahrgang, Nr. 51, 20. Dezember 1913 Senckenberg Bibliothek Frankfurt/Main Sign. 4° T 117 1172/1 (Roth)

Familienunterlagen

Personenregister

Auf die Abschnitte Muskauer und Branitzer Park (S. 31 ff.; 118 ff.) wurde bei Pückler-Muskau, da Hauptakteur, nicht einzeln verwiesen. Auch die auf S. 250 ff. alphabetisch geordnet aufgeführten Gärtner, in Muskau tätig oder ausgebildet, wurden hier nicht noch einmal erwähnt.

Autorenverzeichnis

Reinhard GRAU, Landesamt für Denkmalpflege Sachsen

Heinrich HAMANN, Stiftung Schlösser und Gärten Potsdam-Sanssouci

Jürgen JÄGER, Stiftung Weimarer Klassik, Gartendirektion

Werner MANNO, Bad Muskau

Helmut RIPPL, Cottbus

Anne SCHÄFER, Stiftung Fürst-Pückler-Museum Park und Schloß Branitz

Bildnachweis

Zeichnungen

Helmut Rippl, Cottbus: Abb. 20, 21, 25, 27, 32a, 57, 67, 77, 79, 99, 100, 110, 116a, 117, 120, 124, 138

Angelika Schneider, Weimar: Abb. 148, 149

Fotos

Aus dem Archiv des Verlages Styria: Abb. 1

Edition Leipzig: Abb. 24, 40, 42, 45, 49, 51, 175, 188

Landesamt für Denkmalpflege Sachsen: Abb. 54, 55, 211, 221–224

Meßbildarchiv Berlin: Abb. 174, 176

Sächsische Landesbibliothek, Außenstelle Deutsche Fotothek: Abb. 50, 76

Stadt- und Parkmuseum Bad Muskau: Abb. 46, 58, 210

Stiftung Fürst-Pückler-Museum Park und

Schloß Branitz: 105, 106, 127, 128, 177, 181, 217, 218

Stiftung Schlösser und Gärten Potsdam-Sanssouci: Abb. 85, 88, 89, 92, 94, 103

Stiftung Weimarer Klassik: Abb. 142, 143, 146, 197, 198

Foto Bänder, Cottbus: Abb. 2

Roland Dreßler, Weimar: Abb. 201

Detlef Fiedler, Weimar: Abb. 192

Sigrid Geske, Weimar: Abb. 190, 206, 208, 209

Fotoatelier Goethe, Cottbus: Abb. 44, 52, 53, 61–63, 66, 70, 71, 73, 74, 78, 108, 114, 116, 121, 123, 130, 158, 172, 216

Walter Gresky, Eduard Petzold als Hofgärtner in Ettersberg und Weimar, Erfurt 1940: Abb. 140, 141, 144

Grundmann: Abb. 28–32

Foto Handrick, Potsdam: Abb. 84, 86, 87, 90, 91, 93, 95, 97, 98, 101, 102, 186

Foto-Atelier Louis Held, Weimar: Abb. 145

Jürgen Jäger, Weimar: Abb. 194, 202–204

Leuschner, Cottbus: Abb. 182

Foto-Quint, Bad Muskau: Abb. 22, 37, 43, 59, 60, 68, 69, 72, 189

Eberhard Renno, Weimar: Abb. 191, 195, 196, 205, 207

Helmut Rippl, Cottbus: Abb. 3–7, 15–19, 23, 26, 33, 34, 41, 48, 56, 64, 65, 80–83, 96, 107, 111, 112, 125, 129, 131, 132a, 150–155, 157, 159, 163–171, 173, 193, 199, 200, 212–215

Foto-Schubert, Cottbus: Abb. 118, 122, 126, 136, 137, 178

Erich Schutt, Cottbus: Schutzumschlag, Frontispiz, Abb. 8–14, 35, 36, 38, 39, 47, 75, 104, 109, 113, 115, 119, 132, 133–135, 139, 147, 156, 160–162, 179, 180, 183–185, 187, 219, 220

Die nebenstehenden Institutionen haben seit Erscheinen der 1. Auflage im Jahre 1989 ihren Namen geändert. Aus Zeitgründen konnte dieser Umstand in der vorliegenden 2. Auflage nicht durchgehend berücksichtigt werden.

Bezirksmuseum Cottbus = Stiftung Fürst-Pückler-Museum – Park und Schloß Branitz

Deutsche Fotothek Dresden = Sächsische Landesbibliothek, Außenstelle Deutscher Fotothek

IfD, Arbeitsstelle Dresden; IfD, Archiv; IfD, Meßbildarchiv = Landesamt für Denkmalpflege Sachsen

Museum für Stadtgeschichte, Bad Muskau = Stadt- und Parkmuseum Bad Muskau

Nationale Forschungs- und Gedenkstätten, Weimar = Stiftung Weimarer Klassik

Staatliche Schlösser und Gärten Potsdam-Sanssouci = Stiftung Schlösser und Gärten Potsdam-Sanssouci